方寸之间　别有天地

凤凰年谱

纽约/华盛顿，复活

互联网

2000年

J.K.罗琳

《哈利·波特》系列小说

詹姆斯·乔伊斯

《芬尼根的守灵夜》

D. H. 劳伦斯

《凤凰》

E.内斯比特

《凤凰与魔毯》

国际诗坛；凤凰作为复活象征在地名和图像中的应用

1900年

凤凰座；

凤凰剧院开业

学术研究、诗歌和民间神话

神鸟理论

希腊共和国硬币

旧金山和亚特兰大

选用的城市印章

埃及"凤凰"、中国"凤凰"、

亚利桑那凤凰城的建立

1800年

新的艺术形式中少有描写；伏尔泰作品中罕见地描写过一次凤凰

凤凰保险公司、美国纸币

1700年

新哲学

托马斯·布朗

亚历山大·罗斯

凤凰被指为虚构之物

从邓恩到弥尔顿的诗歌

贤者之石

1600年

阿尔德罗万迪

格斯纳

寓意画册

印刷商标识

莎士比亚

伊丽莎白一世

《凤巢》

都铎纹章；欧洲大陆的纹章和箴言；

欧洲大陆的诗歌和散文：阿里奥斯托，拉伯雷等

1500年

印刷书籍

卡克斯顿

《纽伦堡编年史》

英国纹章中的中国凤凰

1400年

凤凰布道文

拉丁语和法语动物寓言集

彼特拉克

乔叟

曼德维尔《游记》

但丁

《赫里福德地图》

《祭司王信札》

1200年

埃申巴赫

亚历山大传奇

欧洲艺术中的中国凤凰

1000年

科普特布道文

圣伊西多尔

《生理论》

古英语《凤凰》

《巴比伦塔木德》

700年

不死鸟的

托勒密铭文

400年

圣安布罗斯

拉克坦提乌斯

伪《巴录启示录》

赫拉波罗

克劳迪安《大密德拉什》

斐洛斯特拉图斯

200年

塔西佗

普林尼

基督降生

德尔图良

埃里亚努斯

罗马帝国硬币

广场上的凤凰

* * *

梅拉

公元元年

君士坦丁堡建城

西方经典凤凰

传说诞生

希罗多德

戏剧家以西结

大年*

奥维德

前250年

*托勒密三世

希腊

《七十士译本》

*阿玛西斯执政期间

赫里奥波利斯

耶路撒冷神庙

前500年

《约伯记》

赫卡泰俄斯

赫西俄德

中国经典作品

《出埃及记》

塞索斯特里斯执政期间？*

前1000年

《亡灵书》

前1500年

石棺铭文

前2000年

赫里奥波利斯金字塔经文

凤凰出现

（远古时期，在大海中一块突出海平面的陆地上，不死鸟出现了）

注：从公元前1000年起，中国凤凰传说先与古埃及的不死鸟传说、后与西方凤凰传说一起同时发展。

*表示得到罗马人证实的凤凰现身情况

THE PHOENIX

AN UNNATURAL BIOGRAPHY OF A MYTHICAL BEAST

凤凰

神—鸟—传—奇

[美] 约瑟夫·尼格 著
Joseph Nigg

李文涛 译

社会科学文献出版社
SOCIAL SCIENCES ACADEMIC PRESS (CHINA)

The Phoenix: An Unnatural Biography of a Mythical Beast

Licensed by The University of Chicago Press, Chicago, Illinois, U.S.A.

致埃斯特

她就如一只真正的伊丽莎白时代的凤凰

你啊！阅尽世间万象，

见证时代变迁。

——克劳迪安《凤凰》

目　录

前　言

因为痴迷于希腊狮鹫兽的形象，我开始研究其他神话动物，xi
凤凰就是其中之一。起先，我把它放在一本关于想象鸟类的书中。但是，在我编撰了一本关于这些神兽的作品选集后，我才确信，这种复活之鸟真是独一无二，应该为它专门写一本书。起初，我的想法就是写一本小书，再配上五彩斑斓的图片，供人们在喝咖啡时随便一阅。然而，凤凰的文化史非常丰富，经过深入研究，我改变了想法。

19 世纪以来，用英语和其他语言撰写的有关凤凰的学术研究非常丰富。此类文章倾向于关注早期寓言、参考性的作品和关于神兽章节中包含的简单摘要和研究。我知道的，除了关于古罗马作家拉克坦提乌斯（Lactantius）的《凤凰》（*De Ave Phoenice*）和古英语诗歌《凤凰》（*Phoenix*）的一些评论外，英语文本中只有两部研究凤凰形象的书。一部是译自荷兰语的鲁洛夫·范登布鲁克（Roelof van den Broek）的巨著《古典和早期基督教传统中的凤凰神话》（*Myth of the Phoenix: According to Classical*

and Early Christian Traditions，以下简称《凤凰神话》）；另一部是《D. H. 劳伦斯评论》（*D. H. Lawrence Review*）中的《凤凰专刊》（“Phoenix number”）。范登布鲁克博士对凤凰早期历史的研
xii 究学术性很强，其结构按主题组织，研究范围从神鸟的名字、寿命、外貌、死亡和复活、与太阳的关系，一直到其巢穴、食物和繁殖。他收集的图片很全面——包括上古、古典以及早期基督教时期的——都可以开一间画廊了。《D. H. 劳伦斯评论》中也包含凤凰图片，涉及各个时期的文学艺术作品，作者有詹姆斯·C. 考恩（James C. Cowan）、杰西·波什（Jessie Poesch）、道格拉斯·J. 麦克米伦（Douglas J. McMillan）和利纳·李·蒙哥马利（Lyna Lee Montgomery）等。本书的创作从上述两部作品中获益甚多。

范登布鲁克的书和当期的《D. H. 劳伦斯评论》都出版于1972年，早已不再重印。自此以后，又出现了许多关于凤凰的著述和图片；互联网的到来更是具有革命性，我们的手边好像有了一座电子化的亚历山大图书馆，这极大地拓展了以前和当下凤凰研究的范围。以前我从微缩胶片上影印的早期英语书籍现在网上也有了，范登布鲁克的《凤凰神话》以及大量国外图书馆中的珍稀手稿和书籍也都实现了数字化存储。此外，现在也可以从网上购买旧书，加之按需印刷技术的出现，人们更容易弄到老的印刷品。所有这些新资源都拓展了凤凰研究，并将这种神鸟的历史延续至今。

本书开篇的插图《凤凰年谱》中的时间轴是凤凰研究的重要资料。这一时间轴既可以从上（现在）向下读，也可以从下（过去）往上读，它使人一眼就可以了解凤凰的文化历史。它对公元

1400 年前的上古、古典和中世纪时期进行了压缩，公元 1400 年后则按世纪进行划分。从整体上讲，通过时间轴，可以做到用说明性文字无法做到的事，即同时呈现凤凰发展史中各种并列出现的传统。这一点在公元元年到公元 400 年这一时间段上体现得尤为明显，因为在这一时期，罗马帝国、犹太人和基督教的名字同时存在。对于具有分水岭意义的 17 世纪，也采用了这种并列记述的方法。在这一时期，新哲学运动倡导的理性主义对传统的凤凰传说提出了挑战。凤凰传说中涉及的人物很多，相关作品也跨越成百数千年，还有许多历史事件。以时间为轴记述是非常合理的，这样能给读者以宽广的历史背景。西方凤凰传说相关的一些代表 xiii
性名字在本书中都会有所提及或讨论。本书重点涉及的人物有希罗多德（Herodotus）、圣克莱门特一世（St. Clement I）、彼特拉克（Petrarch）和托马斯·布朗（Thomas Browne），他们的作品在很大程度上确立了神鸟凤凰文化生命的各个周期。时间轴中的图片大体上与这些周期相对应，体现了神鸟外形上的进化。

另外，说明性文字又能补时间轴之短，即打乱这些人物的顺序，进行整体论述。这部凤凰史书各部分之间要么是按历史顺序前后相继，要么是同时发生。每一部分开始都有一个篇章页，其中有相应的时间轴图片和一段代表性的题词。从整体上讲，每一部分本身都是按时间顺序展开的，但其中不同章节在时间上常有重合，并且，每一部分内部有时也会因为体裁、主题和侧重不同而进行排序。序幕部分介绍了古埃及和中国传说中的凤凰，它们与西方传说中的凤凰有亲缘关系。之后，每一部分将描述神鸟历史中的一个周期：第一部分讲的是神鸟在希腊的发端和随后在罗马的发展；第二部分讲述了犹太—基督教传统中的凤凰，包括其在基督教寓言中被作为复活的象征；第三部分讲述了凤凰在多种文学形式和意象中的复兴和发展；第四部分是本书的高潮，讲述了 17 世纪时对凤凰的污名化；第五部分讲述的是凤凰在现代的重生。神鸟从一个时代到另一个时代反复出现，刚好对应了关于其从生到死再到复活的寓言。在整本书的讲述之中，大写的 Phoenix[*] 就是其故事的主角。

关于神鸟的每一段文学记录和艺术描写都有其文化价值。本书引述的许多片段都是翻译而来的，因此需要考虑到译者选择的因素；如果选用的译本不同，关于这些文本的分析也会有所不同。拉克坦提乌斯和克劳迪安（Claudian）的拉丁语诗歌被翻译成了散文。许多引用的片段都是古英语，保留了原有的拼写和标点，比如，u 写成 v，j 写成 i；但是，连写字以及绝大部分文艺复兴时期的斜体字，我则未予保留。

xiv 本书关于埃及、希腊－罗马、犹太和早期基督教时期的章节，既受到范登布鲁克《凤凰神话》的影响，也受到本书前半部分几个章节所提及的学者作品的影响。《D. H. 劳伦斯评论》中的《凤凰专刊》的文章为本书各部分提供了很有价值的文学艺术基础。除了关于凤凰的学术著作，我还参考了多个领域专家的作品，探索了前人很少关注的领域。“动物寓言集中的凤凰”之后的章节更是如此。附录中列出的参考文献有数量限制，因此，鉴于篇幅原因，我对书目进行了精选，只列出了有代表性的著作。

---

* 本书翻译为凤凰。——译注（本书中脚注如无特殊说明，皆为译注，后文不再标示）

导论
凤凰的文化转型

有这样一种鸟，它在自己的巢穴中死去，然后又在自己的 xv
尸灰中升华重生。通常，关于神鸟凤凰的寓言都是如此简单总结的。但是，神鸟的降生、死亡与复活，有着无尽复杂的文化内涵。

古罗马时代的诗人克劳迪安在诗句中赞美凤凰，称它“阅尽世间万象，见证时代变迁”。即使在克劳迪安写下这些诗句之后 1500 多年，关于神鸟的文字和图片在我们的生活中仍比比皆是。其形象已成为我们日常用语的一部分，如“如凤凰一般从灰烬中重生”。全世界许多地方、企业机构和产品都以凤凰作为标识或名字，包括多种语言，这在互联网上很容易查到。由于 19 世纪学者的研究，现在，人们普遍认为 Phoenix（凤凰）与古埃及的不死鸟（*benu*）和中国的“凤凰”有关。凤凰的形象也给当代的某些重建工程提供了灵感，比如 1995 年日本神户大地震以及 2001 年“9 · 11”恐怖袭击后的重建工作。2010 年 10 月，有 33 名智利矿工被困深井，当时就使用了“凤凰 2 号”（Fénix
2）救生舱，将矿工们一个个救出，全球有 10 亿人观看了现场 xvi
直播。不同的是，在现代，不管是印章、旗帜、硬币、商业标识还是纹章上的图像，凤凰都是从烈焰而不是灰烬中升华的。

正如本书卷首《凤凰年谱》的时间轴所示，凤凰从古至今的漫长历史验证了克劳迪安对神鸟的判断——它是跨越时代而永恒的。

凤凰神话的各种线索纠葛缠绕，要从时间上厘清，确实不是将一些大小节点连接起来那么简单。当然，这一时间轴中并没有录入凤凰传说的一个重要来源，即未经整理的口头传说。而录入的都是一些有权威性著述的作家，他们的作品在不同写作者间重复、变化，或被详细阐述。有些佚失作品的片段经常又会被收集整理，这样，这些权威作品就能历经千百年，传承至今。而那些成书之后数百年才被发现的作品对作者的同时代人就不会有影响。这一过程中又可能有口头传说和人们凭记忆的传承，所以情况就更加复杂。正如 2007 年大卫·田纳特（David Tennant）所扮演的“神秘博士”所说的那样，借用 1912 年一首描写醉汉的歌曲，时间“飘忽不定”。

因此，从文化意义上讲，神鸟的发展充满了疑问和不确定性。关于这一独特的神话形象，其性别有无性、雄性、雌性和双性多种说法；其家乡可能在阿拉伯半岛、印度、埃塞俄比亚，或者某处人间天堂，甚至就在神话中的天堂；其寿命据记录可能是 100 岁、300 岁、340 岁、450 岁、500 岁、540 岁、1000 岁、1461 岁或者 12954 岁；它可能因寿命已到或大火而死；死后它又常变成从血肉中汲取营养的蠕虫，再从灰烬中重生。所以说，神鸟的文化含义注定让人充满疑惑。从文化意义上讲，凤凰的历史神秘莫测，上述说法仅是其中的一部分，它们已经超越了时间轴中那堆纷繁复杂的姓名，构成了神鸟在 21 世纪仍然能存在于文化之中的基础。

在克劳迪安的时代，西方关于凤凰的神话就已经存在了千年之久。那么，总体而言，它是如何从古流传至今的呢？也就是说，如何从埃及赫里奥波利斯开始其文学源头，逐步发展到以神鸟命名的美国亚利桑那州现代城市凤凰城？本书中的时间轴隐约提到了某些可能的情况。关于凤凰神话的传承途径，一 xvii
种可能是通过时间轴中的那些权威人物。希罗多德、圣克莱门特一世、彼特拉克以及托马斯·布朗（的著述）共同构成了本导论和整部书的框架。

希罗多德（前 5 世纪）

根据我们目前所掌握的情况，最早提及希腊凤凰神鸟的是赫西俄德（Hesiod）。他根据口头传说，写了一条关于长寿的谜语。八个世纪以后，老普林尼（Pliny the Elder）在其《博物志》（*Natural History*）中提到过这条谜语的片段，稍后，又给出了全文。古希腊语中“*phoinix*”可以指多种事物，神鸟只是其中之一；它的其他含义还包括指一种不断复生的枣椰树，或者指据说是由腓尼基传来的紫红或深红色颜料。

在《历史》（*History*）一书中，希罗多德仅用一段文字描述过埃及赫里奥波利斯的一种神鸟，并称之为希腊“Phoinix”。在流传久远的传说中，很少有像这样只源于一段文字的。根据古埃及宗教文本记述，不死鸟是造物主显灵，而这座城市里的太阳神庙就是神鸟的圣殿。希罗多德声称，赫里奥波利斯人给他讲过这样一个故事：每过 500 年，就会从阿拉伯半岛飞来一种鸟，外形和大小与鹰相似，金色的羽毛中又略带红色；这种鸟将其死去的父母用没药* 包裹，然后把它们驮到赫里奥波利斯并安葬在神庙之中。他说，自己只看到过这种鸟的图片，因此这一传说并不可信。希罗多德所述细节与传统上的不死鸟传说并不相符；这一故事仅仅暗示了这种鸟的重生；八个世纪后，人们又指称他剽窃了更早时期一位名叫赫卡泰俄斯（Hecataeus）的历史学家的部分著述。尽管如此，希罗多德的记述仍然是西方凤凰传说的开端。

目前，在古希腊艺术中，尚未有凤凰神鸟的相关线索。

近 500 年（这与凤凰每 500 年飞抵埃及正好巧合）之后，奥维德（Ovid）在其 1 世纪早期的史诗《变形记》（*The Metamorphoses*）中又扩展了希罗多德所讲的故事。这篇文章促使了凤凰形象在文学中的兴起。在奥维德笔下，神鸟在活了 500 年之后，在一棵棕榈树上用香料筑巢，（死后）其尸体中又会生
xviii 出一只鸟来。这只鸟的“重生显示不出年龄上的差异”，而是与死去的鸟完全一样。当这只鸟足够强壮，可以飞行的时候，它就将鸟巢带到太阳神庙。它的鸟巢既是自己的小床，又是父辈的墓穴。因而神庙就是“凤巢”。英国伊丽莎白时代的菲利普·锡德尼爵士（Sir Philip Sidney）就是一位凤凰般的传奇人物，当时有一部为他而写的杂集，题目就与“凤巢”这一习语响应。奥维德给凤凰神话增添了筑在棕榈树上的香料凤巢这

---

*　热带树脂，可作香料、药材。

一情节，希罗多德又讲述过凤凰携其父辈的尸体到太阳神庙的故事，这两者共同构成了西方凤凰神话的基本模式——从出生、死亡再到复活。

之后，关于凤凰的故事，部分细节有重复，部分则发生了变化。普林尼（约 23—79 年）就讲述过一个现在非常有名的阿拉伯神鸟的故事（尽管他指出这有可能是虚构的），其中就增加了关于这种神鸟的描述：这种鸟体型如鹰雕，羽毛为金色和紫色，尾羽为蓝色，带有玫瑰斑点。在奥维德之前，1 世纪早期，罗马有一位参议员名叫曼尼里乌斯（Manilius）。他曾经修改了希罗多德的凤凰故事的细节，特别是凤凰每 540 年出现一次的大周期。普林尼就引用过曼尼里乌斯的故事。他还指出，凤凰的复活实际上是源于死亡凤凰骨头里长出的蠕虫。普林尼还列举了罗马史料中关于凤凰现身的其他记载；除了大广场上展出的一尊人造凤凰外，其他的都与凤凰出现的周期不符。历史学家塔西佗（Tacitus，56—120 年）在其《编年史》（*Annals*）中对凤凰现身提出了质疑，包括每 500 年一次的周期、1461 年的埃及天狗周期（Sothic）以及埃及法老统治时期。他叙述了传统的凤凰现身模式，并且得出结论称，尽管所有传说都令人怀疑，但他并不怀疑“这种神鸟偶尔会在埃及现身”。他还是最早提出成群的飞鸟会因崇拜凤凰而被其吸引的人之一。

塔西佗之后，包括埃里亚努斯（Aelian）和斐洛斯特拉图斯（Philostratus）在内的散文作家对凤凰的资料进行了修订和增补。据说，拉克坦提乌斯所著的《凤凰》是一首美妙的长诗，其中经典凤凰传说兼有基督教寓意，是诗歌的最高潮。关于神鸟的死亡，火元素帮助构建起了一项从《生理论》(*Physidogus*)
xix 开始，并一直持续至今的传统；受其影响，许多作品也跟着认为凤凰的寿命可达千岁。作为罗马最后一位重要诗人之一，克劳迪安的凤凰诗歌中又出现了前述创新及长诗中出现的神话特征。数个世纪之后，受到拉克坦提乌斯基督教复活主题的吸引，一位盎格鲁－撒克逊作家（约9世纪）改编了这首拉丁文长诗，并进行了大幅增补，形成了一部宗教寓言；随后，这部寓言又成为各种布道词以及其他主流拉丁文作品之外的日耳曼作品的基础。不管是否成书于拉克坦提乌斯时代，赫拉波罗(Horapollo)所著的《象形文字》(*Hieroglyphics*)充满争议，其中既包含了古埃及凤凰传说，也包含了欧洲经典传说。这部手稿发现于15世纪，它对16世纪欧洲人研究古埃及象形文字产生了很大影响。

在西方，凤凰形象的进化有令人困惑的地方，其根源始于罗马艺术家，因为他们笔下的凤凰与希罗多德、普林尼等人描写的像鹰一样的神鸟有很大差异。2世纪早期罗马帝国所铸硬币的正面描绘了一种鸟，它有一双长腿，脖颈也很长，并且周围还绕着一圈光环。这种鸟被认为就是凤凰，其形象象征着罗马人统治已知世界的新时代。在罗马人笔下，神鸟经常站在高岗之上。这一形象的源头就是被罗马帝国占领的埃及的不死鸟（见时间轴中埃及不死鸟的象形图标和哈德良硬币图标）。

圣克莱门特一世（1—2 世纪）

凤凰从降生、生长到死亡的传统周期的结束，象征的就是凤凰神话的最初阶段，从而揭示了神鸟复杂的神话特质。在希罗多德时代（前 5 世纪）和克劳迪安时代（370—404 年）之间，首次同时出现了多种关于凤凰存在的传说。虽然有一种权威的传统说法认为，在任何时间，世界上都只会存在一只凤凰，但是，与希腊－罗马神鸟同时存在的，还有犹太教和基督教的凤凰形象以及埃及的不死鸟和中国的凤凰。荷马笔下的普罗透斯 xx
（Proteus）是埃及的一位老人，为了躲过追捕，他的样子可以有千般变化。神话中的凤凰也是如此，即使在同一时间、同一地点，它也可以有不同的形象和含义。

在以西结（Ezekiel）公元前 2 世纪讲述以色列人离开埃及的作品（《出埃及记》）中，以色列人看到了一只不知名的鸟。这只鸟与希罗多德笔下的鹰相似（虽然其体型两倍于这位希腊历史学家笔下的神鸟），其羽毛也是紫色和金黄色的。但在其他方面，这两只鸟并不相似。如同许多早期的手稿一样，以西结的手稿也只有片段留存了下来。这一手稿成书一个世纪以后，曾被一部作品至少部分引用；4 世纪时，又从该著作中被摘录出来。直到五六世纪，才有一位基督教文献的汇编者将以西结笔下的神鸟视为凤凰。此后迄今，许多学术界人士都认可这一认定。在《以诺书》（“Enoch”）和《巴录启示录》（“Baruch”）（两部一二世纪的经书）这样的伪经中，有关于世界末日时天堂之旅的情节中，就有各种被译为“凤凰”的不死鸟。后来，在《大密德拉什》（“Midrash Rabbah”）和《巴比伦塔木德》（“Babylonian Talmud”）两部经书中，拉比对《创世记》的注解都给凤凰在伊甸园和挪亚方舟中留有一席之地。在这两部经书记载的传说中，神鸟被赋予了永恒的生命。《约伯记 29:18》中也提到了凤凰，还提供了《圣经》的权威论述。不同训诂学派对神鸟的死亡有不同的解释，一方认为其死于烈火，一方认为其死于腐烂，而这两种提法在两个版本的新基督教教义文本中都有描述。

在《克莱门特一书》（*Letter to the Corinthians*，约 96 年）中，这种希腊 - 罗马神鸟被纳入基督教教义体系。人们认为这是圣克莱门特一世的功劳。经过圣克莱门特的改编，来自阿拉伯半岛的凤凰渐渐老去，并在其香巢中死亡，然后又从其尸体中重生；新生的凤凰又把其父辈的尸体运到位于埃及的太阳神庙，而这里正是 500 年前其父辈现身的地方。这个故事平淡无奇；但圣克莱门特的解读却有其深意。对他而言，神鸟的重生恰好就是信教者的复活。在接下来的一个世纪，《生理论》又使凤凰故事发生了改变。在这个故事中，500 岁的凤凰从印度家乡飞到黎巴嫩，在那里用香料净身，然后飞到赫里奥波利斯，将自己献祭于圣坛。之后，从其灰烬中生出的一条小虫长成一
xxi 只鸟，并在长大后第三天飞回印度。神鸟的重生被认为是耶稣的复活。在之后基督教神父宣讲的教义中，关于凤凰的死亡有两种说法，一是肉身腐败而死，一是死于烈火；其象征意义也有两种，一是俗世信徒的复活，一是基督的复活。德尔图良（Tertullian，155—222 年）认为，《七十士译本》（*Septuagint*，

即《旧约》的希腊文译本）中《诗篇 92:12》讲述了凤凰的茁壮成长，而一般意义上解读《圣经》时，都将这一节当作在写棕榈树。十二三世纪时，中世纪动物寓言集很流行。而对抄写这些寓言集的人来说，关于凤凰的主要信息来源就是《生理论》以及圣安布罗斯（St. Ambrose，339—397 年）和塞维利亚的伊西多尔（Isidore of Seville，560—636 年）的有关著述。除了宗教寓言，凤凰还出现在多种文学体裁之中，从百科全书式著作到约翰·曼德维尔爵士（Sir John Mandeville）的虚构作品《游记》（*Travels*）。

罗马时期，对神鸟的图像描绘和文学描述之间存在着差异，在文学上把它描述成一种像鹰的鸟。这种差异在早期基督教艺术家身上也有体现。罗马时期的凤凰形象受到不死鸟的启发，并且被印在了帝国的硬币之上。受此影响，早期基督教中的凤凰形象也是头绕灵气，虽然只有一环光晕而已；许多形象都有特别长的腿和脖颈。一张墓穴壁画和其他凤凰形象中都有火的存在。这是基督教的新说法，它能唤起人们的殉道精神。早期基督教中的凤凰形象会出现在墓室雕塑中，更经常出现在教堂拱顶上的马赛克图案中。在几个世纪以后的动物寓言集中，凤凰的形象没有了环绕的灵气。各种凤凰都会为修建巢穴搜集香料，要确认它们属于哪一种通常很难；但是一般来说，那些主动牺牲于熊熊燃烧的巢穴或柴堆的神鸟与鹰类似，这一点从时间轴中的图标就可以看出，而这一图标是从《阿什莫尔动物寓言集》（“Ashmolean Bestiary”）中选取出来的。

彼特拉克（1304—1374 年）

动物寓言集中的凤凰形象作为基督教复活教义的象征有1000 多年的历史，之后逐渐衰退。而神鸟凤凰却在文化上以另一种形式获得重生，而其源头却是人文主义的隐喻，这一点颇
xxii 出人意料。彼特拉克是一位古典主义学者和诗人。他从普林尼那里继承了传统意义上的凤凰传说——它的死亡和复活、它独一无二的特性以及羽毛的颜色。他笔下的凤凰其实就是一位名叫劳拉（Laura）的女子。彼特拉克从未见过劳拉，但一直暗恋她。当时的吟游诗人有这种高尚爱情的传统。这一凤凰形象有着金色的羽毛，身着紫色长袍，天蓝色的披肩上装饰着玫瑰，真是完美而独一无二。关于劳拉生与死的诗歌给欧洲大陆和英国诗人提供了灵感，逐渐地，这种追求个人完美的意象在文艺复兴时期的文化中流传开来。就传统意义而言，在任一时间，这种独特的鸟在世界上都仅有一只。但是，彼特拉克时代的凤凰却挑战了这一传统，一方面，它可以比喻英国女王伊丽莎白一世；另一方面，在欧洲的纹章顶饰和寓意画册中，也可以比喻其他杰出人士。这一时期，欧洲大陆的散文和诗歌中，凤凰形象已经很普遍，而这些文学作品中，有一部分是作者死后才出版的。在英国，莎士比亚的剧作和诗歌以及 17 世纪各种玄学派和新古典主义诗歌中，凤凰的喻义也经常出现。在那个时代的炼金术中，凤凰复活的形象代表了向贤者之石演变的最后一个阶段。总体来说，文艺复兴时期，文学和绘画中的凤凰形象影响广泛，这也是它漫长历史上的文化顶峰。

动物寓言集中似鹰的凤凰形象逐渐演变成纹章上的凤凰形象，它的样子与鹰有一半相似，双翅展开，从烈焰中腾空而起。在整个文艺复兴时期欧洲的许多纹章上，都有过此类凤凰形象。彼特拉克、但丁和阿里奥斯托（Ariosto）的作品上因为有威尼斯乔利托公司（House of Giolito）的印刷商标识（见时间轴图标）而增色。于是，整个欧洲都复制这一标识。除了在各种纹章和寓意画册上无处不在，凤凰形象还是伊丽莎白一世的个人徽章，和她一起出现在各种勋章、珠宝以及皇家肖像画中。在当时的地图和地球仪上，有这样的形象：凤巢燃烧着，浓烟滚滚，凤凰就在其中。这一形象被用来指代南部天空当时刚刚得名的凤凰座。

托马斯·布朗（1605—1682年） xxiii

文艺复兴时期，各种关于凤凰的神话流行一时。也正是在这一时期，关于神鸟究竟是否存在过的质疑声也开始增加。康拉德·格斯纳（Conrad Gesner）和乌利塞·阿尔德罗万迪（Ulisse Aldrovandi）两位博物学家在其具有先驱性的著述中，对前人关于凤凰的作品进行了分析。这两位博物学家的作品中都有关于天堂鸟的条目，这种鸟是从摩鹿加群岛*传到欧洲的；阿尔德罗万迪还加上了古代风鸟（rhyntaces）和另一种来自西印度群岛、名为 *semenda* 的鸟。其他作者将这三种怪

---

* Moluccas，又名马鲁古群岛，也被早期印度、中国和阿拉伯商人称为香料群岛，是印度尼西亚东北部岛屿的一组群岛。

鸟与凤凰联系了起来，使其发展历史显得更为复杂；而教士们又质疑为何在《创世记》中没有凤凰。在此背景下，再加上新的实证主义哲学的兴起，托马斯·布朗爵士在其《世俗谬论》（*Pseudodoxia Epidemica*，1646 年）一书中对凤凰传说提出了质疑。按照中世纪经典的权威说法，神鸟曾在埃塞俄比亚、阿拉伯半岛、埃及、印度生活过，但在这些地方生活的年数差异甚大。作为一名医生，布朗爵士对神鸟是否真实存在提出了疑问，并讥讽地声称："我认为还有一些凤凰生活在乌托邦。"他列举说，凤凰先前已经被认定为就是别的几种鸟而已；没人真正看见过它；有些权威人士对其传说表示怀疑，关于它的作品也难以令人信服；《圣经》并没有提到过它；它的稀有性、长寿以及可以重生的特点都有悖自然规律。人称"复古斗士"的亚历山大·罗斯在《微观世界的奥秘》（Alexander Ross，*Arcana Microcosmi*，1652 年）一书中对布朗进行了逐条批驳，却无法说服世人，最终也改弦易辙，跟上了随后到来的理性主义时代。格奥尔格·卡斯帕·基希迈尔（George Kaspar Kirchmayer）是对凤凰存在说最直言不讳的批评者之一。这位年轻的教授在其 1661 年发表的一篇论文中声称："除了在虚构的小说中提到以外，（凤凰的存在）是不可能、荒谬且非常可笑的。"几千年里，人们普遍相信凤凰的存在，但到了文艺复兴时期，它却变成了自然界并不存在的一种虚构之鸟。

18 世纪启蒙运动时期的著述里很少提及凤凰。但是到了 18 世纪末，伦敦的凤凰保险公司（Phoenix Assurance Company）却选择凤凰作为其复兴的象征。而在大西洋彼岸，一个英国殖

民地在其货币上印了一只凤凰雏鸟，这也成了为数不多证明凤 xxiv
凰抵达新世界的图像证据。

在博物学家扬·琼斯顿（Jan Jonston）1650 年所著的鸟类学书籍中，有一幅神鸟图，凤凰就位列其中（见卷首时间轴中的图标）。

后托马斯·布朗时代

19 世纪浪漫主义时期，人们痴迷于想象、传说和神话，凤凰形象也开始再现于诗歌、文学和学术类著述以及大众研究中。为了纪念反抗土耳其独立战争的胜利，希腊在其硬币上铸印了凤凰纹章。加州大火和地震后，旧金山经历了重建，美国内战中遭到焚毁的亚特兰大也经历了重建。在这两座城市的旗帜和印章上，都刻有凤凰浴火重生的形象。在亚利桑那州的沙漠里，有一处古代美洲土著人的遗址。据说，当地有一位英国贵族就以凤凰神鸟给欧洲移民在这里的定居点命名，以预示现代文明在古代文明的废墟上再度兴起。到 19 世纪末，凤凰在比较神话学中被认为是一种太阳鸟，位列大鹏鸟（rukh）、迦楼罗（Garuda）* 和思摩夫（simurgh）等世界各地的神鸟形象之中。所有这些神鸟都有相似的原型，它们体型巨大，双翼足以遮蔽太阳。如同罗马画家很久以前的做法一样，埃及学家认为凤凰就是埃及神鸟太阳鸟，著名汉学家理雅各（James Legge）将中

---

* 又译大鹏金翅鸟或金翅鸟，印度神话中的一种巨鸟，是主神毗湿奴的坐骑。

国古典文学中的“凤凰”也译为“phoenix”。20 世纪初，E. 内斯比特（E. Nesbit）塑造了一只爱说大话的凤凰。这样，凤凰就在伦敦的一间儿童室里得以重生，其形象也进入了儿童文学领域。在这一时期的国际诗坛，题目中包含凤凰的诗歌超过了历史上的任何其他时期；在有些诗歌中，凤凰在文中有具体出现，而另一些诗句则只包含与凤凰相关的比喻或类比。D. H. 劳伦斯作品中的凤凰形象就源自《阿什莫尔动物寓言集》中所描绘的一只神鸟，它从着火的鸟巢中腾空而起（见时间轴图标）；劳
xxv 伦斯在小说和诗歌中也提到过凤凰，他著作的封面也有凤凰的形象。詹姆斯·乔伊斯在其晦涩难懂的名著《芬尼根的守灵夜》（James Joyce，*Finnegans Wake*，1939 年）中，就用梦呓一样的语言唤出了凤凰的形象。这是用语言描述凤凰的终极转变。关于这种复活之鸟，人类的语言中出现了几十种描述，比如“烈火中永生”、“灰烬中重生”以及“凤凰黑王子”等，这些都是用以喻指人类社会的兴衰。在 20 世纪和 21 世纪之交，J. K. 罗琳的《哈利·波特》系列小说风靡全球。这部小说共 7 卷，长达几千页，其中“福克斯”（Fawkes）的形象贯穿始终，而它与凤凰就有亲缘关系。

与此同时，凤凰的名字和形象在全世界复兴、扩散，并且出现了许多其他形式。随后，这些形象都汇集在以神鸟命名的美国亚利桑那州城市——凤凰城。在《凤凰年谱》时间轴中，凤凰城别具风格的标识位列首位。

序　幕
凤凰神鸟

我就是赫里奥波利斯那只伟大的凤凰。

——石棺铭文

埃及象形文字中的不死鸟

来源： E. A. Wallis Budge, *The Egyptian Book of the Dead: The Papyrus of Ani* (1895; repr., New York: Dover, 1967), 153.

1

起源埃及

太阳为万物之始，然后一切都将慢慢地，慢慢地展开。

——D. H. 劳伦斯《天启》(*Apocalypse*)

混沌初开时的大海中，凸起一块陆地。造物主太阳神化身为一只不死鸟立于其上。此时，无尽的黑暗中出现了一缕神光。随着不死鸟的第一声啼叫，时间开始了。

埃及赫里奥波利斯的大祭司们所接受的宇宙学理论中，上面这段话（今文版本）影响最广。[1] 太阳神庙是古埃及人太阳神崇拜的最早中心。古埃及人相信，太阳神庙所在之地正是神创造万物的地方。公元前 5 世纪，希罗多德在《历史》一书中有一篇关于太阳神鸟的重要记述，标志着西方凤凰神话的诞生。而这已经是古埃及太阳神鸟出现之后几千年的事了。正如本书第 3 章所述，希罗多德描述的“凤凰”与埃及的不死鸟并非同一种鸟，他提及的细节与赫里奥波利斯传说中的神鸟没有多少吻合之处。这两种神鸟最明显的相同之处就是其起源地，因此，

004 不死鸟被人们当成经典凤凰的前身和可能的祖先。[2]

19 世纪，古埃及学家认出了埃及和希腊神鸟的相似之处。此后，许多译者都将中古埃及语中的“*benu*”一词译为“凤凰”。但是长久以来，学者对于这两种神鸟的同一性一直争论不休。通过埃及数千年来的宗教文本和艺术作品中关于不死鸟的描述，我们可以开始描绘，在希罗多德抵达太阳城赫里奥波利斯前后，当地人崇拜的这只神鸟的复杂面目。在我们探寻凤凰在赫里奥波利斯的起源时，由于时间过于久远，其间又经历过多种宗教信仰，原作译文和关键的诠释又各不相同，因此，对不死鸟形象能否有粗略的认识都是个问题。

墓葬铭文

古埃及人信仰复活以及来世永恒，基础就是太阳每天升起，生命之河尼罗河季节性泛滥。在 3000 多年里，古埃及文明中出现了一些确保生命永恒的方法。由于相信有必要把死者的肉身保存下来，古埃及人将死者尸体制作成木乃伊才下葬，墓穴中还要放置一些生活必需品和超度经文，以使死者肉身的精神（称为 *ka*）和灵气（称为 *ba*）能够像诸神一样得到永生（称为 *ankh*）。

几千年里，埃及法老的金字塔墓室墙上、普通人的棺材里以及死者身边放置的莎草纸上，都会刻上用象形文字写的铭文。这些铭文主要分为三类——金字塔铭文、普通石棺铭文以及亡灵书。[3] 这些铭文大体上能与古王国时期（约前 2700—前 2100 年）、中王国时期（约前 2100—前 1600 年）和新王国时期（约前 1600—前 1100 年）以及其后埃及各个历史时期相对应，而且，许多铭文都是从以前传下来的。保存至今最古老的金字塔铭文刻在位于萨卡拉（Saqqara）的第五王朝法老乌那斯（Unas）的阶梯金字塔之中。人们认为，是赫里奥波利斯的祭司为这些皇家墓葬准备了铭文，以确保法老平安抵达来世。石棺铭文源于早期的金字塔铭文，但是可以享受这一待遇的范围从国王扩大到了特权阶层。墓葬铭文的这一“民主化”趋势持续向前，于是又出现了《亡灵书》，它收集了近 200 首赞美诗、祈祷词和咒语，常常还配有一些小幅插图。平民百姓如果能花得起钱，也会雇文人画师对经书的某些章节进行“个性化处理”，写在自己或去世亲人墓室里的莎草纸上。在这种情况下，逝者之名就会被写入铭文。墓葬作品中的文本片段常常会包含一些相互矛盾的概念和细节。这是因为，这些作品都是逐渐累积而形成的，在这一过程中，人们一般都会在原有材料基础上做加法，很少会对其进行删减。在这些墓葬铭文中，就提到了赫里奥波利斯的太阳神鸟及其在埃及神话中的地位。

005

据信，*benu*（*bnw*）一词起源于 *weben*，意为“升起”或“发光”。但埃及学家 R.T. 朗德尔·克拉克（R. T. Rundle Clark）则注意到，另一个相关词汇“*bn*”的不同形式意为“循环”或“旋转”，“离开”或“返回”。因此，“*bnw*”指的就是“发光之物”或者“循环往复的人”。[4] 所以这些术语都与太阳以及神鸟有关。在最初的描绘中，不死鸟也许就是黄鹡鸰（wagtail），后来又被描述成苍鹭，其羽冠由两根长长的羽毛组成。[5] 在埃及中

图 1.1　不死鸟的艺术写意符号

关于传统写意符号，参见：Alan Gardiner *Egyptian Grammar: Being an Introduction to the Study of Hieroglyphics*, 3rd ed. rev. (London: Oxford University Press, 1969), 620. 加德纳将上述符号译成了“凤凰”。

王国时期，不死鸟一词的写法，实际上就是由不死鸟 – 苍鹭的形象决定的（图 1.1）。

万物初创

006 金字塔铭文

现存最早关于不死鸟的文献是金字塔铭文，它也是埃及最古老的宗教文献中唯一提及过不死鸟的。铭文第 600 条讲到了创世，并将造物主和不死鸟联系了起来。这条铭文开始了对国王及其金字塔的祈祷。作为译者，雷蒙德 · O. 福克纳（Raymond O. Faulkner）就将 *benu* 译成了“凤凰”——虽然带了引号：

> 啊！阿图姆——太阳神哪！你比山还高！你曾是昂城（On）“凤凰”宫里的一块灵石。升华成了不死鸟。你呼气，就生出了舒（Shu）；你咳嗽，就生出了泰芙努特

（Tefnut）……[6]

这一标准译文虽然没有把这位自生的太阳神直接刻画成不死鸟的形象，但是其中却包含了一些互相关联的元素，这些元素构成了不死鸟传说的基础。[7]

阿图姆（意为“完全”）就是造物主和太阳神。在古埃及人吸收神力的传说中，将他与另一位造物神 Khoprer（意为“适配之物”，亦作 Kheprer，后来也写成 Khepri）结合了起来。古埃及人相信，Khoprer 的形象就是圣甲虫（scarab beetle）或者蜣螂（dung beetle）的样子，他每天会推着太阳穿越天际，就如同推粪球一般。很快，阿图姆就吸收了太阳神拉（Ra，亦作 Re），成了“阿图姆－拉”神。

那个“凸起”指的就是从古埃及神话中的努恩（Nun）古海里升起的一座山。这座神山的底部是无尽深渊。古埃及主要宗教中心的祭司们都确认，他们的神庙就在这座古山之上。[8] 此外，在古埃及人心目中，尼罗河每年泛滥，洪水退去之后沃土露出，都是神创万物的再现。灰色的苍鹭后来成了不死鸟的原型，它就立在（洪水退后的）第一块干燥的陆地之上。古埃及艺术中，不死鸟经常立在从金字塔基延伸出的一根栖木之上，而金字塔就代表着那座神山。[9]

“奔奔石”（*bnbn*-stone，也作 *benben*，与 *benu* 有关，它也源于另一个单词 *weben*）是一块圣石，象征着那块古老的陆地。[10] 它象征着太阳初升时，光线最初照到的那个点，于是被放置在太阳神庙中，接受人们的膜拜。这块石头呈圆锥或方尖锥形，能使人联想到太阳的光线，目前一般被认为是方尖碑碑顶的石头，甚至可能是金字塔塔顶的石头。所有这些都与太阳和拉神联系在了一起。除了尼罗河的定期泛滥，太阳经过夜晚在阴间的旅程，每天从东方升起，也是创世过程的重复。

昂城的“凤凰”宫是纪念太阳神的一座神庙，而太阳神现身的标志之一就是不死鸟。“昂”是古埃及城市优努（Iunu）在《圣经》中的名字，现在一般称为赫里奥波利斯。而赫里奥波利斯得名于希腊太阳神赫里俄斯（Helios）。这座城市是埃及最古老的宗教中心，那里有已知的第一座埃及太阳神庙，建于埃及古王国时期的公元前2600年。[11]几百年之后，塞索斯特里斯一世［Sesostris I，即辛努塞尔特一世（Sensuset I），前1965—前1920年］在城中建了一座新的太阳神庙[12]，据说在神庙的院子里有一棵金合欢树或柳树，太阳神鸟就栖于其上。[13]神庙前矗立着一座方尖碑，上面有一段铭文记述道，这座碑是塞德节（Sed festival）[14]开始时建立的。这是皇家的一个节庆活动，每隔30年举办一次，纪念国王的重生。据说，不死鸟就是塞德之主（Lord of the Sed）、禧年之主（Lord of the Jubilees）。[15]在年初尼罗河汛期的庆祝仪式上，人们也会纪念赫里奥波利斯的神鸟。[16]在古埃及后期（约前712—前332年），希罗多德声称赫里奥波利斯人口中传诵着他所谓的“凤凰”故事；这一时期，太阳神庙是人们举办天文历法仪式的中心。[17]

曾经闻名于世的太阳城，如今已成开罗市郊的一部分。而那座古代的宗教中心，现在是一座公园，里面有一座刻有铭文的方尖碑，代表的正是塞索斯特里斯一世神庙里的方尖碑之一。在神庙的许多其他方尖碑中，有两座被奥古斯都（即屋大维）运到了罗马；还有两座被称为“克利奥帕特拉方尖碑”（Cleopatra’s Needles），目前矗立在伦敦和纽约。[18] 就在 20 世纪 90 年代，让・伊夫・昂珀勒尔（Jean-Yves Empereur）考古队还在亚历山大港发现了赫里奥波利斯方尖碑和狮身人面像。[19] 008

“舒”（干燥空气之神）和他的妹妹泰芙努特（潮湿空气之神）是阿图姆的直系后裔。阿图姆通过吐口水或打喷嚏（还有说法是通过手淫）生了这两兄妹；这二人又生了盖布（Geb）和努特（Nut），分别是大地之神和天空女神，他们的子女包括奥西里斯（Osiris）、伊西斯（Isis）、赛特（Seth）和奈芙蒂斯（Nephthys）。阿图姆和其后的三代人共同构成了古埃及的九柱神。

石棺铭文

关于阿图姆化身不死鸟从古海深渊中飞出这一情节的明确记载，出自埃及中王国时期的石棺铭文。“舒”宣称，在自生的阿图姆 - 拉生了他之后，他周围就围绕着“生命的气息，这种气息是从不死鸟的喉咙中呼出的；而不死鸟是拉神的儿子；在混沌初开的虚无和黑暗之中，阿图姆以不死鸟的形象出现了”。[20] 于是，不死鸟就成了原始造物神的一种形象，他既是阿图姆的化身，又是拉神的“儿子”。他通过呼吸赋予“舒”以生命。

在这些石棺铭文中，还有可能包含了埃及文学中关于不死鸟最有名的记载。铭文第 335 条记载，逝者信仰多位无所不知的神，首先就是创世的阿图姆，然后又记录了阿图姆与拉神合体并化身不死鸟的情节。不死鸟就是在这条铭文里被译成“凤凰”的，而这条铭文也是著名的《亡灵书》第 17 节的基础。

我就是阿图姆，阿图姆就是我，我们是一体；
我是首次现身的拉神。
我就是大神，能够自己繁衍后代；
我有多个名字，且是众神之主；
但众神中无人能与我企及。
我穿越时间，能知未来。
我一下令，众神就会争斗。
009 我知晓那位大神的名字。
它就是“受人赞美的拉神”。
我，就是赫里奥波利斯那只伟大的凤凰。[21]

引灵魂往来世

不死鸟的形象与创世、埃及众神、太阳、复活以及永生都有关联，因而成了《亡灵书》的重要部分。[22] 古埃及人把这些作品称为《白昼将至之书》(“The Chapters of Going Forth [or' Coming Forth'] by Day”)，[23] 它们引导逝者经过一段充满危险的旅程走向永生。逝者肉身的死亡及其在阴间的旅程恰恰与太阳夜间的运行及在东方的再升对应。作为太阳神的化身，不死鸟也是神圣的向导，帮助逝者的精神转化。

人们认为，是卡尔·理查德·莱普修斯（Karl Richard Lepsius）给埃及新王国时期的莎草纸作品集取名为《亡灵书》的，并且，他和其他人一起为其编了序号。有时候，一些相似或相同的纸片会有不同的序号。而且，在不同的莎草纸作品中，纸片并非总是严格按顺序排列。有许多译者将纸片（spell）的序号对应“章节”（chapter）一词，这样就误导性地暗示存在一个叙事的顺序，而这一顺序通常并不恰当（尽管如此，在讲述《亡灵书》的这一章中，我还是将“纸片”和更易懂的“章节”一词混用）。这些编号的纸片经常是按照其上所写的主题分类的，比如恶鬼白天现身，被化为其他形状，等等。普通百姓可以从这些汇集的文本中，选取一节或几节作为陪葬。没有哪一片莎草纸上面能包含全部文本。

对《亡灵书》中不同纸片上的不死鸟进行研究，我们可以找出这样一些章节，这些章节是由对太阳神鸟有一种特殊亲近感的古埃及人委托的，特别是他名字中碰巧有“*benu*”一词时（其名字的字面含义为“不死鸟已经到来”）——古埃及时曾有人给孩子取这样的名字。[24] 这样的人有可能会请人从《亡灵 010
书》中选取一些章节，制作成陪葬品。（在本书中，）我冒昧将不同莎草纸上的章节按照松散的叙事顺序排列，这有时会与古埃及学家确定的顺序有差别。引用的片段出自著名的雷蒙德·O. 福克纳译版《亡灵书》，他在这部译作中将不死鸟译成了“凤凰”。[25]

第17节

我们假设古埃及时有这样一个人，他所选的第一条关于不死鸟的铭文有可能出自石棺铭文第335条版本的《亡灵书》。在所有古埃及的墓葬纸片中，第17节[26]历史最为久远，篇幅最长，也最常为人所复制。在图坦卡蒙神庙[27]中，就刻有这一节。它一般出现于许多莎草纸文本的开端，可以被认为是对众神的引入和介绍。对于这一众神灵，逝者必须理解本性，才可以平安去往来世。这一诠释又因为抄录者的说教式润色而被强化，其中绝大部分是对旧的石棺铭文片段的增补。与此同时，咒语又是从逝者之口说出的，要得到众神的认同，为即将遇到的考验做准备。

下文即是石棺铭文中关于不死鸟的部分，附有埃及新王国时期的评论。这些评论显示了冥王奥西里斯地位的上升：

> 我就是赫里奥波利斯那只伟大的凤凰，掌管一切。
>
> 他是谁？他是奥西里斯。而万物意味着他所受的伤害。换句话说，万物皆是他的尸体。再换句话说，万物皆是永恒不灭的。永恒即是白昼；不灭即是黑夜。[28]

奥西里斯是埃及最高的复活之神。他的兄弟赛特出于嫉妒而肢解了他，其尸骸被他的妹妹/妻子伊西斯收了起来。因此，
011 不死鸟形象与神的融合预示了早期基督教关于凤凰的寓言，即他象征着信徒和基督的复活。

在《胡内弗莎草纸》（Hunefer papyrus）插图（图1.2）中，逝者跪下，向不死鸟表示崇拜之意，此时，神鸟已经成了一只

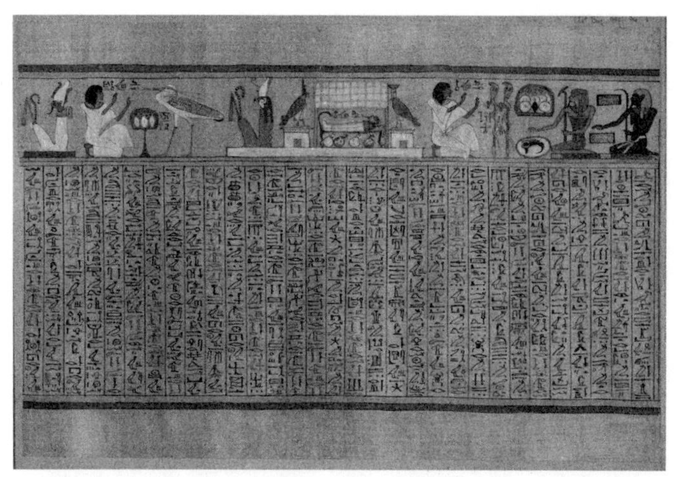

图 1.2　胡内弗向拉神和奥西里斯的灵魂——不死鸟——致敬
来源：chapter 17, *Book of the Dead of Hunefer*, sheet 6.
© The Trustees of the British Museum.

名为“巴”（*ba*）的人头鸟身怪，代表着拉神和奥西里斯的灵魂。大英博物馆埃及馆里曾经展出过一幅这一插图的大壁画，上书“胡内弗在一桌祭礼和不死鸟面前，不死鸟即太阳神鸟（亦即后世传说中的凤凰）”。在《阿尼莎草纸》的插图中，不死鸟就站在已被制成木乃伊的逝者棺椁旁边。[29]

谢赫莱特城石碑上的心形驱邪咒语

（古埃及人认为，）人身上有一个器官是生命的中心，有一串咒语保护着这一器官；其中，“谢赫莱特城石碑（Sehret-Stone）上的心形驱邪咒语”（第 29b 节）要早于著名的“秤心仪式”（第 30b 节）。正如咒语题目显示，咒语文本将会刻印在一 012

个心形驱邪物之上。[30]这些驱邪物用石头或彩陶制成，然后包裹起来，放置在死者胸前。这样做是为了确保当死者出现在诸神和正义的天平面前时，他或她的心不会出卖自己。[31]死者在生前的行为及其是否适合踏上前往阴间的旅程都会受到考验。不死鸟既是太阳神的化身，也是拉神的灵魂“巴”。在这一节中，逝者通过信仰不死鸟，以求前往阴间的旅途一路平安：

> 我是凤凰，是拉神的灵魂。在众神前往阴间的路上，我是他们的向导。[32]

对逝者的审判

第 125 节是《亡灵书》中关于审判的部分，它原来被称为“消极忏悔”，后来被称为“无罪宣告”。尽管数字顺序上排到了 125，但这一章经常与第 30b 节配对。在第 30b 节中，逝者的心被称量，再与玛特（Maat，神圣秩序和普遍正义之神）的羽毛重量相比较。关于灵魂审判的章节有时会一起出现在较长的莎草纸文本的开端。从逻辑上讲，无罪宣告是在称心之前。[33]

在审判大厅里，面对着 42 位神祇，逝者要声明他或她在阳间没有犯过罪。逝者要重复地说：“我不曾……”后面是一长串过错，从给他人带来痛苦一直到偷猎众神禁苑里的鸟类。在“消极忏悔”之前，逝者会宣称：

> 我是纯洁的！纯洁的！纯洁的！我就像赫拉克里奥波利斯（Heracleopolis）那只伟大的凤凰一般纯洁。因为，我

> 就是风神的鼻子。在冬天第二个月的最后一天，风神完成了赫里奥波利斯的“神圣之眼”。也是在这一天，它赋予所有人以生命……[34]

在古埃及，有些宗教中心崇拜不死鸟，赫拉克里奥波利斯就是其中之一。风神“舒”，不死鸟通过呼吸赋予它以生命。神圣之眼即是太阳，它在冬至之时长成。冬至这一天意味着光明的回归，白昼开始变长。[35]随后，逝者就用相应的称号向每一位神忏悔，又一次反复否认自己犯过错:“我不曾……”

在一些莎草纸中，第 125 节所配插图描绘了第 30b 节中的活动。[36]当逝者站在众神法庭之上时，正义的天平会显示其在阳间是否为有德之人。一旦逝者未能通过考验，魔兽阿密特（Ammit）就会俯身接近逝者并吞食其心脏。这只魔兽长着鳄鱼的头、狮子的身子、河马的后半部。豺头人身神阿努比斯（Anubis）在天平上做了手脚，使它偏向逝者一侧。鹮首人身的托特（Thoth）负责记录天平称重的结果。他宣布:“总的说来，逝者（在阳间）的行为是在正义的一方。”法庭上的众神一致同意这一结论。于是，鹰首人身的荷鲁斯（Horus）带领经证实无罪的逝者来到奥西里斯的王位面前。这样，逝者就可以继续其走向阴间的旅程了。

关于（不死鸟）演变成凤凰的咒语

第 83 节里有一则关于不死鸟的重要咒语，它能将逝者的“巴”（灵魂）变为其他形象，并且“在死后还可在白昼出没”。

这是一系列关于凤凰形象演变的咒语之一，它之前的章节描述了在阴间驱除鳄鱼、蛇、甲虫和魔鬼的故事。

> 我像始祖众神一样飞行。我变身为凯布利（Khepri），我成为一株植物，我披上了乌龟壳，从本质上说，我就是神……[37]

虽然不死鸟－苍鹭的名字并未在这一节中出现，但它是讲述者的一种化身，经常出现在附带的插图中。“始祖众神”包括不死鸟和阿图姆、拉神、凯布利以及创世时拉神的灵魂。逝者
014 接下来就化身为奥西里斯和伊西斯之子荷鲁斯、托特以及月神孔苏（Khons）。这则咒语可以解读为灵魂从动植物形态进化成神的过程。《阿尼莎草纸》中有一幅不死鸟－苍鹭的插图，就是它通常站立的样子（图 1.3）。[38]

关于升华灵魂并使之可以与太阳神的随扈一起登上太阳船的书

第 100 节提到了其他的墓葬作品集，比如《洞窟之书》（Book of Caverns）和《山门之书》（Book of Gates）。在夜晚的 12 小时里，拉神引领着他的太阳船穿行于阴间，在努恩的原始水域尼罗河上航行。太阳船为逝者带来光亮。只有勇敢面对并征服了蛇形阿佩普（Apep）*和其他混乱势力之后，拉神才能与

---

* 古埃及神话中的黑暗毁灭之神，是拉神的孪生兄弟和死对头。

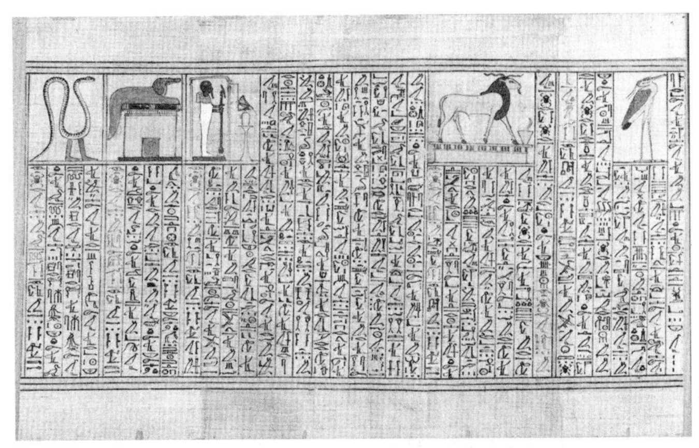

图 1.3 《阿尼莎草纸》第 83 节第 27 片中的不死鸟组图
来源：The Trustees of the British Museum.

黎明一起现身，继续其白昼的旅程。这段咒语详述了逝者如何乘坐太阳船航行的过程。一开始，逝者先将太阳神的灵魂，即 015
不死鸟送到东方升起的地方。

> 我将凤凰运到东方，奥西里斯就在布西里斯*，我打开了哈比神（Hapi）的洞穴，我清扫了日轮运行的道路…… 我结好了绳子，赶走了阿佩普，使它不能乱动，拉神双手迎我，他的船员就不会驱赶我……[39]

布西里斯是尼罗河三角洲中部的一个城镇，也是奥西里斯崇拜的中心之一，据说他的部分尸身就被回收存放于此。节德

---

* Busiris，意为奥西里斯之屋。

柱*就代表着保存在布西里斯的脊骨。每年，布里西斯城都要举办一个节日，以纪念这位神灵的复活。生育之神哈比是尼罗河泛滥的人格化代表，他就住在第一瀑布附近的洞穴里，而第一瀑布被认为是洪水的源头。死去的人击溃了恶神阿佩普，为太阳神的船扫清了道路，也为自己在船上赢得了一席之地。咒语的题目说明，每天都会有逝者登上拉神的船，托特会记录他出发和返回的时间。在文本插图中，逝者撑船驶向奥西里斯，船上有鹰头人身的太阳神和不死鸟－苍鹭的形象，奥西里斯就站在布西里斯的节德柱旁。[40]

逝者乘坐拉神的船来到天堂般的芦苇之野（Field of Reeds）。在那里，他或者她向众神献上祭礼，并与已得神祝福的其他逝者一起在沼泽和田野里劳作。第 110 节没有标题，也没有特别提及不死鸟。[41] 但是有许多莎草纸文献描述了“象征丰饶的苍鹭”，它有着漂亮的羽毛，就站在一座金字塔形的台子上，而这个台子代表着创世时最早的那个土堆。[42]

先出后进的咒语

在历经旅途凶险登上拉神的船之后，亡灵在白昼出现。第 122 节：[43]

016 > 一切都属于我了，所有的一切都被给予我。进来的时候，我是一只鹰，出来的时候，我成了一只凤凰；晨星开

---

* djed pillar，法老的一种护身符。

路，我平安抵达美丽的西方乐土。奥西里斯的庭院就是我的归宿，有一条小径为我而开，让我能进去祭拜生命之神奥西里斯。[44]

作为奥西里斯之子，鹰身人首的荷鲁斯追随落日向西飞去，在东方升起时，变成了太阳神鸟。[45] 金星既是在太阳升起之前出现的晨星，也是昏星。它还是指引贝努－阿萨（Bennu-Asar）船的星星。“阿萨”是奥西里斯在埃及语中的叫法。[46] 亡灵在白昼出现，在西方与奥西里斯汇合，众神和受福的逝者都在那里生活。

赫里奥波利斯的不死鸟

金字塔铭文、石棺铭文和《亡灵书》中的不死鸟，就是古埃及历史后期希罗多德抵达作为宗教中心的赫里奥波利斯时，当地人所崇拜的神鸟。这种鸟首先出现在古王国时期，作为创世的一部分。到希罗多德时期，人们对它的崇拜已经有近 2000 年的历史。[47] 甚至在希罗多德确立了凤凰在西方文学中的地位以后，埃及人对不死鸟－苍鹭的纪念仍在持续。托勒密王朝时期（前 305—前 30 年），这种神鸟与赫里奥波利斯神庙前的神树（柳树）联系在了一起；有图显示，奥西里斯的灵魂就是这种鸟的形象，它就站在神庙外的树上。它上面用象形文字写着“奥西里斯的灵魂”。[48] 托勒密时期的一则铭文描述道，这种神鸟是太阳的代表，在神树上筑巢：“不死鸟是东方地平线上的神灵，它就从这棵柳树上升起。”[49]

罗马占领埃及始于公元前 30 年。《亡灵书》一直流传到这
一时期。因此，不死鸟在埃及具有显赫地位的时间大概与西方
凤凰的历史长短相当，后者从希罗多德描述凤凰开始，一直延
续至今。后来，在 118 年，罗马帝国皇帝哈德良（Hadrian）统
治时期，不死鸟的形象经过融合，成为一只长腿凤凰，被铸印
017 在罗马帝国的硬币之上。而早期基督教艺术家又对硬币上的这
一形象进行了修改。

在遥远的世界东方，人们在古老的文献和艺术中也崇拜着一种永生的不死鸟。那就让我们从埃及出发，沿着凤凰的足迹，探寻它在古老中国的亲戚。

2

中国皇室之鸟

“五十年秋七月庚申，凤鸟至。”[1] 019

19 世纪时，理雅各在其《竹书纪年》的英译本中也同样记述了中国首次有记载的凤凰现身一事。据称，这一祥瑞之事发生在公元前2647年，地点在传说中黄帝的宫廷院落里。[2]接下来，《竹书纪年》还叙述了后来凤凰在尧舜时期现身的故事。[3]

这些记载出现于东周早期，刻于竹简之上，被埋藏在一处皇家墓葬之中，据说发现于公元 279 年。[4] 这部书并非中国最早提及这种祥瑞之鸟的文本，在它编纂之时，《亡灵书》在古埃及晚期仍在使用。在时间上，中国记载“凤凰”早期出现的情形与埃及古王国时期的金字塔铭文相似。虽然不死鸟和中国“凤凰”都是神话中的鸟类，但它们却是世界两端两个不同文明独立创造出来的形象。它们最大的共同点是“凤凰”这一
流传甚广的现代名称。东方的凤凰和西方的凤凰亦是如此。于 020
是，希罗多德于公元前 5 世纪确定的一个名称将世界不同地区的不同鸟类联系了起来——虽然这一点并未得到学术界的普遍

认同。

作为一名译者，理雅各博士（1815—1897 年）将这一中国神鸟介绍到了西方。他是一位在远东地区活动的苏格兰传教士，也是中国经典作品的早期杰出译者。理雅各在中国香港居住了 30 年，因这一时期的翻译作品，他被任命主持牛津大学中国语言文学的教学。[5] 他选择了西方凤凰作为这种亚洲神鸟的名字，产生了巨大影响，其重要性怎么强调都不为过。这一用法如今广为流传，因此，西方国家许多中餐馆都取名“金凤凰”，优雅的凤凰形象和龙形象一起，提升了店面甚至是其外卖包装的风格。

同一时代的埃及学家也认识到埃及不死鸟和希罗多德笔下的凤凰有相似之处。对于这一点，理雅各是否知悉？不管怎样，他应该非常熟悉西方的凤凰传说。凤凰传说显示，中国和西方这两种鸟间存在着足够多的相似之处，因此，虽然它们形象不同，但也可以共用一个名字。中国数千年文艺作品中都有“凤凰”曼妙的形象，对其进行简要描绘，就能对本书研究西方神鸟演变确立一个对比参照物。

“凤凰”传说

在通常的描述中，“凤”是雄鸟，与雌鸟“凰”配对，二者一起象征永恒的爱。两个中文字（“凤”和“凰”）共同组成阴阳同体的“凤凰”（图 2.1）。

中国传统经典《礼记》记载：“麟、凤、龟、龙，谓之四灵。”[6] 四
021 灵之中，麒麟、凤凰和龙都是神话动物；只有乌龟（虽然有虚

鳳凰

图 2.1

构的特点）实际存在。其他不同文献将这几种生灵描述为“善良的”“神圣的”“高尚的”“吉祥的”和“天界的”。传统神话认为，天界可分为四个相等的区域，“四灵”中的每一种各自镇守一方，并且是同类动物的首领。“凤凰”代表着太阳、温暖、火和红色，镇守南方。[7] 此外，中国传统神话中还有另外一组天界的象征物，包括了四季和四种颜色。其中，虎取代了麒麟，“朱雀”取代了“凤凰”：青龙、朱雀、白虎、玄武，分别代表着东南西北四个方位和春夏秋冬四个季节。[8]

“凤凰”被尊为鸟中之王，它在飞行时，后面会跟着 359 种其他鸟类。通常，它的代表形象被描述为青鸾（大眼斑雉）、孔雀和天堂鸟，当然会略有变化，有着鹦鹉的嘴以及仙鹤的长脖和长腿。但是，古代文献中却描绘了“凤凰”的另一种形象。中国早期有一部辞书，名为《尔雅》。其中有一个条目，对这种神鸟进行了描述：它身高 6 尺，长着公鸡的头、燕子的嘴、蛇的脖子和乌龟的背。[9] 据说，它有 12 根尾羽，但在闰年有 13 根。[10] 它的羽毛为五色——黑、红、蓝（或绿）、白、黄，代表着“仁义礼智信”五德。它的身上还有代表这些品德的汉字。[11] 从象征意义上讲，这种神鸟包含了世间万物，它的头代表太阳，

022 背代表月亮，翅膀代表风，尾巴代表树和花，脚代表地。它吟唱的甜美的五音歌代表着中国的音阶。据说，长笛的乐声能吸引神鸟。[12]

“凤凰”长生不老，它与同样的祥瑞兽麒麟一起，生活在遥远的昆仑山中，那里是神仙的乐土。它在梧桐树上筑巢，吃竹笋，饮山泉。只有当人间由一位仁主治理，出现了和平繁荣景象，或者要去预告圣人诞生的时候，“凤凰”才会离开仙境，降临人间。[13]

据史料记载，除了曾在上古三皇统治时期出现过，在孔子出生时，以及整个汉代，“凤凰”都曾经出现过。它最近一次有记载的出现，是在明朝开国君主洪武帝之父位于凤阳县一个村庄的墓前；这一地名中的“凤”字强烈预示将有一位明君统治的盛世出现。[14]

虽然从文化上讲，中国凤凰和西方凤凰有差异，但二者最大的不同还在于，前者长生不老，而后者有生死周期，常常是因火而死于巢中，最后又会复活。西方凤凰传说随着时间流逝而演变，东西方凤凰神话的相似性也会变得更加明显。

中国经典著作

中国儒家思想经典中，数次提到过在某些君王统治时期，“凤凰”曾经现身，或者未曾现身，当然后一种情况很值得关注。这些书比《竹书纪年》更早，虽然有部分标注的写作时间属于商代，但是人们相信，它们还是成书于西周时期。在五部古代经书中，三部里有关于“凤凰”的记载，它们是《尚书》（历史文献之书），中国最早的史书；《诗经》（颂诗之书），中国 023
最早的诗集；还有前述的《礼记》（礼俗之书），讲述了宗教礼仪以及从服饰到音乐等其他中国文化。此外，在后来的《论语》（孔子言论集）中，“凤凰”也在一些重要时刻出现过。但是，由于秦朝的焚书坑儒以及接下来汉朝学者对有关文献的恢复和编辑，几乎所有前述文本的真实性都存疑。[15]

在《尚书》中，一对“凤凰”的出现正是舜帝宫廷里典礼程序的最高潮（图 2.2）。它们的出现预示着盛世。舜帝的乐官夔对这一事件进行过描述。作为黄帝的后嗣，禹是舜帝的朝臣，后来自己也当了君主。

> 夔曰：“戛击鸣球、搏拊、琴、瑟、以咏。”祖考来格，虞宾在位，群后德让。下管鼗鼓，合止柷敔，笙镛以间。鸟兽跄跄；箫韶九成，凤皇来仪。[16]

然而，正如“凤凰”现身能证明君王之德、预示政局平稳一样，它的不出现也意味着国家的凶兆。在《尚书》另一处，周公对年高有德的召公说，如果二人不能合作辅佐幼主，“则鸣鸟不闻”。此处所谓鸣鸟即是一雌一雄两只“凤凰”。[17]

《诗经·大雅》第 8 首诗据传为召公所作。其中，他颂扬国君，暗示因为政通人和，连“凤凰”都要离开遥远山间梧桐树
中的巢穴而降临凡间： 024

图 2.2　19 世纪版《尔雅》中的一对凤凰

来源：Charles Gould, *Mythical Monsters* (1886; repr.; New York: Crescent Books, 1989), 373.

> 凤凰于飞，翙翙其羽，亦傅于天。蔼蔼王多吉人，维
> 025 君子命，媚于庶人。[18]

《礼记》解释道，古时国君会制定礼仪以彰显其国之道德和兴旺；上天会以某些天象来表示嘉许。[19] 当一国国君找到其国都的最佳位置并献上祭礼感谢上天时，“凤凰降、龟龙假”。国

君居于宫殿东侧面向旭日之屋，后居于西侧仰望明月之室。伴随着音乐，二人斟满酒杯，显示与天地人和谐共处。[20]

在春季的第一个月，“天子居青阳左个”：

> 乘鸾路，驾仓龙，载青旗，衣白衣，服仓玉。[21]

绿色是春季的颜色。据说，马车上的铃铛声音与鸾鸟啼鸣声音相同，而这种鸟常常被认为就是“凤凰”。[22]

那是个田园诗般的时代，“四灵”都出现了：

> 凤凰麒麟皆在郊棷，龟龙在宫沼，其余鸟兽之卵胎，皆可俯而窥也。[23]

根据《论语》记载，作为希罗多德的同代人，关于“凤凰”，孔子曾经表达过另一种观点。在这部记载这位圣人言论的
书中，这位“至圣先师”在战国初年曾感到绝望。在相关章节 026
中慨叹“今天无此瑞，吾已矣夫者”。

> 子曰：“凤鸟不至，河不出图，吾已矣夫！”[24]

“凤”是“凤凰”中的雄性。理雅各认为，孔子的悲叹说明了这位圣人对这种神话灵物的信仰，并且也暗示了他对其他三种灵物的接受。[25]据说，除了在舜的宫廷中出现，孔子出生时“凤凰”也曾现身。因此，这种神鸟没有出现，对这位圣人来说

更具个人情感色彩。河图指的是黄河中一匹龙马背部的图案，它曾出现在中国传说中的三皇之一伏羲面前。[26]

后来，在《论语》中，还有一位因不愿为官而装疯的隐士曾讥讽孔子自诩为“凤凰”：“凤兮！凤兮！何德之衰！”他请求孔子再也不要“徒劳地寻求”入世，似乎应该像“凤凰”一样回到遥远山间的巢穴之中。

“凤鸟”未能现身时，孔子肯定不是唯一感到绝望的人。数百年后，也有中国诗人呼应这段话，悲叹神鸟未至，精神空虚，时代死寂。伟大的屈原就是这些诗人中的一位。他收集传说，进行创作，并在《九章》中列举了黑暗时代的种种征候：

> 鸾鸟凤皇，日以远兮。
> 燕雀乌鹊，巢堂坛兮。
> 露申辛夷，死林薄兮。
> 027 腥臊并御，芳不得薄兮。
> 阴阳易位，时不当兮。
> 怀信侘傺，忽乎吾将行兮！[27]

屈原后来投江自杀。后来，中国各地都以端午节来纪念他。

亚洲的凤凰形象

当然，在后来的岁月里，“凤凰”在童话等其他文学中无数次出现，但是，在艺术领域出现得尤多。[28] 在中国、日本以及其他远东国家，凤凰及其后裔和龙一样，成为两种主要的装饰主题之一。

中国“凤凰”

在中国和其他亚洲艺术中，要在众多美丽的鸟中确定哪一只是“凤凰”并不总是轻而易举的事，尤其是中国古代青铜礼器上的图案。兽面纹上的各种鸟绝大部分都被笼统地称为“禽”，但是，上海博物馆的一位馆长指出，一尊西周酒器的盖子和器身上有“大凤凰”的图案，它们双冠交缠，回首凝望。[29]后来，“凤凰”作为“南方朱雀”，与其他三种灵兽一起，被人们刻在青铜镜上。到了唐代，“凤凰”的艺术形象成了展开翅膀独自行走的样子；到了10世纪以后，其典型形象演变为空中飞翔。也大约在这一时期，艺术家为“凤凰”引入了一个重要特征——五齿状尾羽。这一特点将“凤凰”与其他有着平滑尾羽的鸟类区分开来。[30]在元代的一处石雕上，有一雄一雌两只“凤凰”连在一起，雄凤凰的尾羽为五齿状，雌凤凰的尾羽则呈弯曲的卷须 028
状，且数量为偶数。[31]在中国传统中，奇数和偶数分别与阳和阴相关，从而可以用来确定“凤凰”的雌雄。

在中国艺术中，“凤凰”常常成对出现。因此，雌凤凰成了中国传统中龙这一阳气之物的补充。从中国上古历史开始，真命天子就被认为是龙的后裔，以龙为代表。以此类推，皇后就是皇族中的“凤”。在关于中国帝王的所有文章中，龙凤代表了帝后。通常，皇家工艺美术作品都展示了帝后的阴阳平衡，并且推而广之，及于宇宙。[32]帝后的私人用品也会取与之相应的名字。从秦朝开始，皇后都会戴“凤冠”。[33] 在一处明朝皇陵中就发现过一件特别华丽的头饰。制作这一凤冠就用了 150 颗宝石和 5000 颗珍珠。皇家庭院两侧也分别用凤羽和金龙装饰。[34] 至少从 10 世纪起，公主或皇后就开始穿绣有“凤凰”图案的丝质“凤袍”。慈禧太后的凤袍上，就绣有三只优雅的雌凤凰，它们都带一对齿状尾羽，在花间飞舞（图 2.3）。[35]

到 20 世纪初，作为帝王象征的龙凤形象，已经在中国社

图 2.3　慈禧太后的凤袍（1890—1900 年）
来源：Royal Ontario Museum, Toronto.

会各阶层中普遍使用。这一点与埃及的情况相似，一些铭文中的咒语从法老及其宫廷传到了普通百姓。在维多利亚和阿尔伯特博物馆（Victoria & Albert Museum）展出的一幅婚礼挂毯中，一群小男孩骑在龙和凤的背上。也许它就挂在婚床的上方，显示新娘有生育子嗣的义务。[36] 作为婚姻的象征物，龙凤图案现
在也会出现在婚礼请帖之上。[37] 如今，新娘的“凤冠”和“凤袍” 029
都可以网购；西方人也喜欢将中国传统和现代的五彩凤凰形象选为文身图案。

日本的“凤凰”

一般认为，中国“凤凰”的传说和形象于 6—7 世纪传到了日本。[38] 这种神鸟在日本也被称为“凤凰”，日语发音为 ho-oo，[39]
与雉鸡相似，其形象中也常有中国式的齿状细羽。[40] 在京都府 030
的宇治有一座名为平等院 [41] 的寺庙，屋顶上就蹲着一对日本著名的“凤凰”。平等院供奉阿弥陀如来佛，信众们信仰他在极乐净土的救世学说。现在，这座寺庙的中心被称为凤凰堂，1053 年完工并启用。阿弥陀堂建于庭院内一处人工池塘中央的小岛上，建筑主体两侧有独特的“翼延伸”，后方有“尾延伸”，作为从池塘岸边前往佛堂的小桥。[42] 佛堂在江户时代（1600—1868 年）进行过一次修缮，给屋檐上加了两尊青铜镀金凤凰顶饰。[43] 虽然这对又高又瘦的神鸟有自己独特的体态，但是，和中国的“凤凰”成对出现一样，日本雄性的凤和雌性的凰也面对面成对出现。

其他日本宗教建筑上也出现过“凤凰”的形象，特别是

1636 年完工的日光东照宫。在这座栃木县日光市的神社里，雕刻艺术品都被漆上了亮丽的色彩，其中有许多种动物，类似“凤凰”的形象难以计数。[44] 今天，日本人在节日里用的移动神舆顶部也经常有“凤凰”装饰。

与中国相似，日本人也在许多材料上刻画“凤凰”，其形象也各不相同。其中，木版画家喜多川歌麿（1753—1806 年）的美人画像最为著名，他在画像中刻画的“凤凰”栩栩如生。[45]

传入西方

通过中世纪的旅行者和商人，亚洲艺术开始逐步进入欧洲，伴随其中的就有一只鸟或一对鸟的形象，它（们）有着亮丽多彩的羽毛，以及飘逸的尾羽。历史学家修·昂纳（Hugh Honour）曾写道：“东方的器物不断地运抵拜占庭；它们绝大多数来自波斯，但很可能也包括了中国的丝绸，反映的是一些怪异的主题——凤凰、孔雀和龙。”[46] 他还补充道，（欧洲）10 世
031 纪手稿中的凤凰很可能就源于中国的“凤凰”；11 世纪的一个象牙盒子上也雕刻有这些神鸟，它们可能就是欧洲最早的中国艺术品的代表。[47]

2014 年，那些曾在中国帝王庭院中跳跃嬉戏的雌雄神鸟的后代，被做成飞行姿态的艺术品，展示在纽约圣约翰神明大教堂（Cathedral Church of St. John the Divine）高高的中殿。由中国艺术家徐冰创作的，分别长 90 英尺和 100 英尺的大鸟，使用了 12 吨从北京收集的建筑废品。这两件艺术作品用蓝色灯光装饰，上面用缆绳吊起，下方有支架，看起来似乎没什么分量。

关于这一项目，有一则新闻的标题为：“凤凰，跃起于中国，飞翔于纽约”。这使人想起理雅各结合东西方凤凰传说给我们留下的遗产。[48]

中国的“凤凰”要比西方同类早出现几个世纪。当孔子（因为理念不能实践）绝望时，在埃及的赫里奥波利斯，人们还崇拜着不死鸟；只是希罗多德到访太阳城后，西方传说中的凤凰才得以诞生。

第一部分
古典时代的凤凰异象

他们还有一种神鸟，称为凤凰，
但除了在画中，我却从未亲见。
——希罗多德《历史》

罗马帝国硬币上的第一只凤凰，其背面为哈德良（118 年）
来源：The British Museum: BMC Hadrian 48, 860, 0326.8.

3

西方凤凰的诞生

西方凤凰诞生的过程既缓慢又艰难，其婴儿期就长达几百年。

我们现在所知的凤凰神话认为，凤凰是一种长寿之鸟，它因巢穴失火而死，灵魂却以胜利的姿态飞天，又从自己的灰烬中复活。但是，古书中很少有提及这一神话形象的。即使是现存的第一部提及凤凰的文学作品以及随后对“神鸟的活动”的详细描述都是高度存疑的。公元前 8 世纪末期赫西俄德的谜语与希罗多德的记录之间大约有 250 年的间隔。而在希罗多德为凤凰在西方文学中赢得一席之地后，又过了 400 年，这种神鸟的形象才在文学中得到细致的刻画。

荷马笔下的“凤凰”形象

当“凤凰”（*φοῖνιξ, phoinix*）一词的各种形式和含义在希腊语的爱奥尼亚方言中广泛流传时，在赫里奥波利斯和埃及其他的宗教中心，人们还崇拜着不死鸟，中国皇宫中还在用“凤凰”

036 的形象进行着装饰。虽然 *phoinix* 是长寿神鸟的希腊语名称，但该词的一些早期含义后来还是被与凤凰联系了起来。特别是该词有一种形式，既可指“枣椰树”，也可指神鸟，因而给后世译者带来了困惑。

Phoinix 一词的早期变体曾出现在书面语《荷马史诗》（本身为口口相传）中。目前，人们普遍认为，作为西方文学源头的《荷马史诗》创作于公元前 8 世纪后半叶。在《伊利亚特》中，“Phoenix”既是阿喀琉斯导师的名字，又是腓尼基创立者和欧罗巴（Europa，腓尼基公主）之父的名字（亦为“腓尼基”）。在这部史诗中，用 *phoinix* 一词的各种变体描述颜色时皆指代“紫色”或“深红色”，这是因为，希腊人认为这两种颜色起源于腓尼基。在推崇尚武精神的《伊利亚特》中，*phoinix* 一词的各种变体描述的颜色皆为“血红色”，描述马的颜色则为“血红 - 枣红”。在关于奥德修斯的旅程记录中，除了“黑红色”“像血一般的”和“血红色”等意，*phoinix* 的各种变体还指代“腓尼基”“枣椰树”“红脸颊”（指船首涂成红色的船）。在诸多诗篇中，没有一部用 *phoinix* 一词指代神鸟的名字。[1]

赫西俄德之谜

《荷马史诗》创作完成后不久，在《喀戎训诫》（*Precepts of Chiron*）一书中，*phoinix* 一词首次被证实用于指代神鸟。《喀戎训诫》起先被认为是赫西俄德（前 700 年）所著，后来又被归入他的说教史诗之列。该书共分四部分，记录了赫拉克勒斯

（Heracles）、伊阿宋（Jason）、阿喀琉斯等希腊英雄的名言。据说，凤凰的首个文学形象就出现在其中一则称为“长寿之谜”的名言里。[2] 这则名言被收录入几个世纪之后的一部作品并流传了下来，就像一小块石头从池塘水面上漂滑而过。下文即是其最完整的版本，选自普鲁塔克所著《神谕的衰退》（Plutarch, *Obsolescence of Oracles*，约 100 年）：

> 嘎嘎叫的乌鸦，寿命是人的 9 倍；雄鹿的寿命又是乌
> 鸦的 4 倍；渡鸦寿命则是雄鹿的 3 倍；凤凰的寿命又是渡
> 鸦的 9 倍有余；但是，作为“持盾天神”宙斯的女儿们， 037
> 我们这些一头秀发的宁芙（Nymph）的寿命又是凤凰的 10
> 倍有余。[3]

那么，宁芙的寿命是人的寿命的多少倍呢？按照上述说法计算，应该是 9×4×3×9×10，即宁芙的寿命应该是人的 9720 倍。乌鸦、雄鹿、渡鸦都是现实中存在的动物，而凤凰和宁芙都应归入神话范畴。前述这些动物和宁芙的寿命，一个比一个要长好几倍。凤凰的寿命是人的 972 倍，因此，它是动物中的最长寿者。只有半人半神的宙斯女儿们才比它活得长。

但是，人的寿命又有多长呢？普鲁塔克试图在其对话中回答这一问题。作为他笔下的人物之一，克勒姆布罗托（Cleiombrotus）将这一问题引入到一个讨论之中，讨论的主题是为什么希腊神谕数量减少，不再辉煌。他给出的一个原因是，掌管神谕的宁芙去世了。而赫西俄德之谜据说回答了宁芙

能活多久的问题。人们反复吟诵这一谜语，争论赫西俄德所称的“一代”是多长时间。一般的讨论者认为，他所谓的“一代”与人的寿命相等。然而，克勒姆布罗托则认为，一代就是一年。德米特里（Demetrius）则反驳说，一代的时间要长得多。他又补充道，对于整个谜语中的语句，仍有不同的解读，比如对于“正值盛年”或“垂垂老矣”的人，一代的时间会有所不同。他指出，赫拉克利特（Heraclitus）认为，对于年轻人而言，一代就是 30 年（一位父亲生了儿子，然后儿子又成为父亲的时间）。其他人则一致认为，对于老人而言，一代就是 108 年（这是因为他们相信，人生的中点应该是 54 岁）。[4]

作为同代人，老普林尼（23/24—79 年）比普鲁塔克年长一些。他对第 7: 48 条谜语进行过解读，认为，赫西俄德给乌鸦、雄鹿和渡鸦“虚构”了长寿的特点；对凤凰和宁芙的寿命则“虚构更甚”。但是，普林尼对于赫西俄德的计算方式并没有进行分析。[5]

虽然普林尼认为这则谜语的作者是赫西俄德，但是，他的同代人、修辞学家昆体良（Quintilian，约 35—90 年）则提及
038 了关于《神谕的衰退》作者的争议。他认为，拜占庭的阿里斯托芬（Aristophanes，约前 257—前 180 年）是第一位宣称《神谕的衰退》一书作者并非赫西俄德的人。[6] 而阿里斯托芬是亚历山大图书馆的管理者之一。

为了确定凤凰传说的发源比赫西俄德早多久，我们首先要看的就是现存最早的希腊文学作品——《荷马史诗》。赫西俄德创作的高峰期是在公元前 700 年左右，而《荷马史诗》的创作

只比这一时间点早几十年。由于《荷马史诗》中 *phoenix* 一词的各种变体都没有用来指代神鸟，关于凤凰一词在赫西俄德之前多久出现，还有一系列难以解答的问题：这一词汇的出现是否也早于荷马？[7] 如果是，荷马是否熟知该词——如果熟知，他为何没有使用？荷马关于特洛伊战争的史诗中没有出现凤凰一词并不太令人惊讶。但是，在他关于冒险游历的史诗中，也没有使用过这一词汇，而该词应该在此类史诗中出现。或者，还有一种情况是，凤凰神话恰好出现在荷马和赫西俄德之间的数十年？情况似乎就是如此。

希罗多德笔下的凤凰

在赫西俄德的谜语与希罗多德《历史》（约前 450—前 425 年）中的神鸟故事之间，相隔了三个世纪。希腊语中关于这一神鸟的词汇能够流传下来，原因一是民间口口相传，二是有些相关作品（现已佚失）。一般普遍认为，这位希腊历史学家对赫里奥波利斯不死鸟的描述，是西方凤凰传说的主要源头。

为了搜集希腊和波斯战争史的第一手资料，希罗多德游历四方。这位史学之父根据游历中的所见所闻，创作了一部欧洲散文巨著。在《历史》第二卷中，他详细记载了埃及的地理、历史和文化。他告诉读者，他曾经在埃及南部的赫里奥波利斯和象岛（Elephantine，现为埃及城市阿斯旺的一部分）之间旅行，期间还曾到孟菲斯和底比斯实地考察。据他记录，赫里奥波利斯的饱学之士曾讲过一种神鸟的故事，而他把这种神鸟称为“凤凰”。

如果先想一下我们期待它包含什么内容，也许就能更好理解为什么这篇著名文章会充满争议。因为故事的背景是赫里奥波利斯——崇拜不死鸟的宗教中心，我们可以推测，其所描述的神鸟就是不死鸟 - 苍鹭；并且，希罗多德听到的故事也与死而复生的埃及太阳神鸟传说有关，比如，它是众神的化身，它会驮运逝者的灵魂穿行阴间等。但我们一读就会发现，这位历史学家所描写的细节与我们的期待并不相符。

希罗多德首先描述的是鳄鱼和河马，接下来才讲到凤凰的故事。鳄鱼和河马都是尼罗河中的神物，希罗多德的描述是典型的道听途说，就如同谬误百出的行者游记一样。据他描述，底比斯人给（没长耳朵的）鳄鱼耳朵处挂上玻璃和金质饰物，而“河马”则是牛和马的混合体。凤凰的故事也是一篇行者游记，但是，由于希罗多德的评述具有非常浓厚的个人色彩，所以这则故事显得更加贴近现实。紧随这则故事之后，书中又提及了来自阿拉伯半岛、长着翅膀的蛇（很可能是蝗虫）。这些蛇曾入侵埃及，但被神鸟朱鹮所消灭。

> 埃及有一种神鸟，名为凤凰，但我只在图画中见过。事实上，即使在埃及，这也是一种非常罕见的鸟。（据赫里奥波利斯人说，）它只在每500年旧凤凰死去之时，才会出现。如果真如图画中所描绘的那样，这种神鸟的大小和外表如下：羽毛部分为红色，部分为金色；大致外表和体型与鹰几乎完全一样。当地人所讲的关于神鸟的故事，实

> 在令人难以相信。他们说，神鸟从阿拉伯半岛飞来，将其
> 父辈敷满没药的尸体驮到太阳神庙埋葬。为了驮运，它首
> 先根据自己的驮运能力，用没药做成一个球体；然后，把
> 球体掏空，将父辈的尸体装入，再用新鲜没药封口。这样， 040
> 这个球体的重量就与最初相等。如前所述，它将敷满没药
> 的尸体运到埃及，存放在太阳神庙。这就是赫里奥波利斯
> 人讲的神鸟故事。[8]

与象形文字文献和插图中的不死鸟一比，我们就会发现，这个故事令人困惑，而和赫西俄德的谜语相比，存在的问题也一点不少。与其说这篇文章回答了多少问题，不如说它又制造了更多的问题。

“凤凰”一词

既然赫里奥波利斯人的神鸟很可能就是不死鸟，那么，为何希罗多德要称之为“凤凰”呢？据推测，这一名称并非他听过的埃及人讲的故事里的那个词。鉴于他所著史书的其他部分都以希腊名称来称呼埃及众神，因此可以推断，赫西俄德用这个词来指代神鸟应该是合适的。在《历史》一书中，希罗多德还使用了“phoenix”一词的其他变体，包括“腓尼基”（Phoenicia）和腓尼基人，以及该词指代的其他含义如“紫红色”（Purple-red）、“棕榈叶”（Palm leaves）、“枣椰树”（date-palm）和“七弦琴”（lyre，特指腓尼基人发明的一种弦乐器）。[9] 据一些 19 世纪的古埃及学家推测，“*benu*”一词的发音

与“phoenix”接近。[10] 另一种可能的解释是，“phoenix”一词与对埃及神鸟的形态描述有关。

关于凤凰的描述

正如我们通常在埃及绘画和象形文字中所见的图片所示，不死鸟就是一种长着长腿和长嘴的苍鹭，其羽冠由两根羽毛组成。在绘画作品里，这种鸟的身体和头部常常被绘成灰色，有时翅膀和腿会呈褐色。希罗多德自称只在图画中见过的鸟的（参见之前引用的乔治·罗林森标准译文）羽毛“部分为红色，
041 部分为金色”，在“外表和体型”上与鹰“几乎完全一样”。这显然不是埃及的不死鸟——当然也不是鹰。而 A. D. 戈德利（A. D. Godley）翻译得更加准确，称画中的鸟“主要是红色，间以金色”。[11] 这样，希罗多德笔下的混合体，用“Phoenix”一词表示，就很合适了。

但是，即使我们姑且把这位历史学家的话当真，问题仍然未能解答：他从自己声称见到的图片中描述的到底是埃及的一种什么鸟？我所认识的学者中，没有一人能给出一个令人满意的原型。也有一种异想天开的想法就是，希罗多德会不会将他看到的图片中的其他鸟错认为不死鸟，比如像隼一样的猛禽，或者妮菲塔莉 * 位于底比斯的墓中所描绘的、在不死鸟身边飞翔的红色和金褐色的风筝。[12] 同样，希罗多德对鳄鱼和河马的描述也不够准确。

---

* Nefertari，古埃及法老拉美西斯二世的王后。

凤凰的故事

从最基本的框架上讲，希罗多德笔下的凤凰是一种来自阿拉伯半岛的神鸟，每 500 年，它就会将其父辈的尸骸装在一个用没药制成的球体里，再运到埃及的太阳神庙。从整体上讲，这则故事与《亡灵书》和埃及其他文献中记录的不死鸟传说没有明显的相似之处。尽管如此，希罗多德所述的许多细节还是能与埃及各种不死鸟传说相对应。

阿拉伯半岛位于埃及东邻，古埃及文献并未将其确认为不死鸟的故乡。[13] 作为众神化身的太阳神鸟可以死而复生，在广义上的东方升华。希罗多德笔下的凤凰来自阿拉伯半岛这一特定区域，但也算是来自东方的太阳鸟。它的羽毛甚至就是太阳初升时的颜色。

关于其他一些方面，希罗多德后来在《历史》中所描述的阿拉伯半岛也与其笔下的凤凰有着联系。这里是香料之乡，只有这里，才产出乳香、肉桂、桂皮、劳丹脂和没药，而没药是一种树胶脂，凤凰埋葬其父辈时会用到它。[14] 希罗多德在书中还提到另一种与香料有关的鸟，它从别的地方带着肉桂棒来到阿拉伯半岛，并用这些肉桂棒在悬崖峭壁之上筑巢。阿拉伯人 042
有一种方法可以从这种鸟那里骗取到肉桂。他们会用一块很重的肉去吸引这种鸟，让它运到自己的巢中，因为肉太重以至于鸟会将肉桂棒从悬崖壁丢下。[15] 希罗多德之后又过了一个世纪，亚里士多德在其《动物志》（*Historia Animalium*）中又给出了这则故事的另一个版本。他记述道，这种鸟把巢筑在高高的树顶之上，当地人为了获取肉桂，会给箭头灌铅增重，再用弓射向鸟巢，将其撞落到地上。[16] 因为后罗马时代的凤凰用肉桂、乳香等阿拉伯香料筑巢，因此，《动物志》中的这种鸟被认为与凤凰有亲缘关系。亚里士多德所讲的故事被中世纪动物寓言集收录，这种鸟在寓言集中就成了“肉桂鸟”（cinnamon bird）。

希罗多德凤凰故事中的阿拉伯没药是一种树脂。古埃及人也将它用作防腐剂，关于这一点希罗多德随后有很详细的描写。[17] 他详尽描述了幼鸟用没药球对其父辈尸体进行防腐处理的过程。[18] 但是，关于凤凰传说的后续发展，希罗多德的讲述中很明显缺失了一部分内容，那就是这种神鸟的死亡与再生——尽管在其现身埃及的相关记载中已有暗示。对凤凰传说而言，死亡与再生是最基本的内容。在随后的几个世纪里，罗马作家承担起了收集这部分内容的任务。

在古埃及文献中，我们尚未发现凤凰每 500 年现身一次的记录。[19] 这是希罗多德的叙述中，被认为与公认的不死鸟传说无关的元素之一。但具有讽刺意味的是，在所有中世纪动物寓言集中，关于凤凰，提得最多的就是其 500 岁的寿命。

在希罗多德笔下，神鸟是要飞往太阳神庙的。在埃及，所有的宗教中心都有一座这样的神庙，但是，希罗多德专指赫里奥波利斯神庙。在希罗多德所记述的故事中，只有这一细节与不死鸟传说直接吻合。[20]

抛开经典凤凰传说与不死鸟传说的差异不谈，希罗多德曾说，他所听到的神鸟故事“似乎并不能让我相信”。这个故事被
043 看作整个西方凤凰传说的源头，但作者一开始就不相信。这真

是太讽刺了！尽管希罗多德本人持怀疑态度，但是他记录的故事影响深远，以致在作品问世之后 2300 年的 17 世纪，托马斯·布朗爵士和亚历山大·罗斯还就其发生过严肃的争论。布朗宣称，希罗多德对凤凰传说持怀疑态度。经过分析琐碎的细节，罗斯回应称："希罗多德并未质疑凤凰的存在，他所怀疑的只是赫里奥波利斯人所讲述的具体情况。"[21]

赫卡泰俄斯

研究到此处，希罗多德用第一人称记述的从赫里奥波利斯普通人或祭司处听到的凤凰故事，我们看起来已经接受了。随着研究的进行，我们发现，希罗多德如此讲述凤凰故事，可能有一个令人意想不到的原因——他可能是对另一位历史学家赫卡泰俄斯的作品进行了改编或者直接引用。

这一指称来源于尤西比乌斯所著的《福音的准备》（Eusebius，*Praeparatio Evangelica*）。这部书是在希罗多德之后 900 年才创作的。这本书的第 10 章讲述了希腊作家的剽窃行为。其中，尤西比乌斯引用了 3 世纪新柏拉图主义哲学家波菲利（Porphyry）的话：

> 我为什么要告诉你……在他的第二本书中，希罗多德是如何从米利都的赫卡泰俄斯所著的《地理志》（*Geography*）中"搬走"了许多片段，只在口语表达上做了少许篡改，就成了关于神鸟凤凰、河马以及捕猎鳄鱼的故事的呢？[22]

一些指责希罗多德剽窃的人声称，他对河马的描写，连一些细节错误都与赫卡泰俄斯作品中的一样。[23]

赫卡泰俄斯在公元前5世纪早期著有《地理志》(*Periegesis*)。
044 但是，只有一些片段为后世作家保存并流传至今。从《历史》一书中可以清楚看出，希罗多德对于其前辈历史学家的地理著作非常熟悉。在《历史》一书的“埃及”部分，希罗多德语带嘲讽地描述了“历史学家赫卡泰俄斯”如何向底比斯的祭司吹嘘自己是神的后裔。希罗多德还称，正如以前接待赫卡泰俄斯一样，底比斯的祭司也把他带进了他们的神庙。

如果希罗多德真的是从赫卡泰俄斯那里借鉴了有关凤凰的传说，那么，关于上面所讨论的几点问题实际上仍然存在——从作者为何将赫里奥波利斯神鸟称为“凤凰”，再到他讲的那么多细节为何与不死鸟传说有差异等。[24] 无论如何，人们普遍将功劳归于希罗多德，认为是他在《历史》中的讲述促成了凤凰传说的诞生。

雏　凤

虽然希罗多德的记录是西方凤凰传说主要的文学源头，但是，这一传说在文学和艺术领域的发展，却很缓慢。

范登布鲁克认为，从赫西俄德记录的谜语到1世纪希腊－罗马的相关著述中，仅有9次提到凤凰，希罗多德的记录即是其一。而且，在所有著述中，这也是唯一保存完整的（范登布鲁克也辩称，因为借鉴了赫卡泰俄斯的作品，所以，希罗多德的作品并不是原创性的），其他的都是后世作者引用的片段。[25]

在其他作品中，有些特定细节在希罗多德的记录中也有出现。公元前 4 世纪，喜剧诗人安提法奈斯（Antiphanes）曾写道：“据说，在赫里奥波利斯有多只凤凰。”[26] 这明显是指希罗多德记录的传说中凤凰的目的地。根据第欧根尼・拉尔修（Diogenes Laertius）的引述，公元前 1 世纪的哲学家埃奈西德穆（Aenesidemus）曾将“如阿拉伯凤凰及其蠕虫一样在烈火中降生的物种”称为能够无性繁殖的动物。[27] 范登布鲁克指出，关于神鸟的诞生有两个版本，一是生于烈火，一是由蠕虫化成；而前述说法将阿拉伯凤凰列于这二者之间，很耐人寻味。[28] 正如 045
普林尼作品中所述，公元前 1 世纪的罗马参议员曼尼里乌斯对这些作者进行了广泛记录；虽然他所记述的一些细节与希罗多德的记录不吻合，但还是记述道，凤凰是来自阿拉伯半岛的一种鸟，它会将其父辈的尸骸驮到太阳城［在福地阿拉伯（Arabia Felix）的“潘凯亚（Panchaia）附近”而非赫里奥波利斯］举办葬礼。[29]

戏剧家以西结（前 2 世纪）在《出埃及记》中提及的那只无名大鸟是出现在埃及，而且确实胸部为紫色，脖颈周围的羽毛为金色，但并未提及它的死亡、再生或者飞往太阳城一事。这一片段曾被亚历山大・波里希斯托（Alexander Polyhistor）引用，后来在尤西比乌斯《福音的准备》中也出现过。[30] 此外，拉维乌斯（Laevius）的形体诗 *Pterygion phoenicis* 中也提到过凤凰，夏里修斯（Charisius, 4 世纪末）还引用过这首诗。该诗中的凤凰传说与其他的截然不同，在这首诗中，凤凰是维纳斯的护卫，而维纳斯既可能指女神，也可能指金星。[31]

在艺术上，作为阿喀琉斯的导师，凤凰经常出现在希腊花瓶以及其他艺术品上。但是，神鸟在古希腊艺术领域中的体现，并没有文献记录。在权威的《古典神话图解词典》（*Lexion Iconographicum Mythologiae*）中，神鸟凤凰部分讲的都是这种鸟在希腊－罗马和早期基督教艺术，特别是在罗马硬币上的形象，并没有特别讲到希腊艺术中的神鸟凤凰。[32]

与此同时，埃及的不死鸟崇拜贯穿了整个希腊化时期，一直延续到罗马占领时期。而传统的凤凰传说得到主流文学领域的关注，则要到希罗多德之后约450年——在另一个时代，奥维德在《变形记》中用另一种语言记录了神鸟凤凰。

4

罗马时代早期的凤凰现身记录

在现代罗马的人民广场上，有一座埃及方尖碑，其上的象形文字可能就是现存最早的在文学上将希腊凤凰与埃及不死鸟等同的实物。这座纪念碑现在被称为弗拉米尼安（Flaminian）。它是在罗马帝国征服了希腊化埃及之后，被奥古斯都作为战利品从赫里奥波利斯太阳神庙运回的两座方尖碑之一。这座方尖碑由塞提一世（Seti I）敕令建造，后由其儿子拉美西斯二世（Rameses II）于公元前 1300 年敕令刻上铭文；公元前 10 年，奥古斯都下令将其重新立在马克西穆斯竞技场（Circus Maximus）。在帝国末年瓦伦提尼安一世（Valen tinian I，364—375 年）统治时期，方尖碑倒塌；后来，教皇西斯图斯五世（Pope Sixtus V）于 1589 年在波波洛广场（Piazza Popolo）又重建了方尖碑。[1] 阿米阿努斯·马尔切利努斯（Ammianus Marcellinus，330—391 年）是罗马帝国末期最著名的历史学家之一。他曾提到过“我们在竞技场看到的古方尖碑”，并给出过一段由一位名叫赫尔密斯（Hermapion）的人翻译的希腊语译文。[2] 在这段希腊语译文再转译的英文中有这样一段话："拉美西斯二世是拉神的儿子，他的莅临使凤凰（*ha-t-bennus*）神庙蓬荜生辉。"[3]

048 正如这些铭文所示，西方神话中的凤凰是从埃及飞到罗马的。希罗多德之后四个世纪，在奥古斯都统治时期（前 27—公元 14 年），西方文学史迎来了希腊化赫里奥波利斯神鸟的首个繁荣期。在希腊 - 罗马文学中，希罗多德笔下的凤凰不断演变，从奥维德的诗歌开始，经过老普林尼和塔西佗的作品以及其他作家的说明性散文，一直发展到拉克坦提乌斯和克劳迪安的诗篇。在希腊 - 罗马时代，多种文学体裁中都提到过凤凰，这说明，人们对于凤凰传说已是非常熟悉。

在描写凤凰时，绝大多数希腊 - 罗马作家都是在重复、发挥、修改或者间接提到希罗多德作品中的相关内容。关于这种神鸟降生、死亡和复活的各种细节——甚至还有一些希腊罗马传说以外的内容——都是整个凤凰故事不可或缺的一部分。这些内容中的每一条，都是对凤凰"现身"的一次记录，都促进了神鸟在文化意义上的发展。其中部分内容，如关于神鸟起源地的内容，可以通过每条记录的上下文来合理解释；而其他内容，就只能归于口头传说或者作者杜撰了，当然也可能是手稿或者部分手稿现已遗失的影响。瓦尔特·伯克特（Watter Burkert）曾写过一部关于更大主题——希腊宗教——的作品。正如他所言，"目前似乎还不可能区分并厘清所有历史影响的脉络"。[4] 或者正如历史学家塔西佗在谈到凤凰在埃及现身的报道时所说的那样，"毕竟，所有古时的东西自然都不会是清清楚楚的”。[5] 17 世纪时，托马斯·布朗就对凤凰持否定态度。他引以为据的就是有关凤凰的记述中存在着自相矛盾之处，并以此否认神鸟的存在。但是，无论如何，希腊 – 罗马文学中各种关于凤凰的寓言，都是对神鸟在历史长河中演变的重要记录。神鸟在文学中的形象与其在罗马帝国硬币和其他罗马艺术中的不死鸟形象并不一致，这使得有关神鸟未老之时的传说变得更加丰富多样。

奥维德笔下的凤巢 049

奥维德（前 43—公元 17 年）对神鸟在文学中的形象演变有重要贡献，因此，在凤凰研究领域享有盛名。尽管普林尼声称，曼尼里乌斯（前 1 世纪）是第一位详细记述神鸟的罗马人，但是，作为元老院成员，曼尼里乌斯可以验证的作品是经由普林尼的《博物志》而为公众所知的。而这已经是奥维德成为与维吉尔和贺拉斯齐名的罗马著名诗人之后的事了。

与希罗多德一样，奥维德在凤凰研究领域也有几项开创性功绩。除了他颇具创新性的凤凰传说外，奥维德还在《变形记》富有远见的最后一卷中收录了著名的凤凰系列诗作。这不仅是首次用诗歌描写凤凰的重要作品，而且是最早用拉丁语写就的关于神鸟的著名作品，正如希罗多德用希腊语进行的创作一样。[6] 巧合的是，这两部作品的时间间隔接近 500 年，刚好是希罗多德提到的凤凰的生命周期。奥维德也是第一位在两部不同作品中都提到过凤凰的作家。[7] 第一次提及时虽然内容简短，但是其中包含的凤凰主题在之后的几个世纪里广泛流传。奥维德的早期作品《爱》(*Amores*，前 13 年)，讲述了诗人不幸的爱情，其中就提及过凤凰。诗中的叙述者相信，他的鹦鹉虽然死了，但是会去到天堂里的小树林，与凤凰、孔雀、鸽子、天鹅等其他“良禽”一起：“凤凰就生活在那里，而且仅有一只。”[8] 奥维德选择天堂作为凤凰和其他“良禽”的永恒家园，既是一种共识，也是诗歌创作的需要，与希罗多德所提到的具体地域阿拉伯半岛并无关联。无论如何，奥维德的这一选择，对其本人和其他人在凤凰寓言中使用“人间天堂”这一概念，都具有引领作用。在后来犹太人的作品中，凤凰被写成伊甸园中的动物之一。此外，奥维德笔下的天堂也可与中国“凤凰”生活的天界相类比。

凤凰是一种长寿之鸟，它“一直活着”。与埃及的不死鸟－苍鹭一样，凤凰这种鸟仅有一只，这一独特之处使它区别于其他动物。后世作家用浓墨重彩来描述这一特性，因此，中世纪
050 时，人们会用“凤凰”来比喻独一无二的个体，文艺复兴时期更是如此。[9]

继在《爱》中提及凤凰之后，奥维德在《变形记》中又对神鸟进行了详细而生动的描写。公元 8 年，也许是因为其描写情爱的诗句，奥维德被奥古斯都驱逐出罗马。此后，他完成了关于神和自然发展演变的史诗《变形记》。[10] 在这部书最后一卷戏剧性的背景下，又出现了关于凤凰的片段。书中的哲学家角色（以公元前 6 世纪的毕达哥拉斯为原型）有一段独白，对长诗开卷部分介绍的演变主题进行了展开论述。因为相信灵魂能够从一个躯壳轮回为另一个躯壳，甚至能从一个物种轮回为另一个物种，因此他列举了事实和传说中各种动物形态的变化。

这些嬗变包括了无腿的蝌蚪变成青蛙、蛋孵化成鸟等。随后，他又描述了独特的凤凰——它的基本外形未随时间而变化。这一记录与希罗多德所述的基本细节相一致，但是还有许多新的元素出现。因此，神鸟实际上在奥维德笔下又一次重生了：

世间所有动物中，
初生之时与后来大多相异。
但是，唯有一只鸟，
因自体重生，而不会因岁月改变外形。
亚述人称它为凤凰，
它不食五谷菜蔬，
只吃香脂和香草。
这种鸟活到 500 岁时，
就在摇曳的棕榈树梢，
以纤纤细爪和干净的嘴，用桂树皮、香料、没药和肉桂，
为自己筑巢，
然后在香气缭绕中结束寿命。
随后，从它的胸部——传说中如此——一只小凤凰出生并起飞，
据说，它也会活 500 岁。
小凤凰渐渐长大足够坚强的时候，

就会驮起自己的摇篮，也就是父亲的坟墓，
从摇曳的棕榈树梢飞起，升到天空

飞到太阳城下，

凤巢就在太阳神庙里熠熠生辉。[11*]

奥维德是希罗多德之后第一位提到凤凰 500 年生命轮回的作家。与其祖先一样，这种鸟也会将其父辈的尸骸驮到太阳神庙（虽然没有提到埃及，但据信就在赫里奥波利斯）。但这一次，正如后来普林尼描述的那样，在《变形记》中，这只幼鸟是将凤巢驮到太阳神庙。而凤巢是一个矛盾的复合体——它既是“摇篮”，又是“坟墓”。奥维德的记述乍一看很奇怪，它是借亚述居民之口进行的讲述，而非由赫里奥波利斯的居民或祭司来讲述。但是，具体而言，故事的叙述者是毕达哥拉斯。据说，他曾游历四方，并到过亚述。后来，在 1 世纪时，当诗人马提亚尔（Martial）和斯塔提乌斯（Statius）提及凤凰时，曾分别引用为“亚述的鸟巢”[12]和“亚述的棕榈树”[13]。在上面引用的译文片段中，奥维德笔下的凤凰与他之前所述一样，都是雄性；但是，不同之处在于，并未特别提及它生活在天堂之中；而且，诗人也未提及阿拉伯半岛，只提及了亚述居民。

在其他一些具体细节上，奥维德也对希罗多德笔下的凤凰进行了拓展，例如它的饮食、巢穴以及复活的过程。神鸟食的是香草。虽然诗中没有明确说明它的大小和外形，但从其“纤纤细爪”可以看出，它更接近一种猎鸟，而不是鹰。它用香草在棕榈树上筑巢，这在凤凰传说中也是第一次出现；希腊语中

---

* 本译文参考自杨周翰译本，人民文学出版社，2008 年，第 324-325 页。

的“凤凰”经常给译者带来困扰，它有两种形式，其对应的拉丁语在这段文字中都有出现。此外，有一位作家讲述了（虽然有点模糊）神鸟死亡和复活的过程——它在巢中走到生命的尽头，同时，一只新的凤凰从旧的凤凰中诞生。这在现存的文学作品中是第一次出现。上述引文的贺拉斯·格列高利（Horace Gregory）译本用“传说中如此”来对凤凰复活的过程进行限定，从而暗示这一故事已经通过口口相传而为大众所知。几个世纪以后，特别是在拉克坦提乌斯和克劳迪安的凤凰诗作之中， 052
奥维德对凤巢作为“摇篮”和“坟墓”矛盾综合体的描述还仍在被引用。

在被放逐之前，罗马人对奥维德礼遇有加。同样，英国文艺复兴时期的诗人也给予高度评价。前文中，《变形记》片段的结尾数语不禁让人想起伊丽莎白时代的一部诗集《凤巢》（*The Phoenix Nest*）。

文献记载中的凤凰

罗马时期文学领域中的凤凰形象继续在地理志、博物志和编年史中得到发展。在西方凤凰文化史中，老普林尼和塔西佗的记录是两部重要文献。其中既有各种关于凤凰的寓言，也引用了有关神鸟在埃及现身的记录。

对现代读者而言，奥维德的爱情诗（指《爱》）和神话诗（指《变形记》）中的凤凰是同一种形象，都是虚构的；而说明性散文由于目的是要描写现实世界，其中的神鸟则会有所不同。但是，对说明性散文的作者而言，不管是接受凤凰存在的客观事实，还是持怀疑态度，在提到神鸟时，实际上都是为了与公众分享当时的知识。这些知识的来源之一就是诗歌。从这个意义上讲，奥维德的凤凰延续了希罗多德以散文开创的传统。

庞波尼乌斯·梅拉

庞波尼乌斯·梅拉（Pomponius Mela）所著《地志》（*De Chorographia*，又名 *De Situ Orbis*，即《世界概论》，44 年）是第一部拉丁文地理学专著，其中关于凤凰的片段明显受到希罗多德和奥维德的影响。虽然与斯特拉波（Strabo）的地理学著作相比，梅拉的书专业性不强，但它还是涵盖了地中海世界以及
053 欧洲、亚洲和非洲等更遥远的地方。就在该书结尾，讲述阿拉伯湾的部分，梅拉描写了凤凰，并且将它描述为一种真实存在的鸟：

> 诸鸟当中，凤凰最值一提，它总是独一无二。凤凰的降生不是通过交配或孵化。当活够 500 年时，它会用许多香草为自己筑巢，然后卧在其中死去。随后，它又会从自己的腐肉中自我孕育。长成之后，凤凰会用没药将其之前的尸骸裹起来，并驮运到埃及一个以太阳命名的城市，放在散发着香甜气味的甘松柴堆之上，在一场尊贵的葬礼中将其安葬。[14]

与希罗多德笔下的凤凰相似，梅拉描写的神鸟也来自阿拉伯半岛，寿命也是 500 岁，新凤凰同样也将其已死的父辈（“之

前的尸骸”）用没药包起来驮到埃及的太阳城（赫里奥波利斯）。在奥维德的著作中，提到过神鸟的寿命和飞翔目的地，但却没有讲到它的故乡在阿拉伯半岛以及它用没药包裹父辈的传说。与奥维德笔下的神鸟相似，梅拉描写的也是一只独一无二的鸟，并会在一个用香草筑成的巢中死去；从旧鸟的尸骸中又会生出一只新的鸟来。但是，梅拉记述的相关细节与奥维德的有所不同。根据梅拉所述，在旧鸟的腐肉之上，新鸟以某种方式（具体并不明确）自我孕育。在这两位作家的记录中，都未提及过太阳神庙里“散发着香甜气味的甘松柴堆”；这一细节是凤凰传说中的火元素。在亚瑟·戈尔丁（Arthur Golding）1585 年的译著中，神鸟的性别并未明确。

老普林尼

对老普林尼而言，梅拉的地理学专著是重要的创作素材来源。但老普林尼还有一部作品，后来成为关于经典凤凰形象最著名、最具影响的作品，而这部作品的主要素材来源却有所不 054
同。老普林尼认为，他所称的罗马时期最早的神鸟记录，其作者应该是公元前 1 世纪的曼尼里乌斯。[15] 这一著作比奥维德的还要早，但现已佚失。对于希罗多德的记录，老普林尼有一些改动，但保留了其中的关键元素。此外，他还在几个方面将凤凰传说向前推进了。相应的段落出现在老普林尼论述各种鸟属性的部分，具体而言是在鸵鸟之后，鹰之前：

> 据他们说，埃塞俄比亚和印度有一种鸟，羽毛色彩斑

斓，无法描述；而阿拉伯半岛还有一种更为有名的鸟（虽然可能是虚构的）——凤凰，全世界仅有一只，因而几乎没有人见过。这种鸟体型似鹰，除了脖颈周围有些许金色，身体皆为紫色，但尾部又呈蓝色，间有一些玫瑰色的羽毛，喉咙处有成簇细毛，头顶则有羽冠装饰。罗马帝国时期第一位详细记录这种鸟的人是曼尼里乌斯。这位元老院的显赫元老虽然未拜师学习，但却学识渊博。他记录道，没有人曾经看到过凤凰进食；在阿拉伯半岛，凤凰是太阳神鸟；它的寿命为 540 岁；即将老去时，它会用野生肉桂和乳香细枝筑巢，使里面香气弥漫，然后躺下死去；随后，它的骨髓中会生出一种蠕虫，蠕虫又长成一只鸡；要开启这一新生的过程，首先要为这种鸟举办必要的葬礼，并将完整的鸟巢驮到潘凯亚附近的太阳城，再安放于圣坛之上。他还说，大年（Great Year）的长短刚好与这种鸟的寿命相同；在这一轮回之中，四季和星象的表现也相同；大年开始于太阳进入白羊座当天的中午；据他称，这一时代的年份是 215 年，即普布利乌斯·李锡尼（Publius Licinius）和格奈乌斯·科尔内利乌斯（Gnaeus Cornelius）担任罗马执政官时期。科尔内利乌斯·瓦莱里安（Cornelius Valerianus）曾称，在昆图斯·普劳提乌斯（Quintus Plautius）和塞克斯图斯·帕比尼乌斯（Sextus Papinius）担任执政官
055 期间，有一只凤凰向南飞到了埃及；在罗马建城的第 800 年，在皇帝克劳狄乌斯（Claudius）监察之下，它甚至被带到了罗马，并在广场上展出——尽管没有人会怀疑这只凤

凰是虚构出来的，但罗马史实记录还是对这一情节进行了证实。[16]

鉴于老普林尼是在介绍其资料来源之前，在文章开头就对凤凰进行了描写，因此，他的作品似乎应该没有受到曼尼里乌斯记录的影响。在确认神鸟是来自阿拉伯半岛并已广为人知之后，老普林尼立即表示了他对这种动物究竟是否存在的怀疑。因此，作为两位首先详细介绍神鸟的古典散文作家，老普林尼和希罗多德都对凤凰传说持怀疑态度。接下来，老普林尼说，凤凰仅有一只。这一说法与奥维德和梅拉相同。由此推理，人们当然很少能见到凤凰。老普林尼在第二次提及一则广为人知的故事时，使用了“故事是这样的……”作为开头。他笔下的凤凰与希罗多德的相似，大小似鹰，羽毛以红色或紫色为主（拉丁语中这两种颜色用同一个词表示），杂以部分金色。但老普林尼笔下的凤凰因为有着亮丽的尾羽、一撮撮的细毛和一顶冠羽，而显得更加华丽。前面引文的译者 H. 拉克姆（H. Rackham）指出，作者对神鸟的描述能够使人想起亚洲的锦鸡。[17] 巧合的是，锦鸡也是中国“凤凰”的原型之一。

随后，老普林尼用了大段篇幅记录曼尼里乌斯所讲述的凤凰故事。公元前 97 年，在普布利乌斯·李锡尼和格奈乌斯·科尔内利乌斯担任执政官期间，曼尼里乌斯是元老院成员。[18] 他笔下的凤凰也来自阿拉伯半岛，但是，在寿命、巢穴、死亡和复活的情形、飞行目的地以及外形方面都与希罗多德的描述不同。虽然在最受认可的凤凰传说中，它的生命周期为500年，但是，曼尼里乌斯所称的540岁寿命却与天文学上的大年长短一致。因此，每当恒星和行星排列成一条直线时，凤凰和人类的历史都会开始一个新的周期。与后来奥维德和梅拉所描写的相似，曼尼里乌斯笔下的凤凰在衰老之时，也会用香草筑巢，并在弥漫的香气中死去，而这实际上又是复活的准备（虽然这三位学者所描述的细节有重合之处，但是，曼尼里乌斯的记录似乎并未影响后来的两位）。在经典
056 凤凰传说中，曼尼里乌斯所写的片段首次详细描写了神鸟的复活——从旧凤凰腐烂的残骸中首先生出蠕虫，然后再长成一只新凤凰。这只鸟随后会将它的巢驮到太阳城。但是，这里的太阳城并非指赫里奥波利斯，而是位于“潘凯亚”附近。潘凯亚是阿拉伯海域的一座岛屿，因为没药和乳香而闻名。[19] 曼尼里乌斯声称，神鸟最后一次现身是在一个大年周期的末尾（前97年）。[20]

老普林尼还提到过凤凰的另外两次现身。据科尔内利乌斯·瓦莱里安称，在昆图斯·普劳提乌斯和塞克斯图斯·帕比尼乌斯担任罗马执政官期间（公元36年），人们曾看见过凤凰在埃及出现。[21] 卡西乌斯·狄奥（Cassius Dio，约164—229年）后来在他写的罗马史中曾叙述了凤凰的这次现身。当时，台伯河的洪水淹没了罗马大部分地区，而一场大火又焚毁了马克西穆斯竞技场附近的区域。除了这些灾难，当时还发生了另一场灾祸，人们认为，这些都是提比略（Tiberius）去世的先兆。狄奥几乎是极不情愿地加上了第三个恶兆：“如果一定要说埃及的

事情触动了罗马的利益，那可以说就是那一年的凤凰现身了。”翌年春，罗马皇帝去世。[22] 人们认为，这只凤凰就是罗马皇帝克劳狄乌斯为了纪念罗马建城 800 周年（公元 47 年）[23] 而在广场上展示的那只。老普林尼指出，后来的那只凤凰就是一个骗局。很明显，按照曼尼里乌斯和老普林尼的叙述，凤凰现身的日期并不能形成一个 540 年的大年周期。

除了提到曼尼里乌斯笔下的凤凰，老普林尼在《博物志》中还多次提到凤凰，并且所举的例子比其他作者更为分散。正如我们所见，他认为，与乌鸦、雄鹿和渡鸦的寿命相比，赫西俄德对凤凰寿命和宁芙的描写虚构成分更多。在其描写鸟的羽冠的文章中，老普林尼以更加现实的笔触对凤凰进行了刻画。他说，所有有血的动物都会有脑袋，而只有鸟长有羽冠，并且各种鸟的羽冠各不相同。他举的例子包括凤凰、孔雀、传说中的斯廷法利斯湖怪鸟（Stymphalian birds）* 和凤头百灵。凤凰的羽冠是“一排羽毛，从头部中央向四周散开”。[24]

巧合的是，凤凰羽冠的细节刚好与枣椰树相一致。虽然老普林尼并没有指出这一相似之处，但他却是第一位暗示凤 057
凰之名源于枣椰树的古典作家。据他所述，乔拉（Chora）有一棵枣椰树，这棵树死后又“自己复活了——这一特性与凤凰相同”。他还补充说，在他的书出版之时，那棵树已经结出了

* 希腊神话中栖居在斯廷法利斯湖的一群怪鸟。怪鸟以人为食，长着青铜的鸟嘴、锋利的金属羽毛。

椰枣。[25]

老普林尼所说的曼尼里乌斯记录中的凤巢，在《博物志》的另外两篇文章中也出现过。在较早的一篇中，他对是否承认神鸟的存在态度鲜明。而在一篇关于药物的章节中，针对一些医生给病人开出用神鸟的尸骸和巢穴制成的药，老普林尼大加嘲讽。他指出，在一些最受推崇的药物中，

> 有一种是用凤凰的尸灰和巢穴制成——似乎关于凤凰的故事就是事实而非神话了。为了一些药，人们得等上千年才能用上，简直是开天大的玩笑。[26]

当然，普林尼所说的“上千年”是一个泛指，意思是“很长一段时间”，而不是字面上的数字。

在第二篇关于凤巢的文章中，他描写了如何从各种鸟、“特别是凤凰的巢穴”中获取肉桂。[27] 虽然老普林尼称，这一古代传说源于希罗多德，但是，他在书中既讲了希罗多德笔下的“鸟与肉桂”的故事，也讲了亚里士多德版的故事。然而，这位历史学家和这位哲学家都没有提到凤巢与肉桂的关联，所以，很显然，是老普林尼将二者联系起来的，他的依据很可能是曼尼里乌斯所写的凤凰故事。

塔西佗

塔西佗（56—120 年）与老普林尼是同时代人，但比后者年龄小一点。他所著《编年史》中有一篇散文，从重要性上讲，

可以与老普林尼所写的凤凰故事相提并论。《编年史》记录和评论了后奥古斯都时代从提比略一直到尼禄（Nero，14—68 年） 058
的所有罗马帝国皇帝的事迹。塔西佗创作的凤凰传说发生在公元 32—37 年，这一时间正值罗马帝国第二位皇帝奥古斯都的养子提比略在位。[28] 他关于凤凰的文章，一开始就是凤凰最近一次在埃及现身的记录，随后解释了与神鸟相关的“古代传说”为何有诸多版本。该文用历史的方法研究神话传说，因此颇为特别：

> 在保卢斯·费比乌斯（Paulus Fabius）和卢修斯·维特里乌斯（Lucius Vitellius）担任执政官期间，一只被称为凤凰的鸟，在经历多个世代之后，现身埃及，这成了埃及和希腊饱学之士谈论“异象”时的重要素材。我希望能够记录下这些人所达成的共识，有些虽然令人怀疑，但也算不上太过荒谬。
>
> 那些描述过这种鸟形状的人一致同意，它是太阳神的圣鸟，它与其他鸟不同的地方在于它头部和羽毛五色斑斓的色彩：至于周期年限，传统的记载各不相同。大多数人认为是 500 年，然而也有些人认为这种鸟每隔 1461 年才来一次，因此它最初是在塞索斯特里斯统治时期，继而是在阿玛西斯（Amasis）统治时期，最后则是在托勒密即马其顿王朝的托勒密三世统治时期出现的；他们说前面三只凤凰是在对它的新奇外貌感到惊叹的普通鸟的陪伴之下飞到赫里奥波利斯城的。古时的事情虽然已经无可稽考，但是

> 从托勒密到提比略，这之间还不到500年。因此人们便相信，这并不是那只真正的凤凰，它不是来自阿拉伯，它的行动也同古代传说中的说法不符。因为据传说，当享尽天年并且快死的时候，它会在自己的家乡做一个巢，将生命的胚芽洒在上面，这样一只小凤凰就从那里诞生出来。小凤凰长大之后，第一件事就是把它的父辈埋葬起来。这件事也需要按照一定的程序。它先带着一定数量的没药飞到很远很远的地方，用以表明自己已经具有负重远行的能力。
> 059 在这之后它就把它父辈的尸骸背起来，将其带到太阳神的祭坛那里，并且烧掉。关于详细情况，人们的说法都含混不清，并经过传说的夸大；不过这种鸟时而会在埃及出现，这一点是无可置疑的。[29]

有位学者揣测，塔西佗写的东西，至少有部分内容是源于提比略·巴布里卢斯（Tiberius Bablillus），而他可能是提比略的占星家之子。[30]不管如何，在塔西佗的作品中，希罗多德的影响显而易见，不仅有每隔500年（粗略地算即是大年）现身一次的传说，而且还有一些细节，如凤凰仔细地用没药包裹父辈的尸骸、定期将其从阿拉伯半岛驮到埃及的赫里奥波利斯，等等。

但是，塔西佗既提到了希罗多德所记录的凤凰现身周期，也提及过1461年的周期，而后者与古埃及历法中的天狗周期一致。[31]当天狼星的升起与太阳年的开始同时发生时，也就是一个天狗周期的开始。[32]塔西佗借鉴了更早时期的传说，认为凤凰就是神圣的不死鸟，有着独一无二的嘴和羽毛。塔西佗文中的鸟是无性繁殖，关于其复活的描写也很模糊，如同奥维德和梅拉的描述一样；而“生命的胚芽”则与曼尼里乌斯笔下的“蠕虫”有相似之处。在描写新鸟将其父辈的尸骸投入太阳神庙祭坛上的火中时，塔西佗提到了火这一元素，这一点梅拉文中也提到过，其他作家也有过暗示。在凤凰的复活中，火这一元素最终成为一个主要媒介。

塔西佗为主流希腊罗马文学引入了一个细节，即有一群其他鸟对复活凤凰的崇拜。这一说法有各种不同的版本，但都成了凤凰传说的主题之一。在埃及和中国，也都有相应描述。在《亡灵书》第 133 节有这样的话，“拉神从地平线上升起，诸神伴随其后”；[33] 在中国传说中，其他 359 种鸟都因崇拜而追随“凤凰”。

人们记录到的凤凰现身情形与中国传说类似，因为东西方的凤凰现身，都预示着一个新时代的开始。据塔西佗记述，在
那个时代，凤凰最晚一次现身于埃及是在保卢斯·费比乌斯和 060
卢修斯·维特里乌斯 [34] 担任执政官期间（34 年）、提比略去世之前不久。塔西佗将凤凰在天狗周期中的各次现身分别与各位法老的在位时间相对应。就像关于凤凰文本中的许多细节一样，这里面还有一些关键的争议点。[35] 对于托勒密三世之后、提比略之前的年代，塔西佗又按照希罗多德所记录的 500 年周期来描写凤凰现身。他指出，凤凰现身的间隔（不少于 235 年，不超过 314 年）比传统记录要短得多。于是一些权威人士得出结论称，塔西佗记录的鸟不可能是真凤凰。[36] 而塔西佗所估计的

凤凰最晚一次“现身”，比老普林尼和卡西乌斯·狄奥所记录的要早两年。[37]

作为一名历史学家，塔西佗承认，经过验证的凤凰现身“令人怀疑，但也算不上太过荒谬”，并且，凤凰传说中有一些地方“含混不清，并经过传说的夸大”。尽管如此，他还是承认，凤凰“时而”会在埃及现身。在希罗多德关于神鸟的开创性叙述之前，就有人声称在埃及见过凤凰，这说明，正如赫尔密斯的方尖碑译文所说，罗马人将凤凰传说与不死鸟传说结合了起来。

凤凰图腾

希罗多德表示，他只见过凤凰的图像。但这些图像中的鸟其实并没有得到确认，并且，正如前文所述，就目前所知，在古代希腊艺术中，并没有描绘西方凤凰的。凤凰在文化意义上的发展创新，应该归功于罗马人。[38]我们应该可以预料到，首次用图像来刻画的凤凰，应该会遵循希罗多德笔下的形象——一只羽毛为金色和红色、形似鹰的鸟。但事实并非如此。文学上对神鸟的标准描写与其在罗马艺术中的形象存在着差异。关于凤凰文化意义的发展演变，存在许多有趣的问题，这种差异即是其一。

老普林尼和塔西佗（或者，此处还可以加上奥维德和梅拉）
061 都不曾表示过知晓赫尔密斯的方尖碑铭文将赫里奥波利斯的不死鸟认定为希腊“凤凰”。但是，塔西佗去世之后两年，出现了一种将这两种鸟结合在一起的图像，并且开始传遍罗马帝国。

这个图像指的是公元 118 年，罗马皇帝哈德良为了纪念图拉真（Trajan）而发行的两种金币。在这种金质货币［名为“奥里斯”（aurei）］的正面，有图拉真头戴桂冠、身穿褶衣并披戴铠甲的半身像；反面则是一只长腿长胫的鸟，头部环绕七彩光环，站立在一个土堆（见第一部分篇章页插图）或一根带叶的树枝之上[39]：这就是不死鸟 - 凤凰。从这里似乎可以看出，因为只关注罗马帝国对埃及的占领，当时的画家们已经接受希罗多德将赫里奥波利斯神鸟认定为凤凰的事实，但忽略了他对神鸟外表的描述。

然而，这些金币并不一定就是对这种埃及 / 希腊神鸟的首次再现。在魔法驱邪符和人们在萨卡拉发现的祭祀服饰上，也有一些一二世纪的类似图像。[40] 尽管如此，哈德良 / 图拉真时期铸有凤凰图像的奥里斯金币因为流传最广，所以对凤凰形象的影响也最大。在其后的几个世纪里，罗马帝国硬币上出现了各种不同形象的凤凰，预示着一个不朽帝国统治者统治新时代的开始。

在哈德良皇帝后来铸造的硬币上，有一位统治者手持一个圆球，这种鸟立于其上的形象；还有一种形象是，普洛尼亚（Pronoia，智慧女神雅典娜）手掌上端着这种鸟。在一枚 2 世纪的硬币上，凤凰没有光环，但却有两根与不死鸟一样的冠羽，这使人想起神鸟的前身。此外，在亚历山大城也有一种硬币，由安托尼乌斯 · 披乌斯（Antoninus Pius）于 139 年铸造，用来纪念新皇帝登基和另一个天狗周期的开始。[41] 在 2 世纪的许多罗马帝国硬币上，都有艾特妮塔丝（Aeternitas）* 手持圆球而凤凰立于球上的形象。有一种解释认为，这一球体就是几种经典凤凰传说中用没药制成的圆球，凤凰将其父辈的尸骸装入球中，再驮到赫里奥波利斯。[42]

罗马传说中的凤凰后来出现在各种不同的文学形式之中，
062 但其形象仍然被铸于硬币之上以指代在位的皇帝，只是在 3 世纪一直到 4 世纪君士坦丁大帝时期才有间停（有传说称，因君士坦丁大帝而得名的城市君士坦丁堡于 330 年建立时，凤凰曾经现身过）。[43] 最后一种铸有凤凰的硬币是瓦伦提尼安二世（Valentinian II）统治期间（383—388 年）发行的，[44] 即弗拉米尼安方尖碑被毁之后不久。

* 古罗马永恒女神。

5

罗马帝国后期的各种凤凰形象

继奥维德、老普林尼和塔西佗确立了罗马凤凰文学传统后，后世作家用希腊语和拉丁语对其又进行了拓展：出现了一些小说、一部关于凤凰现身的讽刺作品、一部以印度为背景的传记、一部根据曼尼里乌斯著作改编的作品以及一些以古典神话为框架的诗歌。在这些作品中，有三部对凤凰的刻画都明显受到罗马帝国硬币上有光环围绕的凤凰形象影响。随着帝国的分裂，关于经典凤凰形象，出现了一部最具创意，也是最长的文学作品——《凤凰》(*Ave Phoenice*)。这首长诗的作者据说是拉克坦提乌斯，它预示着基督教意义上的凤凰形象即将出现。克劳迪安后来的诗歌也受到《凤凰》的影响，并且给罗马帝国时期的凤凰形象画上了一个句号。总而言之，随着凤凰形象在传统古典文学中的发展，对其进行文学描写的各种作品也扩散开来。

阿喀琉斯·塔提尔斯

阿喀琉斯·塔提尔斯（Achilles Tatius）创作的希腊浪漫主

义作品《琉茜佩与克利多芬历险记》（*The Adventures of Leucippe*
064 *and Clitophon*，150 年）中，有许多偏离主题的地方，一只虚构的凤凰就是其中之一。这部小说分为情节相对独立的一些章节，与其他同类作品相似，内容中包含了海难、海盗以及情爱等元素。当克利多芬听说，由于有一种“神鸟”抵达了赫里奥波利斯，导致原本要从该城出发的军队的行程发生了延误，于是他就问起这种动物。他的一位埃及朋友墨涅拉俄斯向他讲述了下面的故事：

> “这只鸟名叫凤凰，”他回答说，“它来自埃塞俄比亚，大小与孔雀相仿，但是孔雀的羽色不如它美丽。它的翅膀混有金色和深红色；它骄傲地将太阳奉为主人；它的头部有美丽的光环围绕，而光环正是太阳的象征；所以说它头部的样子就是其效忠主人的证明。光环与玫瑰相似，呈深洋红色，羽毛向外伸展，光彩四射，异常美丽。”[1]

埃塞俄比亚是关于神鸟故乡的另一种说法。在该说法中，用孔雀而非鹰来与凤凰比较，但是，它的羽色仍然与希罗多德笔下的神鸟一样，混有红色和金色。塔提尔斯对太阳鸟光环[2]细节的描写，使人想起罗马帝国硬币上那只鸟所带的光环。墨涅拉俄斯没有对神鸟的死亡和复活进行描述，一上来就直接讲述“漫长的岁月之后，”神鸟将没药制成的圆球掏空，将尸骸置入其中。接下来，与塔西佗所记述的一样，神鸟飞往赫里奥波利斯，途中有一群其他鸟因为崇拜它也随之一起飞行。再之后，塔提尔斯补充了一个自己杜撰的情节：在太阳神庙之外，有一位埃及祭司对凤凰进行了查验，以确定它是否是真凤凰；及至确认它是真的以后，他的随从将没药球带入神庙内安葬。后来，赫里奥多罗斯（Heliodorus，约 230 年）所著的希腊语小说《埃塞俄比亚故事》（*Ethiopian Story*）也简短提到过凤凰。[3] 小说中的一位年轻男士对另一位男士说，他一定要为情人捉到一只尼罗河的“红羽鸟”（phoenicopter，即火烈鸟）[4]。另一位男士评论道，这位情人的要求不算高；她本来可以要求得到一只更为珍奇的凤凰，而这种鸟要么来自埃塞俄比亚，要么来自印度。由此可见，赫里奥多罗斯给出了神鸟的两个 065
起源地，并且每一个都在遥远的、充满神奇的国度。

埃里亚努斯

与阿喀琉斯·塔提尔斯相似，埃里亚努斯（约 170—235 年）对神鸟飞抵赫里奥波利斯的情节也进行了虚构化处理。下面一段引文选自他的博物学著作《论动物的特性》（*De Natura Animalium*）。这部作品既有娱乐性，又有道德说教，而且一开始就是一种欢快的语调：

> 凤凰不用依赖算术，就知道怎样数到 500 年，因为它是具有无比智慧的自然之神的学生，用不着靠掰手指或其他手段去理解数字。通用报表会涉及计数知识的目的和必要性。但是，埃及人中，很难找出能算出 500 年周期何时结束的人；只有极少数的人能算出，而他们都属于祭司

阶层。[5]

然而，当祭司们为神鸟抵达的具体日期进行着“无用的争辩”时，它出人意料地现身了。埃里亚努斯先是讥讽祭司们“所知尚不及鸟类”，然后又抨击了读者对这一反复出现的事件的无知。

这部博物学著作用希腊语写成，其中收录了许多轶事。在书中，埃里亚努斯强调，人类虚荣、冷酷，而且缺乏智慧，与之相比，自然界的生物更胜一筹。作为一名雄辩之士，埃里亚努斯很随意地就忽略了希罗多德关于神鸟飞住太阳城的细节。这恰恰说明，在他写作之时，凤凰寓言已广为人知。在《论动物的特性》一书中，埃里亚努斯还描写了“水凤凰”（Water-Phoenix），它是红海里的一种鱼，身上有黑色条纹和深蓝色斑点。[6] 埃里亚努斯的动物传说影响了整个中世纪的动物寓言集。

埃里亚努斯生活的年代，正是埃拉加巴卢斯［Elagabalus，罗马皇帝，以太阳神的名字而为自己取名赫里奥加巴卢斯（Heliogabalus）］当政。在其另一部作品《控诉女性化的人》（*Indictment of the Effeminate*）中，作者对这位皇帝进行了抨击。[7]
066 埃拉加巴卢斯是以挥霍无度而闻名的皇帝，在凤凰传说中的地位无足轻重。埃利乌斯·兰普瑞狄乌斯（Aelius Lampridius）在4世纪时曾著有一部关于赫里奥加巴卢斯的传记。在这部传记中，他写道，这位皇帝据说曾向他的一些宾客许诺，要么赏赐他们一只凤凰，要么赏赐1000磅黄金；最后，大概是因为无法找到凤凰，他只能以黄金作赏。另一则故事则讲道，他派出的使臣从一个遥远国度给他带回了一只凤凰；为了求得长生不老，他吃了这只凤凰——但是，由于此后不久他即遭暗杀，所以人们认定，他吃的不过是一只普通的鸟罢了。[8]

斐洛斯特拉图斯

1 世纪时，有一位神秘主义者，有些人相信他可与耶稣基督齐名。罗马帝国皇后尤利亚·多姆娜（Julia Domna）曾劝说斐洛斯特拉图斯（约 170—245 年）为这位神秘主义者编写一部传记。于是，斐洛斯特拉图斯就用希腊语创作了《提亚纳的阿波罗尼乌斯生平》（*Life of Apollonius of Tyana*）。在这部书中，一位印度圣人向阿波罗尼乌斯介绍了人头狮身蝎尾兽（manticore）、狮鹫兽、凤凰以及印度其他的珍禽异兽。从这段文字的第一句开始，这位印度圣人就讲述了一则关于凤凰的故事。这则故事为传统的凤凰传说增添了一些细节变化：

> 他讲道："凤凰这种鸟每 500 年造访一次埃及，其余时间它都在印度四处飞翔；凤凰的大小和外形与鹰相似，在太阳显灵时，会闪耀金光，因而是独一无二的；它会用香草在尼罗河之泉筑巢并立于其上。在埃及人讲述的故事中，凤凰会飞到埃及。这一点也得到了印度人的印证，他们声称，凤凰在巢中被烈火吞噬之际，会为自己唱挽歌。这给凤凰传说增添了一丝感情色彩。另外说一点，据那些能够听懂的人说，天鹅也会在死前为自己唱挽歌。"[9]

斐洛斯特拉图斯通过这位圣人所讲的故事将埃及和印度的凤凰传说结合了起来，指出，除了神鸟在死前会像天鹅一样歌
067 唱这一细节外，印度人也接受了埃及的凤凰传说。他在文中还提到神鸟的故乡在印度，它在尼罗河源头用香草筑巢及其死亡的相关细节；这些内容都与希罗多德所描述的部分元素相呼应，比如外形似鹰、寿命几何以及飞行的目的地为何方等。此外，与希罗多德笔下的凤凰相比，这种印度神鸟的羽毛为金色，且更具神秘色彩。

要说把神鸟的家乡定在印度，斐洛斯特拉图斯并非第一人。在他之前，以希腊文写成的《生理论》以及 2 世纪的罗马作家阿里斯提德（Aristides）和琉善（Lucian）也将神鸟的故乡定在阿拉伯半岛之外。[10] 但是，印度与斐洛斯特拉图斯全书的地理背景相一致。

索利努斯

加伊乌斯·朱利叶斯·索利努斯（Gaius Julius Solinus，生于约 200 年）的作品更多的是在重复凤凰传说，而非进一步拓展。从本质上说，他所著的《要事集》(*Collectanea Rerum Memorabilium*，后又称 *Polyhistor*）本质上是从老普林尼和梅拉那里借鉴的材料的汇编。尽管如此，这部书对中世纪动物寓言集作家而言还是首要的资料来源，并且一直到 17 世纪都是一部受人推崇的经典权威。在其关于凤凰的短文中，索利努斯重复了老普林尼关于阿拉伯神鸟的描述，包括它驮着用肉桂筑成的巢飞到潘凯亚附近的太阳城，还有它在罗马城被展示等。但是，

索利努斯还是有自己观点的，他反驳了曼尼里乌斯关于 540 年大年周期的说法：

> 关于这一年的结束是否就是一个大年周期，作家们都持怀疑态度。他们中绝大多数人断言，大年周期不会是 540 年，而应该是 12954 年。[11]

索利努斯并未提及神鸟的死亡与复活，仅在关于凤凰的文章之后，描写了与凤凰有亲缘关系的肉桂鸟（cynnamolgus）。

拉克坦提乌斯的凤凰 068

拉克坦提乌斯的《凤凰》诗歌[12]是当时关于凤凰最为详尽的描述，不仅总结了关于凤凰的全部经典传说，而且囊括了同时代早期基督教将这种神鸟视为复活象征的说法。[13]这首拉丁语诗歌共 170 行，很有新意，代表了古典时代凤凰传说向中世纪传说的转变。罗马时代克劳迪安对凤凰的赞美诗肯定受到了它的启发，古英语中的凤凰以及后来日耳曼民族基督教中的凤凰形象也肯定是以它为原型的。

一般认为，《凤凰》的作者是拉克坦提乌斯（约 260—340 年）。作为一名后来皈依的基督徒，他曾担任罗马帝国第一位基督教皇帝君士坦丁一世（Constantine I）的顾问以及其长子的老师。[14]

这首诗歌辞藻华丽，但其背后仍然是希罗多德所写的凤凰故事：东方有一种鸟，会定期将其父辈的尸骸置于用香草制成的圆球中，再驮到太阳神庙。经典凤凰传说，特别是奥维德作品和老普林尼所记录的曼尼里乌斯作品，再加上其他素材，都被诗人原原本本地揉在一起。虽然引经据典似乎不能达成拉克坦提乌斯本人传教的本意，但有评论人士指出，即使在教会相关著作中，他也同样提及过这些经典的凤凰传说。[15]

这首诗被达夫和达夫[*]译成了散文，一开始就用浓墨重彩描述道:“一处遥远的地方，得到清晨第一缕霞光的祝福。”在挪亚大洪水中，只有丢卡利翁（Deucalion）和他的妻子幸免于难。而诗中所描述的地方，正是洪水之后出现的第一块陆地，而远处法厄同（Phaethon）所驾的太阳战车毁灭也没有影响到它。这是一处人间天堂，远离自然界和人类社会中各种暴风骤雨、邪恶之事和体弱衰老等不幸，这里有一处“太阳神的小树林”，还有一口“生命之井”，每个月都有水溢出。[16]

正如奥维德在《爱》中以及梅拉、老普林尼等人所描述的那样，这里就是仅此一只、“无与伦比的”凤凰的家乡。在拉克坦提乌斯笔下，凤凰是一只雌鸟，它很独特，因为“它的复活是通过自体死亡实现的”——这种说法实际上是在古典（非
069 基督教）语境下对基督教教义的暗示。从不死鸟开始的凤凰传说中，这种神鸟总是与太阳紧密联系在一起。黎明时分，“当欧若拉（Aurora）身上橙黄色的光芒慢慢变红的时候，凤凰

---

* 即约翰·怀特·达夫（John Wight Duff）和阿诺德·M. 达夫（Arnold M. Duff），苏格兰古典主义学者。

就升起来”，她先按照每天的惯例，在清澈的泉水里沐浴净身（与中国“凤凰”从昆仑仙界清泉中饮水的传说相似），然后卧在林中最高的一棵树的最高一根树枝上，等待“福玻斯（Phoebus）* 降生”时的第一缕光芒。她用美妙的歌声迎接那第一缕晨光，歌声比缪斯和阿波罗的“锡拉风格”（Cirrhean modes）还要美，阿波罗的神鸟天鹅所唱的挽歌或者墨丘利（Mercury）用基利尼山里拉琴（Cyllenean lyre）演奏的旋律也比不上它。太阳完全升起后，凤凰会挥动翅膀致意，并行鞠躬之礼。她是“令人敬畏的林中女祭司，也是福玻斯唯一的密友”。[17]

自相矛盾的是，这种神鸟在天堂却日渐老去。千年之后，出于“再生的渴望，”她离开天堂的树林，以便能在凡间再生。[18] 相比 500 年的生命周期，1000 年的生命周期很少有人提及。老普林尼使用的千年是泛指，也有其他人暗示或使用这一约数。但是，在受拉克坦提乌斯诗作影响很深的作品中，凤凰千年寿命这一说法持续出现。[19] 神鸟飞往的凡间就是叙利亚（腓尼基），相当于拉克坦提乌斯笔下凤凰的传统家园阿拉伯半岛或者相邻的亚述。这一地理背景使得提克坦提乌斯有机会为凤凰传说嵌入词源学元素。据说，他是第一位辩称凤凰用自己的名字给腓尼基命名的人。然后，与老普林尼相似，他也指出，神鸟与枣椰树共用一个名字；不同之处在于，他声称树因鸟而得名——这与老普林尼的说法恰恰相反。与奥维德所写相似，拉

---

* 即福玻斯 · 阿波罗，希腊神话中的太阳神。

克坦提乌斯笔下的凤凰也是趁着埃俄罗斯（Aeolus）挡住了风，用香草在一棵高高的枣椰树上为自己筑巢。与奥维德的描述相似，凤凰筑的这个巢，你可以称为“摇篮”，也可以称为“坟墓”——因为她的死是为了生，是为了自我的复活。但是，在一首史诗的目录中，拉克坦提乌斯从感官上所描写的香草种类要远远超过奥维德的作品，因为作为诗人，其创作的典型特点就是细节描写：

> 070 为了筑巢，她从茂密的树林中搜集多汁的香草。亚述人、富裕的阿拉伯人、某些侏儒种族或者印度人也都采集这些香草；它们在塞巴（Sabaean）地区中心也有出产。在这里，她会将肉桂和一种有芳香气味的灌木汁液收集起来；这些灌木的气味能传到很远的地方，其叶子也会分泌香脂。当然，凤凰采集的香草中也少不了气味温和的桂皮，或者芳香的茛苕叶，又或者滴滴落下的乳香。最后，还要再加上甘松柔软而又毛茸茸的穗，把它作为辅料，发挥没药的药力。[20]

在全文中，诗人一直暗示着基督教的这一信条：只有通过在一个不完美的尘世中死亡，才可以实现精神上的再生。在拉克坦提乌斯笔下，凤凰用带有甜味的香草盖在自己身上，面对死亡她毫不畏惧，因为死亡可以使她再生；这使人想起，在曼尼里乌斯笔下，神鸟也是死于香草所筑的巢中。“然后，她勇敢地将灵魂置于各种香草之中。”正是在诗中的这一节点，火元素被引入凤凰传说之中：

> 死亡使她的身体湮灭，但也赋予她新的生命。这时，她的尸身开始发出红光，产生的热量燃起了火苗，火从远处的亮光燃起：尸身起火，火尽之后，尸身也化为灰烬。[21]

火元素在较早的凤凰传说中，要么有暗示，要么做了明确的介绍：新生的凤凰会将其父辈的尸骸置于太阳神庙的祭坛之上。1 世纪时，马提亚尔在比较罗马的复兴和神鸟的复活时，就特别提到过火元素；斯塔提乌斯也曾暗示过火元素，他写道，美里奥尔（Melior）的鹦鹉在走上火葬的柴堆时，将会“像凤凰一样，而且更加快乐”。并且，在 2 世纪的《生理论》一书中，凤凰是自己点火来火葬自己的。[22] 尽管早期的作品中都直接或间接地提到过火元素，且在拉克坦提乌斯笔下，凤凰并没有葬身火中，但是，通过对凤凰寓言进行加工，这位诗人成功地确立了火这一元素在凤凰传说中的地位——直至今日，在文学和艺术作品中，火在神鸟的死亡和复活中都是一个基本元素。

以前的绝大多数作家在描写凤凰复活的过程时都语焉不详。 071
在主要作家中，只有老普林尼在解读曼尼里乌斯的作品时，曾写道，有一种蠕虫从其父辈的尸骸中生出，然后长成一只幼鸟。之后，拉克坦提乌斯不断扩充素材，将凤凰神奇蜕变的各个环节结合了起来，包括其还是种子一样的物质一直到一种自生的蠕虫等：

> 到了约定的时刻，它已经长得很大，看起来像一枚圆圆的蛋；在这枚蛋中，凤凰长成了其之前的形状，然后破壳而出——凤凰就这样诞生了。[23]

在复活之后、返回其天堂中的树林之前，凤凰用香膏、没药和乳香制成一个圆球，将自己的尸灰装入其中，再驮到太阳神庙的祭坛。接下来，拉克坦提乌斯复述了经典凤凰传说中最为详尽的一段描写。尽管在早期的博物学条目中就有过对神鸟的描述，但这位诗人给出的是整整一段具有戏剧性效果的叙述：

> 她长得很神奇，让看到她的人都很惊讶：这是一种多么清秀、多么骄傲的鸟啊！首先，她的羽色就像成熟石榴的外皮在阳光照耀之下的颜色；又像曙光照耀之下野罂粟花瓣的颜色——芙罗拉（Flora）会迎着曙光展示盛装。她的双肩和胸部有微光闪烁，头部、颈部和背部也一样闪着光芒，尾部分开，斑驳杂色中有一丝金属般的黄色，其上的斑点又呈紫红色。她的翼色又因为色彩对比而凸显，正如天上的彩虹照亮朵朵云彩一样。[24]

凤凰的嘴和眼睛像宝石一样，头部正如罗马帝国硬币上的形象一样，环绕着光环。它的腿部有鳞片，呈黄色，爪子则为

玫瑰色。华丽的凤凰在外形和大小上与希罗多德笔下似鹰的鸟 072
不同，它的羽毛为红色和金色相间，样子既像孔雀，又像费西斯河（Phasis）中的一种鸟——这是一种因费西斯河而得名的雉鸡，是阿耳戈英雄（Argonauts）将它们从费西斯河带到希腊的。[25]神鸟凤凰体型很大，正如同戏剧家以西结在剧中所描写的那样，但是它又行动敏捷，姿态优雅。

> 埃及人走上前，迎接这一奇特的盛景，看到这只无与伦比的神鸟，人群中爆发出阵阵欢呼。他们立即将神鸟的样子雕刻在圣石之上，并用新的标题纪念这一事件和这一天。[26]

阿喀琉斯·塔提尔斯和埃里亚努斯都曾提到，凤凰现身的情况是由祭司记录的。但在这里，人们却用神鸟的艺术形象来纪念其现身的情况。正如塔西佗等人所描述的，凤凰在飞行中有一群鸟陪伴；这群鸟虽然在凤凰返程时也会陪伴它，但只能陪到天堂的小树林外面。

整首诗中充满了基督教关于死亡和复活的意象，在结尾的高潮部分尤为丰富。诗歌的这一部分有一些看似矛盾的地方。在复活之际，神鸟既是自己的父辈，又是自己的孩子，因为它曾在凡间主动求死，上帝赐它以永生：

> 啊！神鸟，生亦乐，死亦乐！神的意愿，赐予她自我复活的机会。关于她的性别，你可以随意认定，是雌是雄，

> 非雌非雄，或雌雄同体，都无妨。作为一只欢乐鸟，对于任何因爱的结合，她都毫不关注。对她而言，死即是爱。她唯一的快乐即是死亡，这样，她才可得以再生。因此，先主动赴死是她的愿望。她既是自己的父母，又是自己的子嗣和继承人；她自己既是看护，又是婴儿——虽然实际上就是她自己，但又不完全相同；因为她因死亡而幸得永生，她既是自体，又非自体。[27]

073 克劳迪安的凤凰

据说，克劳迪安（约 370—404 年）是西哥特人洗劫罗马城之前最后一位重要的罗马古典诗人。[28] 他用拉丁诗歌描写了凤凰的降生、死亡与复活。他的诗作《凤凰》共计 110 行，比拉克坦提乌斯的要短得多。但是，这两位诗人所写的凤凰诗歌中，有太多相同的细节，因此可以认为，克劳迪安似乎借鉴了《凤凰》（作者据说是拉克坦提乌斯，在克劳迪安出生之前就已去世）。[29] 尽管克劳迪安可能是一名基督徒，但是从风格上讲，他的《凤凰》要比拉克坦提乌斯的《凤凰》更具异教徒色彩。

这两首诗一开始都描写了神鸟在遥远东方的家乡，而这一叙事仍然是在传统神话框架之下：

> 在遥远的印度和东方，大洋最远的边际，有一处树林，里面生长着多叶树木。黎明时分，就有骏马气喘吁吁想要进到林子里。[30]

在这两首诗中，凤凰都历经千年之后才变老，然后为自己筑巢，既是摇篮，又是坟墓。但是，克劳迪安的诗并没有对神鸟的家乡、栖息地和外表进行长段描写。在开篇那片树林后，他很快就简要描述了神鸟亮丽的羽毛、“似火的光环”以及它以日光和海浪为食的传说。与拉克坦提乌斯笔下的凤凰不同，在克劳迪安笔下，神鸟是在故乡死去的，在这一版本的传说中，福玻斯扮演了更为重要的角色。克劳迪安写道，在神鸟死亡之前，太阳神勒住拉着烈火战车的战马，用一段关于死亡和复活的话来“安慰他可爱的孩子”：

> 你将走向那堆柴火，将此生抛下；但死亡只是假象，你一定还会重新获得生命；你的死亡只意味着生命的更新；通过主动赴死，你会再得青春，获得重生；躯壳总会死去，你抛弃了它，样子会有所改变；但是，复活之后的你，会更加美丽。[31]

福玻斯摇了摇头，用一缕金色的头发点燃了凤凰，“散发着 074
生命的光辉”。正如拉克坦提乌斯的诗一样，火元素又一次成了凤凰死亡和复活过程的有机组成部分。但是，在此处，火是神鸟死亡的诱因，而非相反。神鸟（在这首诗中为雄性），

> 为了能够获得重生……甘愿被烈火焚烧；他渴求重生的欲望如此强烈，以至可以笑对死亡。天火点燃了那堆香草，焚烧了凤凰衰老的躯体。[32]

大自然以一种神秘的方式使神鸟得以重生：

> 于是，生命的精灵立即在他张开的四肢中汹涌；他的血管中充满了新鲜的血液。灰烬中显露出生命的迹象；尽管没有谁动过这些灰烬，但它们开始动了起来，那堆灰烬上开始生出羽毛。作为子嗣和继承者，新生的凤凰从火葬用的柴堆中、从自身的父体中诞生；在新的生命和原有的生命之间，只有柴火燃烧的那一短暂时间。[33]

与希罗多德笔下描写的神鸟一样，在克劳迪安笔下，神鸟也将其父辈的尸骸封装，并驮运到埃及太阳神庙的祭坛，但它用的是草而不是没药来封装父辈的尸骸。关于凤凰飞行途中的情形，克劳迪安也沿用了塔西佗的版本：有一群鸟因为崇拜凤凰，而陪伴它一起飞行。

与拉克坦提乌斯的诗相似，克劳迪安在诗结尾描写“欢乐鸟”及其因死而生的矛盾过程后，也用了一个省略号，以表示意犹未尽。在混沌初开之际，凤凰得以复活，它先后经历了拉克坦提乌斯在早期诗歌中所暗示过的大洪水和法厄同的大火，却都幸而无恙：

> 你啊！阅尽世间万象，见证时代变迁。你知晓海浪何时上涨并淹没岩石，也知晓哪一年因法厄同的过失而发生大火。然而，所有这一切灾难都未能征服你；作为唯一的

> 幸存者，你活着看到地球被淹没；面对你，命运三女神连 075
> 手中的线都捡不起来，她们根本伤害不了你。[34]

在另外两首诗中，克劳迪安也对凤凰形象做了暗示。他的诗作《斯提里科执政》(*On Stilicho's Counselship*) 是对罗马皇帝霍诺里乌斯（Honorius）的将军斯提里科的颂词，其中描写到这位将军在帝国疆域内声名远扬，正如凤凰飞往埃及时，众鸟因崇拜而陪伴一样。[35] 斯提里科的夫人将自己手下一名女官许配给了克劳迪安，因而，克劳迪安也为她作了一首诗，题为《致塞丽娜的信》(*Letter to Serena*)。有人认为，这首诗是他结婚时所作，并且是他去世之前所作的最后一首诗。这首诗一开始，就用一段文字来描述各种鸟兽为音乐之神俄耳甫斯（Orpheus）的婚礼驮运礼物。猞猁驮着水晶，狮鹫兽驮着黄金，鸽子带着鲜花，天鹅带着琥珀，仙鹤带着珍珠，可以预见的是，“遥远东方来的不死之鸟凤凰”，

> 用他的弯爪钩来了香草。除了凤凰，没有哪一种鸟或兽带去的礼物能配得上俄耳甫斯的里拉琴。[36]

罗马帝国于 395 年分裂，而克劳迪安于 404 年去世。因此可以说，他的去世从形式上也意味着凤凰的一个生命周期的结束。这一周期始于希罗多德，罗马帝国在马克西穆斯竞技场上重新竖立一座赫里奥波利斯方尖碑及其后来的倒塌，明显都是这一周期中的标志性事件。

赫拉波罗

大概在同一时期，有一部作品引起了争议。因为，尽管它声称是以古埃及手稿为基础进行的创作，但是重复讲述了（罗马）传统凤凰神话的细节。关于神鸟的降生、死亡和复活，在文学上有各种不同的表达，这使人们很难确定其时间，更不用说确定其在其他传说中的位置了。所以，对于下面将要写到的内容，我们只能简单地认为它是前述罗马时代凤凰传说在埃及的终结，并且还存疑待解。

076 如前所述，弗拉米尼安方尖碑上的埃及象形文字由赫尔密斯翻译成了希腊语，但存在很多问题。与此相同，赫拉波罗所著《象形文字》的希腊语译文也存在相似的问题。这部书用古埃及文字写成，据说成书于 4 世纪前后。一般认为，赫拉波罗是一位居住在埃及的希腊人。据古埃及学家埃里克·艾弗森在所著的《埃及神话与象形文字》（Erik Iversen，*Myth of Egypt and Its Hieroglyphs*）中的叙述，《象形文字》书稿是 15 世纪早期在希腊一座岛屿上发现的。该书的介绍部分解释说，书的作者是埃及人赫拉波罗［即荷鲁斯·阿波罗（Horus Apollo）］，由菲力普斯（Philippos）译成了希腊文。不管是古典作家，还是现代的标准字典和希腊文学研究作品，都没有提到过这部作品。菲力普斯的身份也没有得到确认。艾弗森指出，《象形文字》一书用寓言对象形文字进行了解读，而且只是文字描述，并未给出图片；从古典时代一直到让－弗朗索瓦·商博良（Jean-François Champollion）解密之前，象形文字的解释都是如此进行的。虽然赫拉波罗所写的历史支离破碎，但在整个文艺复兴时期却成了研究古埃及作品的标准指南，这使得关于象形文字的系统语法研究被推后了几百年。[37]

赫拉波罗有三篇关于凤凰的文章，据说写于西罗马帝国末期。这些文章在传统的不死鸟传说基础上，又为古典时期的凤凰故事带来了一些变化。

在《灵魂在此踟蹰甚久》(“The Soul Delaying Here a Long Time”)一文中，赫拉波罗将凤凰与太阳、灵魂和洪水联系了起来：

> 当他们想要描写踟蹰于此甚久的灵魂或者一场洪水时，就会引用凤凰。用凤凰来比灵魂，是因为在宇宙万物中，凤凰是最长寿的。用凤凰来比洪水，是因为它是太阳的象征，而宇宙万物中，太阳最为伟大，它居万物之上，俯视万物。[38]

埃及不死鸟传说认为，不死鸟是太阳的化身，尼罗河水的泛滥就是它复活的标志。而上面所引的赫拉波罗的文章，正与这一传说呼应。

另一篇文章题为《久旅在外的行者归来》(“The Return of the Long-Absent Traveller”)。它揭示了经典凤凰形象对赫拉波 077
罗解释埃及象形文字的影响：

> 要说明一位行者长久旅行之后归来，他们也会用凤凰作比。因为当死亡的时间来临之时，神鸟来到埃及已有500年。如果它按照命运的安排在埃及偿还完所负的债务，它的葬礼就可以按照宗教仪式进行。不管埃及人给其他神圣的动物何种礼遇，他们都会觉得应该给凤凰以同样礼遇。因为，据埃及人说，在崇拜太阳这一点上，凤凰超越了其他鸟类，因为尼罗河之所以为神鸟而泛滥，正是因为太阳神的温暖。[39]

值得注意的是，在希罗多德笔下，凤凰的寿命并非不死鸟传说中那个已被大众认可的定数。

《持续长久的复活过程》（“A Long-Enduring Restoration”）一文因为描述了神鸟死亡的情形而特别引人关注。该文中描述的情形与凤凰在巢中寿终及为其献祭的各种说法完全不同：

> 他们想要表达一个持续长久的复活过程时，就会以凤凰作比。因为神鸟的诞生实际上就是复活的过程。它就是这样降生的。将死之时，凤凰会撞向地面，粉身碎骨。它的伤口会流出脓液，新凤凰就从这脓液中诞生。新凤凰立即就会长出双翅，并和旧凤凰一体飞往埃及的赫里奥波利斯。到那里之后，太阳升起之时，旧凤凰就会死去。而随着它的死亡，新凤凰会返回自己的家乡，而埃及祭司会安葬旧凤凰。[40]

神鸟每 500 年在埃及现身一次。希罗多德所写的寿限并不是不死鸟传说中那个已为人们认可的说法。

赫拉波罗关于神鸟死亡的描述尽管不合常规，但是，文中开始提出的复活主题却是凤凰传说的精髓所在。这些传说 079
既包括了不死鸟的故事，也包括了罗马帝国硬币上铸有凤凰形象这一史实，而赫拉波罗有可能就生活在凤凰硬币的流通时期。由于赫拉波罗本人及其作品直到千年之后才为人所知，所以，他所写的几篇文章对于凤凰传说的发展并没有什么影响。尽管如此，与其他希腊 - 罗马时代作品相比，它们更为直接地将埃及传说和古典时期的凤凰传说结合了起来，这就足以为人称颂。

甚至在一个世纪之后的 5 世纪末，在奥龙特斯河畔的安条克城（Antioch-on-the-Orontes）外，有一处名为凤凰家园（House of the Phoenix）的罗马别墅，里面的马赛克路面很漂亮，上面就刻有类似不死鸟的形象，与罗马帝国硬币上的相似，凤凰也站立在一处土丘之上（图 5.1）。

克劳迪安笔下的神鸟“见证时代变迁”，它活着的时候所经历的最近的历史周期就是在古典时代（希腊 - 罗马时代）。传统说法认为，在某一确定的时间，世界上只会有一只独一无二的凤凰。与此相反，在犹太教 - 基督教中，神鸟经过几个世纪的演变，已经发生多种变化。

图 5.1　罗马帝国时代的凤凰站立在一处土丘之上。这一土丘与奥龙特斯河畔安条克城的凤凰家园马赛克路面上不死鸟所站立的土丘相似（5 世纪末）。

来源：The Department of Art and Archaeology of Princeton University and the Louvre, 1934; entered the Louvre collections in 1936. "Mosaic Phénix," http://commons.wikimedia.org/.

第二部分
上帝之鸟

让我们想一想那个神奇的符号吧，人们在东方，也就是阿拉伯地区见过它。那是一只名为凤凰的鸟。

——圣克莱门特一世《克莱门特一书》

《阿什莫尔动物寓言集》中的“烈火凤凰”形象（1511 年）
来源：Mrs. Henry Jenner, *Christian Symbolism* (Chicago: A. C. McClurg,1910), facing 150.

6

犹太教凤凰

我们知道，古典时代凤凰形象的发展轨迹是沿着希罗多德 083
的记录一直到拉克坦提乌斯和克劳迪安的作品。而在犹太传说中，凤凰的出现则充满争议，其外形不同，名字有异，时间不同，起源不一。[1]据说，约伯哀伤的话语中曾提到过这种鸟；出埃及记、世界末日的场景、伊甸园以及挪亚方舟中也都曾出现过神鸟的形象。上述手稿的翻译和解释都曾受到古典时代凤凰寓言的影响，但是，它们的起源却与希腊-罗马传说无关，对于基督教关于耶稣复活说法的影响也不大。

《希伯来圣经》

根据传统分类，最终成为《希伯来圣经》的经书包括《律法书》[Laws，又称《摩西五经》(Pentateuch)或《托拉》(Torah)]、《先知书》(Prophets)和《圣卷》(Hagiographa)。公元前3世纪和公元前2世纪，犹太写工将这些文本翻译成了希腊文，被称为《七十士译本》(Septuagint)。大约公元100 084

年时，部分拉比*将他们认为是伪经的内容从《七十士译本》中剔除，从而确立了正本经文。6 世纪到 8 世纪之间，《希伯来圣经》近乎确定下来，这就是《马索拉文本》（Masoretic texts）。其间，约在公元 400 年时，在圣杰罗姆（St. Jerome）的指导下，《希伯来圣经》被翻译成了《通俗拉丁文本圣经》中的犹太 - 基督教《旧约》部分。这部分内容成了基督教的权威经典，与从希腊语翻译过来的《新约》一起，成为西方基督教《圣经》的拉丁语版本。用英语写成的《圣经》当中，1611 年的《詹姆斯王钦定版圣经》（Authorized King James Version）影响最大，它也是"直接从（希伯来语和希腊语等）几种最初的语言"翻译过来的。《圣经》的翻译与解读存在诸多困难，因此，从古至今，犹太教学者和基督教学者都不可避免地为此而忙碌。

《希伯来圣经》的《圣卷》部分是一些诗歌和历史性著述，人们认为，其中有两篇文章提到了凤凰。

《诗篇 92:12》

《诗篇 92:12》是这两篇文章中较早的一篇（很可能写于公元前 6 世纪以前，比赫西俄德的年代稍晚，但又早于希罗多德所处的年代），但它实际上并不属于犹太凤凰传说。然而，正如下文将要讲到的，天主教早期教父德尔图良将《七十士译本》中的诗句译成了"义人要发旺如凤凰"——而非"义人要发旺如棕树"，这一译法奠定了《圣经》中对神鸟的权威论调。

---

* Rabbi，犹太人中的一个特殊阶层，意为"圣者"，是为精神领袖或宗教导师。

《约伯记 29:18》

另外，《约伯记 29:18》中可能用了“凤凰”一词。这可以证明，《圣卷》既是提及神鸟的唯一的希伯来正经，也是提到它的最早的犹太教著作。

《约伯记》（前 500—前 450 年）被认为是《希伯来圣经》最高文学成就的代表，它用诗歌的形式探寻了神圣的正义。撒旦想要证明，即使是约伯这样的好人，面对不幸，也会诅咒上 085
帝。面对朋友的责难，约伯一方面列举他的善行，另一方面悲叹过去的生活。他伤心地描述道，以前自己认为，只要行正义之事，就可以期待获得长寿的奖赏。许多后世的犹太教评论人士认为，约伯的话大意就是“然后，我以为我会驮着我的巢死去，再化身为凤凰增添我的日子”。[2] 在《希伯来圣经》中，这一句的最后一个词直译成了“*họl*”或“*chol*”。[3]“*họl*”一词总是被译成“尘沙”，在正本经文中出现过数次。而某些《七十士译本》可能是用了该词的另一种意思，因而将《约伯记 29:18》中的“*họl*”一词译作“棕树树干”。《七十士译本》中有一篇早期文章可能提到过“凤凰”，但是后来，经文校对者认为，在神圣的经文中不应该提到它。[4] 有一位《通俗拉丁文本圣经》写工在翻译《七十士译本》时，将“*họl*”译成了“palma”。[5] 与绝大多数英文翻译一样，《詹姆斯王钦定版圣经》也使用了“*họl*”一词原始的并且是流传最广的含义——“尘沙”。

对于“巢”的背景而言，“棕树”和“尘沙”从形象上讲都说不通。近代早期，有许多为犹太教经文作注的人认识到了这种形象上的错位，认为“凤凰”的形象与“巢”更为符合。一些研究凤凰的学者指出，从字面上来看，约伯说的是“驮着我的巢”（with my nest）而非“在我的巢里”（in my nest），这就是间接提到了凤凰寓言，因此，这也能支持“*chol*”一词应该译成“凤凰”，而不是别的东西。[6] 范登布鲁克辩称，《约伯记》中选择用介词“with”而不是“in”，也暗示神鸟是死于烈火；他甚至说，如果拉比对这段文字的注解是正确的，那么它就是最早提及烈火凤巢以及凤鸟献祭的记录。[7] 不管怎样，如果早期的《七十士译本》中要提到“凤凰”，它就会受到民间凤凰传说或者赫西俄德笔下希腊长寿凤凰的影响。那就让我用拉比对文本的解释和他们对凤凰现身的联系来结束这一章吧。

086

正经之外的有关作品

有三部犹太教作品未被收入《希伯来圣经》。但绝大多数学者认为，这三部作品，特别是其英文译本中介绍的鸟至少与传统凤凰有关。

戏剧家以西结的《出埃及记》

犹太文学中，最早描写凤凰的作品很可能就是戏剧家以西结所著的逾越节戏剧《出埃及记》。然而，虽然其中有传统的学术研究内容，但以西结笔下那只似鸟的动物到底是什么，还是存在疑问。

一般认为，以西结是公元前 2 世纪居住在亚历山大城的一名希腊犹太人。正如公元前绝大多数提及过凤凰的作品一样，

《出埃及记》也只在后世作家的作品中存在一些片段。恺撒利亚的尤西比乌斯在《福音的准备》（4 世纪）一书中曾经摘录过亚历山大·波里希斯托所著《论犹太人》（*On the Jews*，公元前 1 世纪）的部分内容，当中就有《出埃及记》现存的 269 行内容。[8]

现存《出埃及记》的绝大部分片段都是用希腊语创作并加工的，所讲述的事件也都是正经《出埃及记》前 16 章中所记录的内容，例如摩西降生、从埃及出走、以色列人渡过红海以及法老军队被淹没等。就在最后这一情节时，亚历山大·波里希斯托用叙事散文引出了如下片段：

> 于是，他们（以色列人）就来到了以琳（Elim），在那里发现了 12 眼泉水和 70 棵棕树。在《出埃及记》中，以西结介绍过一个人，是他把棕树和那 12 眼泉水以及曾在当地现身过的神鸟告诉给摩西的。

《出埃及记 15:27》是该章最后一节，其中详细描述了那片如人间天堂般的绿洲。在《詹姆斯王钦定版圣经》的下一章，有以色列人“从以琳起行”的记录，但是以西结又给《圣经》
中讲的故事加了一个情节。在另一段评论中，亚历山大·波里 087
希斯托介绍了这部戏剧现存的最后一部分：

> 再往下，他（以西结）全面描述了那只现身的神鸟：

我们看到了另一种动物，
比人们以前所见的更加雄奇。
最大的鹰也不过是他的一半：
他双翅展开，闪耀着不同的色彩；
他的胸部闪着紫色，双腿则是深红；
细长的脖颈上，
打着卷的金色羽毛闪闪发光：
头部则像一只刚刚长成的雏鸟：
眼睛周围则金光四射
他的声音甜蜜而美妙。
事实很快证明，
他似乎就是有翅动物中的王者；
因为，其他鸟都因敬畏
而在他伟岸的身躯后盘旋：
他又像一群牛中领头的那只，
在前面昂首疾行。

以西结给情节中创造性地增加了这种动物，作为绿洲中人们安全逃离埃及的预言。在接下来的总结评论中，亚历山大并没有记录以色列人对这种雄奇动物是何种反应；相反，他突然转向描写以色列人如何获得武器。

以西结和亚历山大都没有把这段诗中那雄奇的动物确认为凤凰。亚历山大把这种长着翅膀的动物称为“鸟”；在以西结笔下，以色列人派出的探路者甚至都不将其称为鸟，只说它是

一种“生物”（Living thing）。其他所有直接提到这种生物的地
方，都用了第三人称单数形式——在上述 E. H. 吉福德（E. H.
Gifford）的译文中是男性，其他则是中性。综上所述，从体型
（鹰的两倍以上）、羽毛、婉转的嗓音以及众多跟随的鸟儿等细 088
节看，这种雄奇的生物肯定属于鸟类。但是，这种未命名的似
鸟动物真是凤凰吗?

虽然在以色列人逃出埃及时期（公元前 13 世纪，可能是在拉美西斯二世漫长的统治时期），不死鸟传说在埃及流传甚广，并且其形象也一直流传到了以西结生活的年代，但是从外表看，以琳出现的生物与赫里奥波利斯的长腿鸟根本不吻合；二者只是在广义的地理概念上有交汇点。以西结创作《出埃及记》时，关于古典时期的凤凰传说，唯一广为流传的详细记录可能就是希罗多德的作品。由于以琳位于西奈半岛，属于红海以东的阿拉伯地区，因此可以说，在以西结笔下，该生物现身的地方正好是希罗多德所描述的凤凰的故乡。此外，从体型上讲，以西结笔下的“鸟”也用鹰作比（虽然它比希罗多德笔下的鸟大两倍多），它羽毛的颜色也与希腊传说中的凤凰相似。但是，这两种生物的相似之处也就仅此而已。虽然以西结在描写该生物时，似乎借鉴了口头流传或者书面记录的部分希罗多德版凤凰故事，但他并没有提到凤凰寓言中叙述的主要细节，如阿拉伯半岛、赫里奥波利斯或者周期性现身，等等。[9] 与希罗多德笔下的凤凰不同，以西结所描写的雄奇生物出现在一处绿洲，有着甜美的嗓音，在一群敬畏它的鸟中，它是王者，走起路来又像公牛一样有力。至于凤凰在天堂的故乡、它的歌声以及其他鸟为之而

惊叹等细节，只是后世作家所写的罢了。以西结将该生物比作“公牛”，这与西方凤凰传说格格不入。值得注意的是，有学者推测，以西结对该“生物”的描写是基于埃及艺术中的某种形象，而这一形象与希罗多德所看到的画作相似。[10]

虽然希罗多德和以西结笔下的鸟所处背景不同，看起来也有异，但是，二者之间的相似点却使托名尤斯塔修斯（Pseudo-Eustathius，5 世纪或 6 世纪）之人将以西结笔下的生物称为凤凰。在其所著《六日创世注解》（*Commentarius in Hexaemeron*）中有一份目录，记录了创世第五天诞生的鸟类。这位尤斯塔修斯在目录中描写凤凰时，引用了阿喀琉斯·塔提尔斯和戏剧家以西结的作品。[11] 而塔提尔斯描写神鸟时，对希罗多德版的传说依赖很深。作为基督徒，这位托名尤斯塔修斯的人也从尤西比乌斯的作品中吸纳了以西结《出埃及记》的相关内容，这说明
089 他似乎认为，以西结所写的生物就是寓言中那种能够死而复生的鸟。他甚至更进一步，插入了一句：“它的身体纵火自焚。”[12] 关于凤凰死亡的这一说法与拉克坦提乌斯诗歌中的细节相吻合，而后者比《六日创世注解》的年代要早。

从那时起，几乎所有学者都接受了这位尤斯塔修斯的说法，认定以西结笔下的生物就是凤凰。[13] 后世关于凤凰现身的报道也进一步坐实了凤凰在以琳地区活动的说法。例如，6 世纪的一篇科普特布道文中，就有关于逃出埃及等重大宗教事件的记载，而这些宗教事件发生时，凤凰都曾出现过；13 世纪时，巴托洛梅乌斯·安格利克（Bartholomaeus Anglicus）曾描述，在赫里奥波利斯的一座犹太神庙落成时，凤凰将自己作为祭礼献给了

神灵。[14]

有人一直声称，有一部模拟《圣经》的作品中曾提到凤凰，那就是《摩西升天记》（*The Assumption of Moses*，约 1 世纪早期）。[15] 这部书并没有写完，其中有一段关于出埃及后以色列国的简史及对其未来的预言。1897 年，R. H. 查尔斯（R. H. Charles）在翻译时，错误地将“从腓尼基离开”（departure from Phoenicia）译成了“凤凰的离开”（departure of the phoenix）。[16] 在后一版本中，他更正了这一错误。[17]

在《以诺秘传》（*The Book of the Secrets of Enoch*，约 1 世纪早期）和《希腊文巴录启示录》（*The Greek Apocalypse of Baruch*，约 2 世纪早期）关于世纪末日的篇章中，“Phoenixes”与经典凤凰形象差异更大，超越了以西结笔下的生物，然而，译者们都用“凤凰”这一名称来指代天堂那些神奇的鸟类。在这两部书中，当一位或几位天使引导先知经过数重天堂，踏上发现启示之旅时，神鸟出现了。

《以诺秘传》

《以诺秘传》又称《斯拉夫语以诺书》（*Slavonic Enoch*）或《以诺二书》（*2 Enoch*），是三部以玛土撒拉（Methuselah）之父命名的著作之一。一般认为，该书至少部分是用希腊语创作的，作者是一名犹太人，生活在希腊化时期的埃及。该书有两种斯拉夫语修订本，都发现于 19 世纪末。[18] 写到凤凰的是篇幅较长的修订本。

在第四重天，以诺的天使带他看了太阳战车，当时陪伴太 090

阳的有成千上万颗星星和成群的天使；此外，还有两种奇怪的生物，而在当时的文献中，它们尚未成对出现过。[19]

> 于是，我看了看陪伴太阳飞行的其他动物，它们的名字分别叫凤凰和乔库德里*。它们是非常雄奇的动物，长着狮子一样的脚和尾巴，脑袋则是鳄鱼的样子，身体呈紫色，像彩虹中的颜色一样，体长 900 英尺，像天使一样有 12 个翅膀；它们根据上帝的旨意，无论寒暑都侍奉和陪伴着太阳。太阳就这样转动、运行和升起，降落的时候，仍然会不停地散发光芒。[20]

在中国传说中，凤凰经常成对出现，而在西方传说中，凤凰则是单独的一只鸟。所以西方很少有文献提到某一时间有多只凤凰的情形。我们已经知道，公元前 4 世纪的喜剧诗人安提法奈斯曾声称，听说在赫里奥波利斯“有多只凤凰”。后来，拉伯雷（Rabelais）曾以讽刺的语气写道，在神奇的萨坦兰（Satinland）有 14 只凤凰。而《以诺秘传》则将“凤凰”与“乔库德里”当成了一对。“乔库德里”源于一个希腊语词汇，译为“黄色水螅或者毒蛇”。[21] 鉴于这种翻译的含义，前文中关于凤凰令人费解的描述似乎只能指代爬行动物，而这与凤凰是鸟蛇混合体的原始传说一致。[22] 虽然《以诺秘传》中的凤凰与经典凤凰传说并不相符，但它们仍然是太阳神鸟，和埃及不死鸟有

---

* Chalkydri，即十二翼天使。

亲缘关系，同时又是希罗多德笔下据说会定期飞抵赫里奥波利斯的阿拉伯神鸟的亲戚。

随后，天使引导以诺去了西门，太阳从那里降落，将光芒从世间带走。太阳在世间运行过程中，从东门升起，其时，它的光芒之冠重新闪耀，它的战车也燃起亮丽的火苗。太阳的夜间运行和清晨升起，与拉神的太阳船在阴间的航行以及白天不死鸟的复活背景迥异，但埃及的不死鸟传说仍然可以说是以诺这段经历的预兆。

当以诺的太阳再次用光芒照亮世界之时，凤凰和“乔库德 091
里”又预告了太阳的回归：

> 随后，象征着太阳的凤凰和乔库德里突然歌唱。其他鸟儿也都因为太阳出来而欢快地舞动着翅膀，并根据神的旨意唱起歌来。[23]

凤凰歌唱，其他鸟也加入合唱，冥冥之间，这一场景也成了《希腊文巴录启示录》中凤凰清晨放歌以及拉克坦提乌斯等作家笔下凤凰形象的序曲。

第五重天里面住的是撒旦手下垂头丧气的士兵。经过那里之后，天使带领以诺到了第六重天，在那里，身上闪着神光的天使唱着赞美诗。那里还有：

> 六只凤凰、六位基路伯以及六位六翼天使。他们不停地歌唱，情形难以描述，只能看到他们在神的脚凳跟前，

沉浸在幸福之中。[24]

在这里，文中明确了凤凰的数量，但是，文中要么给乔库德里换了名字，要么用基路伯进行了替换。此外，文中还提到了六翼天使。从陪伴的性质来看，文中的凤凰也是天使。总之，正如此前的不死鸟以及之后基督教中的凤凰一样，文中的凤凰与神灵联系在了一起。

随后，以诺和他的天使继续向上，走到了第十重天，也是最高一重天，在那里，上帝向以诺讲起了创世以及《圣经》中挪亚之前的事件，还讲了正道直行的道理。以诺刚一到家，就向他的儿子和国人讲述了上帝的旨意。

《希腊文巴录启示录》

《希腊文巴录启示录》又名《巴录三书》(*3 Baruch*)，与《以诺秘传》相似，它也发现于19世纪末期。它的书名也带有《圣经》中人物的名字，并且是以这一人物命名的系列书籍之
092 一。巴录是先知耶利米的书记官(《耶利米书 36.4》)。《巴录启示录》被列入了《新约》外传；其他的巴录作品还有用古叙利亚语和希腊语写就的启示录。[25]从几个细节上讲，《希腊文巴录启示录》与《以诺秘传》相似，例如，借巴录之名所写的凤凰和借以诺之名所写的凤凰尽管各有不同，但总体而言，都与神鸟在传统中的经典形象不同。

当巴录哀叹耶路撒冷被毁灭的时候，一位天使长对他说，“来啊！让我带你看看神的秘密。”在第三重天的时候，天使带

领巴录去往东方，见证太阳升起：

> 他带我看了一辆由40位天使拉着的四轮战车，车下面燃着火，车上坐着一个人，头戴火冠。我们还看到，在太阳前面大约9腕尺[*]，有一只鸟在盘旋。我问天使："这是一只什么鸟？"他答道："他是地球的守护者。"我又问："神哪！告诉我，他怎么会是地球的守护者呢？"天使对我说："这只鸟陪伴着太阳飞翔，他一张开翅膀，就能吸收太阳的光和热。如果他不吸收光和热，不仅人类，其他任何生物也都无法存活。但是，这只鸟的职责是神安排的。"他展开双翼，我发现右翼上有字母，这些字母占的面积有一个打谷场那么大，约有4000 modii[**]，并且是金质的。天使对我说："你读一下这些文字。"于是，我就阅读起来，文字的意思为：我并非经由天地而生，是燃烧的翅膀使我降生。我就问："神啊！这是一只什么鸟啊？他的名字叫什么？"天使回答我说："他的名字叫凤凰。"我又问："那他以何为食呢？"他回答说："天地间的甘露。"我又问："那这鸟会排泄吗？"他对我说："他会排出一只蠕虫，这只蠕虫的排泄物就是王公们享用的肉桂。"[26]

随后，天使接着说："等一下，你就会看到神的荣光。"这 93
时，一声巨雷响起，他们站的地方也被震动了，那位天堂的向

---

* cubit，古代长度单位，广泛用于埃及，希腊和罗马也有使用。1腕尺约等于45厘米。

** 面积单位，modius的复数形式，1 modius指长和宽皆为100英尺的面积。

导告诉巴录，那是天使在打开天堂的360扇门，以将黑夜和白昼分开。这时，一个声音响起："光明之神啊！请赐世界以光明！"接着，正如天使所介绍，神鸟的声音"叫醒了世间的公鸡"。[27]神鸟双翼展开可达4英里，随着太阳升起，他又缩小成普通鸟的大小。在神鸟的背后，天使拉着的太阳战车出现了，太阳的光冠非常耀眼，不能直视。凤凰展开双翼时，巴录吓得缩成一团，立即逃跑并藏身于天使翼下。[28]天使让他不要害怕，然后带他去了西方。

整整一天，这位英勇的地球守护神，拼尽全力，保护人类免受太阳的灼烤。太阳下降之时，凤凰收起双翼，筋疲力尽；因为人类的过错，太阳的光线被弄脏，于是，天使取下太阳的火冠进行清扫。凤凰和太阳都退了下去，夜晚降临，"这时，月亮战车在一众星辰的陪伴之下登场"。[29]于是，巴录的凤凰结束了一天的劳作。然后，天使引导巴录穿过第四重天，来到天使长米加勒（Michael）的第五重天，之后带领先知回到他开始的地方。

上文所记载的天堂旅行、天使、太阳和月亮战车以及对太阳火冠的清扫，都可与《以诺书》中的情节对应。并且，在文中，凤凰用鸣叫迎接太阳的升起，以及在白天陪伴太阳，也与《以诺书》中的生物相似。即使西方凤凰寓言中也有蠕虫和肉桂——当然上下文背景不同——但在《希腊文巴录启示录》中，神鸟的起源与《以诺书》中的一样，与经典凤凰传说不同。此外，燃烧的双翼对后世的凤凰形象也是一种预示。

《巴录启示录》中巨大的东方不死鸟在神话中有许多亲戚，其中一种被 19 世纪和 20 世纪初的比较神话学者归入“神鸟”（Wundervogel）的行列，这些鸟都有巨大的双翼，足以遮天蔽日。[30] 其中有一种叫“席兹”（ziz），它是犹太教传说中 094
一种圣洁之鸟。它如此庞大，以至站在深不可测的水中，水只刚刚没过足踝，而头已经触到了天顶；与利维坦（Leviathan）和比蒙（Behemoth）一样，席兹也是一种巨兽，并被上帝摧毁，然后在来世的时候把它的肉赐给信徒。[31] 阿拉伯神鸟“安卡”（Anka）和古波斯神鸟“思摩夫”也是《巴录启示录》中东方凤凰在中东地区的近亲。再远一些，印度神话中毗湿奴的坐骑、神鸟迦楼罗也与凤凰有亲缘关系。印度梵文史诗《摩诃婆罗多》中有一则关于迦楼罗的故事，与《巴录启示录》中的凤凰故事相似，其中神鸟的大小也会发生变化，也是用自己的身体保护地球。[32] 在古印度神话中，东方的太阳神名叫苏利亚（Surya），他出于嫉妒，威胁要用他的热量毁灭世界。迦楼罗就带着他的兄弟阿鲁纳（Aruna）去了东方。为了避免惊吓到世间万物，他还缩回了正常大小。当苏利亚升起来的时候，迦楼罗兄弟就用身体挡住太阳神的灼热，万物因之而幸免于难。[33]

犹太教的相关评论

在所有凤凰传说中，有两则故事最为引人入胜。其中，拉比提到了《约伯记》中有争议的一个片段。

《大密德拉什》

《大密德拉什》* 中对《创世记》进行过解释，其中就讲到过凤凰在伊甸园现身的故事。在《约伯记 29:18》中，拉比之所以将“*họl*”认定为“凤凰”，主要依据就是这一注解。《约伯记 29:18》中先介绍了亚当和夏娃偷食知识之树上的果实的故事，然后拉比进行了延伸：

> 她让牛、各种野兽和鸟类都吃这种果实。除了一种名为“*họl*”（凤凰）的鸟，其他动物都听了她的话，吃了果实。《创世记》中写道：“然后，他说：‘我会驮着我的巢死去，再化身为凤凰增添我的日子。’”[34]

095 其他关于《创世记》的注解也明确指出，因为只有凤凰拒绝吃知识之树上的果实，因而得到上帝的褒奖，得以永生。R. 雅奈（R. Jannai）和 R. 犹丹 . b. R. 西蒙（R. Judan b. R. Simeon）学派虽然一致认为神鸟能活 1000 年，但是在它如何死亡的问题上存在分歧。R. 雅奈学派认为，在生命将尽之时，“它的巢穴中冒出一团火，巢被烧毁，但是有一枚蛋留了下来，又长出了四肢，并活了过来”。R. 犹丹 .b. R. 西蒙则认为，凤凰生命周期将尽之时，“躯体消解，双翼脱落”，只留下一枚蛋，它就是从这枚蛋中获得重生的。[35]

---

* Midrash Rabbah，犹太教对《律法书》和《圣卷》进行通俗阐述的宗教文献，成书于公元二三世纪。

两位拉比都认可这种可以死而复生的鸟寿命可达千岁。而这一点也正是西方凤凰传说的内容之一，最值得一提的是，拉克坦提乌斯也引用了这一说法。当然，如前所述，两位拉比的分歧在于，一位声称巢穴着火，凤凰葬身其中，而另一位则认为凤凰的躯体自然“消解”。正如前文所提到过的，在西方神话中，关于凤凰的死亡，主要有两种不同的说法，一种认为它死于烈火，另一种则认为它因躯体消解而死。虽然拉比关于这一点上的认识有分歧，但是，这两种说法还都属于经典凤凰传说的范畴。这说明，在犹太教文化的背景之下，希腊 - 罗马凤凰传说对这些学者的影响有多大。

《巴比伦塔木德》

在两部指令性的《塔木德》中,《巴比伦塔木德》(最终成书于公元 550 年）篇幅较长，影响更大。其中《公会篇》(Sanhedrin) 中有一篇短文，也提到了凤凰因其品行而获赐永生。这则提到凤凰的注释短文是以《创世记 8:19》为基础的，而《创世记 8:19》中讲的是各种动物离开挪亚方舟的故事。据拉比记载，挪亚的长子闪 (Shem) 在向亚伯拉罕的仆人讲述他们乘坐方舟的旅程时说:“说真的，我们在方舟上困难重重。”起先，挪亚不知道拿什么来喂变色龙，直到有一天，当他在切一个石榴时，里面掉出一只蠕虫，蜥蜴立即吃了它。于是，从那以后，挪亚就用这种蠕虫的干皮来喂变色龙。此外，有一只狂 096
躁的狮子也是好几天不吃东西。接下来文中就讲到了凤凰:

我父亲发现，凤凰躺在方舟里。他问道："你不吃点东西吗？"它回答说："我看见你忙着，心里就想着不给你添麻烦了。"我父亲惊叹道："愿上帝保佑，你不会被饿死。"凤凰说："我会在我的巢中死去，但会再化身为凤凰而增添我的日子。"[36]（《公会篇 108b》）

这是现存最早的凤凰开口说话的记录，其中，犹太传说中的凤凰也被赐以长生不老。在其他译文中，拉比也用"*urshina*"[37]和"*avarshina*"[38]来指代凤凰。17 世纪的学者并不知道这一短文的存在，所以他们断言，作为一种没有伴侣的动物，凤凰是不会被安排登上挪亚方舟的。

虽然许多拉比确实接受了《约伯记》中关于"凤凰"的说法，但基督教早期的圣人［可敬的圣比德（Venerable Bede）可能是个例外］并未把这段话当作《圣经》中关于神鸟的证据。[39]后面，我们将会看到，托马斯·布朗（17 世纪）对《诗篇》和《约伯记》的译文进行了反驳，而亚历山大·罗斯则喜好辩论，为犹太教义中对《约伯记》的解读进行了辩护。

从戏剧家以西结的《出埃及记》再到《巴比伦塔木德》，在犹太教作品中，凤凰以不同的形象在发展演变。与此同时，在罗马，经典凤凰传说也在发展，一位基督教教父将神鸟的死亡和复活阐述为基督教的象征。

7

早期基督教中的凤凰

当铸有凤凰形象的罗马帝国硬币在罗马街头流通的时候，基督徒们却在遭受迫害，于是他们将神鸟的最早形象画在了罗马城地下墓穴的墙壁之上。

由此可见，关于凤凰的这两种主要传说流派，可能同时存在。值得一提的是，它们都源于罗马主教彼得的第三位继承人圣克莱门特一世。在《克莱门特一书》（约 96 年）的第一封信中，圣克莱门特一世平实地写道："有一只鸟，名曰凤凰。"[1]这句话看似轻信之语，但是它标志着，作为异教中一种能够再生的鸟，凤凰的形象进入了早期基督教关于复活的教义。正如希罗多德的记述对于凤凰形象在希腊－罗马传说中的发展所起的作用一样，对于中世纪人们的信仰而言，克莱门特关于凤凰的文章也具有开创性意义。这位罗马教皇将凤凰作为复活的证明，源于经典凤凰传说，但很大程度上与希伯来传统无关，它代表了神鸟在一个新的生命周期里的复活。在随后的 1000 多年里，在《生理论》和其他基督教早期教父的著述以及 12、13 世纪的动物寓言集中，凤凰的这一转型出现了多种不同版本。

098 对于早期基督徒来说，凤凰作为复活这一教义的象征再恰当不过。自从在赫里奥波利斯诞生之后，不管是作为其前身的不死鸟，还是经典凤凰形象，都代表了复活和永生。事实上，在希腊时代，人们也将不死鸟与奥西里斯的复活相联系。在公元后的几个世纪里，处于分裂状态的基督教会苦苦挣扎，既要吸引其他宗教的信徒皈依，又要留住已有的信徒，于是就许下诺言说，通过基督，可获永生。那是一个基督教被迫害和殉道的时代，对于虔诚的信徒来说，这一诺言可以带来特别的慰藉。

凤凰复活的两个版本

圣克莱门特的《罗马使徒书》

教皇圣克莱门特一世是彼得和保罗的同时代人，也是第一代使徒教父。希腊语《克莱门特一书》的作者虽不可考，但人们公认是他所作。克莱门特的使徒书创作时间仅比普林尼的《博物志》晚几十年，与塔西佗同时代，又比索利努斯和克劳迪安等其他罗马作家要早。本书上一章中分析过的部分犹太教作品也把克莱门特所处的年代写得较晚。在信中，克莱门特谴责了科林斯俗世信徒驱逐教会神职人员的行为。对于教皇而言，谴责另一个基督教信众群体是很罕见的。他在对耶稣的教导和教会的信仰反复重申中，证明了肉体的复活。[2] 他讲到了耶稣基督的复活，又提到大自然中的四季轮回、昼夜更替以及用种子种植农作物，最后通过阿拉伯神鸟的死亡与复活将叙述推向了戏剧性的高潮：

> 让我们来看一看，在东方的某些地区，在阿拉伯半岛周围，人们所见到的奇妙神迹。
>
> 有一只鸟，名曰凤凰。它仅有一只，可以活 500 年；当行将消解死亡之时，它会用乳香、没药等香草为自己做一副棺材，然后躺入其中并且死去。 099
>
> 但是，随着肉体的腐烂，生出一只蠕虫，它吸收凤凰尸体中的潮气，然后长出了双翅。当它长到足够强壮之时，就会驮起装有其父辈尸骸的棺材，带着它从阿拉伯半岛飞往埃及一处名叫太阳城的地方；白天，在众人面前，它飞上太阳祭坛，将父辈的尸骸安放在那里；完成这一切之后，它就开始返回。祭司们检查时间记录之后发现，它是在活到 500 年的时候来到太阳城的。
>
> 对于能够神圣庄严地以忠实信仰侍奉造物主的人们，造物主就会使他们能够死而复生。造物主即使只用一只鸟也能向我们展示他的一诺千金。认识到这一点，我们难道不会觉得这是非常伟大而神奇的事吗？[3]

也许，在这段文字中，相信凤凰存在的人最先注意到的就是，克莱门特宣称神鸟客观存在的时候，语气是多么肯定。他所言的可信度将在《生理论》中，并且也将被其他基督教早期教父所验证。

使徒书中关于凤凰的文章源于各种经典传说的混合，最先的一则就是希罗多德所记录的阿拉伯神鸟的故事。香草做成的鸟巢、神鸟的死亡、腐肉中生出的蠕虫以及新生的鸟将巢驮到一处圣地，所有这些情节都是普林尼书中由曼尼里乌斯所讲述过的内容。但是，在几处细节上，克莱门特所写的凤凰故事与曼尼里乌斯以及普林尼的有所不同。在曼尼里乌斯笔下，凤凰飞行的目的地是在潘凯亚附近，而非赫里奥波利斯。普林尼描绘了神鸟亮丽的羽毛，而克莱门特没有。另外，克莱门特的作品中却有一些关于凤凰的细节创新，如神鸟尸体中的潮气、祭司查看凤凰现身的记录等。在他笔下，赫里奥波利斯的祭司能够看到神鸟抵达埃及的相关记录。从年代上讲，这一叙述要比埃里亚努斯的讽刺文章要早。

从《克莱门特一书》这部使徒书的上下文来看，克莱门
100 特对凤凰的描述也只是经典凤凰传说当中的一个变体。而且，由于处于基督教关于耶稣复活的故事框架之内，因而它成了所有关于凤凰的文献中最重要的一份资料。神鸟的故事使得克莱门特自问自答地说起“区区一只鸟”的话来，这明确显示，他认为相比其象征意义，凤凰本身并没有多么重要。[4] 为了进一步说明他对凤凰的这种看法，克莱门特附上了一系列的《圣经》注解。

《克莱门特一书》在早期基督教中备受尊崇。其他基督教早期教父在布道中也都会歌颂凤凰，将它当作耶稣复活的证据，在这部使徒书（《克莱门特一书》）创作之后的两个世纪，尤西比乌斯（约 260—341 年）曾写道，在他那个时代，人们还会在科林斯公开诵读这封信。[5] 圣克莱门特曾被认为是一位殉道者，被图拉真逐出了罗马；1858 年，人们在罗马的圣克莱门特大教

堂下面又发现了一座教堂，据信它就是这位教皇当时所主持的教堂。[6]

《生理论》

我们知道，在 2 世纪，人们会公开诵读克莱门特的书信。也许就在此后数年，凤凰形象在《生理论》中又出现了。[7] 关于凤凰的死亡和复活，这部书中记录了另一种权威且影响甚大的说法。该书的题目通常被译为“博物学者”，其内容主要讲述动物、树木和矿物质，一般认为是在亚历山大城或其附近用希腊语编纂而成。

《生理论》取材于东地中海地区的民间传说。事实上，埃及的《亡灵书》《七十士译本》、希罗多德、老普林尼、埃里亚努斯等其他作品和学者都曾大量取材于这些民间传说。人们认为，有一位或数位基督教作家曾在这些民间传说基础上增补了部分从《圣经》中引用的话以及宗教研习材料。令人奇怪的是，基督教早期教父中的许多人最终都与这部书扯上了关系，他们大多在布道文或其他著述中提到过这部书，甚至还有人被认为就是该书的作者。[8]

《生理论》原稿如今早已失传，但是到 4 世纪时，这部书的希腊语版本在欧洲已经被译成拉丁语；到了 5 世纪，又被译成
中东地区的其他语言。对于拉丁语版本的《生理论》，基督教则 101
大加抨击，公元 496 年的第一部《教会教义索引》将它列入伪经和异端之列。尽管如此，在随后的 600 年里，这部书的各种版本继续在西方罗曼语族各语言中传播，并演变成为各种动物

寓言集。

该书对各种动物的文学描写突出体现了早期基督教的一种认识，即客观的自然世界实际上是上帝的永恒国度的另一种表现形式。身陷困境的约伯恳求他的朋友们“你且问走兽，走兽必指教你”(《约伯记 12:7》)。[9] 在《生理论》中，各种动物代表着基督教教义中的各条真理。[10] 在这部书现存最为古老的希腊语手稿中，共有近 50 种动物，凤凰即列其中，并且几乎在每个修订版本中都得到了保留。下文将给出希腊语手稿《生理论》中关于凤凰的一则故事，其细节几乎与拉丁语各版本中的对应章节完全相同。《生理论》中每一则动物故事的典型结构是，开始为一则《圣经》中的引语，接下来是一则关于这种动物的传说，随后用寓言的形式给出一条宗教讲解，结语是“关于凤凰，《生理论》所言甚是啊”。凤凰故事也不例外。这篇文章的第一句话出自《约翰福音 10:18》，后来这句话在文中又被引用过一次。

> 我主耶稣基督说：“我有权柄舍了［生命］，也有权柄取回来。”犹太人听了这话，恼怒不已。
>
> 在印度，有一只鸟，名曰凤凰。他活到 500 岁的时候，就来到黎巴嫩的树林中，给自己的双翼熏上各种香味，并且在尼散月或阿达尔月 * 月初告诉赫里奥波利斯的祭司他返回的消息。得知这一消息之后，祭司就去给祭坛里填满藤条。带着全身都是各种香草的味道，神鸟来到了赫里奥

* Nisan，犹太教历中的正月；Adar，犹太教历中的十二月。

波利斯，卧在祭坛之上，点火自焚。第二天早上，有一位祭司在搜寻祭坛中的灰烬时发现了一只小小的蠕虫。又过了一天，看啊，那只小蠕虫长出了羽毛，变成了一只幼鸟。接下来的一天，祭司们发现他甚至已经长得和飞来的凤凰一模一样。凤凰向祭司们致意，然后飞回了他的故乡。 102

既然神鸟能够自己结束生命然后再得以复活，那么，当我主耶稣基督说“我有权柄舍弃了，也有权柄取回来”时，任何人只要有理智，又怎么会去抱怨他呢？

在这里凤凰就代表了我主的形象。他从天上降临，双翼充满香气，还带来上帝的信息。所以，当我们伸出手祈祷时，就能感受到他的大慈大悲，心里也充满了快乐。

关于凤凰，《生理论》所言甚是啊！[11]

这则凤凰故事非常独特，它在多大程度上受到克莱门特早期书信的影响，尚不易确定。总的来说，两者都用神鸟的轶事来说明基督教的关键教义；都在一开始就宣称，有一只名叫凤凰的鸟，在活了 500 年后，飞到赫里奥波利斯——这一点与希罗多德笔下的神鸟一样。两者都没有对神鸟的外表进行描写，但又都提到从其尸骸中生出一只蠕虫；两则故事中的神鸟都死而复生；两者中都有祭司出现，其中以设问形式提出的问题又有《圣经》的权威支持，并且将神鸟与上帝并列。但是，尽管从总体上讲有这么多相似之处，但在一些重要细节上，二者又存在对立，这是因为基督教对凤凰故事的解读不止一种。

在《生理论》中，凤凰来自印度，而非阿拉伯半岛，他先飞到黎巴嫩，然后继续飞翔，到了赫里奥波利斯。对古代西方世界而言，至少从克特西亚斯（Ctesias，公元前 5 世纪后期）创作《印度史》（*Indica*）的时代起，印度最东部地区就一直是充满奇迹的地方。至于是哪位作家最先将凤凰的故乡从阿拉伯半岛改到距离太阳升起地更近的印度，尚无定论。然而，《生理论》的编纂者却肯定是最早这么做的人之一。我们知道，大约同时代的斐洛斯特拉图斯也将凤凰的故乡设定在了印度。这一点成为提亚纳的阿波罗尼乌斯在其游记中描写的自己所听到的奇迹之一。《亚历山大传奇》（*Romance of Alexander*，10 世纪）中也讲到，亚历山大大帝注意到了凤凰。

103 与克莱门特使徒书中所述不同，在《生理论》中，凤凰并未死于故乡，而是先在黎巴嫩吸收了各种香草之气，然后飞到赫里奥波利斯，并自焚于祭坛之上。在凤凰文学中，这是最早提到它死于烈火的作品之一，对克劳迪安的创作也是一种预示。

《克莱门特一书》和《生理论》都讲到有一只蠕虫引起了神鸟的复活。但是，在基督教作品中，《生理论》首次明确提到，神鸟如同被钉在十字架上的基督一样在死后第三天复活。[12] 就这样，神鸟的死而复生验证了基督在故事一开始所说的话。

总而言之，克莱门特是将凤凰作为虔诚信众肉体复活的象征，而《生理论》则是将神鸟等同为基督及其复活。这两位作者的侧重点不同显而易见，不仅仅在于神鸟的死而复生，而且还在于两者在引用《圣经》上的选择——克莱门特引自《旧约》，而《生理论》则引自《新约》。《生理论》中引用的《圣经》语句，用基督的话讲，指的就是他的自我牺牲，这一点作为基督教教义必不可少的一部分，在克莱门特讲述凤凰年迈而死时却未曾提及。[13] 关于神鸟在希伯来人逾越节当月和基督教复活节当月抵达赫里奥波利斯的记录又强化了它作为基督受难和复活的象征意义。[14]

由于《生理论》后来从整体上演变成了各种动物寓言集，与克莱门特的使徒书相比，其中的凤凰故事更为引人瞩目。然而，后文我们将会看到，动物寓言集的作者经常会从二者中直接抄录，而忽略二者关于教义的矛盾之处。

其他基督教早期教父所记录的凤凰传说

前面两部作品是关于凤凰和基督教复活教义的两种初始版本，其中，克莱门特的使徒书首先被教会早期教父在布道和作品中引用。其中提到的神鸟尸体的消解，以及这位教皇对虔诚信众能够复活的强调，其影响显而易见。《生理论》描写凤凰是自焚而死并且将其与基督等同，这一情节的影响也不难发现。除了俄利根（Origen）和奥古斯丁（Augustine）有质疑之外，
基督教早期教父中，绝大多数人都认可凤凰确实存在，他们的 104
绝大多数著述要么借鉴了《克莱门特一书》，要么借鉴了《生理论》，要么兼受二者影响。[15] 在几乎所有这些著述中，明显缺失了传统上对凤凰外表进行的描述，因为与神的属性相比，外表描述在神学意义上并不重要。

克莱门特笔下的凤凰被视为信众复活的象征。对于这一说法，早期给予最大支持的就是德尔图良。而对后世动物寓言集

影响最大的早期教父著作当属圣安布罗斯和圣伊西多尔的作品。他们二人被认为是拉丁礼教会最后的教父。

德尔图良

德尔图良（155—222年）被认为是拉丁礼教会的创立者。此前，本书提到，他在《诗篇 92:12》中将“*ḥọl*”译成了“凤凰”，而没有译成“棕树”，因此，在关于凤凰的文献中，他尤为著名。[16] 这一篇章出自他所著的《论肉体的复活》（*De Resurrectione Carnis*）一书之中。在书中，德尔图良用凤凰来支持这样一种观点，即信众可以通过殉道获得拯救和复活。

> 这里，我要说到一种东方独有的鸟。这种鸟世间只有一只，它主动赴死，之后便发生了复活这一神迹；它的祭日又是它的生日，因为它在这一天离开，又在这一天返回；它刚刚死去，即有一只新凤凰诞生；它刚刚化为无形，新出现的鸟又和它一模一样。对于我们要讲的主题，还有什么能比这更直接、更重要吗？或者，除了信众肉体复活这一点，凤凰复活这一现象还能证明其他什么说法吗？上帝甚至在《圣经》中都说：“义人要发旺如凤凰”；这就是说，凤凰将会从死亡中、从坟墓里复活并茁壮成长，这是为了教育人们，肉体即使被火焚烧，也可以复活。我主已经宣称，我们“胜过了许多燕雀”。那么，如果我们还不如凤凰，也没什么大不了的。但是，既然阿拉伯半岛上的鸟都确定可以死而复生，难道人类就一定是死后万事皆空？[17]

与克莱门特相似，德尔图良也接受凤凰是一只实际存在的 105
鸟。要使对神鸟的死亡和复活进行的总结令人信服，就需要有细节。但是德尔图良的文字中却没有这些细节。与克莱门特不同，德尔图良侧重描写的是，神鸟碰巧在其生日的那一天，“主动”赴死。而保罗等人相信的是纯粹精神意义上的复活。与他们不同，德尔图良相信肉体可以复活，而复活的凤凰与死去的凤凰一模一样就足以证明。[18]他提到烈火，可能指的是基督教殉道者的死亡，或者甚至可能指的就是《生理论》中的描述。德尔图良著述的目的就是为了辩论，将《七十士译本》中的“φοῖνιξ”译为“凤凰”[19]也正符合他的这一意图。与克莱门特等其他基督教早期教父一样，德尔图良也用了一个修辞性疑问句结束全文。

圣安布罗斯

圣安布罗斯（约 339—397 年），米兰大主教，是他将东正教的思想引入拉丁礼教会。他用同一份关于凤凰的重要资料创作了两部不同作品。第一部就是《论兄弟萨提罗斯的离世》（*De Excessu Fratris Sui Satyri*），是在圣安布罗斯兄弟萨提罗斯葬礼上的演讲；第二部则是《六日创世记》（*Hexameron*，387 年）中的一篇文章。这两部作品既受到了克莱门特使徒书的影响，又受到了《生理论》的影响；当然其中还包含了圣安布罗斯独创的诸多隐喻。

圣安布罗斯在其兄弟葬礼上的布道文中一开始就说：“阿拉

伯半岛有一只鸟，名曰凤凰。”这一说法是对克莱门特、《生理论》的作者以及德尔图良观点的重复，因为他们三人都曾断言凤凰是客观存在的。“它的身体之中有一种能够催生新生命的液体，这使它能够死而复生。难道我们要相信，人类反而不能复活吗？”[20]如同克莱门特所描写的一样，圣安布罗斯笔下的神鸟也无雌雄之别，其复活也是通过父辈尸体中的潮气来实现的。圣安布罗斯使用的反问句也与克莱门特和德尔图良有相似之处；他重复了克莱门特关于神鸟每 500 年生死轮回的说法，只是用“棺材”代替了“鸟巢”。在他的笔下，神鸟“如船桨般的双翅”[具有维吉尔风格（Virgilian）]，使它能够飞翔。圣安布罗斯还补充说：“它驮的既可以说是自己的棺材或坟墓，也可以说是复活之后所用的摇篮。”不管圣安布罗斯是否知晓前人曾用过“坟墓和摇篮”这一矛盾综合体，但他所描写的意象与奥维德和拉
106 克坦提乌斯却是相同的。令人惊讶的是，这只来自阿拉伯半岛的凤凰在复活之后，会将其父辈的尸骸“从埃塞俄比亚运到利考尼亚（Lycaonia）”。[21]在这篇布道文的结尾，《生理论》中的凤凰故事又被提道：“许多人还是认为，这只鸟自己点燃了火葬的柴堆，之后又从灰烬中复活。”

在《六日创世记》的开头，圣安布罗斯并未像克莱门特或者萨提罗斯葬礼布道文中一样直白地宣称凤凰的存在。相反，他对神鸟的存在附加了限定条件（下文中的楷体字是本书作者所用，引用的原文并非如此）：“*据传*，在阿拉伯半岛的某些地方，有一只鸟名曰凤凰。*据说*，它活 500 岁才会老去。”[22]在描写神鸟的死亡及其复活并变成“最初的模样”时，圣安布罗斯

又使用了“棺材”和“如船桨般的双翅”这样的隐喻。与《生理论》的译本相同，这只凤凰是雄性的；但是，圣安布罗斯将凤凰的再生与信众的复活联系在了一起，这与克莱门特的说法相似，但又与后世介绍博物学的书不同。因为“鸟是为人而存在”，而非相反，凤凰的复活就成了“我们人类复活的象征”。随后，这位大主教将凤凰在“棺材”中的形象拓展成一系列精致的意象，这些关联使人们能够联想到《生理论》中凤凰的形象——它“使双翼充满了令人愉悦的香草味道”，并带着一身香气飞到赫里奥波利斯：

> 那么，那具“棺材”就相当于你们的信仰。你们要使它充满美德（即心灵纯洁、富有同情心和正义感）的香气，完全沉浸于信仰最深处的奥秘。你们的行为会使神秘的信仰也充满香甜的味道……使徒保罗就像凤凰一样，走进棺材，他的殉道精神使得棺材之中也香气四溢。[23]

圣安布罗斯在《六日创世记》中所描写的创世最后几日的那只鹧鸪（指凤凰），实际上就是照搬了早期拉丁语版本的《生理论》。所以，当《六日创世记》出现在第一部《教会教义索引》中时，尽管其作者还不确定，但教皇格拉修（Gelasius）还是认定他就是这部书的作者。[24]

塞维利亚的圣伊西多尔 107

圣伊西多尔（560—636年）是塞维利亚的大主教。在所有基督教早期教父中，他所写的关于动物，特别是凤凰的作品，给他带来了巨大的影响力。他的著作《词源学》(*Etymologies*)是一部关于西方古代和中世纪知识的百科全书。其他基督教早期教父一般都是从精神层面对相关主题进行诠释，相比之下，该书在创作手法上大不相同。圣伊西多尔借鉴了普林尼等古典作家的作品，还对各种动植物进行了分类，并且探究了其名称的根源。所有这些都对《生理论》演变成为中世纪动物寓言集起了推动作用。

如同《词源学》中的其他条目一样，凤凰条目一开始也简要客观地介绍了该词的源头，而没有从《圣经》或道德上进行类比：

> 凤凰（phoenix）是阿拉伯半岛的一种鸟，其名称来源有两种可能，一是其羽毛为深红色（phoeniceus）；另一种可能是因为这种鸟在全世界只有一只，独一无二，而在阿拉伯语中，phoenix 意为“单个的”。这只鸟的寿命超过 500 岁。当它感觉自己已经衰老的时候，就把搜集来的散发着香气的细树枝堆起来准备火葬，它向着太阳挥动双翼，柴火就被点燃，它在烈火中死去，又从灰烬中重生。[25]

与克莱门特等人相似，伊西多尔也认可凤凰就是动物王国中的一员；但是，与其他教父不同，他提到了神鸟羽毛的颜色。他提到，这只阿拉伯“凤凰”曾被用以比喻出类拔萃的人。这给关于凤凰的史料中增添了一层新意，神鸟在文艺复兴时期会被当成人类臻于至善的象征，在伊西多尔时期就已经有了预示。神鸟将自己献上祭坛的说法源于《生理论》；面向太阳的形象既能使人想起克劳迪安笔下的细节描写，又启发了文艺复兴时期的寓意画册和印刷商标识中经常出现的凤凰形象。

一篇科普特布道文 108

亚历山大·罗斯（17 世纪）列举了几位“基督教博士”中的教父，他们能够证明凤凰的存在。而托马斯·布朗则斥称他们只是用凤凰来宣传教义，以迁就“相信凤凰故事的异教徒”。[26] 这两位学者似乎都未曾注意到，有一篇埃及的基督教布道文曾证实凤凰的数次现身。从而表明，这篇布道文并未进入正统教义。范登布鲁克在《凤凰神话》中再现了这部科普特手稿，并且翻译了这篇布道文，我的前言部分就是以之为基础的。[27]

6 世纪，一位身份不明的作家在圣母教堂举行的纪念圣母玛利亚的庆典上发表了这篇演说。[28] 但是，证明凤凰现身的资料来源有可能比这篇布道文至少早三个世纪。《玛利亚布道文》（*Sermon of Mary*）在很大程度上与上述教父的作品无关，但其内容显示它受到了《生理论》的影响，而该书的源头也在埃及。

根据这篇演说，在《圣经》中的三次重要事件中，凤凰都曾出现过。这位传教士按照《生理论》的文风宣称：“有一只鸟，名曰凤凰。”但是，他随后又证实，在亚伯将他头生的羔羊献给上帝的时候（《创世记 4:4》），凤凰曾出现过。当时，天上降下一团火，表示上帝已经收好了祭品。天火将祭品（羔羊）和神鸟都吞噬了。[29] 之后第三天，神鸟的尸灰中生出一只蠕虫，这只蠕虫逐渐长大，最终又长成神鸟原来的模样。与《生理论》中的凤凰故事相比，该故事的情节有稍许改变。但它的隐含意义与《生理论》相同：“神鸟向我们展示了上帝的复活。”尽管人们如今还无法找到凤凰在亚伯献祭时出现这一故事的源头，但是，关于这篇科普特布道文中提到的鸟，有许多说法在《生理论》中都有记录，如它寿命为 500 岁，家园在黎巴嫩，主动飞上祭坛又在其上复活，被人们与基督联系起来，等等。

那位传教士接着布道说：“在上帝通过摩西把以色列的孩子
109 们带出埃及的时候，凤凰在昂城（赫里奥波利斯）现身了。”[30]
这一说法进一步证明，是戏剧家以西结最早提出凤凰曾在犹太人出埃及时现身过。

这位传教士还讲到，在基督出生几天后，凤凰也出现过。当玛利亚和约瑟带着神的儿子——婴儿耶稣去耶路撒冷的神庙“献祭庆祝他出生”时，神鸟“在神庙的尖塔上自焚”。[31]13、14 世纪的时候，巴托洛梅乌斯·安格利克和一位托名约翰·曼德维尔的人在其作品中曾描述，赫里奥波利斯的耶路撒冷神庙重建之时，凤凰将自己作为祭礼奉献给了上帝。前文那位传教士的讲述，可以说是这一情节的一种预示。[32]

早期基督教艺术

总体而言，早期基督教艺术是从希腊 - 罗马艺术中成长起来的，最终又发展并分化为中世纪西方艺术和拜占庭艺术两种形式。起初，在 3 世纪时，基督徒受到迫害，他们在罗马的地下墓穴中刻上了壁画，后来发展成为墓葬雕塑和基督教堂里的马赛克镶嵌画。[33] 从罗马人开始，凤凰成为人们画笔下的重要形象，并在各种主要媒介中融入基督教的肖像画。一般描绘的样子是，凤凰直立，周围可能有火也可能没有火；或者，栖息于棕树树枝或棕树树叶之间。

在数个世纪里，在文学和艺术领域，基督教和希腊－罗马传说中的凤凰形象并存。虽然在文学作品中，这种复活之鸟与古典凤凰具有不同的含义，但是，早期基督教艺术对其的描写显示了神鸟对罗马帝国的硬币以及其他源于埃及不死鸟的罗马艺术的影响。在基督教艺术里，许多凤凰也有着长长的腿，头顶光环闪耀。在这些基督教的绘画作品中，绝大多数情况下，神鸟与西方古典文学中似鹰的形象不同。

在早期基督教艺术中，有多位学者曾描绘过凤凰形象，但是，对这一主题进行最为全面研究的还属 R. 范登布鲁克。他所 110
著的《凤凰神话》中附有整页插图。下文的论述就是借鉴了他的研究成果。[34]

在罗马的普里西拉地下墓穴（Catacomb of Priscilla）里，有一组早期壁画，[35] 其中的凤凰被烈火吞噬，头顶光环闪耀。这明显说明它受到《生理论》的影响。尽管同样有着光环，但在罗马文化中，神鸟预示着一个新时代和一个永恒的帝国的到来，而墓穴壁画中的凤凰则有所不同——它在烈火中殉道，代表了基督徒所受的迫害和即将到来的复活。在各种艺术作品中，这种头顶绕着光环的鸟有多种形象。其中，在 4 世纪意大利阿奎莱亚大教堂（Aquileia）里的一幅马赛克镶嵌画中，展示了神 111
鸟的全身侧面像，它四周都是具有艺术风格的升腾的火焰。[36]

而在4世纪罗马城的圣彼得大教堂拱形屋顶的马赛克镶嵌画中（图7.1），火充其量只是在这幅圆形图案中暗示了一下而已。[37] 尽管从阿奎莱亚大教堂里的镶嵌画来看，神鸟的双腿并不如别的凤凰那样长，但是，从五彩缤纷的光环就可以把它认定为凤凰。它身体的轮廓为红色，脚下踩着的石头也是红色的，这都是对复活之火的暗示。[38] 而在叙利亚哈瓦蒂（Huarte）有一座名为米迦勒（Michaelion）的基督教堂（5世纪末），里面铺在地上的马赛克镶嵌画中所描绘的凤凰就与火无关（图7.2）；它之

图7.1　罗马圣彼得大教堂（4世纪）中一幅圆形马赛克镶嵌画中的凤凰
来源：Mondadori Portfolio/Electa/Antonio Idini. Reproduced by permission.

图 7.2 米迦勒大教堂中关于亚当和各种动物的马赛克镶嵌画细节
叙利亚哈瓦蒂（5 世纪末）

来源：Photograph by Ruberval Monteiro da Silva, © 2014. Reproduced by permission.

所以被认定为凤凰，是因为头顶的光环，在画中，它站在一群其他鸟的中间，而坐着的亚当被各种动物围绕。[39]

另一种基督教凤凰主题是，在一种宗教活动中，凤凰复活并站在一棵枣椰树上。这一场景在墓葬雕塑以及教堂拱顶镶嵌画中很普遍。鉴于凤凰和枣椰树在希腊语中发音相同，我们可以认为，从这种复活之鸟在希腊出现开始，人们就将它与长满 112
果实的枣椰树紧密地联系在了一起。当时人们刻画的一个常见场景是，在天堂里，基督复活了，在他和各位圣人、使徒右侧有一棵枣椰树，而凤凰就立于其上。这一场景有多种变体，但都被归入一类，称为“基督立法者”（Traditio legis）。[40] 在 4 世纪和 5 世纪的石棺、6 世纪的圣葛斯默和达弥盎教堂（Saints

Cosma and Damiano，图 7.3）以及 9 世纪的圣巴西德教堂（Santa Prassede）和圣则济利亚教堂（Saint Cecilia）的镶嵌画中，都有这些场景。[41]

尽管罗马拉特兰圣约翰教堂（St. John Lateran）[42] 拱顶的镶
113 嵌画创作于 13 世纪末，正值中世纪动物寓言集流行之时，但其
中的一幅镶嵌画中也描绘了早期基督教艺术中的凤凰形象——
一只头顶绕着光环，长着一双长腿的鸟。

图 7.3　罗马圣葛斯默和达弥盎教堂（6 世纪）拱顶镶嵌画中的凤凰，站在基督右侧一棵枣椰树上

来源：Ministero per I Beni e le Atttività culturali.

与“基督立法者”一类的作品相比，在这幅画中，凤凰的位置更为明显。那棵枣椒树位于画面下部中央，凤凰立在上面，背景是新耶路撒冷。在拉特兰教堂大十字架的基座上，刻画着天堂里的四条河流；这些河流之间是在人间得以重建的伊甸园。十字架之上是无尽的苍穹，以之为背景画有基督在十字架上复活的半身像，其周围，许多小天使从圣灵之鸽（Dove of the Holy Spirit）飞下。部分人认为，这幅镶嵌画是复制君士坦丁大帝时完成的一幅作品。无论如何，基督教凤凰形象中的那轮光环仅见于早期基督教画册，[43] 在动物寓言集中却没有。

经过演变的神鸟形象出现在中世纪动物寓言集之前，其在拉丁礼教会中的文学形象已经过重塑并出现在了日耳曼语族中。

8

古英语中的凤凰

115 在整个中世纪早期的所谓“黑暗时代”里，文人们继续在作品中再现着《生理论》的拉丁文及其他版本。然而，人们一般认为，在 9 世纪，有一位信仰基督教的盎格鲁 - 撒克逊诗人从拉克坦提乌斯创作于公元 3 世纪至 4 世纪的《凤凰》中汲取了灵感。而《凤凰》是西方古典文学中对凤凰描述最为全面，也是篇幅最长的一部作品。这位诗人用古英语创作了一首新的《凤凰》(*phoenix*)。而这部作品又催生了其他日耳曼语言中的相关作品，在基督教凤凰文学中，如果说拉丁语（从基督教早期教父作品一直到随后数百年的动物寓言集）是主流，那么这些作品就是支流。以这首古英语诗歌为基础，出现了两部《凤凰布道文》手稿，而这两份手稿又被引入古斯堪的纳维亚语中。

古英语诗歌《凤凰》

古英语《凤凰》[1] 创作时间约为克莱门特的《克莱门特一书》之后八个世纪，它是与基督教复活教义相关的凤凰寓言中，篇幅最长，也最为优美的一首诗。这首诗被收入进了 10 世纪的《埃克塞特书》(*Exeter Book*) 中。[2] 该诗没有署名，但是一般认 116
为其作者是基涅武甫（Cynewulf）。这位著名作家创作了古英语诗歌《埃琳娜》(*Elene*) 以及其他许多宗教诗歌。然而，现代学界一般认为，《凤凰》一诗虽然明显具有基涅武甫诗歌流派的风格，但其真实作者仍然无法确定。[3]

在古英语诗歌《凤凰》出现千年之后的 1814 年，J. J. 科尼比尔（J. J. Conybeare）所著的《盎格鲁 - 撒克逊人解读版〈凤凰〉》出版了。直到此时，学者们才认识到，这部古英语作品在文学上的主要源头就是拉克坦提乌斯的《凤凰》。[4] 从其神话特点来看，拉克坦提乌斯的《凤凰》是一部非基督教作品，并且，作为西方经典，克劳迪安的《凤凰》也受其影响。但是，后来拉克坦提乌斯改信了基督教并且在诗中对宗教教义多有暗示，最终，以图尔的格列高利（Gregory of Tours）为代表，教会接受了拉克坦提乌斯的《凤凰》。[5] 而基督教会的认可也引起了作为基督徒的那位盎格鲁 - 撒克逊诗人的注意。

古英语《凤凰》共 677 行，几乎是那首拉丁语诗歌（指拉克坦提乌斯的作品）的 4 倍。这位英国诗人将全诗分为 14 部分，前半部分是以拉克坦提乌斯的作品为基础，但篇幅是其两倍以上；后半部分对凤凰故事进行了宗教寓言式的解读。

这首诗的诗节以标准的盎格鲁 - 撒克逊语重读头韵写成。阿尔伯特·斯坦巴罗·库克（Albert Stanborrough Cook）曾将该诗翻译成为散文形式，其中的一些头韵诗句被译为“blowing with blossoms”“proud of opinion”“sundered from sin”“fury of flame”等。他所使用的复合借喻词（kenning）显示，北欧习语已经有了相当多的英国本土色彩，比如“冬季的弹头”（雪）、“天上的蜡烛”和“荣耀的珠宝”（太阳）、“亮丽的宝藏”（凤凰为筑巢而搜集的香草）、“殿堂”（凤巢）以及“迅疾的飞鸟”（凤凰）。[6]翻译而来的“亮丽”（bright）一词在原诗中频繁出现，而该词在盎格鲁－撒克逊宗教诗歌和英雄颂歌中甚为常见。但诗人在前半部分的描写，抒情且令人愉快，使得这首《凤凰》有别于其他古英语诗歌。

这两首拉丁语和英语诗歌一开始，都描述了在遥远的东方
117 世界，有一处仙境。随后，英国诗人立即将拉克坦提乌斯的经典故事框架置于基督教的背景之下。在全诗中，开始几行就提到了上帝：

> 我如是听言，在遥远的东方，有一处圣土，人尽皆知。世间许多统治者都无法到达此地，但是，上帝的力量使这一圣土免于被作恶者玷污。这是一片美丽的土地，充满了欢乐和泥土的芬芳。这一孤岛无与伦比，因为，是神圣、崇高而全能的造物主造就了这一片圣土。[7]

这座田园牧歌般的岛屿就像天堂一样，“它比最高的山还高出 12 腕尺，在满天星斗之下，巍峨耸立，璀璨闪亮”。因为素材已经受到基督教的影响，这首英语诗歌的引言中并没有提到拉克坦提乌斯作品中的太阳战车和丢卡利翁，后文中也没有提到太阳神福玻斯、黎明女神欧若拉和风神埃俄罗斯等古典神话

形象。在引言部分结束时，作者又预示了诗歌后半部分的末日审判。拉丁语和英语凤凰诗歌的引言部分在篇幅上有差异（前者为第 1—30 行，后者为第 1—84 行），这说明古英语《凤凰》中的描写更为细致入微。

在这两部作品中，凤凰都在一眼每 12 年溢出一次的泉水中沐浴；作为埃及不死鸟传说中的太阳神鸟，它用自己的歌声颂扬太阳。[8] 在活到千年之后，它就飞到叙利亚，从那里一棵高高的枣椰树上搜集筑巢用的香料，然后在巢中死去。因露水的滋养，它又得以复活，羽毛依然亮丽如故。然后又将其尸骸驮至远方某地，这一情节又与希罗多德的描述相同。凤凰在飞行途中，其他鸟类因为崇拜也陪着它飞了一程，然后才折返；飞到目的地时，欢迎的人群欢呼雀跃。在返回故土的时候，凤凰则孤独地飞翔。

在原始素材和自己的诗歌之间，这位盎格鲁－撒克逊诗人进行了对比解读，随心所欲地改变相关细节，并对素材进行扩充。所有这些都是为了使素材适应其宗教目的。

虽然两位诗人都声称不知道凤凰是雌是雄，但是，在拉丁 118
语语法中，“鸟”（avis）是阴性词，而古英语中的“鸟”（fugel，bridd）则为阳性。[9] 这位英语诗人在描写神鸟的歌声时，并没有提及拉克坦提乌斯笔下的“锡拉风格”或“基利尼山的里拉琴”。他写道，自从至尊的国王和荣耀的造物主创造天地万物以来，还没有人听到过比这更美妙的歌声。这位诗人在拉丁语素材基础上所做的一项延伸是神鸟为了复活而飞往叙利亚。他写道，神鸟离开家乡，西行途中有其他鸟追随，于是它成了这些鸟的“头领”；但是，它坚持不让其他鸟跟随，自己独自进入了叙利亚。

在拉丁语诗歌中，凤凰用来筑巢的是一些有异国色彩的香料。在叙利亚，这些香料就成了“温和的肉桂或者芳香的莨菪，又或者是浓厚的乳香滴液”。这位英国诗人认为，这些香料都是“最甜蜜、最沁人心脾的植物”，“荣耀的主、万物之父将这些植物的香气在全世界布洒，作为对人类的祝福”。在拉克坦提乌斯的诗中，神鸟死后，其尸体中喷出烈火；而在这首古英语诗歌中，是太阳的灼热点燃了凤巢，使还活着的神鸟成为神的祭礼。虽然拉丁语和英语诗歌中都有火的意象，但是，相比之下，后者中，神鸟葬身烈火的情节与《生理论》更为接近。这首古英语诗歌描述到，从一个“像苹果一样的东西”中，生出一只蠕虫，它长大后成为一只似鹰的鸟，它的肉体“以全新的样子复活了”。[10] 但是，拉克坦提乌斯和这位英国诗人都没有如《生理论》那样提到神鸟在死后第三天复活。这两首拉丁语和英语诗歌中还有一处亮点，那就是对死而复生的神鸟的大段描述。虽然受到拉丁语素材的启发，但是，这一大段英语描述仍然是这位英国诗人本人所写：

> 神鸟的前面是明快的色调，其胸部周围有亮丽的色彩舞动；其头部的后面为绿色，但又有深红色的点缀，令人称奇；尾羽斑斓多姿，有暗黑色、深红色，还有布局巧妙的银色斑点…… 正如一些书中所记，神鸟从外表上看与孔雀最为接近，并且乐于被人供养。[11]

而在拉克坦提乌斯的笔下，凤凰将其尸骸驮到了西方经典 119
传说中的目的地赫里奥波利斯，而在这首英语诗歌中，神鸟却将其尸灰运到了其故乡伊甸园埋葬——这一情节是基督教对古典传统所做的创造性改变。

在其借鉴的凤凰故事结尾，这位英国诗人介绍了神鸟的明显寓意，暗示了基督教中看似矛盾的三位一体教义：

> 他是自己的儿子，自己的慈父，又是自己古老遗产的继承人。虽然烈火夺了他的生命，但是，人类万能的主却安排他经历一次神奇的变化，回归成为他以前的模样，全身长满羽毛。
>
> 同样，当下的苦难过后，每一个受主祝福的人，都可以自主选择，经过那扇黑漆漆的死亡之门而获得永生；这样，在尘世的日子完结之后，作为对他善良品行的奖赏，他就可以怀着无比喜悦的心情，享受主的恩赐，永远生活在主的国度。[12]

接下来，这位诗人将人类的生、死和复活与“神鸟的旅程”作比：暮年的凤凰为了追求新生，离开了家园；为了“再次回到他的故乡，那阳光明媚的居所”，他在一片安静的树林里，找到一棵高高的树，用香草筑巢，最终在烈火中复活。同样，我们的“始祖”在放弃了他们在伊甸园中的“荣耀位置”后，落入“魔鬼之手”，并因其忤逆上帝的旨意而引起上帝的愤怒。但是，随着时间的流逝，就像凤凰为筑巢而收集香草一样，有些人开始积累善行。上帝给这些信仰他的人施以恩典，“赐以义人居住的大树”。在末日审判的烈火燃起之时，所有人都会死去并葬入土中。正义之人将会在其“巢”中被烈火吞噬，并会“因其善行而备受荣光，他们的精神将因烈火而得到净化”。[13]

在这首诗中，可见圣安布罗斯《六日创世记》的影响。这
120 位英国诗人在诗中所用的鸟巢和善行的意象，与安布罗斯以“棺材”做比喻很相似。后者用“棺材”比喻鸟巢、基督和信仰，用美德使它充实。

这位诗人强调说，他所写的关于人类得以拯救的内容是真的；并且还从《圣经》中找出了凤凰及其复活的权威论述：

> 人们不应该认为，我使用了诗歌的创作技巧，说了假话。听一听约伯的话吧，听一听他的预言吧……
>
> “在将死之时，我选择躺在巢中的病榻之上，并从此走上一段漫长而凄苦的旅程；我的身上落满灰尘，我为自己以前的所作所为悔恨不已，并且将之深埋地下。我的身体疲惫不堪，但我仍然坚信自己的想法。因为就像凤凰一样，拜主的恩典，我将在死后复活，拥有新的生命，我将拥有主赐的欢乐，而我们敬爱的主也将被杰出的乐队颂扬。”[14]

这位诗人对《约伯记》进行了一些改编，并将其写进了上面这段话中。《约伯记 29:18》就是他所解读过的这段。这可能是因为其中的一条注解有“凤凰”一词的翻译。而圣比德认为

这条注解为菲利普长老（Philip the Presbyter）所作。[15]

人们起先认为，基督复活后，变成了那棵高高的树，而现在他又成了凤凰的模样，而信徒就是那些崇拜凤凰的鸟："奇迹般地复活了，灵魂蒙主挑选而得永恒，于是在乐园里欢欣鼓舞。"在天堂里，他们以寓言的形式颂扬自己的王：

> 当凤凰从灰烬中复活，肢体长成的时候，他就成了圣子（Divine Child）力量的象征。在基督教中，救世主通过自身肉体的死亡，拯救了我们，使我们能够永生。与此相同，神鸟在将要离开之时，也给自己的双翼装满甜蜜的香草，它们都是世间美好的物产。[16]

神鸟给其双翼增添香气的情节，与安布罗斯从《生理论》中借鉴的意象相呼应。

诗的结尾是一段祈祷文，感恩上帝对信徒的恩赐。这段祈 121
祷文用古英语和拉丁语混合写成，几乎没有人翻译过它。[17]

古英语《凤凰》的影响

有一部名为《凤凰布道文》（*The Phoenix Homily*）或《散文体凤凰》（*The Prose Phoenix*）的作品，它的两份古英语手稿与9世纪的古英语《凤凰》内容关系密切，因此，在两份古北欧语文本中也都有所体现。[18] 虽然这些手稿篇幅不同，而且只有剑桥大学手稿是以寓意（allegorical significatio）结尾的，但是它们都详细描述了凤凰[19] 在天堂的家园以及神鸟的死而复生。数百年间，凤凰故事的内容在这些手稿之间流传，因而产生了一系列问题和争议，也不难理解。所有这些手稿，或者，其中部分之间会不会互相借鉴？根据它们大概的创作时间顺序很容易让人做出这样的推断。所有这些手稿，或者，其中一些会不会直接源于古英语《凤凰》？会不会有部分手稿既借鉴了这首古英语诗歌，又借鉴了拉克坦提乌斯的作品（至少部分借鉴）？会不会有些手稿有一个共同的，但又不可考的素材来源，而这些素材既可能是古英语的，也可能是拉丁语的？在一部分甚或所有手稿中，关于人间天堂和凤凰的描述，是根据作者的记忆，还是直接从别的手稿中复制而来？关于这些问题，学界也无定论。

《凤凰布道文》

据阿尔伯特·斯坦巴罗·库克的记述，剑桥手稿和韦帕芗（Vespasian）手稿中都“有一个我们现在所讲的凤凰故事的梗概，它是由一篇关于人间天堂的短文引出的，而据报道，圣约翰曾经亲眼看见过天堂”。他复印了剑桥的古英语散文版和诗歌版，并给各种韦帕芗版的文本做了注解，还从古英语诗歌《凤凰》以及《圣经》中找出了一系列可与剑桥手稿和韦帕芗手稿相对应的地方。就这样，库克在古英语诗歌和剑桥手稿之间、剑桥手稿与韦帕芗手稿之间，分别建立起了词汇上的对应关系。[20]
122 盎格鲁 - 撒克逊学者 D. G. 斯克拉格（D. G. Scragg）也将这两份手稿联系了起来，他声称，韦帕芗手稿（约 70 行，不同版本略有不同）是剑桥布道文（113 行）的缩减版。[21]

诺曼征服后，古英语散文繁荣发展，中世纪动物寓言集也很流行。在当时英国人用本国语言创作的韦帕芗作品集中，《凤凰布道文》是最后一篇。手稿研究专家伊莲·特里哈恩（Elaine M. Treharne）相信，这些包含有更早的埃尔弗里克（Ælfric）* 布道文的手稿是在坎特伯雷基督教堂编纂的，“当时只是给修道士读的”。[22] 作为当时很普遍的一种做法，这些布道文当时可能在修道院的餐厅里朗读过。[23] 尽管韦帕芗手稿似乎以古英语《凤凰》为主要素材，但是，因为它也借鉴了剑桥手稿，所以当中也有某些细节并非源于古英语《凤凰》，而是源于拉克坦提乌斯的诗歌，还有些细节更是源于这两者之外的其他素材。所以，从整体上讲，关于韦帕芗手稿的研讨也适用于剑桥手稿。

韦帕芗手稿是引起 19 世纪学者关注的两部作品之一。1844 年，托马斯·赖特（Thomas Wright）将这篇布道文的前三分之一部分译成了现代英语。他相信，这份手稿是以散文形式对拉克坦提乌斯的作品进行了改编，就如同古英语诗歌《凤凰》是以韵律形式对拉克坦提乌斯作品进行改编一样。[24] 下文的韦帕芗《凤凰》手稿是由已故的小雷蒙德·P. 特里普博士（Dr. Raymond P. Tripp, Jr.）[25] 特别为本书翻译的。因为这一布道文在盎格鲁 – 撒克逊传统中颇具影响，在此，我将它全文引用，并间以评述：

> 圣约翰向海那边望去，看到一片貌似陆地的东西。这时，来了一位天使，将他带往天堂。

---

* 英国散文作家、修道院院长。

在这一手稿中，没有了剑桥手稿中的拉丁语标题 *De sancto iohanne*。[26] 至于这位布道文作者为什么要选择约翰来证
123 明这份手稿的权威性，人们只能靠猜测。传统上一般认为，约翰是《新约福音书》的作者之一，是他创作了《启示录》，而且他还是十二使徒中唯一一位自然死亡的。如果作者创作《凤凰布道文》是为了对《圣经》进行阐释，就有可能像《生理论》一样，以《约翰福音 10:18》里的话作为开端：“我有权柄舍了［生命］，也有权柄取回来。”或者，这篇布道文有可能是为圣约翰的圣日（John's Feast Day，12 月 27 日）而创作的。[27] 不管如何，约翰被引导去了天堂这一情节说明，该布道文承袭了《以诺书》和《巴录启示录》中凤凰篇章的传统，也与《启示录》有关。

与剑桥手稿中的凤凰故乡相似，韦帕芗手稿中的天堂也是介乎天地之间，并且与那两首英语和拉丁语诗歌中遥远的东方既有相似之处，又有所不同：

> 天堂既不在天，也不在地。书上说，与地上最高的山脉相比，挪亚时代的大洪水高出40英寻*；而天堂又比这大洪水高出 40 英寻；全能的造物主创造了天堂，它奇迹般地悬于天地之间，并且长度和宽度完全相等。那里没有河谷山脉，没有雨雪霜雹；然而却有 *fons vite*，在英语中称为

---

* 1 英寻相当于 1.8 米。

> “生命之泉”。1月来临时，这眼泉里的水平静柔和地在那片土地上流淌，深度刚能及于人的双手。就这样，在每个月月初的时候，这眼泉水就开始流淌。在那里，还有一处美丽的林间空地，名曰 *Radion Saltus*，或者，在英语中称为“亮闪闪的空地”（Gleaming Glade）；四周的每一棵树都笔直耸立，直插云霄，谁也看不清它有多高，或者是什么树。每一棵树上的叶子都不会落，总是绿油油、亮闪闪，肥美茁壮，让人心生愉悦。天堂就恰恰悬于世界东方之上，那里没有火热，没有饥饿，也没有黑夜，只有无尽的白昼；在那里，太阳的亮度是地球上的7倍；在那里，无数上帝的天使和圣人的灵魂生活在一起，直到世界末日。

在这段描述中，提到了挪亚时代的大洪水、全能的造物主、 124
上帝的天使以及世界末日。因此，它很显然是受到古英语基督教诗歌的影响，而非受到拉克坦提乌斯古典诗歌的影响。至于否定词的用法，在拉丁语和英语诗歌中都很典型；这一点与对那片林中空地浓墨重彩的描写相同。

接下来，布道文作者改变了早期凤凰诗歌中描写的顺序，他没有描述神鸟死而复生，而是先描述了它在死亡之前的样子：

> 那里还住着一只美丽的鸟，名曰美丽的凤凰（Fair Phoenix）。他由全能的上帝创造，长得威武大气，是百鸟之王；每周他都会在生命之泉里沐浴一次，然后飞到烈日旁边那棵最高的树上，他立在那里，身上闪着太阳般的光

> 芒，又好似浑身镀了金一般。他的羽毛与天使相似，胸部闪亮，嘴巴也闪着斑斓的色彩。他长得太独特了！你们听我讲吧！他的两只眼睛如水晶般清澈，又如阳光般透亮，彰显尊贵之态；他的双脚为血红色，嘴巴则为白色。

尽管这些丰富的细节描写大多是古英语诗歌和拉克坦提乌斯作品的变体，但不管是否出于巧合，白色嘴巴这一细节与拉丁语诗歌中的描述相符，而“透亮的”眼睛则与古英语诗歌中的描述一致。

在选择埃及作为神鸟的目的地上，这位作者偏离了古英语素材中的说法；相反，他回归到由希罗多德创立的传说，因而也遵循了拉丁语诗歌中的说法。

> 听啊！这只神奇的鸟名叫“美丽的凤凰”，他飞离故土，来到埃及并且一住就是整整 15 个星期。接着，百鸟都欢快地像见到国王一样，来到他的身边，叽叽喳喳地叫啊，唱啊，每只鸟都以自己的方式颂扬着凤凰。这些鸟都是远道而来，面对凤凰，他们发出惊叹，视为奇迹，并欢迎他：“啊！凤凰！你自远方而来，你是最美丽的鸟！你像纯金一
> 125 样闪亮，你是百鸟之王！你，就叫凤凰！”

在这篇布道文中，凤凰飞离故乡并受到百鸟欢迎的情节与拉丁语和古英语诗歌素材相符（但顺序有所不同）。但是，这位口语风格明显的布道文作者却安排凤凰在埃及停留了若干个星

期，并确定了 15 周这一定数，而且还记录了百鸟的语言。这一独出心裁的写法既令人称奇，又具吸引力。

> 接着，他们在一块蜡版之上刻画了凤凰现身时的美丽英姿。看到美丽至极、五彩斑斓的神鸟，其他鸟都欢快异常，拜倒在他的脚下。于是凤凰说话了，他的声音如阳光般明快，他的脖颈如金质般丝滑，他的胸部色彩美丽，像大理石一样闪闪发光；在他身上，红色显得更红；他全身闪亮，仿佛一枚金戒指的表面一般。

古英语和拉丁语诗歌中都有记述，人们是在大理石上雕刻凤凰图像的。相比之下，在蜡版上画凤凰则有所不同。在这次对凤凰的描写中，作者提到了古典传统中绕其脖颈一周的金色羽毛。而对神鸟金色形象的这段描写，在古英语诗歌中非常普遍。

在讲述凤凰死前返回故乡的情节时，布道文作者又对古英语和拉丁语诗歌中的叙事顺序进行了调整，并且还别出心裁地讲到了天堂中的圣约翰。

> 之后，过了大概 15 个星期，这只美丽的鸟又返回他的故乡。途中，有许多鸟在他周围陪伴，一直飞到天堂附近。这时，作为百鸟之中最为美丽的一只鸟，凤凰进入了天堂，而所有其他鸟回到了各自的故乡。就在此处，圣约翰尽可能真实地记录说，凤凰每过 1000 年，就会觉得自己已经

> 126 非常衰老；于是他就会从天堂里四处搜寻珍奇树木的枝条，把它们堆在一起；这堆柴火借助神力和太阳照射会燃起火来；凤凰坠入火中，化为灰烬。随后，在第三天，美丽的凤凰又死而复生长为幼鸟，来到生命之泉，沐浴之后，身上长出的羽毛美得无与伦比。

古英语诗歌《凤凰》的作者宣称：“我的诗作断无虚言。”与此相似，约翰在记录时也做到了“尽可能真实”。在这篇布道文中，凤凰的寿命是1000岁，这与古英语和拉丁语诗歌中的记录相同。神鸟的巢穴被太阳光点燃，他自己作为神的祭礼葬身其中的情节也与古英语诗歌中的描述一致；但关于凤凰三日之后复活的情节（沿袭了《生理论》的经典描述），拉克坦提乌斯和古英语诗歌的作者都未曾提及。

与古英语诗歌《凤凰》和剑桥手稿不同，这篇布道文并未说明凤凰故事的寓意，但是，与前二者相仿，它的结尾也是一段祈祷文：

> 每过千年，即如是轮回。他步入烈火，再生之后依然年轻。他从未有过伴侣，除了上帝，没人知道他是雄是雌。这只神鸟名曰凤凰，因着上帝的创造，他亮丽而悦目。因此，他会遵从上帝的旨意。上帝是百王之王，生活在高高的天上。愿基督拯救我们，让我们能与永恒的上帝一起快乐地生活。阿门！

古北欧语版《凤凰布道文》

古北欧语作品中，现存有两个版本的《凤凰布道文》，较早的一部编号为 AM764，是一部世界史作品；另一部则是一部百科全书式作品，编号为 AM194。这两部作品对天堂和凤凰都进行了记录，前者用了较长篇幅描写天堂，而后者对凤凰死而复生的描述更为详细。尽管如此，这两部作品显然都是源于古英 127
语版《凤凰布道文》，并且三者之间有着紧密的关联。[28]

AM194 是古英语诗歌《凤凰》现存的第四部日耳曼语修订版，其内容与四个世纪以前的剑桥手稿有许多相呼应的地方，而剑桥手稿则源于 9 世纪的那首古英语诗歌。中世纪时，前往圣地朝圣的人们都有一份旅行日记，在其前面有一段对于世界其他地方的介绍，其中就有 AM194 中关于天堂和凤凰的描述。这一手稿分为两部分，题目分别为 *Hoc dicit Moyses de Paradiso* 和 *Hoc dicit Johannes apostolus de Paradiso*。[29] 约翰关于天堂的描述在剑桥手稿中已有介绍，而摩西对约翰相关描述的评论则是古北欧语版的一个创新。我们只能推测，布道文作者将这位先知作为权威来介绍，是因为那份朝圣者旅行日记以及神鸟飞往埃及的情节都与他有关。[30] 此外，当中提到摩西也能形成《旧约》和《新约》中关于约翰的《启示录》的一种对应关系。关于凤凰在犹太人从埃及出走时曾经现身的情节，戏剧家以西结可能描述过，在科普特人的《玛利亚布道文》中也可能提及过，但是，没有证据显示这位冰岛作者（AM194 布道文的作者）了解这一情节。

在内容方面，这位冰岛作者在 AM194 和古英语版《凤凰布道文》之间直接或间接地建立了一些对应关系。[31] 例如，在关于摩西部分中，悬于天地之间的天堂、挪亚时代的大洪水、生命之泉、小树林、天堂中太阳比尘世中亮 7 倍、凤凰在埃及停留 15 周等情节，在两部作品中都相互呼应。这两部作品之间在细节上也存在一些差异，如天堂中央有没有善恶树，是由埃及人还是由其他鸟致辞欢迎凤凰，神鸟的形象是刻画在铜板还是蜡版上，等等。

在摩西讲了百鸟止步于天堂附近并返回各自故乡的故事之后，圣约翰说："故事发生在基督降临 4000 年前。"在所有的重要细节上，约翰所讲的凤凰与古英语布道文中的凤凰都能够对应，比如神鸟寿命可达千岁、葬身烈火以及复活之后在生命之
128 泉沐浴等。与英语版本相比，AM194 中有一处明显的不同，那就是凤凰在为自己的死亡做准备时，"把一大群鸟召集到近旁，让它们搜集了一大堆柴火"。我们可以推测，这些鸟并非那群从天堂边上折返的鸟。这篇布道文结束得非常突兀，没有祈祷语，也没有说明寓意，但有一句作者的声明在当中（源自拉克坦提乌斯，古英语诗人改编），只有上帝知道凤凰的性别。

通常，《埃克塞特书》中的《生理论》不会把古英语诗歌《凤凰》与黑豹、鲸和鹧鸪收录在一起。[32] 13 世纪的中古英语《生理论》以西奥博尔德（Theobaldus）拉丁语版《生理论》为基础，其中也没有收录古英语诗歌《凤凰》[33]。在彼特拉克笔下，凤凰成为完美的隐喻。在整个文艺复兴时期，这种隐喻成为凤凰寓意上最具创新的转变。在彼特拉克死后的 15 世纪，有

人以百科全书式的古北欧语作品 AM194 为基础，进行了改编创作。17 世纪时，托马斯 · 布朗和亚历山大 · 罗斯曾经展开过一场学术辩论。尽管布朗两次提到拉克坦提乌斯（一次提到克劳迪安），罗斯也提到过拉克坦提乌斯并认定他是肯定凤凰存在的一位基督教早期教父，但是，因为古英语诗歌《凤凰》的作者无人知晓，而且是用本地语言写成，所以，两人在争论中都认为这首诗歌不值一提。直到 19 世纪和 20 世纪，这首诗歌及其古北欧语修订版才引起学界的关注。

与此同时，一方面，在北至冰岛的广大地区，在日耳曼语族中，拉克坦提乌斯用拉丁语创造的经典凤凰形象成了一种基督教神鸟；另一方面，《生理论》中的凤凰形象则被改编成动物寓言集中一种著名的鸟。

9

动物寓言集中的凤凰

129 作为一名跟踪研究凤凰的人，要想最直观地看到中世纪凤凰的样子，只需要去一座世界上知名的图书馆，戴上一副白手套，在阅览室里慢慢翻阅一本闪亮的羊皮纸动物寓言集。书中，凤凰站在熊熊燃烧的柴堆中，体现了牺牲和复活的意义，与罗马帝国硬币上带有光环的不死鸟形象或者基督教堂拱顶上的长腿鸟形象已经不再相似。多数情况下，它的形象与古典文学传统更为接近，是鹰的样子，或者是其他鸟的样子，但却没有光环。与插图相配的文字通常是拉丁语，讲述了寓言当中凤凰死而复生的故事。要看到这些手稿的原本虽然比较麻烦，但是，部分甚至全部的电子和纸质复制稿却很容易就可以得到，这已经是近乎最好的选择了。[1]

作为《生理论》中一个经典条目，“凤凰”在几乎所有动物寓言集的文本和图像中都有出现。[2] 动物寓言集一般会用各种动物来讲述宗教教义。在这些动物当中，凤凰代表的意义最为重要，因为它被用作基督复活的象征，而这一概念是基督教教义的基础。从动物寓言集中各个“凤凰”条目的内容和长度，就可以反映出凤凰作为这一象征的重要意义。在这些寓言集中，关于凤凰的条目之间会有相互借鉴和改编，因此，其内容都是权威作品的汇编，并且通常都不会注明出处（《圣经》除外），也不顾及各个材料之间的内容是否一致。尽管如此，因为复活 130
是最为重要的主题，所以在寓言集的文本中，“凤凰”条目的篇幅属于最长的一类。下文中讨论的寓言文本虽然没有一个与另一个完全一致，但内容都十分相似。

动物寓言集中的凤凰艺术形象，经常伴随文本成对出现，要么是以单独图片的形式描绘凤凰搜集香草然后自焚，要么是在一个连续的记叙中。不管是哪种情况，其中描绘的凤凰形象都能使人联想到基督的牺牲与复活。在这里，强调的是一种激情，而不是早期基督教堂拱顶镶嵌画和墓葬雕刻中描绘的那种永恒的喜悦。

下面，本书将讨论几部关于凤凰的文本，还有几幅养鸟场中的图画以及部分拉丁语和法语手稿。

拉丁语动物寓言集

中世纪动物寓言集是从不同版本的拉丁语《生理论》发展而来，而拉丁语《生理论》又是从希腊语翻译而来。[3] 所以，动物寓言集在发展过程中，保留了一些更早的文本，其中经常有引述《圣经》的话和道德说教。由于增加了伊西多尔《词源学》中部分动物的名称和对它们的描绘，动物寓言集的形式更为开放，吸收了一些非传统的素材，包括 12 世纪由富伊瓦的休

（Hugh of Fouilloy）所著的《百鸟之书》（*Aviarium*）中的一些条目。《生理论》原来共有近 50 章，但由于增加了伊西多尔、普林尼 / 索利努斯、卢坎（Lucan）、埃里亚努斯等人作品中的动物，篇幅增加了一倍还多。不仅如此，寓言作者还经常会吸纳圣安布罗斯《六日创世记》中的素材。许多条目的介绍中都没有提到寓意，而是按照新的博物学的顺序展开：从兽类到鸟类，再到爬行动物和鱼类。随着动物寓言集文本的发展，其中的插图也更加精美，最初只是一些素描，后来有了色彩丰富的插图，其中用到了红、橙、绿、蓝、棕和金等。[4] 最优美的动物寓言集艺术还是见于英文手稿，这些手稿也是全欧洲最为精美的动物类书籍。

131 尽管以 T. H. 怀特（T. H. White）为代表的一部分人认为动物寓言集是严肃的博物学著作，但学界绝大多数人还是把它们视为说教性的宗教作品。[5] 圣文德（St. Bonaventure, 13 世纪）[*] 曾写道："这个世界可以感知，其中的生灵能够象征人所不能看见的神旨。"[6] 虽然动物寓言集中引入的道德说教内容比较隐晦，但仍不失为一部传播基督教教义的书。它将各种动物作为象征，讲述教义，引导人们获得拯救。如同《生理论》一样，动物寓言集并未刻意区分哪些生物是真的，哪些只是传说，而将它们都视为上帝动物王国中的成员。

通过动物寓言集，能够向广大未受过教育的人群传播基督教教义。绝大多数修道院都有一部寓言集，这些书在布道时可

---

* 意大利神学家和哲学家，后被封为天主教圣人。

作为参考，并且被当作讲授教义的教材。[7] 关于如何让宗教作品为俗世信徒所接受，阿伯丁（Aberdeen）的一位动物寓言集作家曾写道：“因为我作品受众都是没有受过教育的人，所以为了提高他们对教义的理解，我都用简单的话语来讲述复杂的话题。对此，细心的读者会注意到，但不应感到奇怪。”关于书中的插图，他又写道：“书面语适合教师，而插图则适合没受过教育的人；复杂的文本受到智者的偏爱，而插图则因其简单而能吸引普通人。”[8]

富伊瓦的休的《百鸟之书》

富伊瓦的休所著的《百鸟之书》（约 1132—1152 年）并非动物寓言集，但是有许多抄录者都把该书的部分甚至全部内容吸收到他们的手稿中，当然，这一般都是根据寓言编纂者的要求而做的。[9] 由于《百鸟之书》是专门针对文盲信众的，所以经常配有插图。威伦内 · B. 克拉克（Willene B. Clark）对中世纪关于动物的作品进行过全面的翻译和研究工作，他翻译的《百鸟之书》的 60 个条目，内容都是关于道德说教的。[10] 总体而言，休的作品更有新意，与动物寓言集相比，也更具个人道德说教色彩。他通过对一些鸟的描写来讲述基督教教义。这些鸟中就有凤凰。[11] 在该条目开头是圣伊西多尔描述凤凰的一段话，这段话首先讲了凤凰名字的来源：“阿拉伯半岛的凤凰鸟之所以名 132
叫‘phoenix’，是因为它的羽毛为紫色（pheniceum）；或者是因为世界上这种鸟只有一只，非常独特。”休直接引用了整段话，却连作者的名字都没提。接下来，他又引用了本笃会修道院院长、大主教拉巴努斯·莫鲁斯（Rabanus Maurus，780—856年）的一篇文章，后者曾在其百科全书式的《论器具》（*De naturis rerum*）一书中利用《词源学》进行道德说教：

> 于是，拉巴努斯说道："凤凰能够象征正义之士的复活。这些人集诸多美德于一身，能够为自己死后再恢复元气做好准备。"

这里强调的是信徒受到祝福，得以复活。这与《生理论》不同，后者直接将凤凰的复活等同于基督的复活。

随后，休开始自己创作寓言。其中第一段无疑受到圣伊西多尔的启发，是面向他那些世俗兄弟的：

> 凤凰是阿拉伯半岛的一种神鸟。实际上，阿拉伯半岛是一处平原。平原就是现世，阿拉伯的生活就是尘世的生活，那里的居民就是俗世之人。他们把孤独之人称为"phoenix"。而正义之士必是孤独之人，完全脱离尘世纷扰。

这位法国教士的下一段煞有介事的陈述一下子吸引了读者的注意："正如《圣经》所言，凤凰的寿命据信可达500岁。"其实，《圣经》里根本没有这种说法。这是一位作者打盹时，才会出现的有趣现象。克拉克教授认为，希罗多德关于神鸟500岁寿命的说法是如此广为人知，所以休肯定误以为《圣经》里也有这样的说法。[12] 接着，休详细论述了阿拉伯神鸟的长寿特性，通过比较，他指出，凤凰生命中每过 100 年，其五种感官中的一种就会退化。

休继续通过寓言向世俗的兄弟布道。他说，凤凰寓言中的香草象征着人的善行（这与《生理论》和圣安布罗斯的说法相似）；凤凰用香草筑巢并安身其中的故事则象征着“正义之人每次念及需多行善事时就主动做的事”。在伊西多尔所写的条目中，凤凰面向太阳，“用它的双翅点燃了火焰，因为（与此对 133
应）沉思会激发人的心灵，而正义之人会借助圣灵的热量，点燃人心灵的火花。”

正如克莱门特的写法一样，休在结束讲解的时候，也向他的听众解释了凤凰复活对于信徒的意义：

> 就这样，凤凰葬身于烈火之中，但随后凤凰又从灰烬中重生。有了凤凰死而复生的这一例证，于是在场的每个人都相信人死后也可以复活。所以，你们要相信人死后可以复活，因为与凤凰从灰烬中重生相比，这也不算什么更大的奇迹。
>
> 看一看吧，这些鸟（指凤凰）的本性（死而复生）向单纯的人们证明了他们也可以死而复生。这正所谓，《圣经》预言了什么，自然界就会证实什么。

休的《百鸟之书》现存 125 个副本，其中绝大部分配有插图，并通常与其他作品收录在一起。[13] 这些书中，关于海利根克劳兹（Heiligenkreuz，12 世纪晚期）和康布雷（Cambrai，13 世纪晚期）养鸟场的书都是在法国完成创作的。[14] 这两部书的结构都遵循了休的鸟类专著里的顺序，凤凰与鹧鸪被安排在同一页。这些条目的文本一字不差地抄录了他的凤凰故事。尽管如此，除了动物寓言集中凤凰搜集香草及其火葬的经典场景，关于凤凰的插图中，用简单线条把它刻画成鹰一般的猛禽或者描绘成一种非常普通的鸟，也都算恰当。在《剑桥动物寓言集》中没有出现休的文本，但是，《阿伯丁动物寓言集》却把他的文章作为素材之一。[15]

《剑桥动物寓言集》

如今人们所说的《次系动物寓言集》（*Second Family Bestiaries*），实际上是一套内容最为丰富的手稿集合，包括了 12 世纪和 13 世纪扩展后的兽类书籍。而 12 世纪早期剑桥大学
134 图书馆中编号为 MS Ii.4.26 的“Fenix”条目，则具备该寓言集文本的典型特点。[16] 这部动物寓言集对大英图书馆中编号为 MS Harley 4571 的配图手稿有重要影响，而后者又是牛津大学博德利图书馆编号为 MS Bodley 764 的手稿的主要素材来源。[17] 在这些手稿中，凤凰条目之后的下一个是亚里士多德的肉桂鸟。这种鸟与香料（肉桂）有关，又与凤凰有亲缘关系，它的筑巢习惯最早由希罗多德描写过。

T. H. 怀特所著的《百兽之书》（*The Book of Beasts*）第一次将整部拉丁语动物寓言集译成了英语。[18] 下文的《剑桥动物寓言集》手稿即选自该书。这部书中的轮廓图就是拉丁语原作中

未涂色彩的样子。[19]

本书读者看到这里，就会认识到，《剑桥动物寓言集》中的凤凰条目实际上是将此前讨论过的文本汇编到了一起：伊西多尔的《词源学》《生理论》以及圣安布罗斯的《六日创世记》。这些不同素材的基本组合，构成了许多其他动物寓言集中凤凰条目的结构。[20]

与《首系动物寓言集》（*Frist Family Bestiaries*）的情况相同，这里的凤凰条目一开始也是引用了伊西多尔的词源分析及其对凤凰葬身烈火的描写，但是它在结束时加了一句从别处抄来的话："随后，就在第九天的时候，它又从自己的尸灰中复活了！"正如动物寓言集研究专家黛布拉·希格斯（Debra Hassig）指出的，这里所言的"第九天"复活与《圣经》关于基督复活的权威说法不一致，因此也与《生理论》相悖，而后者是第一部将基督死而复生的三天周期与凤凰复活的周期等同的书。人们将这一相悖之处归咎于抄写错误，认为其并非源于什么神秘的传统说法。"第九天"这一细节在多部寓言集中都曾出现，希格斯博士列表中的第一部就是《阿伯丁动物寓言集》。[21]

而剑桥手稿中的相关条目则有另一个不同的素材来源——《生理论》。该条目重复了《约翰福音 10:18》，对原作的部分内容进行了解释——此处指的是原作的结论部分——但是，又增加了几行文字来强调基督所做的牺牲。在以《生理论》为基础的动物寓言集相关条目中，这种写法很具典型性。因此，有许多抄写员将这段话收入了凤凰条目：

> 135 我主耶稣基督展现出的品质与这种鸟相同。他说：“我有权柄舍了［生命］，也有权柄取回来。”既然凤凰能够死而复生，那么，愚钝的人哪，你怎么能因为上帝的话而惊骇呢？耶稣基督可是真正的上帝之子！他说过，他是为了拯救人类才从天上来到人间；他将双翼浸在《新约》和《旧约》甜蜜的香气之中，然后毅然走向十字架，替我们受死，然后又在第三天复活。[22]

抄写员显然没有注意到或者忽略了基督第三天复活与凤凰第九天复活之间的矛盾。

此处，剑桥手稿又开始借鉴《次系动物寓言集》的第三个素材来源——圣安布罗斯的《六日创世记》。但是，抄写员转向圣安布罗斯的作品实际上也只是对以前信息的拙劣重复而已，并没有提及神鸟在烈火中死去。[23] 火意象的缺失既与伊西多尔在条目一开始的描述不符，也与他画的插图不符——图中，凤凰处于一个着了火的巢穴之中：

> 我们再重复讲一下。据说，凤凰是一种生活在阿拉伯地区的鸟；它的寿命甚至能达到500岁；在觉得即将走到生命终点之时，它会用乳香、没药等香料为自己制作一具棺材，然后进入其中并死去。
>
> 从其尸体的体液中会生出一只蠕虫，这只蠕虫慢慢长大，直到一段时间之后，它会长出如船桨般的双翅；这时，它又变回以前的模样！[24]

从选择“棺材”这一隐喻以及维吉尔式的“如船桨般的双翅”这种表达来看，毫无疑问是借鉴了圣安布罗斯的作品；另外，尸体体液中生出蠕虫这一情节又与圣安布罗斯和克莱门特 136 二人作品中凤凰复活的细节相符。在整个条目中都可见《六日创世记》中的相关用语，比如“神鸟的存在是为了人的福祉，而人并非为了神鸟而存在”，又比如棺材的意象以及结尾时提到的保罗牺牲等。这一条目后半部分侧重讲述了信徒复活，这与克莱门特的说法一致，而不是像《生理论》那样，侧重讲基督的复活。

在《剑桥动物寓言集》中，凤凰条目的配图既有它收集香草的插图，也有巢穴着火凤凰葬身（也有评论人士认为是复活）其中的插图（图 9.1）。[25]

关于《剑桥动物寓言集》中的第一张凤凰插图，值得注意的是，其中鸟的形象已经与早期基督教和罗马帝国传说中带有光环的凤凰——起源于苍鹭模样的埃及不死鸟——大不相同。实际上，剑桥手稿中的神鸟只是动物寓言艺术中许多种鸟中的一种。据说，《剑桥动物寓言集》中对黑鸭、朱鹮、鹦鹉、戴胜、鹈鹕和鹧鸪的描写，除了大小之外，都是一模一样的。[26]不管如何，从配文中我们知道，“我主耶稣基督展现的品质与这种鸟相同”。因此，书中对凤凰收集香草的描写，实际上就代表着基督用香甜的味道充满翅膀准备牺牲自我，然后再复活。而且，在柴火堆或鸟巢上的那只鸟低眉顺目，看起来与第一幅插图中的鸟并不相同。它长着猛禽似的嘴巴，双翅展开，与鹰相

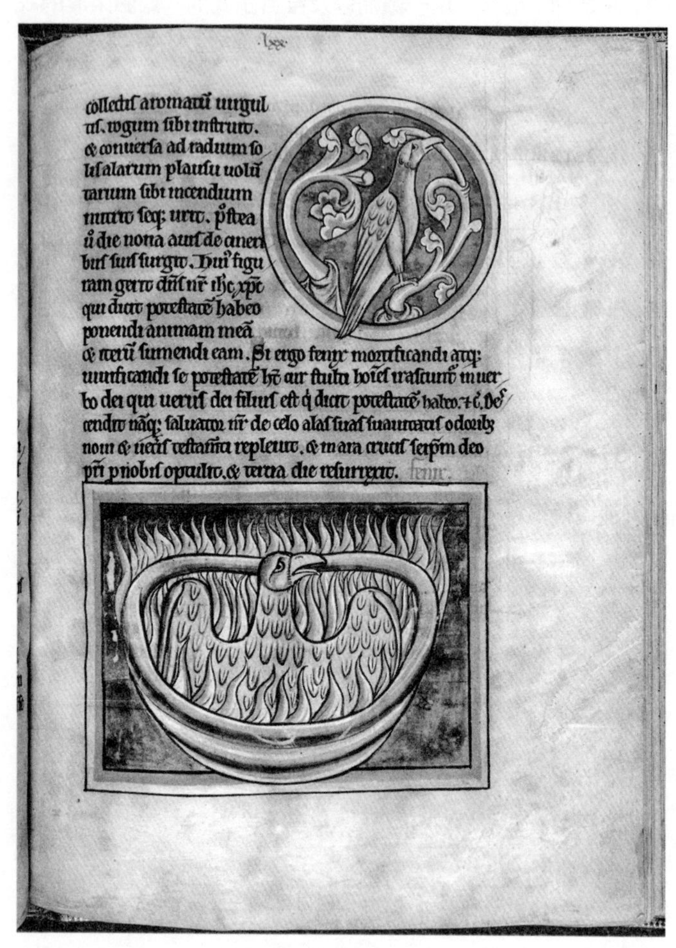

图 9.1　中世纪动物寓言集插图，展现了凤凰收集香草，在巢中献祭的场景

来源：British Library, Harley 4751, f. 45 (early thirteenth century).

似，而鹰通常是动物寓言集中凤凰的代表。[27] 到了 13 世纪早期，剑桥手稿中的这两幅插图演变为多个版本，收藏在大英图书馆的《哈雷动物寓言集》(*Harley bestiary*) 中。

可以看出，在西方神话中，图画中的凤凰，不管是古埃及、罗马帝国还是早期基督教艺术中，最早都是苍鹭的样子，后来戏剧般地转变成动物寓言集中鹰的样子。这很具讽刺意味，因为在罗马帝国时期，凤凰的形象影响很大，但却与帝国里当时无处不在的鹰毫无关系。在未配插图的希腊语和拉丁语《生理论》中，凤凰条目紧跟在鹰条目之后。关于它们之间的紧密关系，《圣经》中有权威的说法："以致你如鹰返老还童。"(《诗 138
篇 103.5》)。根据《生理论》和动物寓言集的描写，鹰在衰老后，会失明，这时它想寻找一眼泉水；于是，它飞向太阳，羽毛被烧，眼中的雾气也被清除，随后它从空中三次向下俯冲，在泉水里涤荡自己，不仅恢复了视力，还恢复了青春。虽然剑桥手稿中没有提到洗礼本身，但是，中古史学家瓦莱丽·琼斯(Valerie Jones)指出，凤凰插图中的柴堆与《阿什莫尔动物寓言集》中关于鹰的描写相似。[28]

《阿伯丁动物寓言集》

在《次系动物寓言集》英语手稿中，"阿伯丁动物寓言系列"中最早的一本就是《阿伯丁动物寓言集》(约 1200 年)。[29] 这部手稿中的阐释非常详细，其中凤凰一章 [30] 取材于伊西多尔 /《生理论》/ 圣安布罗斯的作品。后来此类动物寓言集的取材，也大多如此。然而，《阿伯丁动物寓言集》中凤凰条目的素材来源还包括休的《百鸟之书》。因为素材都源于诸多权威作品，《百鸟之书》内容的出现就显得有些特别。

比较一下剑桥手稿与更早的《阿伯丁动物寓言集》中的凤凰相关条目，就能发现，《百鸟之书》内容的增添，使凤凰的死亡与复活显得更为平衡。这两部手稿的前部内容几乎一样，只是《阿伯丁动物寓言集》的抄录者在伊西多尔引文的结尾处，引出了“第九天”的说法，而在借鉴《生理论》内容之后又说基督在第三天复活。但是，这位抄录者一边将凤凰的复活比作基督复活，一边又紧接着加上了《百鸟之书》中对拉巴努斯的话的解释——“凤凰也可以象征正义之人的复活”。这样，《阿伯丁动物寓言集》中就给出了基督教关于复活教义的两个版本。除了借鉴了《百鸟之书》，《阿伯丁动物寓言集》的抄录者还增添了休关于阿拉伯半岛以及世界的寓言。增添的部分一开始就说“凤凰是阿拉伯半岛的一种鸟”。这强化了接下来文中所引用的圣安布罗斯的片段，该片段在凤凰条目中第三次重复说到凤
139 凰就生活在阿拉伯半岛。休曾声称神鸟寿命500岁的说法在《圣经》上有依据，但这位抄录者却没有重复他的这种说法。随后，阿伯丁手稿的作者又对圣安布多斯的作品进行了修改，将他所提到的“棺材”改为更为笼统的说法——“容器”。这一寓言还重复了圣安布罗斯关于保罗殉道的语句，但并未像剑桥手稿以及其他动物寓言集一样，以此作为条目的结束。相反，他加上了休的凤凰条目结尾处的语句：“就这样，凤凰葬身于烈火之中。”此处提到凤凰葬身烈火，实际上是回归了伊西多尔关于凤凰之死的说法，但却与圣安布罗斯的《六日创世记》不同，后

者未曾提到火。

我们复制了《阿伯丁动物寓言集》中凤凰条目的页面，其中包含了一些以金色为背景的华丽插图。从形象上看，这里的凤凰图像与《阿什莫尔动物寓言集》（1511 年）中的凤凰图像相似，后者现藏于牛津大学博德利图书馆。[31] 在阿伯丁手稿的封底有一幅插图，描绘了凤凰给其双翼添加香味以及为筑巢而收集香料的场景，许多其他动物寓言集中也有这样的插图（图 9.2）。另外，这只鸟体态修长，双翼展开，垂直悬挂于树枝之间，从寓意上讲，它可以看作基督被钉在十字架上。作者把这幅插图刚好安排在书中提到耶稣在十字架上受难的地方，也进一步强化了这一寓意。神鸟头部上方的太阳光环，[32] 也使人能够联想到早期基督教艺术中关于凤凰周围的光环。根据伊西多尔描述，凤凰用其双翼作扇，使柴堆燃起火来。这一柴堆呈碗状，与剑桥手稿和哈雷手稿中的相似，都能使人想到洗礼时用的圣水器。

《阿什莫尔动物寓言集》中有一幅插图能够与阿伯丁手稿中的第二幅插图（见第二部分篇章页）相对应，它描绘了凤凰以胜利者的姿态在巢中得以复活。在这幅插图上部的太阳两侧，刻有“FENIX ETIAM”（又是一只凤凰），强调了凤凰的复活。[33] 20 世纪，小说家 D. H. 劳伦斯著名的凤凰徽章的原型就是这幅插图。[34]

编号 MS Bodley 764 的凤凰手稿 141

这部手稿 [35] 中的凤凰条目与《剑桥动物寓言集》相同，都

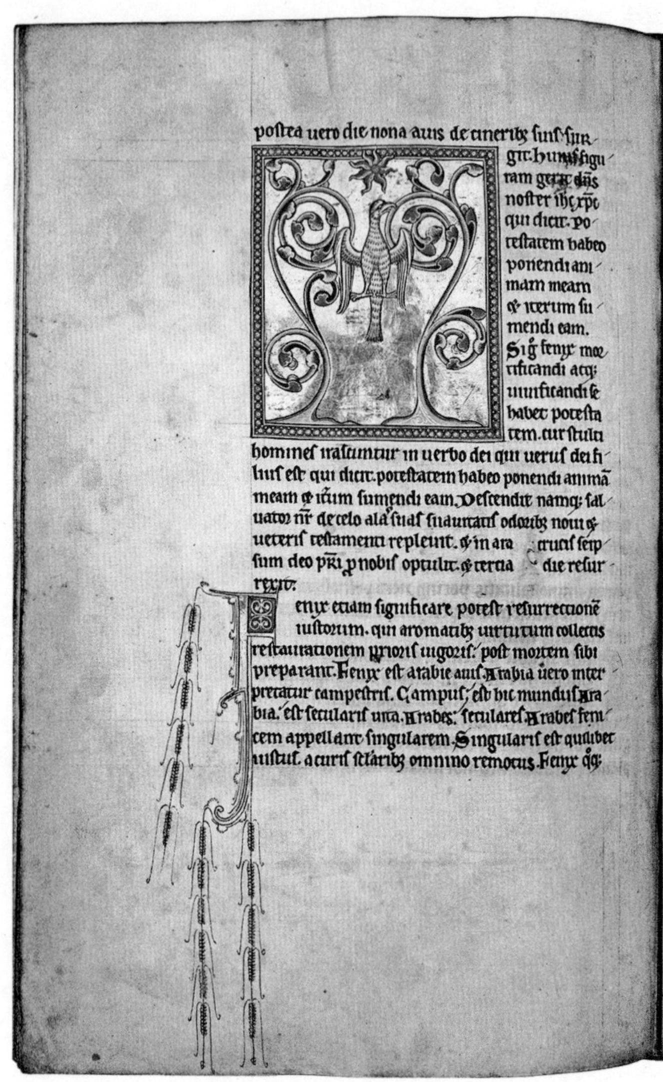

图 9.2 凤凰像基督一样，为自己的受难做准备

来源：Aberdeen Bestiary, folio 55v (c. 1200).

Reproduced by permission of the University of Aberdeen.

是先借鉴伊西多尔的内容，再到《生理论》中的解释（还有提到基督十字架受难）以及圣安布罗斯的素材，最后以保罗的话结束。虽然博德利手稿中其他地方引用了休《百鸟之书》的 13 个章节，但是，该手稿的凤凰条目却没有借鉴休的作品。[36]而且，博德利手稿的作家还更正了凤凰在第九天复活的谬误，将其复活改到了“第二天”——但这也与《生理论》中的描述不同。此外，文中还剔除了“他那如船桨般的双翅”这一描述。译文中，在提到圣安布罗斯文中的鸟巢、基督和信仰时，去掉了“蝶蛹”（chrysalis）这一柔性表达，代之以生硬的词汇如“棺材”或者“箱子”。文中内容的铺陈都是一样的，但被限制在一个隐喻的框架当中，这一隐喻说明的是生而不是死。与《剑桥动物寓言集》相同，在引用圣安布罗斯之后的部分里，并没有提及凤凰葬身烈火的情节。

博德利手稿中的凤凰形象色彩艳丽，以金色为背景。[37] 在走向烈火自焚前，这只似鹰的神鸟栖息在一棵树上。在一幅更大、更形象的插图中，英雄般的凤凰以胜利者的姿态，双翼展开站在烈焰之中（图 9.3）。这里没有柴堆，但树上有一个鸟巢，这使人们能够联想到基督光荣复活之前受难于十字架上的情形。此外，不管画家有意还是无意，插图中搭建鸟巢的树枝也呈十字架的形状，并且指向凤凰双翼的边缘。这一组合安排预示了几个世纪以后纹章中的凤凰形象——半似于鹰，双翼展开，从烈火中复活。

但是，动物寓言集作家在说明凤凰死亡和复活上并非只有这一种安排。大英图书馆 12 世纪早期的“过渡”（Transitional）

图 9.3　凤凰以胜利者的姿态从燃烧的鸟巢中跃起，
鸟巢可以令人联想起十字架

来源：Bodley 764 folio Tov (thirteenth century). Bodleian Libraries，University of Oxford

手稿中，就有一幅著名的凤凰插图。这一手稿编号为 MS Royal 12.c.xix，创作时间位于《首系动物寓言集》和《次系动物寓言集》之间。其作者在描写凤凰收集香草和葬身烈火的时候，采
取了在单一框架之内连续叙事的方法。[38] 而在 14 世纪的《彼 143
得伯勒诗篇》（Peterborough Psalter）和剑桥大学基督圣体学院（Corpus Christi College）中编号为 MS53 的动物寓言集中，凤凰在巢中死去的场景和其尸体中生出一条幼龙状蠕虫的场景都被并列描写。[39]

法语动物寓言集

与拉丁语动物寓言集作者不可考的情况不同，12、13 世纪法语版《生理论》的作者大多为人所熟知，其中主要人物有菲利普·代·托恩（Philippe de Thaon）、热尔韦斯（Gervaise）、纪尧姆·勒克莱尔（Guillaume le Clerc）和皮埃尔·德博韦（Pierre de Beauvais）。这些法语作品中，除热尔韦斯的动物寓言集外，主要都取材于拉丁语版《生理论》的《首系动物寓言集》；除了皮埃尔·德博韦的动物寓言集是篇幅长短不一的散文，其他都是押韵诗的形式。这些作品的题目都被笼统称为“动物寓言集”（*Bestiaire*），而且其中都有关于凤凰的条目。[40]

菲利普·代·托恩

法语当中最早的动物寓言集当属菲利普·代·托恩 12 世纪早期的作品。[41] 其中的凤凰条目一开始就是一段令人困惑的描述，托恩声称是引自伊西多尔的话。下文是直接翻译过来的：

凤凰是一种鸟，美丽而典雅；
它的故乡在阿拉伯，貌似天鹅；
谁都找不出第二只来；
因为世上只有一只凤凰；
它全身紫色；
据伊西多尔所言，凤凰可以活 500 多岁。[42]

弗洛朗斯·麦卡洛克（Florence McCulloch）是动物寓言集研究领域的权威专家。他指出，托恩将凤凰与天鹅相比较，肯定是因为他把伊西多尔笔下“*dicta quod colorem phoeniceum habeat*”中的“*colorem*”一词误作了“*olorem*”，而“*olorem*”的意思就是天鹅。[43] 接着，托恩表示，他的文章取材于“动物寓言集”和《生理论》，描述了凤凰在老去之时，于三四月间飞
144 到赫里奥波利斯，烧死于祭坛上的柴堆中，又于三日之后复活。他这里所提到的素材来源可能指的就是拉丁语《生理论》的不同版本，都被冠以“动物寓言集”之名了。作为盎格鲁－诺曼人的托恩也重复记述道，凤凰来自阿拉伯半岛，而非如《生理论》所言来自印度。[44] 这一说法与其他以伊西多尔引文作为凤凰条目开端的动物寓言集作家相同。此外，他还对其主要素材进行了加工，由祭司而不是凤凰点燃柴堆；然而，在指代意义上，他的作品又与《生理论》相同，都将凤凰等同于基督。1121 年，英格兰国王亨利一世迎娶第二任妻子艾丽斯·德·鲁汶（Aelis de Louvain）后，托恩将其动物寓言集题献给了这位王后。[45]

热尔韦斯

关于热尔韦斯的身份，人们经过探寻，发现在贝叶地区（Bayeux）就有三个叫这个名字的人。[46] 抛开这一争议，这位叫热尔韦斯的动物寓言集作家声称其作品借鉴了约翰一世（John Chrysostom）的著作，亦即《约翰格言》（*Dicta Chysostomi*）。这部著作创作于 4 世纪，是《生理论》诸多版本中的一个。在热尔韦斯 13 世纪早期的凤凰条目中，凤凰在其巢中放了一些宝石，而火就是从这些宝石中燃烧起来的。[47] 这一细节不同寻常，在《约翰格言》或其他拉丁语版《生理论》中都未曾出现过，但是，却出现在下文中要讲到的、流传更广的一部动物寓言集中。[48]

（诺曼底的）纪尧姆·勒克莱尔

在纪尧姆的动物寓言集中，凤凰用嘴啄宝石，于是火就燃烧了起来。[49] 这一说法在凤凰故事中当属“反传统”。而 13 世纪早期两部诺曼语动物寓言集中出现过这一情节说明，两部作品之间有互相借鉴，其创作并非独立完成或者有一个共同的素材来源（不管是文学作品还是口头传说）。如果说一位法国的动物寓言集作家从另一位那里借鉴了宝石这一说法，那么，另一位作家又是如何创作出这一情节的呢？我们知道，菲利普·代·托恩未曾借鉴他人的著作，就直接把凤凰描写成天鹅的样子（当然这肯定是错误的）。那么，这位法国动物寓言集作家会不会也如同托恩一样，全凭自己想象，创作了关于宝石的情节呢？抑

或，他还是借鉴了别的素材并进行了改编？下一章中，我们会讲到，13 世纪早期，还有一部作品提到过凤巢中的宝石，那就
145 是沃尔夫拉姆·冯·埃申巴赫（Wolfram von Eschenbach）的《帕西法尔》（*Parzival*）。这是一部用中古高地德语写成的浪漫传奇作品，它以不同的语言和文学形式，指出宝石实际上就是圣杯（Grail），而在“凤凰火化成灰”的过程中，圣杯也发挥了作用。[50] 就算这三部作品中关于宝石的情节互相有关联，但要确定到底是怎样的关联，却是非常困难的。纪尧姆的凤凰条目在结尾时，也确认凤凰就是基督。[51] 现存的纪尧姆手稿很多，在其中一版的插图中，耶稣在十字架上受难并复活的插图与凤凰在燃烧的祭坛中的插图被并列排在了一起，这一做法凸显了凤凰在基督教中的象征意义。[52] 在其他版本的手稿中，在献祭之时，有一位祭司在场，这与《生理论》中的描述相同。在这些手稿中，也有与凤凰形象对应的一些动物。

皮埃尔·德博韦

皮埃尔的动物寓言集创作于 13 世纪，以散文形式写成，篇幅长短不一，是法语手稿中依据《生理论》进行创作的最后一部作品。[53] 在其篇幅较长的条目中，皮埃尔描述了凤凰亮丽的羽毛。虽然这一描述引自普林尼，并且具有索利努斯的风格，但他专门描写凤凰的条目还是严格遵循了古代的素材来源。[54]

在皮埃尔动物寓言集较长的条目中，还有一则是描写的神鹰（alerion）。在任一时间，世上只有一对这样的神鹰；这

两只鸟的样子与红鹰相似，它们会一起投水溺毙，留下的幼鸟由其他鸟来抚养。这些凤凰远亲的素材来源可能是普林尼的著作，而非《生理论》，并且《赫里福德地图》(*Hereford Mappa Mundi*)[55] 和《祭司王书札》(*The Letter of Prester John*) 中都提到过它们。

动物寓言集对艺术的影响

虽然至少到 15 世纪时，动物寓言集的手稿都有刊印，并且被蒙塔古·罗兹·詹姆斯（Montague Rhodes James）称为《第三系动物寓言集》和《第四系动物寓言集》，但是，在经过中世纪中期的兴盛之后，动物寓言集还是逐渐丧失了对人们的吸引力。《第四系动物寓言集》中只有一部手稿，是以伊西多尔的著
作和巴托洛梅乌斯·安格利克的百科全书为基础写成的。[56] 本 146
书下一章将对这组动物寓言集进行讨论。

动物寓言集对其他中世纪基督教艺术形式中的动物描写产生了影响，这当中包括教堂雕塑和花窗玻璃。法国斯特拉斯堡大教堂（Cathedral of Strasbourg）[57] 的雕带（frieze）上雕刻的烈火中的凤凰形象，就像一只天鹅。这不由得让人去想，这只刻在上面的鸟会不会与菲利普·代·托恩的描述有什么关系？在亚眠大教堂（Cathedral of Amiens）中，对凤凰的刻画更侧重于其寓意上的美德，它是圣洁的代表。[58] 在法国勒芒和图尔的教堂的花窗玻璃上，也有凤凰的形象；在纽伦堡圣劳伦斯教堂（St. Laurence Cathedral）的大门上，也有它的形象。[59] 而在英国建筑中，还没有发现凤凰形象。[60]

通常，在动物寓言集中，凤凰的形象与鹰相似，站在一个燃烧的鸟巢之中。这一形象后来演变成文艺复兴时期的多种艺术形式，例如纹章上的鸟冠、皇家的肖像画、印刷商标识、寓意画册、炼金术、天体制图学，并最终发展成为现代意义上复活的象征。在一个非常具有“现代色彩”的动物寓言集版本中，凤凰纵身跳入烈火，[61] 这对现代徽章中将火苗与羽毛结合在一起也是一种启发。亚利桑那州凤凰城的徽章即是如此。

与此同时，中世纪的凤凰也被赋予了多种不同的文化含义。

10

动物寓言集之外的凤凰

从 12 世纪到 15 世纪，中世纪动物寓言集从兴盛走向衰落。147
在此期间，各种不同的文学形式中都有凤凰出现，比如百科全书、浪漫传奇故事以及假借行者之名所写的游记。在当时最大、保存最完整的地图《赫里福德地图》中，也有对凤凰的刻画。虽然在这些作品中，动物寓言传说和基督教教义可能更为明显，但是，多样的文学体裁也重塑了凤凰的形象，使其从静态的宗教寓言中摆脱出来。

百科全书式作品

我们已经讲过，伊西多尔于 7 世纪创作的重要作品《词源学》对动物寓言集影响甚大。伊西多尔的巨著是自普林尼《博物志》以后世俗"科学"之集大成者。此外，它也是 13 世纪兴盛一时的拉丁语和法语百科全书的基础。这些百科全书多由教士为宗教用途而编写，意图囊括那一时代的所有知识。[1] 这些百科全书中，部 148
分包含有凤凰条目，而且这些条目的内容或形式具有多样性。

亚历山大·尼卡姆

亚历山大·尼卡姆（Alexander Neckam，1157—1217 年）是一位英国学者和修道院院长，著有《论自然的本质》（*De Naturis Rerum*，1180 年）。[2] 在这部作品的凤凰条目中，动物寓言传说只占一小部分。关于凤凰，他写了两章，篇幅都不长，绝大部分内容都摘录自奥维德和克劳迪安的诗，因而堪称这两位诗人的缩微作品选。

尼卡姆将经典作品作为其首要的素材来源，编纂工作一开始，就抄录了索利努斯的几行诗，并且没有注明出处。他的第二篇凤凰作品一开始也叙述了凤凰死而复生的故事，但是，因为索利努斯作品中没有相关描述，尼卡姆只能从其他经典作品中寻找素材，其中就包括动物寓言集和古典神话。他笔下的凤凰将自己献祭给上帝的情节源于《生理论》，但同时又见于《祭司王书札》："它从高空俯冲，毅然扑向烈火。"凤凰被火化成灰，但是，尼卡姆写道："大自然有其神秘的法则，神鸟如同维尔比乌斯（Virbius）* 一样，（死后）立即又复活了。"这里提到的是奥维德《变形记》中的一则故事：雅典国王忒修斯（Theseus）的儿子希波吕托斯（Hippolytus）受人陷害，马车被撞毁后死亡，但是，狩猎女神阿尔忒弥斯（Artemis）使他复活了，并且把他的模样变成了一位老人，又给他取名维尔比乌斯（*vir bis*，意为"再次为人"）。[3] 尼卡姆的文章结束时，又回归

---

* 希腊神话中死而复生的虚拟人物。

到基督教寓言传统和圣安布罗斯的说法："虽然我们应该相信，人类应该凭借美德而获得再生，但实际上，凤凰本身的特性就已经证明了人类可以复活。"

接着，尼卡姆引用了一些古典作家前辈关于凤凰作为基督教复活之鸟的语句，大部分都是引自《变形记》中的凤凰片段以及克劳迪安的《凤凰》。[4] 这两部作品正好是罗马诗歌中关于凤凰的第一首和最后一首诗，而尼卡姆的引文也是以凤凰复活 149
结尾的。

巴托洛梅乌斯·安格利克

巴托洛梅乌斯所著《论事物的本质》(*De Proprietatibus Rerum*，13 世纪早期）是关于当时所有已知科学的介绍性著作，也是当时人们读得最多的百科全书。这部作品原来是为了传教而创作的，但正如此前所述，它也是《第四系动物寓言集》的主要素材来源。巴托洛梅乌斯的凤凰条目先是按照我们熟悉的套路，取材于伊西多尔、《生理论》以及圣安布罗斯的作品；但是，随后引入了一则非同寻常的传统基督教传说：

> 提到神鸟时，艾伦（Alan）说，最高级别的主教奥尼亚斯（Onyas）根据耶路撒冷神庙的样子，在埃及的赫里奥波利斯城建了一座神庙；在复活节的第一天，他收集了许多气味香甜的木头，并将其放在祭坛上，在众人面前点燃；这时，突然有一只鸟飞来，坠入火中被烧成灰烬；根据祭司的指示，人们匆忙把这只鸟的尸灰收集起来；就在第三

> 天，尸灰中生出一只小蠕虫；最终，这只蠕虫长成了一只鸟，飞向旷野。[5]

关于讲述这则故事的人——艾伦的身份，迄今尚无定论。[6]此外，巴特洛梅乌斯也有可能把赫里奥波利斯与附近的莱翁特波利斯（Leontopolis）混淆了。在后者，犹太主教奥尼亚斯完全按照耶路撒冷神庙的样子，又建了一座神庙。[7]在巴特洛梅乌斯的故事中，艾伦曾说，在神庙落成献祭之时，凤凰曾经出现过。那是在人们庆祝基督教复活节之时，正好也与《生理论》中所记录的时间一致。在这一凤凰条目中只有两处提到了复活，一处是神
150 庙落成献祭之时，另一处是凤凰在死后三天获得复活。

艾尔伯图斯·麦格努斯（Albertus Magnus）

现代读者如果对基督教中的凤凰进行跟踪研究，了解了1000多年间的相关寓言，那么一旦读到科隆的艾尔伯特（Albert of Cologne，约1200–1280年）的作品，肯定会既感到惊讶，又会松一口气。艾尔伯特是一位全能博士，同时也是托马斯·阿奎那（Thomas Aquinas）的导师。他善于独立思考，因而对中世纪人们研究自然的方法提出了挑战。艾尔伯特曾经翻译了亚里士多德的动物研究著作《动物志》（*De Animalibus*），[8]并给这部书附加了部分博物学的章节，其中，他对动物只是进行了就事论事的研究，并没有将其看作教义真理的象征。他不盲从权威，还曾试图把传说与事实区分开来，甚至还直言索利努斯“有很多谬误”。他对经典传说的怀疑态度，从其凤凰条目的开始几句

就可以明显看出：

> 有些作者更关注神话主题，而不是自然科学。他们认为，凤凰应该是东方阿拉伯的一种鸟。他们还声称，这种鸟是单性动物，没有雄性伴侣，不会发生两性交合。他们还进一步指称，凤凰来到世间之后，一直过着独处的生活，其寿命可达 340 岁。

在将神话内容和科学内容分开以后，接下来艾尔伯特充实了他所读到或听到的关于凤凰的内容。它“应该是一只阿拉伯地区的鸟”。那些凤凰文章的作者“声称”这种鸟是单性的，并且“指称”其寿命为 340 岁。但是，这些作者的说法与传统上关于凤凰寿命的记载有差异，这很不寻常，使人禁不住要问，“他们”是什么人？这一关于凤凰寿命的数据不会就是艾尔伯特本人简单计算出来的吧？

在接下来描写凤凰的一段文字中，艾尔伯特继续对普林尼 151
作品中的相关细节进行改编、充实：

> 故事是这样的，凤凰大小与鹰相仿，头上长着孔雀一般的冠羽，面颊上还有一簇簇的细毛，绕脖颈一周有一圈羽毛呈紫色，并闪着金色的光芒；它长长的尾巴呈淡紫色，上面有类似玫瑰的几何图案，这就好比孔雀尾上像眼睛一样的小圆圈一样。不管如何，人们肯定认为这种图案非常美丽。

艾尔伯特在研究博物学时，注重采用实证方法，因此，他的细节描写很精准。他对凤凰死而复生都要给出“科学”解释，也进一步印证了这一点——在用香草筑好巢后，凤凰

> 缩进巢中，暴露在灼热的太阳光下。它的羽毛闪着灿烂的光芒，与太阳光交相辉映；突然，一场大火燃烧起来，把神鸟和它的巢烧得只剩下一堆灰烬。他们声称，在第二天，灰烬中生出一只蠕虫，这只虫子在三天的时间里又长出了双翅；过了几天，这只长了翅膀的小虫子又变成凤凰原本的模样，然后飞走了。

正是神鸟灿烂的羽毛使得“太阳光”更为强烈。作者还以同样客观的语言描述道，那只蠕虫长成了一只“有翅膀的幼虫”。然而这只蠕虫蜕变的时间超过了三天，这与《生理论》中的传统记录不同，就像这种差异与条目中关于凤凰寿命的不同说法一样。那么，为什么会有这些变化？事实是，艾尔伯特很可能只是凭自己的记忆创作的。

然而，他的结论却有点矛盾：“但是，正如柏拉图所言，‘对于那些据说是神庙典籍中所写的内容，我们不能轻视’。”[9]

152 艾尔伯特的博物学著作是普林尼《博物志》之后最重要的动物学作品，直到 16 世纪，才出现了可与之媲美的作品，那就是康拉德·格斯纳（Conrad Gessner）和乌利塞·阿尔德罗万迪（Ulisse Aldrovandi）的著作。

诗歌与小说

中世纪后期，在动物寓言集和说明性文章之外，关于凤凰的记述相对较少，而且分散。但还是有一些不同的作品预见了神鸟在接下来数百年里的多种文化转型。

沃尔夫拉姆·冯·埃申巴赫

在沃尔夫拉姆·冯·埃申巴赫用中古高地德语创作的浪漫传奇作品《帕西法尔》（13 世纪早期）中，凤凰与圣杯联系在了一起。沃尔夫拉姆的诗长约 25000 行，部分借鉴了克雷蒂安·德·特鲁瓦（Chrétien de Troyes）未完成的诗作《圣杯的故事》（*Li Contes del Graal*），到现在仍然是诸多关于圣杯主题的中世纪作品中最为著名的一部。理查德·瓦格纳（Richard Wagner）就是以沃尔夫拉姆的这部作品为基础，创作了歌剧《帕西法尔》（*Parsifal*）。

这首诗中最重要的一个场景，能使人想起凤凰的形象。圣杯给帕西法尔带来的创伤还未愈合，他又被逐出了亚瑟王的宫廷，因此，帕西法尔就发起了针对上帝的叛乱，并在耶稣受难日当天来到了隐士特莱维臧特（Trevizent）居住的小屋。骑士（指帕西法尔）哀叹自己的悲惨处境，并诉说他想找到圣杯，与妻子团聚。这位隐士规劝帕西法尔要忏悔，要相信上帝和基督，然后又向他描述了圣杯城堡中圣殿骑士的食物和饮品的神奇来缘。传说中的圣杯是指耶稣在最后的晚餐时盛酒的杯子或者盛放耶稣在十字架受难时所流出的血的杯子。但是，沃尔夫拉姆笔下的圣杯却不一样，它是一块石头。这种说法似乎是源于他本人的想法：

> 让我来告诉你们，他们是怎样摄取营养的吧。他们生活在一块最纯净的石头上。如果你们没听说过，我现
> 153 在就可以告诉你们它的名字。它被称为“圣石”（Lapsit exillis）。凤凰被烧成灰烬时就与这块圣石有关，之后，它又从灰烬中得以重生。实际上，凤凰就是这样完成蜕变的！复活之后，它变得又像从前一样光艳照人，伶俐可爱！更进一步讲，一个人不管病得多重，在看到圣石后的那一周，他既不会死去，也不会因病而失色。如果任何人，不管男女，只要在两百年里能看到这块圣石，我们就不得不承认，他不会变老，除了头发会变得灰白，肤色与青年时的一样有光泽。这块圣石能够赋予人以神奇的力量，让他们的肉体和骨骼都能变得像年轻人一般。这块石头也被称为“圣杯”（The Gral）。[10]

接着，这位隐士解释道，每个耶稣受难日时，都会有一只白鸽从天而降，把一块圣饼放在圣杯中，延续它的神力。在圣杯边缘，未来圣殿骑士的名字会神秘地出现又消失。他还补充说，在路西法和上帝的战争中，有些“中立的天使”，并没有选择哪一边；这些天使曾经来到世间看过这块永恒的石头；从那时起，这块圣石就一直由上帝任命的骑士看管。这位隐士和帕西法尔向对方展示了各自真实的身份：隐士是圣杯国王安福塔

斯（Anfortas）的兄弟，安福塔斯因为自尊心太强，其下体所受的伤无法愈合，使他非常痛苦，只要骑士帕西法尔问一个问题，就能解除他的痛苦，但帕西法尔却没有问。经过一番磨炼，帕西法尔变得更加坚强。他离开隐士的小屋，最终帮助安福塔斯康复，自己也成为圣杯国王，并得以与妻子和儿子们团聚（他的一个儿子名叫祭司王约翰，但是这个名字只是一个统称，并不特指本书接下来将要讲到的写信者）。

因此，《帕西法尔》中的凤凰形象实际上是复活和复兴这两个主题的结合，相关故事中有这样的情节：任何人只要看到“圣石”，不仅创伤能够愈合，还可以获得长寿。这一中世纪凤凰传说的新颖之处在于，神鸟能够奇迹般复活，是因为圣杯的作用，而圣杯的力量又源于上帝。为了纪念耶稣受难及复活，在每个受难日，圣灵都会用基督身体做成的圣餐饼（Eucharist 154
wafer）恢复圣杯的力量。

然而，圣杯到底是什么？在沃尔夫拉姆笔下，圣石的拉丁名是“*lapsit exillis*”，而这一名字的含义一直以来都是学者们争论的话题。一般认为，这一拉丁短语是错误的，沃尔夫拉姆有可能只是凭记忆写出来的（或者甚至是自己杜撰的），并且这一短语在不同手稿中的拼写也不相同。沃尔夫拉姆本来想要写的会不会是 *lapis*（石头），而不是 *lapsit*？而 *lapsit* 是 *lapsus*（它掉落下来）一词的错误写法。又或者，*exillis*（在其他手稿中也有写成 *exillas* 的，甚至 *erillis* 的）一词的用法有明显错误——沃尔夫拉姆会不会想要写的是 *ex caelis*（从天上），或者 *exilis*（小的、不足道的），又或者是 *elixir*？于是，“*lapsit exillis*”就被解释为“天外飞石”“它从天而降”以及“小石头”。一些学者认为“*lapsit exillis*”与亚历山大在天堂之门见到的谦卑之石（stone of humility）有关，甚至暗示，这一短语能够使人联想起赫里奥波利斯的石头祭坛，而凤凰就是在这个祭坛上被烧死的。[11] 虽然没有一种解释能够获得人们的一致认可，但还是有一些评论人士认为沃尔夫拉姆笔下的圣杯就是 *lapis exilis*（一块小的、不足道的或者不好看的石头），是贤者之石（Philosopher's Stone）和长生不老药（Elixir of Life）诸多名字中的一个。[12] 于是，这一解释就将凤凰与炼金术的最后一个阶段或者精神启蒙联系了起来。接下来我们会了解到，文艺复兴时期的许多炼金术士都用凤凰来代表一件伟大作品的完成。

并没有证据显示沃尔夫拉姆笔下的圣石与法国动物寓言作家热尔韦斯和纪尧姆·勒克莱尔笔下凤巢中的宝石有何关联，只是在年代上大概巧合而已。

但丁

如果说沃尔夫拉姆把凤凰这种神奇的鸟与圣杯联系了起来，从而扩展了凤凰传说的内容，那么，但丁·阿利吉耶里（Dante Alighieri，1265—1321 年）在《神曲》（*Divine Comedy*）中则是把经典凤凰传说颠倒了过来。《神曲》代表了中世纪基督教诗
155 歌的最高峰。与帕西法尔拜访隐士的过程相似，灵魂在寓言意义上的旅行也始于耶稣受难日，从地狱到炼狱最终到了天堂。但丁以一种不合常规的手法，将凤凰引入了地狱第八圈的第七断层，在那里，卢坎《内战记》（*Pharsalia*）中的毒蛇，折磨着

因欺诈而被上帝惩罚的人。正当诗人和他的向导维吉尔在看盗贼受罚的时候，从离他们不远的一块石头那里一条蛇突然直跃而起，咬向罪人的颈项和肩头相接之处：

还不到写完“o”或“i”的工夫，
他就着上了火燃烧起来，
然后倒下去，全部化为灰烬；
在他这样地焚化在地上之后，
那灰末又自行结合了起来，
而立刻恢复了先前的形状：
如伟大的哲人所宣说的，
凤凰在活到500年的时候，
就像这样地焚化和再生。
它生前不食草木或五谷，
只饮乳香和豆蔻的流汁；
松香和没药是它最后的尸衣。[13*]

这位罪人被袭击之后，又从灰烬中重生，并惊骇地认识到，痛苦还会继续。

但丁诗中的阿拉伯凤凰源于奥维德笔下的神鸟。这一点并不出人意料，因为这位中世纪诗人选择奥维德的同时代人维吉

* 本译文引自《神曲·地狱篇》朱维基译本，上海译文出版社，1984年，第172—173页。

尔作为他心灵旅行的向导。但是，在诗中所描写的地狱的下层，被焚烧成灰然后又复活的却不是凤凰。因此，这里并没有欢快的复活场景。这里的罪人是一位名叫凡尼·甫齐（Vanni Fucci）的窃贼，他盗取了皮斯托亚大教堂（Pistoia）的银器，却让他人为自己顶罪。与凤凰相比，凡尼·甫齐的复活是一种痛苦的过程。他为自己在地狱中复活而愤怒不已，于是就亵渎上帝，又因此而被恶蛇缠身。

156 **亚历山大传奇**

在以亚历山大大帝征战波斯、埃及和印度为题材的民间传说中，凤凰的形象就不仅仅是被简单提及了。相反，神鸟在故事中是实实在在的参与者，尽管它的参与是被动的，而且仅具象征意义。与但丁《神曲·地狱篇》一样，在亚历山大传奇中，对凤凰形象的处理也是不合常规的。

被统称为亚历山大传奇的故事可能起源于 2 世纪的亚历山大城，从那时起一直到 15 世纪，这些故事历经多个版本，不断发展演变。在后期发展中，这些传奇又吸收了东方神话，而这些神话都是以斐洛斯特拉图斯《提亚纳的阿波罗尼乌斯生平》为基础的；这些内容的加入，拓展了《致亚里士多德的信》（*Letter to Aristotle*）的内容。据说，《致亚里士多德的信》是亚历山大大帝写给自己老师的。亚历山大传奇中的故事对游记文学影响很大，如《祭司王信札》以及曼德维尔的《游记》。

在中古英语作品《散文亚历山大的一生》（*Prose Life of*

Alexander，1430—1440 年）中，亚历山大是在印度看到凤凰的。而在《生理论》《提亚纳的阿波罗尼乌斯生平》以及部分动物寓言集中，凤凰的家乡就在印度。亚历山大和他的骑士先是用一面大镜子杀死了一条蛇妖，然后沿着天蓝色的石阶爬上一座石山，山间悬挂着一条条的金链。山顶有一座宫殿，用红宝石、钻石和其他宝石建成。在那里，亚历山大和他的骑士遇到了一位年迈的哲人。这位老者说，从未有人能够预知未来之事，但亚历山大将具备这一能力。接着，他又带着这位大帝和他的两位贵族穿过一片山林，朝着神圣的日月树林（Trees of the Sun and the Moon）走去。在一片弥漫着熏香和香树油的地方，这些人看到凤凰栖息在一棵高高的、光秃秃的树上：

> 在穿过那片树林时，他们看到一棵非常高的树，上面立着一只大鸟。树上既没有叶子，也没有果实。树上的那只鸟头上有孔雀一般的羽冠，嘴上也有羽毛。鸟脖颈一周的羽毛为金色，后半身羽毛为紫色，尾部有两种颜色交替，一种是玫瑰红，一种是蓝色。这些羽毛都闪耀着美丽的光 157
> 彩。一看到这只鸟，亚历山大就因其美丽而倍感震撼。
>
> 这时，那位老者说道："亚历山大，你在此处看到的鸟，就是凤凰。"[14]

树林中的香草为凤凰出场做了准备，神鸟又栖息在最高的树上——这一情节与拉克坦提乌斯和古英语诗歌中的描述相同。但是，这里的树并非枣椰树，而且是光秃秃的。与普林尼一样，这一传奇的作者也侧重描写了神鸟的东方之美，但却没有描述与寿命、死亡和复活相关的细节，也没有明确提到复活与基督教教义的关系。老者既没有解释神鸟的重要性，也没有说明它为什么在一棵无叶无果的树上筑巢。遇到凤凰是这部传奇的一个戏剧性亮点。这些人继续向树林深处走去，来到神圣的日月树旁（图 10.1）。这位哲人指导说，亚历山大可以在心中默默地问树神任何问题，都会得到真实的答案。太阳树对亚历山大说，他将征服世界，但无法回到故乡。月亮树向他透露，20 个月之后，有一位朋友给他下毒。亚历山大听后，哭泣着离开了树林。

在这些传奇中，关于凤凰的故事有多个版本，但其中都有一个突出的细节——神鸟是在一棵光秃秃的树上筑巢的。罗斯·杰弗里斯·皮布尔斯（Rose Jeffries Peebles）对干枯的树这一意象进行过大量研究。他解释说，因为这些传奇的作者未曾解释过那棵树干枯的原因，所以可以推测，这些作者知道，读者都能够理解其原因。实际上，干枯树这一主题可以追溯到古代。熟悉基督教传说的中世纪读者很自然地就会把这棵枯树与善恶园（Garden of Good and Evil）中的树联系起来，在夏娃犯错之后，树上的叶子和果实就掉落了；或者，他们会将这棵枯树与耶稣受难的十字架联系起来，十字架象征着死亡和即将到来的复活。在亚历山大传奇中，这位世界征服者是在知道自己行将死亡之前看到这棵枯树的，因此，这棵枯树成为那一预言的象征；鉴于凤凰在基督教中的象征意义，这棵枯树也
158 可能暗示亚历山大的不朽地位。[15] 与凤凰或其他鸟相关的这一

图 10.1 “日月树预言了亚历山大之死。”15 世纪亚历山大传奇的一部法语手稿当中的凤凰插图

来源：From *The Travels of Marco Polo: The Complete Yule/Cordier Edition*, vol. 2 (New York: Dover, 1993), 134. Courtesy of Dover Publications.

枯树形象，在一些绘画和文字作品中也出现过，其中就包括彼特拉克最后一首写劳拉的诗。[16]

《祭司王信札》

因为其中讲到的用珠宝装饰成的宫殿以及其他印度奇观，亚

历山大传奇对一封传说中的信产生了影响。这封信的作者为无名
氏，但该作者称信是由传说中的人物祭司王约翰所作。而祭司王
约翰又被称为“全印度的基督教皇”。《祭司王信札》写于 12 世
159 纪，信中邀请拜占庭皇帝曼努埃尔造访约翰的宫殿。这座宫殿位
于从巴比伦延伸到世界东缘的祥和王国，用黑檀木、象牙和水
晶建成。来自天堂的一条河流贯穿王国，河中漂浮着各种珍宝。
《祭司王信札》后来传遍欧洲，被普遍认为是一份真实的邀约，
以帮助十字军夺回耶路撒冷。教皇亚历山大三世（Alexandex III）
给祭司王约翰写了一封回信，落款日期为 1177 年 9 月 22 日，但
是，他的使者去送信后再也没有返回。在随后的两个世纪里，《祭
司王信札》出现了多个版本，内容也得到扩充，有了许多东方王
国的奇人异物；该情况与亚历山大传奇相似。[17] 在一封译成法语
写给“罗马皇帝和法国国王”的信中，就有一些奇异的动物，凤
凰和世界东方一种与其有亲缘关系的鸟位列其中：

> 您也应该知道，在我们国家有一种鸟名叫凤凰，它是世间最美的鸟。并且，在整个世界上，这样的鸟仅有一只。活到 100 岁的时候，它会飞向天空，飞到离太阳非常近的地方，以至于双翅都被火烧着了。随后，它又飞到地上，进入巢中，等待被火烧死；但是，它的尸灰之中会生出一只蠕虫，蠕虫在 100 天后又会变成一只鸟，而且和以前一样美丽。[18]

作为一个虚构人物，虽然祭司王约翰是一位“基督教”皇

帝，但这只凤凰是来自东方的珍禽。它只保留了经典传说中的部分痕迹：一是美丽；二是世间独有；三是在巢中被火烧死；四是，其尸灰中生出一只蠕虫又长成一只新的凤凰，并且和以前一样美丽。它是飞近太阳，身上才燃起火的，这一说法与亚历山大·尼卡姆的百科全书一样，都与传统说法相悖；此外，它在 100 天后复活以及 100 岁的寿命也与传统叙事不符。在这里，没有明显的基督教教义或道德说教，凤凰只是行者游记中的一种鸟而已。

在这一神奇的国度，还生活着一对鸟，名叫夜来恩（Yllerion）。在任何时候，世间也只有一对，与皮埃尔·德博韦
动物寓言集中的神鹰相似。夜来恩为百鸟之王，羽毛亮丽如火，160
双翼锋利如刀。它们寿命 60 岁，其间会产两只蛋；一到 60 岁，就会在众鸟陪伴之下飞向大海，自溺而亡。众鸟随后返回照顾两只幼鸟，直到它们能够自立。

夜来恩的羽毛为红色，这显然能够使联想到凤凰传说。至少在塔西佗时代，甚至还可以追溯到戏剧家以西结创作《出埃及记》的时代，凤凰传说中就有众鸟陪伴这一情节。双翼如刀一样锋利这一情节又使人联想到斯廷法利斯湖怪鸟黄铜色的嘴巴、爪子以及双翅。而赫拉克勒斯所从事的劳役之一就是把这种鸟从阿卡狄亚（Arcadia）的沼泽中赶出去。至于纹章上的 alerion（源于拉丁语词汇 *alar*，意为“翅膀的”）则是一只小鹰的身子，并没有显示其嘴巴或腿。

关于《祭司王信札》原著的作者，身份从未得到确认；至于其创作目的，也只能靠人们猜测。这封信被从拉丁语译成欧

洲多种语言，成为中世纪晚期传播最广的一部作品，后来又刊印了多个版本。[19] 随着时间的推移，那位传奇皇帝的王国也从非洲扩展到了中国，在13世纪到16世纪的地图上都有标注，吸引了一众行者。[20]

约翰·曼德维尔爵士

在另一部关于奇闻逸事的虚构作品中，凤凰的形象更为传统。这部作品就是“约翰·曼德维尔爵士”的《游记》（约1356年），与《祭司王信札》相比，它的名气更大，影响更广。虽然人们把这部流行一时的作品作为行者前往圣地的指南，但是它所记述的内容却超越了中东地区，经过印度，一直到达契丹。与《祭司王信札》相似，该书改变了早期的地图，也预见了欧洲的地理大发现。据说，为了寻找域外信息，哥伦布和其他探险家都曾查阅过该书。这部作品现存的手稿有300种之多，这也证明了它在当时是多么流行。曾有一个时期，曼德维尔被认为是“英语散文之父”，而到了16世纪末，他的名字已经成为一个代称，用以指代“创作虚构游记的行者”。现在，他被
161 誉为现代游记小说的鼻祖。人们经常把勃艮第的约翰（Jean de Bourgognes）认作这部书的实际作者，但是约翰·曼德维尔爵士的身份现在仍未有定论。[21]

客观而言，曼德维尔的《游记》并非一部旅行指南，也非作者前往世界之极的真实记录。事实上，它只是把古典和中世纪的一些素材汇编在一起，并借一位虚构的行者之口讲述出来。这些素材包括了中世纪的百科全书、《生理论》、亚历山大传奇

以及《祭司王信札》。

但是，直到 1725 年科顿手稿（Cotton Manuscript）* 出版，英语读者才了解到其中的凤凰章节。这是因为，早前的英语版本沿用了 1496 年的译文，而那位虚构行者对埃及及其附近各国情况的描述，大部分都被这段译文略去了。[22] 在科顿手稿中，曼德维尔先描述了一位在埃及沙漠里生活的萨堤尔（satyr）**，紧接着就以其旅行信息指南的写作风格描写赫里奥波利斯，“那就是太阳城。那里有一座按照耶路撒冷神庙样子建的圆形神庙”。[23] 不管曼德维尔提到耶路撒冷神庙的原始依据是什么，我们都已经知道，巴特洛梅乌斯认为这一故事是经由艾伦之口讲述的。随后，曼德维尔又重复了凤凰传说中的部分内容，如祭司记录凤凰现身的情况、世上仅有一只凤凰（图 10.2）等。接下来游记描述的内容也与拉丁语标准版《生理论》的相关细节高度一致，如祭司准备祭坛、凤凰献祭、祭司观察到凤凰三天后复活等。接着，曼德维尔将这只独一无二的凤凰与上帝做了比较，并提到了基督的复活，但是在记录赫里奥波利斯的这一条目结尾处，他又对经典凤凰传说的神鸟描述进行了些许修改。接下来的另一篇文章也以科顿手稿为基础，其用词颇具古风，但拼写比较接近现代：

世上再没有其他同类，神鸟仅此一只，这是上帝创造

---

*　英国藏书家罗伯特·科顿（Robert Bruce Cotton）收集的手稿。

**　希腊神话中的精灵，形状兼具人和羊的特征。

图 10.2　安顿·索尔格（Anton Sorg）1481 年版
曼德维尔《游记》中的凤凰木刻版画

来源：*The Travels of Sir John Mandeville*, ed. A. W. Pollard (New York: Dover, 1964), facing p. 24. Courtesy of Dover Publications.

> 的伟大奇迹。所以，人们完全有理由把神鸟与上帝相比，因为真主也只有一位，而且我主也是在死后第三天复活的。人们所见的神鸟经常在那些国家里飞翔，其体型不会超过
> 162 一只鹰。他头上的羽冠比孔雀的还要大；其脖颈的羽毛为金黄色，就像闪亮的石头一样；嘴巴为靛蓝色；双翅为紫色，尾巴上为一根根交叠在一起的绿色、黄色和红色的羽毛。迎着太阳看去，他全身荣光闪耀，美丽异常。[24]

然后，曼德维尔又描写了埃及的一些花园，那里果树上的果实每年成熟 7 次；他还描写了一种长条状、被称为“天堂苹

果”（指香蕉）的水果，它的籽排成了圣十字架（Holy Cross）的形状。在书的后半部分，他记录了在祭司王约翰的岛屿上的冒险经历，并表示，由于那片土地上有龙、白象、麒麟以及其他野兽，所以他未能去到那两棵曾预见亚历山大之死的日月树的所在处。

《赫里福德地图》 163

在《游记》英译本的结尾，曼德维尔写道，他曾经去罗马拜访过教皇，想让他为自己的书作证。《赫里福德地图》是根据一本书绘制的，教皇身边的人将《游记》与这本书进行了比较，得出结论说，曼德维尔所写的都是真的。这里所说的很可能就是存放在赫里福德教堂里那张公元 1300 年的地图，它在同类地图中最大，也最为知名。[25] 与其他同类地图一样，这张地图实际上是一部百科全书，以图画的形式记录了古典和中世纪传说，绘制者的初衷是向教区里的人传播基督教教义。

这幅地图以伊西多尔的“T-O”地图为基础。图中显示，世界被海洋包围，“T”字中的横代表地中海（意为“地球中央”），竖则代表顿河（Don）和尼罗河。而字母“T”也代表着基督教中的十字架，位于地图中央，字母“T”横竖两笔交汇的地方，就是耶路撒冷；亚洲位于字母“T”之上，欧洲位于其左下方，非洲位于其右下方。[26]

在《赫里福德地图》中，凤凰的图像位于红海下方；而图中的红海并不连贯，这是表明希伯来人渡过红海的路线（图 10.3）。图中把神鸟的位置安排在犹太人逃出埃及的区域，这有

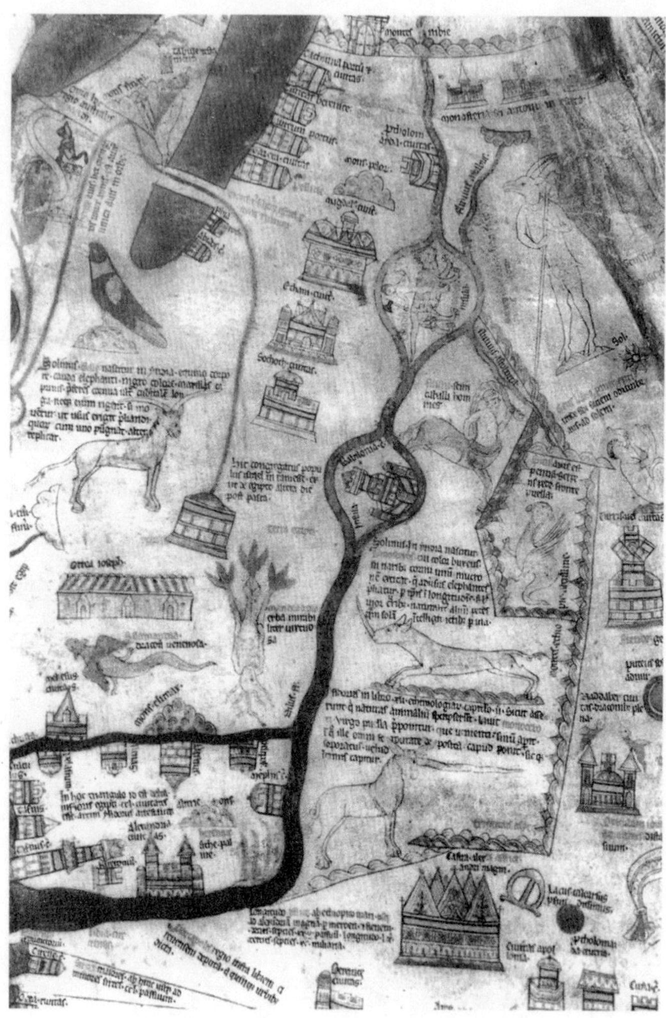

图 10.3 《赫里福德地图》（1300 年版）中的红海下方即为鸣禽凤凰
来源：The Hereford Mappa Mundi Trust and the Dean and Chapter of Hereford Cathedral. Courtesy of Hereford Cathedral.

助于证实戏剧家以西结把其认定为凤凰的说法。神鸟的样子像黄鹂，与罗马帝国硬币上的凤凰形象相似，也站在一个土堆之上。神鸟之下配有一段拉丁语文字：*Phenix avis: hec quingetis vivit annis: est autem unica avis in orbe*（“凤凰鸟：它的寿命为 500 岁，世间仅有一只”）。[27] 这一描述印证了伊西多尔引用普林尼的说法。凤凰图像之下是一只名叫“野迩”（yale）的神话动物，它有一只长着活动角的兽陪伴，这只神兽在索利努斯作品中曾有描述；凤凰四周还伴有其他神话生物，包括人马怪（centaur）、麒麟、山蝾螈（Salamandra，一种长翅膀的蝾螈）和曼陀罗草（Mandragora，一种长有人首的曼德拉草）。亚洲其他地方则有幼鹰（Aualerion），是否取材于皮埃尔·德博韦的作品或《祭司王信札》仍不可知；地图的其他区域则画有独脚怪
（Sciapod）以及亚历山大传奇中描写过的其他“怪兽”[28]。 165

随着教会主宰的中世纪慢慢消退在历史长河之中，人文主义时代即将来临，大量印刷书籍出现，人类也开始了全球探索。走过中世纪的凤凰也垂垂老矣，于是它就开始“收集香草”，为在人文主义时代实现转型和文化意义上的复活做准备。

第三部分 文艺复兴时期的转型

从印度的江河湖海到西班牙的眼眼泉水，
寻遍大海的每个角落；
从红色海岸到里海的蔚蓝，
凤凰，仅有一只！

——彼特拉克，劳拉十四行诗

乔利托公司的印刷商标识（1547 年及以后）中的凤凰与萨堤尔

来源：Henry Lewis Johnson, *Decorative Ornaments and Alphabets of theRenaissance* (New York: Dover, 1991), 167. Courtesy of Dover Publications.

11

创新与再生

我们可以预料到，任何一个时代，只要其名称中有前缀“re”，那么这个时代就会有许多凤凰的形象与传说。文艺复兴时期自然也是如此。这是一个活力复苏的时代，作为一种始终要返回故乡的鸟，凤凰的多重形象在这一时期都得到复兴，也成为其文化史的最高峰。在之前的 1000 多年里，凤凰主要是基督教关于复活教义的一个静态象征物。到了文艺复兴时期，这只多变的鸟在角色和意义上都经历了多重转变，其肇始便是过渡性的人文主义运动，而这一运动在很大程度上是由彼特拉克开启的。这一时期，古典学术知识复兴，印刷机出现，再加之欧洲地理大发现以及宗教、政治和科学力量的综合作用，重塑了文学艺术中的凤凰形象。除了通过古典和中世纪传说典籍传播，凤凰形象也出现在那一时代的许多艺术形式中：抒情诗歌和戏剧、游记、史诗、小说、纹章学、皇家肖像画、寓意画册、印刷商标识、炼金术、星图以及博物学。受彼特拉克作品的影响，“凤凰”在文艺复兴时期无处不在，用以隐喻一位独一无二的人物。

170 在接下来的数章中，这些内容都会涉及。17 世纪时，学界对凤凰博物学的质疑，以及托马斯·布朗对凤凰传说的贬抑态度，将大部分放在本书第四部分进行讨论。同时，本章中涉及的绝大部分作者都来自欧洲大陆，有几位就来自意大利——文艺复兴时期波澜壮阔的文化巨变就发端于此。英国伊丽莎白时代的凤凰文学将放在下一章来讲。

诗歌中的完美典范

文艺复兴时期的文学作品中，关于凤凰的描写有多个角度，但流传最广的用法还是将其比作一位堪称典范的人物。从奥维德和普林尼的时代开始，凤凰就因其独特性而闻名，但是它的这一喻义还是源于伊西多尔的作品，伊西多尔于 7 世纪提到阿拉伯人时将一位“奇人”（singular）称为“phoenix”。作为中世纪时期文艺复兴的先兆，彼特拉克的诗作中开始使用凤凰的这一喻义；后来的文学作品中把英国女王伊丽莎白一世尊称为至高无上的凤凰，这代表着凤凰喻义的最高峰。

彼特拉克

弗朗切斯科·彼特拉克（1304—1374 年）是公认的人文主义之父，人们认为是他创造了“文艺复兴”（Renaissance）这一术语。他自称是一位雅努斯式的人物（Janus figure）*。这是因

---

* 雅努斯为罗马神话中的两面神。

为，自西罗马帝国灭亡以后，欧洲就进入了“黑暗时代”。彼特拉克所处的时代，文化也是如死水一潭，为了复兴古典学术和理想，他超越“黑暗时代”，回望历史。他因史诗《阿非利加》（*Africa*）而被授予桂冠诗人的称号，并且还以拉丁语作品而得名。虽然他毕生都在对其用意大利语创作的诗歌进行修改，但还是称这些作品为年少无知之作。《歌集》（*Rime*）中收录了他的 366 首诗，绝大部分都是十四行诗。这种体裁虽非他首创，但他的诗歌却系十四行诗的完美代表。这些十四行诗绝大多数与“劳拉”有关。[1]而与她相关的一个隐喻就是凤凰，它曾出现 171
在三首十四行诗以及两首合组歌（canzoni）中。

彼特拉克写道，他是 1327 年 4 月 6 日在阿维尼翁的圣克莱尔教堂（Church of St. Claire）遇到劳拉的，当天恰逢耶稣受难日；而劳拉则于 1348 年同月同日去世。他的诗歌记录了他对劳拉持续一生而又遥不可及的爱。甚至连彼特拉克的同时代人都指称，他是因为太渴望“桂冠”（laurel）诗人这一荣誉，所以才利用读音相近编造出劳拉这一人物。但是，彼特拉克坚决否认这一说法。现在普遍认为，确实有过劳拉这么一位女子，在彼特拉克见到她之前就已结婚，后来又成为人母。但是，彼特拉克从未与这位女子相会，也从未确认过她的身份。据传，劳拉死于中世纪大瘟疫。后世的编辑们将《歌集》分成两部分，一部分是“生时的劳拉”，另一部分是“逝后的劳拉”。因为这些诗歌都是描写单向的爱，因此还是沿袭了吟游诗人的宫廷爱情传统；另外，虽然在语言和形式上都模仿拉丁语诗歌，但这些诗作还是创造出了新的内容。[2]随着人文主义和随后的文艺复兴从意大利向西传播，借助印刷书籍，彼特拉克的诗歌传遍了整个欧洲。伊丽莎白时代，人们对彼特拉克尊崇有加，因此，凤凰作为完美象征的这一喻义在那个时代广为流行。如今，《歌集》被认为是现代抒情诗的滥觞。

在彼特拉克笔下，凤凰从戏剧情节上构成了一个序列。最初，他用凤凰来比喻诗中人物的感情，接下来，又用以比喻劳拉的精神理想。前三首诗选自“生时的劳拉”，而后两首则选自“逝后的劳拉”。

《歌集》第135首诗的开头一节，诗人用凤凰来比喻自己在一段新的爱情体验中飘忽不定的状态：

> 如果有人能读出我的韵律，
> 就会发现，异域他乡，
> 最新奇的东西
> 172 与我也最为相像；我来了！为了爱情！
> 在太阳升起的地方，
> 有一只鸟独自飞翔，没有伴侣
> 它主动迎接命运的安排，
> 死去，又复活，再生一回。
> 我的心愿孤寂无双，出自
> 崇高的理想去追逐太阳的光焰，
> 于是被太阳烧成灰烬，
> 然后也再生、复活、生活再现。
> 如此周而复始，在太阳的光焰下

焚毁、死去、又获得生命，

如同凤凰一般。3*

彼特拉克一开始并没有提到神鸟的名字，也没有讲述关于凤凰的一些标准细节，如它的家乡在阿拉伯半岛、它的寿命以及目的地埃及，这说明他相信读者对凤凰传说已经熟知。当他将自己的欲望与神鸟的行为作比的时候，却使人能够联想到罗马帝国末期的凤凰传说：他笔下的人物向往太阳，这一点与拉克坦提乌斯和克劳迪安笔下的凤凰对着太阳歌唱相似，它葬身火海这一情节也与克劳迪安的描写一致。

《歌集》第 185 首诗，凤凰隐喻的对象则从诗人的情感变为他爱情的目标：劳拉本人。凤凰从头到尾贯穿于这首十四行诗。

金色的羽毛缠绕在凤凰

洁白而又迷人的脖子上，

好像珠光闪烁的项链，

使每一颗心陶醉，也让我挂肚牵肠；

它犹如一顶天生的皇冠，

在人间闪射出耀眼的光芒；

爱神从中取出些许纯洁的爱火，

使我在冰霜中燃烧、玄想。

---

* 本书中关于《歌集》的引文翻译参考自李国庆、王行人译本，花城出版社，2001 年。

一件紫色的斗篷绣着众多玫瑰，
又镶着天蓝色的边条和装潢，
173 这是我从未见过的世上最美的衣裳。

传说凤凰隐居在富饶而又芬芳
的阿拉伯高山峡谷之中，
实际上她却正在我们头上飞翔。[4]

在阿拉伯传说中，这是一只“独一无二的”“高贵的”鸟，而从隐喻意义上讲，劳拉就是凤凰。在诗中，神鸟有金色的羽毛，她浑身就像穿着一件紫色、天蓝色和玫瑰色相间的长袍一般。这种描写以普林尼笔下的凤凰为素材。她的美光焰四射，但具有讽刺意味的是，射出的火燃烧着她的恋人。

在即将到来的文艺复兴时期，欧洲人不断地进行探险航行，《歌集》第210首诗就体现了这种开拓精神，它一开始就从传说中的鸟写起，描写了劳拉的独一无二：

从印度的江河湖海到西班牙的眼眼泉水，
寻遍大海的每个角落；
从红色海岸到里海的蔚蓝，
凤凰，仅有一只！

但是，紧接着，诗中的语气变得哀伤，她的恋人悲叹自己可怜的命运：

来自左边的乌鸦，来自右边的渡鸦，
是在唱着我的死亡之歌吗？……[5]

《歌集》第 321 首诗描写了现实中的劳拉去世之后，她那郁郁寡欢的恋人面对她空荡荡的屋子时的情景：

在这里，我美丽凤凰的诞生之巢，
她头戴金黄色顶冠，身披艳丽的羽毛，
把我的心夹在两翅之下，直至今日
也不听它倾诉和叹息，更不让它脱逃！

啊，那第一次甜蜜而又苦涩的会面，
那姣容放射的光彩将我燃烧，
你使我活得欢快吗？你在人间无与伦比， 174
如今却已幸福地升入天之殿堂！

你把我留在地上，孤独一人，
我悲凄，时常回到你的故乡，
你为它增添了光彩、亲敬和骄傲。

在一个漆黑的夜里，你从山冈
离开人间，飞向茫茫天国，
你的眸子就像太阳把它照耀。[6]

如同《歌集》第 185 首诗描写劳拉在世时的情形，凤凰形象也贯穿于整首诗，直到劳拉去世：从“我美丽凤凰”的巢、她的羽毛、和太阳的关联一直到她飞走。并且，在这首诗中，恋人再次被燃烧，不过却缘于她的光彩。

再往后，到了《歌集》第 323 首诗，凤凰“序列”结尾时，却是恋人眼中的劳拉之死。这首诗的中间有一个情节：一场风暴摧毁了拉克坦提乌斯笔下的小树林，那里长着的“纤细的小月桂树，似乎诞生于天堂”。有些评论人士认为这场风暴就是黑死病。灾难过后，泉水干涸，凤凰归来，看到家园被毁，伤心难已：

一只美丽的凤凰，
紫色的羽毛，金色的冠冕，
在树林中孤傲挺立，
一眼看去，就像仙女下凡；
她正在月桂前面，
目睹倒伏的月桂和被大地吞噬的山泉，
万物都在迅速地从有到无，从多到完；
看见散落在地上的枝蔓，
枯竭的泉水，裂开的树干，
她用自己的嘴愤怒地猛啄自己的身体，
而这一切都发生在一瞬之间……
为此，我心中燃烧着炽爱，又充满了惜怜。[7]

175 似乎能够长生不老的凤凰，羽毛为金色和紫色相间，神态“孤傲”。这一场景中还有一个不可缺少的形象，就是那棵干枯开裂的树，它象征着基督教传说中亚当夏娃堕落之后，伊甸园中的那棵树；或者又象征着传说中耶稣受难的十字架。[8]在象征劳拉的凤凰像鹈鹕一样受伤并飞走之后，被火烧的还是她的恋人。这位诗人为爱所伤，他对劳拉最后的描写则少了隐喻的成分，更为直接：“一位美丽纯洁的女人，沉思着”，漫步在鲜花绿草中间，她被一条小蛇咬了一口，倒在地上，如同一朵被摘下的花。这首抒情诗结尾一句是，“萌发了死的喜悦和欣欢……”

在彼特拉克的时代，即中世纪末期，凤凰作为妇德典范的形象，在两首中古英语诗歌中也出现过。这两首诗都是描写梦境的，这在当时是一种很常见的法国文学用法。

乔叟

杰弗里·乔叟（Geoffrey Chaucer）的早期作品《公爵夫人之书》（*Book of the Duchess*，1369年）是一首长长的挽歌，用以纪念冈特的约翰（John of Gaunt）第一任夫人布兰奇（Blanche）之死。在诗中，诗人在梦中遇到了一位悲伤的黑衣骑士。这位骑士满怀激情地描述了他遇到、追求并与爱妻怀特结婚的故事：

对我而言，她就是
神圣的阿拉伯凤凰；
世间活着的凤凰仅有一只，

所以模样如她这般，我从未得见。[9]

这位梦游者后来才明白，是死亡偷走了骑士的最爱。

虽然乔叟所用的“阿拉伯凤凰”这一说法在彼特拉克的诗中并未出现，但用以比喻劳拉和公爵夫人的两个凤凰形象高度一致——它们都是孤独的、独一无二的，并且都与阿拉伯相关。尽管乔叟是在去意大利之前数年创作的这首挽歌，尽管当时但丁、彼特拉克和薄伽丘对他的作品还未产生明显影响，但
176 是，乔叟以凤凰作为完美形象的隐喻会不会直接源于彼特拉克的《歌集》呢？

珍珠诗人

乔叟所用的“阿拉伯凤凰”这一说法，在《珍珠篇》（*Pearl*）一诗中也出现过，尽管其拼写有所不同，而且被置于一个宗教而非世俗的背景之下。这是一首头韵体诗歌，一般认为其作者是匿名的“珍珠诗人”，即《高文爵士和绿骑士》（*Sir Gawain and the Green Knight*，约 1375 年）等作品的作者。《珍珠篇》是一则神话寓言，有可能是在《公爵夫人之书》之后不久创作的。诗中讲述了一位诗人丢失了一颗宝贵的珍珠，悲伤不已的他梦见自己在一个花园当中；在那里，他遇到了一位头戴王冠、身挂珍珠的漂亮小孩，他认为，这个小孩就是他丢失的宝贝；那个小孩对他说，自己就是天堂里的女王，是天堂的新娘；而梦游者（诗人）反驳说，天堂里唯一的女王应该是圣母玛利亚。

Now for synglerty o hyr dousour
We calle hyr fenyx of Arraby
That ferles fleze fo hyr fasor
Lyk to the quen of cortaysye.[10]

因为她甜美异常
我们都称她为阿拉伯凤凰，
她独自一人，飞离家乡
就像天堂里的女王。[11]

珍珠少女解释道，在天堂，有许多基督的童贞配偶，并向梦游者讲授被拯救的幸福。在挣扎着要去新耶路撒冷时，他从梦中醒了过来。基督教早期教父鲁菲努斯（Rufinus）将凤凰的诞生比作玛利亚处女受孕生下基督；[12] 在一本颂扬圣母的教会小册子里，艾尔伯图斯·麦格努斯也将她比作凤凰，称她“美 177
丽非凡，品行无双”。[13]

欧陆文艺复兴时期凤凰作品大观

在文艺复兴时期的印刷书籍中，最早出现的中世纪凤凰手稿是被人们恢复的古典和中世纪传说，随后才是文艺复兴时期的诗歌和散文。当时，部分作者在去世后，其笔记和诗作被后人收集并印刷。在许多中世纪作品中，都提到了凤凰，下面按照体裁和国别列出一些具有代表性的作品。虽然部分文章提及凤凰时似蜻蜓点水，但绝大部分作品的作者都是文艺复兴时期知名的作家和艺术家。因此，这些作品对凤凰文化史贡献良多。于是，经典凤凰传说与文艺复兴时期对凤凰创新性的隐喻等发生了融合。总而言之，这些内容反映，在那个充满活力的新时代，凤凰的形象和相关作品范围得到拓展。由于所选的作品内容非常多样，在这里，我们从总体上按照其创作或出版的时间顺序进行讨论，而不按照其体裁、国别或者主题来讨论。

威廉·卡克斯顿

印刷是一项革命性技术。而最早出现凤凰的印刷品是一部中世纪百科全书的英译本。威廉·卡克斯顿所著的《世界镜鉴》(William Caxton，*The Mirrour of the World*，1481 年）实际上是 1245 年出版的一部法文书的英文译本。法文版《世界镜鉴》(*Image du Monde*）的作者为戈苏安或戈蒂埃（Gossuin or Gautier，二人均来自法国东北部城市梅茨），而它又译自拉丁语的素材汇编，其中可能包括了博韦的樊尚（Vincent of Beauvais）的作品。威廉·卡克斯顿是英国出版家先驱，他翻译《世界镜鉴》仅用了 10 个星期。这部作品是英国出版的第一部图解图书，也是最早的英文版百科全书之一。[14]

在前言中，卡克斯顿解释他为何要为普通读者把几百年前
178 编纂的一部作品译成本国语言：口头传诵“容易湮灭而被人遗忘，写出来的作品却可以永久流传”——书籍能够把过去保留在“永久的记忆”中。[15] 他印刷经典凤凰传说的目的即在于此。该书的地理部分能使人联想到梅拉和索利努斯，卡克斯顿在书

中也描述了印度的怪人异兽。书中讲述了许多广袤的地方，当中就有腓尼基的亚述地区：

> 腓尼基得名于一种名为凤凰的神鸟，这种鸟在世上仅有一只；他死去的时候，从其尸身中会生出另一只凤凰。[16]

文章接下来的部分混杂了各种凤凰传说，取材于普林尼/索利努斯、拉克坦提乌斯和伊西多尔等人的作品。这里的叙述中，凤凰并未飞往赫里奥波利斯。虽然卡克斯顿在书中也颂扬了上帝和他的功绩，但书中并未收录《生理论》或基督教动物寓言集。

在接下来的一个世纪里，凤凰成为欧洲印刷出版业中最为著名的印刷商标识之一。

《纽伦堡编年史》

与卡克斯顿的《世界镜鉴》相似，哈特曼·舍德尔（Hartman Schedel）1493 年的作品《纽伦堡编年史》（*Nuremberg Chronicle*，拉丁语为 *Liber Cronicarum*）也利用新的印刷技术复兴了古典时期的文化内容。该书是一部中世纪时期的世界通史，讲述了从创世一直到成书之时的全部历史。该书中的插图数量远比卡克斯顿的《世界镜鉴》多，木刻版画就达 1809 幅，并且许多还都是原样复制版。在印刷史初期，这是一部具有里程碑意义的作品，阿尔布雷特·丢勒（Albrecht Dürer）有可能创作

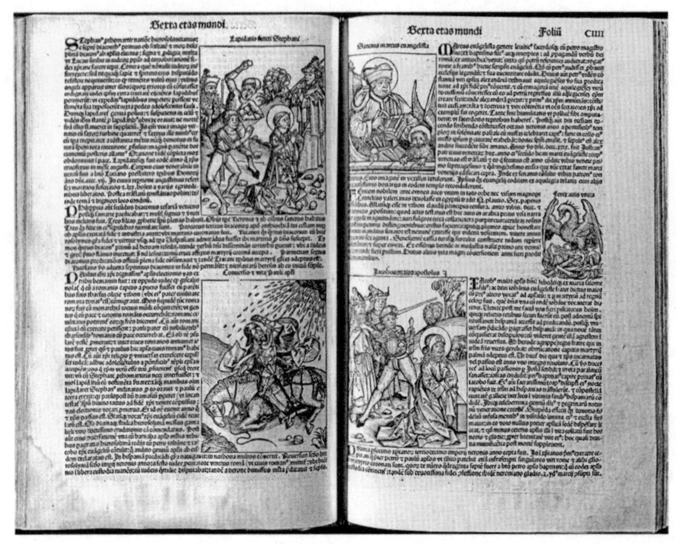

图 11.1 《纽伦堡编年史》（1493 年）中的凤凰木刻版画及配文
来源：Courtesy of University of Denver Special Collections and Archives.

了其中的部分插图。[17] 在《纽伦堡编年史》第一版的插图中就有一个凤凰形象，它已经从动物寓言集中的一种鸟演变成为孔武有力，甚至是凶恶的猛禽形象，要么是藐视命运，要么是与之对抗，但是这幅插图的配文以及整篇文章的内容却更为传统（图 11.1）。[18]

179 与《古登堡圣经》（Gutenberg's Bible）以后的许多早期图书一样，《纽伦堡编年史》采用了哥特字体，这模仿的是手稿当中的字体，配文中突出标记的文字“*Q.plautio*”（Quintus Plautius，昆图斯·普拉乌蒂乌斯）和“*Sex.papinio*”（Sextus Papinius，赛克图斯·帕皮尼乌斯）直接说明，编辑的素材来源是普林尼的作品。如果将这篇文章与普林尼的拉丁语原文相比，就可以发现，虽然篇幅有缩短，并且按照动物寓言集抄录者的风格进行了重新编排，但实际上它几乎是把原作一字不差地复制了过来。

达·芬奇

有一位画家和科学家可以作为文艺复兴的典型代表，他对古典作品进行了改编，并描绘了一种凤凰形象。这发生在印刷史的初期，但直到19世纪才被刊印出来。这位画家和科学家就是列奥纳多·达·芬奇（1452—1519年），其作品《达·芬奇 180
笔记》中有一部分为动物寓言集，当中讲述了100多种现实和神话动物。该部分很明显是源于中世纪动物寓言集，但是，它所展示的是一种生物的象征意义，而非其明显的宗教寓意或者博物学。不论是否有意为之，在达·芬奇笔下，凤凰展现的品质正好能使人联想起早期基督徒在火中殉道的情节。

> **坚贞品质**
>
> 凤凰是坚贞品质的代表；从本性上理解其复活，我们知道，面对烈火的吞噬，凤凰坚贞不屈，之后又复活成原来的样子。[19]

在列奥纳多笔下，凤凰肯定是要复活的；与之相对，他用燕子来象征“不够坚贞”，这种鸟总是四处乱飞，因为它连一点点小的不适都无法承受。

列奥纳多去世以后，后人对他留存下来的笔记进行了整理，并重新编排；一些私人收藏家和图书馆收集了笔记手稿；又过了好几个世纪，这些笔记才被印刷成书。

阿里奥斯托

由于葡萄牙人在非洲西海岸的早期探险以及哥伦布首次航行到新世界，甚至在《纽伦堡编年史》出版之前，书中原来封闭的中世纪世界观就已经开始拓展开来。卢多维科·阿里奥斯托在浪漫史诗《疯狂的罗兰》(Ludovico Ariosto, *Orlando Furioso*，1532 年）中描写了大航海时代骑士周游世界的情形。骏鹰（hippogriff，鹰首马身有翅怪兽）先后驮着罗杰罗（Rogero）和阿斯托尔福（Astolfo）环游世界。在旅行中，阿斯托尔福从中国海航行到波斯湾，然后登岸：

> 他穿过神佑之地阿拉伯，
> 那里生长着一片片的没药林，树上渗出芳香的树胶，
> 181 虽然有全世界可供她选择，
> 可孤独的凤凰还是在那里筑了巢；
> 复仇的大海淹没了以色列的敌人，
> 公爵向着海边前进；
> 法老和他的臣下也在那里失踪：
> 公爵则从那里跨越这片英雄的土地。[20]

作为凤凰的代理者，阿斯托尔福本人重走神鸟从阿拉伯半岛到赫里奥波利斯的旅程，他的路线是沿着红海之滨，而那里

正是戏剧家以西结笔下的神鸟以及《赫里福德地图》中凤凰活动的区域。

米开朗基罗

如同《达·芬奇笔记》一样，米开朗基罗·博纳罗蒂（Michenlangelo Buonarroti，1474—1564 年）在世时，他的诗作也没有出版，因此在当时也没有产生影响。米开朗基罗受到人们的颂扬，更多是因其艺术家的身份，而非诗人的身份。他的忏悔诗写作粗糙，但他给其中的火凤凰形象注入了一种通常要用雕塑作品和画作才能表达的激情和能量。在他大量的诗作中，提到神鸟时，通常都伴有火的意象，这里的火，既具有“破”的力量，又具有“立”的力量，更具有创造的力量。下文的几首诗中，凤凰意象的使用各有不同。[21]

从形式上讲，米开朗基罗的十四行诗是彼特拉克式的，但他的诗句有一个典型特点，那就是风格粗犷、富有激情、多用口语。在他的笔下，被困的奴隶备受折磨，挣扎着要争取自由。而在早期的一首十四行诗（第 43 首）的前四句中，尘世的欲望和心灵的呼唤也撕扯着诗人自己：

我从情感上坚信爱意味着幸福，
然而，理智的声音却异常悲观；
它罗列了爱情会带来的暴风骤雨和重重压力，
并对我说要做自己：“你不会感到羞愧吗？
爱情就像太阳，要是玩弄它的火苗，你就必死无疑，　182

而且不会像凤凰一样复活。”

但是，这些话并没什么效果。这就好像一个宁愿

在泥沼里打滚的人，即使有人伸手相助，他也视若无睹。[22]

在诗中，理智发出警告称，尘世的爱情就意味着精神的死亡，而且不能像凤凰那样死而复生。诗人不愿放弃尘世欲念，只能面对现实，承认“左右为难，身与灵俱死”。

米开朗基罗认为，凤凰的复活并不能保证人类也能复活。但丁的《神曲·地狱篇》中讲述了可怕的一幕，杀人犯凡尼·甫齐复活了；而在米开朗基罗的第 52 首诗中，也有令人震惊的戏剧性一幕，与但丁所述相比有过之而无不及：

如果让世间某人相信还能重回天堂，

再让他立即自杀，

那么，这一特权就应该给予

一位贫苦、卑微、虽无话语权但依然忠贞不渝的人。

但是，与凤凰不同，人的本性

不能指望着飞向太阳，浴火重生，

因此，我双手无力，两腿发软，无法行动……[23]

如果说，教会对自杀行为的谴责也不能劝阻濒于绝望的诗人，那么，当他反复思考凤凰长生不老的特点后，想法却有了改变。

米开朗基罗给他年轻的朋友托马索·卡瓦列里（Tommaso

dei Cavalieri）写过许多爱情十四行诗。在第 61 首中，他运用了彼特拉克诗歌中将凤凰作为完美典范的隐喻。在这里，凤凰的品质使得年迈的诗人重新振作起来：

> 如果以前看到过它，我就会更加勇敢，
> 相信我会得到新生，在燃烧的太阳下
> 凤凰如此神圣（因为对凤凰而言，
> 长寿是其神圣的特点之一），我能感受到它的火焰。[24]

当他正要快步奔向他的爱人之时， 183

> 现在，我要来了，但我却因年迈而步履蹒跚。

但是，

> 他给了我一双翅膀，让我能追随他的灵魂飞翔。

这首十四行诗中，火具有使生命巨变的力量，这一意象在下一首诗中也具有主宰地位。在第 62 首诗（常常又被称为第 59 首十四行诗）中，火既是凤凰复活的基本必要条件，也是创作艺术品的基础，同样，艺术家要实现其艺术抱负和精神追求，也离不开火：

> 只有火，锻造工和烟道工

才能按照设计图来制作铁器；
没有火，任何能工巧匠也无法
使金子呈现诱人的本色；火让它闪耀光彩。

传说中的凤凰也无法以胜利者的姿态出现，
除非在烈火之中；所以我，也要葬身于烈火，
期望在天堂里复活，
那里的人都因死亡而得颂扬，并被时光温柔以待。

我交了好运。我在此处说到的
火就在深处发光，使我又得复活。
我快死去，期待已久。

源于本性，火已经向上升腾，
并回归本原；火使我变得神圣；
我就是火！那么，除了天堂，我还会被指引去哪里呢？[25]

这几行诗中描写了凤凰只有经过火的考验才能复活，这比 D. H. 劳伦斯在《凤凰》中的描写早了 4 个世纪。

在下一首十四行诗（第 63 首）中并没有明确提及凤凰，但是，诗人自己的复活又一次说明了神鸟的复活：

184 因为，即使我被烈火烧成灰烬化为飞烟，
我还活着，并会永远活着；生命之火永不熄灭。[26]

为了纪念他一位朋友15岁的侄子，米开朗基罗写了50首诗。其中一首，他又回归了烈火中升华的意象：

布拉乔的美，如同凤凰，
如果他能复活，一定会使传说中的柴堆蒙羞
——他死而复生，明亮如火，
谁第一眼看到，都会感到目眩。[27]

相比诗作，米开朗基罗的雕塑、绘画和建筑学成就更广为人知。他共创作了300多首完整的诗歌及诗歌片段，绝大部分都是在晚年所作。他在七八十岁时所创作的最后一批诗歌，宗教色彩非常浓厚；在这些诗中，他开始寻求宗教意义上的拯救，已不再有早期的激情。在他去世之后数十年，米开朗基罗的大量诗作才首次经删改而结集出版，并且在19世纪再次修订。现代出版的米开朗基罗诗歌揭示了关于他同性恋的隐含说法，而在他那个时代，这被视为一种致命罪过，可以判处死刑。[28] 如今，人们普遍认为，米开朗基罗的诗可以与彼特拉克和其他文艺复兴时期诗人的作品相媲美。

法国的十四行诗人

彼特拉克十四行诗的形式及其中的各种凤凰形象被他的同胞如米开朗基罗等人所传承，后又被英国国王亨利八世宫廷里的托马斯·怀特（Thomas Wyatt）改编，在16世纪晚期法国七星诗社诗人以及继承其诗风的诗人作品中得到发扬光大。七星诗社的七位诗人矢志以西方古典文学和意大利文学为基础，复兴法语和法国文学。彼埃尔·德·龙萨（Pierre Ronsard）和约阿希姆·杜·贝莱（Joachim du Bellay）就是其中的两位诗人，前者被公认为是该诗社的领袖人物。这七位诗人及其继承人菲利普·德波特（Philippe Desportes）对伊丽莎白时代的文学产生了重要影响，其中之一就是广泛应用凤凰隐喻[29]，本书下一章
185 将对此进行讨论。与米开朗基罗的诗作相比，法国十四行诗中的凤凰形象从诗意上讲更符常规，较少有个人色彩。

1549年，杜·贝莱发表了七星诗社宣言。同年，他又出版了《橄榄集》(*L'Olive*)，这是第一部用法语创作的爱情十四行诗。在第36首诗中，这位饱受相思之苦的诗人受彼特拉克诗作启发，歌颂了独一无二的凤凰死而复生的奇妙循环。与彼特拉克在《歌集》第135首诗中的写法相似，杜·贝莱也认为读者熟悉凤凰形象，所以一开始也没有提神鸟的名字；与彼特拉克的另一个相似之处是，杜·贝莱从情感上也与凤凰有共鸣。彼特拉克诗歌的主题之一就是，主人公因对女子单相思而饱受折磨。

神鸟独一无二，是稀世珍禽，
它自觉寿数已足，于是赴火求死；
它的灵魂被弃置在柴堆之上，
灰烬中又生出一只凤凰，腾空而起。

承受着同样的痛苦和焦虑，

饱受生命的煎熬，
很快，我就要熄灭求生的欲望之火，
如果你不同情我，那么也请减轻我的绝望之情。

啊！你典雅的姿态举世无双！啊！你的善良前所未有！
虽然你如天使般宁静，
我还是唯恐你对我无情而残忍。

既然在你眼中我也如凤凰一般，
那就让我与它处处相仿，
让我也能从灰烬中复活、升华！[30]

拉伯雷

弗朗索瓦·拉伯雷（François Rabelais）与七星诗人身处同一时代，但年岁略长。在其充满喧嚣又激情洋溢的讽刺史诗《巨人传》（*Gargantua and Pantagruel*，1532—1564年）中，拉伯雷将祭司王约翰和曼德维尔的作品作为主题之一，进行模
仿。为了寻求圣瓶（Holy Bottle）中的神谕，庞大固埃和他的同 186
伴开启全球航行，并抵达了弗里兹岛的萨坦兰。岛上的植被苍翠繁茂、经年不变，野生动物也悄无声息、一动不动。这片土地上的动植物带有虚幻色彩，经常被当作织锦图案。庞大固埃作为讲述者，按照源于希罗多德的行者风格，描述了这片神奇土地上的鸟兽，如水螅、蝎狮（manticore）等。这些古怪的动物绝大多数都源于神话传说、普林尼/索利努斯的作品以及中世纪动物寓言集，而其中就有凤凰。因此，拉伯雷就有机会将神

鸟描绘成一种滑稽角色，而在 20 世纪以前，关于凤凰的这种描写甚为少见。经典凤凰传说的核心就是神鸟的独特性，而拉伯雷直击核心，既讽刺了神鸟，又讥讽了古代作家，特别是拉克坦提乌斯：

> 凤凰共有 14 只。现在从许多作家的作品中读到的却是，在任何时间，世界上仅有一只凤凰。依我愚见，除了挂在宫廷墙壁上的织锦中绣的凤凰，这些作家从未见过一只凤凰。即使公元 3 世纪的雄辩家弗米阿努斯·拉克坦提乌斯也不例外，虽然人们把他称为基督教的西塞罗。[31]

与他对教会、大学以及其他社会机构的嬉笑怒骂相比，拉伯雷对萨坦兰的讽刺相对温和。而索邦（Sorbonne）对五卷本的《巨人传》中的每一卷都进行了抨击。这部著作的最后一卷是于作者去世后问世的，很有可能是某位编辑根据作者的笔记完成的，而萨坦兰那一段则发生在这一卷的结尾。

杰欧·伯谬达斯

据说，祭司王约翰曾统治一个帝国。杰欧·伯谬达斯（Don Joao Bermudes）记录了该帝国发生的一系列事件。1564 年，拉伯雷去世。第二年，杰欧·伯谬达斯的记录就出版了，其中就有在《巨人传》中遭到模仿嘲弄的游记故事。

187 14 世纪时，欧洲人曾经试图寻找一个传说中的亚洲王国，但无果而终。随后，他们就将目光投向非洲，希望找到一位基督教君主，帮助他们对抗伊斯兰教。15 世纪时，葡萄牙人探险航行的一个动机就是寻找祭司王约翰。有些欧洲航海家曾在非洲海岸探险，他们的报道使得葡萄牙人相信，在埃塞俄比亚就有这样一个神秘帝国。于是，两国遣使往来，并导致 1520 年，葡萄牙对埃塞俄比亚发动了一次远征，随后持续在当地驻扎。[32] 在最早印刷的关于这一地区的部分地图中，就有大象、骆驼、原住民和当地城市的图片，还有一位戴着王冠的君主，那就是祭司王约翰。[33]

伯谬达斯曾经记录过葡萄牙人入侵埃塞俄比亚的情况。塞缪尔·帕切斯（Samuel Purchas）是一位探险作品的编纂者，他在 1625 年的作品《哈克鲁特遗著或帕切斯的朝圣》（*Hakluytus Posthumus or Purchas His Pilgrimes*）中曾讲述过伯谬达斯的史实记录：

> 那位埃塞俄比亚皇帝俗称为祭司王约翰，他曾派遣杰欧·伯谬达斯作为使节，去面见葡萄牙国王约翰三世（1565 年）——一位狂热的基督徒。[34]

虽然伯谬达斯的叙述看起来是严肃的，但他似乎又验证了《祭司王信札》这部伪书中的部分细节。他先描写了王国里一群身材高大、彪悍好斗的女人，接着马上又描绘了狮鹫兽和凤凰。伯谬达斯写道：

> 这个地方还处于母系社会。这里有一种动物叫狮鹫兽，

> 它是一种体型非常大的鹰，能够猎杀水牛，它用爪子抓水
> 牛，就像鹰抓兔子一样。据当地的人说，在一些崇山峻岭
> 和茫茫沙漠之中，还有一种鸟名曰凤凰。因为世间仅有一
> 只，所以它是自然界的奇迹之一。当地居民也确认，那里
> 确实有凤凰，因为他们看见过；他们还称，凤凰是一只体
> 型很大、非常美丽的鸟。那里还有其他种类的鹰，因为体
> 188 型庞大，它们在天上飞的时候，就像一大片乌云一般遮住
> 了太阳。[35]

这里的凤凰也有其他奇异的鸟类陪伴。从体型和力量上讲，“狮鹫兽”与祭司王约翰和曼德维尔笔下的鸟相似；而“其他种类的鹰”也应归为“神鸟”。伯谬达斯笔下的神鸟凤凰，因其唯一性，自然适合作为游记作品中的一个主题。[36]

约翰·伯谬达斯同时代还有一位名叫胡安·伯谬达斯（Juan de Bermudez）的人，注意不要将二人混淆；后者是哥伦布第三次航行时“尼娜号”（Niña）的船长，百慕大群岛就因他而得名。

迪巴尔塔斯

纪尧姆·德·萨吕斯特·迪巴尔塔斯（Guillaume de Salluste Du Bartas）根据《圣经》中创世一节创作了史诗《创世的一周》（*La Semaine, ou Création du Monde*，1578 年）。该作品以诗歌的形式全面描写了经典凤凰形象，很受时人欢迎。根据法国胡格诺教派诗人的《六日创世记》的描述，上帝是在第五天创

造的各种鸟，而首先创造的就是凤凰。尽管迪巴尔塔斯诗中的凤凰为雄性，但乔舒亚·西尔维斯特（Josuah Sylvester）在其1605年的译作中，按照伊丽莎白时代的常规，将其改成了雌性：

> 天上的凤凰，首先开始设计
> 人间的凤凰，装扮以同样的
> 羽毛，福玻斯，往返于
> 菲斯和开罗，也未见过比她更美的鸟：
> 他设计了她的体形、羽毛，决定了她的命运，
> 丰饶的大自然，从未孕育过比她更美的生命。[37]

这位诗人利用“天上的凤凰”这一完美形象的隐喻来向上帝致敬，因此，关于神鸟的来源，已经确定无疑。接着，他才开始介绍拉克坦提乌斯和克劳迪安笔下福玻斯的经典传说。

迪巴尔塔斯笔下的神鸟脖颈为金色，胸部为紫色，尾羽为“东方的天蓝和鲜红”相间。这一描述与普林尼一致。一方面， 189
这只凤凰与拉克坦提乌斯和克劳迪安的描写相似，寿命为1000岁；另一方面，她又与奥维德所描写的鸟相仿，也是用香草筑巢，而鸟巢“既是她的摇篮，又是她的坟墓”。非基督教的自然神灵不愿意在腓尼基和利比亚之间制造风暴，于是索尔（Sol，太阳神）点燃了鸟巢。“圣火”将凤凰烧成一堆“圣骨”。之后，灰烬中生出一只我们已经很熟悉的蠕虫，接着又长成一只“与凤凰原样很像”的鸟（实际上完全相同）。经历死亡，这只充满矛盾的生灵变成了：

> 她自己的继承人、看护者、婴儿、母亲和父亲，
> 她对我们所有人说，她主动赴死，
> 是为了让我们在信仰基督中永生。[38]

就这样，迪巴尔塔斯从上帝创造凤凰开始，一直写到她成为复活的象征，从而完成了整首诗的基督教框架的搭建。凤凰出生之后即得神佑，并且，与从塔西佗时代起的许多记录中的凤凰相似，众多其他鸟前来陪伴。在创世第五天结束的时候，上帝已经创造出一系列鸟类，包括燕子、鹰，甚至还有狮鹫兽。

《创世的一周》出版之后，立即大受欢迎，先后印刷了多个版本，许多版本之后还加了一章。迪巴尔塔斯在这一章中记录了创世第二周的故事，每一天也都对应一个时代，直到最后审判日。虽然直到 1590 年诗人去世之时，创世第二周的故事仍然没有完成，但是《创世的一周》在欧洲各地都有出版，在伊丽莎白时代影响甚大。

塔索

托尔夸托·塔索的浪漫史诗《耶路撒冷的解放》（Torquato Tasso，*Jerusalem Delivered*，1580 年）可与阿里奥斯托的《疯狂的罗兰》齐名，诗中也运用了凤凰的意象。虽然在情节方面塔索借鉴了《疯狂的罗兰》，但是在记录第一次十
190 字军东征（1096—1099 年）的两节诗中，塔索对凤凰的描写要比阿里奥斯托更多。这两节诗都选自《耶路撒冷的解放》第

17章。该章描写了埃及军队为了支援耶路撒冷抵御基督徒进攻之前，接受国王检阅的场景。因为书中两处关于凤凰的情节只相隔数页，所以读者就会猜想，塔索写第二节诗的时候，会不会受到第一节诗的影响？《耶路撒冷的解放》*1600年的标准译本是由爱德华·费尔法克斯（Edward Fairfax）翻译的，其中的“斯通尼”（Stony）指的就是卡帕多西亚**城市“斯通尼亚”（Stonia）。

> 随后是佩特拉的阿拉伯农民，
> 斯通尼，四季常青，
> 如果传说属实，人们丰衣足食，
> 不知冬季严寒，夏天酷热；
> 当地盛产没药乳香，
> 也是火凤凰的故乡，
> 凤凰在芳香植物丛中
> 化为灰烬又得到重生。[39]

来自红海、忽里模子、撒马尔罕、印度和埃及的军队接受了检阅。随后，女巫师阿米达也到了，她乘坐的是一辆由四头麒麟拉着、镶满珠宝的车。她进场时带着一支由许多弓弩手骑

* 本书中关于《耶路撒冷的解放》内容的翻译参考自王永年译本，上海译文出版社，2008年。

** Cappadocian，历史上的一个地区名，大致位于古代小亚细亚（今土耳其）西南部。

兵组成的军队，这使人联想到埃及人所熟悉的一幕凤凰场景：

> 灰烬中重生的凤凰，
> 在埃塞俄比亚人面前何等辉煌，
> 鲜艳的羽毛五彩缤纷，
> 项饰和金冠光彩夺目，
> 簇拥追随的队伍
> 仿佛是朝凤的百鸟，
>
> 阿米达仪态万方，驱车扬鞭，
> 展示了她全部的美貌和华丽的服饰。[40]

191 十字军洗劫了圣城，又击退了前来支援的埃及军队。阿米达的军队陷入一片混乱，她独自一人乘坐马车逃走。就在她绝望求死之际，十字军骑士里纳尔多从后面追击而来。由于爱着里纳尔多，于是阿米达投降并给他做了侍女。十字军首领戈弗雷曾经发誓要解放耶路撒冷，于是，胜利之后，他将武器挂在圣墓（Holy Sepulchre）上并进行祈祷。

塞万提斯

彼特拉克确立了凤凰作为完美典范的隐喻。而作为文艺复兴时期及其后最重要的一部小说，《堂吉诃德》（1605 年、1615 年）把这一隐喻与凤凰形象的讽刺用法结合了起来。在书的开始部分，米格尔·德·塞万提斯（Miguel de Cervantes）讥讽了骑士的浪漫做派，嘲笑了阿隆索（堂吉诃德的本名）的疯狂举动：为了剪除世间不义，他化身为一位中世纪骑士。显然，他的理想主义走错了方向。但是，随着情节的发展，堂吉诃德变得越来越具有真正的骑士精神。

就在风车历险之后不久，堂吉诃德和他的侍者桑丘·潘沙见证了一位年轻英俊的牧羊人的葬礼，这位牧羊人就是被一位女士的讥讽击垮的。有一位执绋人歌颂道："这就是克里索斯托的遗体。他，天才独具，彬彬有礼，待人温柔，品德高洁。与他为友，实为难得之幸事。"[41] 后来，受骗的堂吉诃德又袭击了一群抬棺的牧师。这事发生以后，桑丘就称他为"哭丧脸骑士"。受这一绰号启发，堂吉诃德编了一份骑士名录，语气略带嘲讽。这一名录中就有凤凰以及其他神话动物："有一位自称火剑骑士；另一位是麒麟骑士；有一位是少女骑士；另一位是凤凰骑士；有一位是狮鹫骑士；还有一位是死亡骑士；全世界的人都知道这些骑士的名字和装备。"[42] 为了让疯癫的阿隆索回家，牧师和理发师都劝美丽的多萝西娅答应与他结婚，从而哄他回去。然而，考虑到他的理想——杜尔西尼娅，堂吉诃德在说到多萝西娅时用到了凤凰作为完美典范的隐喻："即使是与凤凰一样十全十美的人，我也不可能想要结婚。"[43] 在小说的第 192
二部分，公爵和公爵夫人在他们的城堡里捉弄堂吉诃德时，有一位伯爵夫人讲了一个故事来讽刺鞭挞一些诗人，这些人"允诺会有阿拉伯的凤凰、阿里阿德涅的王冠、太阳神的马、南方的珠宝、蒂巴尔的黄金以及潘查亚的香脂"！[44] 到此时，作者——还有读者——已经转向同情这位骑士了。小说结尾时，垂死的阿隆索摒弃了骑士精神，其形象也更具悲剧而非喜剧色彩。

1616 年，在这部洋洋大作的第二部分出版后，塞万提斯于 4 月 23 日去世，比莎士比亚去世的日期晚了十天，而莎翁作品中的凤凰形象构成了下一章内容的高潮。

12

伊丽莎白时代的凤凰

在早期英语作品中，乔叟笔下那只“神圣的阿拉伯凤凰”预示了文艺复兴时期的凤凰形象。但是，直到两个多世纪以后，在法国诗歌的影响下，彼特拉克的隐喻才在英国文学中广泛传播开来。凤凰从欧洲大陆传来，并出现在亨利八世的宫廷文献中。逐渐地，一般英文著述中的凤凰也越来越多，到了伊丽莎白一世（1558—1603 年）统治期间，更是流行一时。在单部作品或诗集中，有大量彼特拉克风格以及其他的“凤凰”用法。但是，这一时期最具代表性的凤凰还是将它作为完美、独特、外在美或品行美的化身。用来指代一个完美的情人，这一典范形象在爱情诗中无所不在；此外，它通常也被用来描述某些超凡脱俗的人（无论男女）。

这个时代里，最为尊贵的凤凰当属童贞女王（伊丽莎白一世）本人，她超凡脱俗，一人独居。伊丽莎白是亨利八世与第二位王后安妮·博林（Anne Boleyn）唯一的孩子，在她的母亲被杀之后，王室宣布不承认她的身份。但伊丽莎白最终还是在亨利的另外两个子女爱德华六世和玛丽一世之后成功登上王位。
194 继她同父异母的天主教徒姐姐的血腥统治之后，新教教徒伊丽莎白不仅把政治和宗教分裂的英格兰发展成为一个世界大国，而且还推动了英国文学史上著名的抒情诗歌和戏剧的大发展。伊丽莎白把凤凰选为自己的个人徽章之一，醒目地刻在银质凤凰勋章上，并在她统治的后半段推动了皇家肖像画的发展（图 12.1）。1588 年，英国舰队击败西班牙无敌舰队。同年，英国植物学家亨利 · 赖特（Henry Lyte）的《不列颠之光》(The Light of Britayne）出版。在这部书中，他用人所熟知的称号敬称伊丽莎白女王为“世界的凤凰”，并加上“英国天使”的称呼。[1]

关于“伊丽莎白时代”，有两种不同的定义，一种是指伊丽莎白女王统治时期，另一种则包括了从她出生一直到 1603 年去世以后但影响仍在的一段时间。在这两个时期，凤凰形象在诗歌中都有出现，但出现特别广泛还是在 16 世纪 90 年代。下文将要介绍的一些作品，是伊丽莎白时代诗歌中无数凤凰形象的代表之作。

都铎王朝早期的凤凰

托马斯 · 怀特（1503—1542 年）爵士是亨利八世宫廷的一位兵士，也是一位外交官。他的作品能够明显反映出伊丽莎白统治之前，彼特拉克对英国诗歌的早期影响。怀特的作品很多，他模仿彼特拉克的诗歌，并把这位意大利诗人的十四行诗改编入英文诗体。所有这些都奠定了他现代英国诗歌先驱者之一的身份。

图 12.1　伊丽莎白一世女王的银质凤凰勋章（约 1574 年），
正面为女王像，反而为凤凰

来源：© The Trustees of the British Museum

在《你能看到爱可以创造怎样的奇迹》（“Will ye see what wonders love hath wrought”）一诗的最后几节，怀特提到了凤凰。这首诗是以彼特拉克《歌集》第 135 首诗为基础改编而成的，诗中有只孤独的鸟死而复生，反映了饱受相思之苦的诗人为情所困的状态。诗中的主人公将爱情比作磁石，能将船上的钉子吸出；他还指出，自己的情感就是那只无名的凤凰：

有只鸟迅疾飞过，
世间仅有一只这样的鸟，
196 在她寿数已尽之后，
又在火中复活。

我完全可以与她相比，
我的爱也是如此孤独，
而且在我生命逝后，
爱情之火也将使我复活。[2]

怀特在亨利八世宫廷中的任职经历跌宕起伏。在一起针对伊丽莎白一世母亲通奸的指控中，他被囚禁于伦敦塔。他死后不久，亨利八世的牧师和图书馆长约翰·利兰（John Leland）用拉丁语创作了一组挽歌纪念这位诗人。其中有一首诗，就提到了都铎王朝早期彼特拉克式隐喻的应用，即用凤凰指代杰出人物：

> **独一无二的凤凰**
>
> 虽然一只凤凰的死亡正是另一只凤凰的新生，但是，在这个世界上，任何一天里都不会有两只凤凰。怀特就如同凤凰，“乃世间珍禽”，他死的时候，已经指定霍华德作为他的继承人。[3]

利兰引用的短语选自朱文诺的《世间珍禽》(Juvenal，*Rara avis in terris*)。[4] 霍华德指的是萨里伯爵亨利·霍华德（Henry Howard，1517?—1547 年)，也是一位宫廷诗人，是他将怀特的诗发展成为英语 / 莎士比亚十四行诗，并引入了后来成为伊丽莎白时代戏剧标准特点的无韵诗。萨里伯爵后因叛国罪被处死。与怀特一样，死后，他的作品也收录在了《陶特尔杂集》(*Tottel's Miscellany*) 之中，当然，他比怀特更为著名。

《陶特尔杂集》

《已故的萨里伯爵亨利·霍华德等人所写的诗歌和十四行诗》(*Songes and Sonettes written by the ryght honorable Lorde Henry Haward late Earle of Surrey, and others*，亦即《陶特尔杂集》)[5] 由理查德·陶特尔（Richard Tottel）于 1557 年，即伊丽莎白一世继位的前一年出版，它是英国文艺复兴时期第一部也是最具影响力的一部诗集。在这部诗集中，有三首无名作 197
者的诗中使用了凤凰形象，一首用来指代恋人之痛，其他两首则用于比喻情人。这两种用法都成为伊丽莎白时代的规范用法。

在《疑心重重的人》(*The doutfull man*) 中，诗人告诫那些“内心虔诚却被爱所拒”的人，不要抱不合理的希望：

> 因为虽然凤凰可以飞得很高，
> 但她的后代仍要被燃烧成灰烬。[6]

这里的比喻能够使人联想到亚历山大·尼卡姆的作品以及《祭司王信札》中的凤凰寓言，这些寓言记载，神鸟飞得离太阳非常近，以至于羽毛都燃起火来。这些诗句中暗含伊卡洛斯(Icarian)色彩，并且，与彼特拉克的诗一样，也描写了恋人的情感。

在《女士们，让开位置吧》(*Geue place you Ladies*) 一诗中，诗人将天资一般、相貌平平的女子与其完美的情人进行了比较：

> 我猜想，大自然已经丢失了，
> 塑造她模样的模板：
> 甚至，我怀疑自然
> 能否创造出如此美丽的生灵。
> 她完全可以与凤凰媲美：
> 与一般人所能找到的鸟儿相比，
> 从未有人看到或听到过凤凰。[7]

在诗歌《如凤凰一般》(*Lyke the Phenix*) 中，诗人赞美了恋人的美貌，并且在描写其服饰颜色时直接借用了彼特拉克描写劳拉的相关部分：

凤凰神鸟极为少见，
大自然给她的服饰，金色和紫色相间。
如果可以，就算出于嫉妒，我也会说，
她的模样，我最喜欢。[8]

埃德蒙·斯宾塞 198

与怀特等人相似，埃德蒙·斯宾塞（Edmund Spenser，1552—1599年）通过模仿彼特拉克的《歌集》把欧洲大陆的诗歌转换并引入英国。他最早出版的作品就是彼特拉克的诗歌改写。其中有一首以《歌集》第323首诗为蓝本，彼特拉克的这首诗描写了凤凰在那片被风暴摧毁的小树林现身的情景：

一只凤凰孤傲独立于树林，
紫色的羽毛，金色的冠冕；
奇怪的鸟！我当时就思忖，
我所看到的是天神一尊；
直到他向那颗断树走近，
并来到一眼山泉，那里也刚被大地所吞。
……
不幸之状令我怜悯同情，

噢，别让我再见如此惨景。[9]

怀特和萨里伯爵开启了英语十四行诗。而斯宾塞对彼特拉克诗歌的修正则使之从形式上更符合英语十四行诗。诗中最明显的变化是将凤凰从雌性改成了雄性，而这与标准的伊丽莎白时代诗歌有所不同。

虽然斯宾塞在《仙后》（*Faerie Queene*，1596 年）中并未用凤凰称呼伊丽莎白一世，但在这部史诗中，他还是用同样的完美典范来形容这位女王。在这部浪漫史诗中，仙后代表的就是这位都铎王朝的君主，因此，它也成为对这位女王的另一种称呼。

托马斯·邱吉雅德

托马斯·邱吉雅德（Thomas Churchyard，1520?—1604 年）既是一位长寿的战士，又是一位雄心勃勃的宫廷侍者和诗人，
199 曾任萨里伯爵的家臣数年，他也将伊丽莎白女王尊称为“凤凰”。邱吉雅德对法国一首爱情诗进行改写，创作了《邱吉雅德的挑战》（*Church-yard's Challenge*，1593 年）。[10] 在这首诗中，他把凤凰所指代的对象从诗人的恋人改成了英国女王。在诗的题献部分，邱吉雅德把女王称为“人间凤凰”。在接下来的诗句中，他将女王之美与其他诗人的恋人相比——虽然这里描写的是女王，并非他的恋人：

自古以来，默默无闻的诗人都

如此赞美你们这些女子：

我的凤凰会让他们的羽毛飘落，

像孔雀一样羞愧地离开。

他还斥责了那些诗人，称他们所赞美的

都是容易凋谢的花，

却将红白玫瑰完全忘记，

那是上帝创造的凤凰。

“红白玫瑰”暗指伊丽莎白时代的主要象征物——都铎玫瑰。罗伊·斯特朗（Roy Strong）是研究伊丽莎白女王及其时代的重要学者。他指出，女王既代表白玫瑰，同时也代表红玫瑰，这两种颜色的混合代表着都铎王朝把约克家族（纹章为白玫瑰）和兰开斯特家族（纹章为红玫瑰）联合了起来。[11]

也有其他诗人在“刻画”他们的恋人时，用了亮丽的色彩，但是，

我的凤凰无须

诗人任何矫饰

她的每个部分都是本色

她的体形匀称

大自然都无法增减：

诸神赐她以特殊恩典，
让她的模样如此珍奇，
无与伦比。

邱吉雅德认为他的凤凰无须矫饰，但正如我们将从下一章中看到的，在打造具有皇家威严的公众形象和统治能力方面，伊丽莎白一世的肖像具有至关重要的作用。下文节选的《邱吉雅德的挑战》片段在结尾时描写了人间凤凰伊丽莎白的胜利：

啊！甜蜜的诗句，如果诗人能写出很多，
那就将笔扔到凤凰脚下，再也不要夸耀你们心中的女神。
一位尊贵的女王已经款款而来：
她的出现，会使你们的恋人黯然失色。

邱吉雅德这样写是为了博得伊丽莎白女王的欢心，而这是朝臣们共同的追求。此前，他曾因为一首诗惹得女王不悦，于是不得不逃到苏格兰，并在那里待了 3 年。《邱吉雅德的挑战》出版的那一年，他已经 73 岁了。也就在这一年，伊丽莎白女王给了他一小笔退休金。和他一样获得过这一荣誉的只有另一位伊丽莎白时代诗人埃德蒙·斯宾塞。

菲利普·锡德尼爵士

当时，还有一位著名的“凤凰”，在受人爱戴的程度上仅次于伊丽莎白女王，这就是菲利普·锡德尼爵士（1554—1586 年）。他集朝臣、外交官、战士、诗人、人文主义者和政治家等多个角色于一身，被认为是文艺复兴时期最完美的绅士。与其他宫廷大臣一样，锡德尼爵士也曾因惹伊丽莎白女王不悦而离开宫廷，后来又死于战伤。他著述甚广，作品在斯宾塞和其他友人之间已有广泛流传，但在他有生之年却没有出版。在他的部分诗歌中曾出现凤凰形象，这些作品受到了彼特拉克和法国十四行诗人的影响。在锡德尼的散文体传奇《阿卡迪亚》（*Arcadia*）中，有些牧师在诗句中讲到了 201
爱情。有一位牧师因为恋人之死而悲伤不已：

> 难道这一切都要归于尘烟？
> 唉！如果你是一只新生的凤凰，
> 要承受太阳的灼热，
> 那么，就要先把巢筑好。[12]

另外一首诗中刻画了诗人对恋人美貌的幻想，描述了她完美的双臂：

> 凤凰的双翼是如此罕见，
> 其长度恰到好处，其羽色纯洁无瑕。[13]

在写择偶时，诗中又道：

> 如果可能，谁不愿以凤为偶？

接着，诗中又写道，在这个“污浊的世界里”，如此佳偶，自是难得：

> 凤凰仅一只，乌鸦千百万。[14]

在彼特拉克风格的诗集《爱星者和星星》（*Astrophil and Stella*）中，锡德尼又用“斯黛拉的样子如凤凰一般”[15]来赞美他心中的爱人。《爱星者和星星》被认为是英语文学中第一部伟大的十四行诗集。1591 年，这部诗集出版后，作为诗人，不管名气大小，创作十四行诗几乎变成一项必须完成的工作。

《凤巢》

颂扬锡德尼的挽歌有许多，其中部分收录在《凤巢》一书中。这部杂集编纂于 1593 年，编者署名为“内殿绅士 R. S.”（R. S. of the Inner Temple）。[16]这部杂集是当时最著名的抒情诗集，收录了据说是沃尔特·雷利爵士（Sir Walter Raleigh）、富
202 尔克·格雷维尔（Fulke Greville）、乔治·皮尔（George Peele）、尼古拉斯·布雷顿（Nicholas Breton）、罗伯特·格林（Robert Greene）、托马斯·洛奇（Thomas Lodge）、爱德华·戴尔（Sir Edward Dyer）等人的作品以及彼埃尔·德·龙萨作品的英文译本和部分模仿彼特拉克和阿里奥斯托风格的诗歌。[17]

《凤巢》开篇就是三首锡德尼的挽歌，其中第一首也是篇幅最

长的一首是由马修·罗伊登（Matthew Roydon，1580—1622年）所作的《挽歌一首，或爱星者的友情——写于尊敬的菲利普·锡德尼爵士、法拉盛总督去世之际》（*An Elegie, or friends passion, for his Astrophill, Written upon the death of the right Honorable sir Philip Sidney knight, Lord gouernor of Flushing*）[18]。这首诗中描写的活动发生在阿卡迪亚的森林里，那里也是锡德尼小说的背景。在诗中，夜莺、老鹰和斑鸠栖息在树上，附近还有天鹅站立。在这些鸟中间，有一只极美的珍禽，他代表着爱星者/锡德尼：

有一事最为奇妙，
凤凰离开了甜蜜的阿拉伯：
并在海岸边一棵雪松树上，
用香草为自己修好坟墓，
正如我所猜测，
她准备以必死之心走进烈火。

就在那片森林里，有一位诗人的代言者。他因"爱星者艾斯特菲尔"（Astrophill）之死而哀伤，也向苍天悲叹逝者对"星星斯黛拉"（Stella）的爱、他作为骑士的丰功伟绩以及他被嫉妒他的战神杀害的结局。就在这位代言者说出"杀害"（slain）一词时，天空乌云密布，狂风把树都吹弯了，鸽子悲鸣，天鹅开始歌唱挽歌。神鸟被火烧为灰烬，狂风又将灰烬吹散。看到老鹰飞离、树林消失，诗人泪洒稿纸，无法继续下去。

这部杂集的主题依然是把凤凰喻为完美典范，因此，其中几首诗的前几行中都有“卓越”和“珍稀”这样的词。在随后的爱情诗中，“凤凰”的隐喻用法绝大多数都与彼特拉克和七星诗社诗人作品中的相似。

伊丽莎白时代的诗人中，受法国诗歌影响最大的当属托马
203 斯·洛奇。《凤巢》中有多首他的作品，其中一首开始时，用凤凰代表诗人的情感，然后又描写了恋人眼中的凤凰之火，最后是令人动容的自焚献祭场景：

> 有如此甜蜜的收获，我的灵魂将会升华，
> 虽然我的尸身在你的火焰中化为灰烬，
> 但是，能像凤凰一样结束，我备感自豪。[19]

在《唉！心哪！我的眼睛欺侮了你》（*Alas my hart, mine eie hath wronged thee*）一诗中，洛奇在写到恋人时，也使用了凤凰隐喻：

> 诸位女神，你等尽享荣耀，
> 但这是凤凰的时代，最美女神也自愧不如。[20]

罗伯特·切斯特《爱的殉道者》

《爱的殉道者：或罗萨琳之怨》（Robert Chester，*Loves Martyr: or Rosalins Complaint*，1601 年）整体不及《凤巢》，[21]

但是，它对凤凰及其与伊丽莎白女王的关联进行了不同寻常的描写，还讨论了那个时代的著名诗人在诗歌主题上的贡献。因此，罗伯特·切斯特的这部作品也是值得关注的。虽然学界对切斯特的作品评价不高，但是，《爱的殉道者》中首次收录了莎士比亚的《凤凰和斑鸠》（*The Phoenix and Turtle*），这使它在文学史上也占有了一席之地。

为了适应自己心中的理念，切斯特对凤凰传说进行了大胆改编。在他笔下，凤凰不再是传说中孤独无伴的鸟，也不是兼具自身父辈与后代的矛盾体。相反，在一则“预示爱情真相”的寓言中，凤凰是一个能够讲话的人的形象。[22] 想到这只美丽的鸟永远都不会有后代，造物主痛心之余，就将凤凰送到一处人间天堂，在那里，她将得圆满。讲到太阳战车搭载着造物主和凤凰驶向爱神岛的帕福斯（Paphos）时，切斯特中断了叙述，偏离主题改而描写太阳战车在世界各地的巡游（与阿里奥斯托笔下的主人公骑着骏鹰相似）、亚瑟王的故事以及一段基于动物寓言集的博物学知识。随后，作者又回 204
到中心故事，凤凰在帕福斯找到了她的伴侣——斑鸠。凤凰对斑鸠说，她是因为他的缘故才离开阿拉伯的，目的是“到了大山之巅，我们就能接近燃火的祭坛”。[23] 斑鸠与凤凰心灵相通，于是他们一起收集“香木”，然后自焚，“合为一体”。[24] 当凤凰恳求太阳点燃柴堆时，她的胸口流着血饲喂着新凤凰。这时，鹈鹕看到了这悲剧的一幕，就向世人报告了这个充满爱意的故事。斑鸠先走入火堆之中，凤凰见此，一边称赞他的殉道精神，一边也走入火堆。随后，鹈鹕颂扬了凤凰的美貌、稀有以及美德，也歌颂了斑鸠的节操和忠贞，指出“如今”的恋人都无法与之相比。[25] 在“结论”部分，切斯特补充说，从那堆火中，“又一只高贵的凤凰站了起来”，而且与她“自焚而死的母亲”相比，她的羽毛更加亮丽。[26] 接下来，切斯特又给书中穿插了近 40 页的内容，这是他自己的爱情篇章。切斯特《爱的殉道者》的主体部分就是这些，而其题目则似乎指的是斑鸠。虽然在副标题中有“罗萨琳”，在一段介绍文字中也用这一名字比喻造物女神，但是在诗中，这个名字没有出现过。

自从亚历山大·巴洛赫·格罗萨特（Alexander B. Grosart）于 1878 年重印了《爱的殉道者》以来，关于切斯特诗中的凤凰与斑鸠在现实生活中到底指的是谁，评论界一直未有定论。因为切斯特将这部书题献给了他的恩公、伊丽莎白女王的远房表亲约翰·萨勒斯伯里爵士（Sir John Salusbury），因此，切斯特创作这则爱的寓言时，最有可能是受到这位爵士和他夫人的爱情的启发。然而，格罗萨特却辩称，切斯特笔下的凤凰代表的是伊丽莎白一世，斑鸠代表的是第二任埃塞克斯伯爵罗伯特·戴维鲁（Robert Devereux）。[27] 为此，他费尽心力搜集了大量文献和历史证据。埃塞克斯伯爵曾是女王的心爱之人。但在他与菲利普·锡德尼爵士的遗孀结婚，并因其军事野心和自尊心而反叛女王之后，一切都变了。1601 年 1 月，就在《爱的殉道者》出版之前数月，他因叛国罪被处死。

切斯特还邀请了一些诗人，就斑鸠和凤凰的主题为他的书供稿。这些作品被结集录入《诗歌随笔》(*Poeticall Essaies*)，成为切斯特叙述情节的补充。其中有两首诗被认为是一位名叫 205 “威廉·莎士比亚”的诗人所作，第一首诗没有标题，第二首诗标题为《哀歌》(*Threnos*)。[28] 直到19世纪时，编辑才将这两首诗合并，并且拟了一个标题《凤凰和斑鸠》(经常还附有另一篇文章)。[29] 这首诗一般认为是莎士比亚作品中最为神秘的一部，学界对其的解读类文章甚多。[30] 下文引述的诗句选自格罗萨特版的《凤凰和斑鸠》。

由于主题已经给定，莎士比亚也像切斯特一样，对经典凤凰传说进行了修改。这首诗中一则关于精神之恋的寓言，一开始就描写一群鸟在那棵“独立的阿拉伯之树”聚集。经典传说中，这群鸟是陪伴凤凰的，但在这首诗中，这些鸟却是来送葬的：

> 接着他们唱出送丧的哀辞，
> 爱情和忠贞已经死亡；
> 凤和鸠化作一团火光，
> 一同飞升，离开尘世。

在经典传说中，只有一只鸟走入火中。但在这首诗中，凤凰和斑鸠都走入了火中，前者的爱与后者的忠贞融合在一起。这种写法引入了一对鸟在精神上合为一体的概念。“两者既分为二，又合为一”的境界，已非普通观念中的“谁拥有谁”，这种境界也非理智可以解释：“理智本身也无能为力”。

《哀歌》的第一节，就是送葬者唱的挽歌。这段挽歌已经给完美的恋人品质像凤凰般复活留下了空间：

美、真、至上的感情，
如此可贵，如此真纯，
现在竟一同化作灰烬。

但是，“凤巢现在已不复存在”这一终结之语，却偏离了
数千年来的凤凰传说，让人感到丝丝寒意。与切斯特给自己
的诗补充的结论不同，《哀歌》中的两只鸟却没有“后代儿
206 孙”。尽管如此，那些送葬者还是提醒人们记住这两只鸟的精
神之恋：

不真不美的也别牢骚，
这骨灰瓶可以任你瞧，
这两只死鸟正为你默祷。[31]

如果不是邀请诗人供稿，特别是莎士比亚那两首后来合而为一的诗作，切斯特的奇书注定会湮没于历史。而约翰·马斯顿（John Marston）、乔治·查普曼（John Marston）和本·琼森（Ben Johnson）[32] 等人的作品，则进一步完善了这部奇书。

威廉·莎士比亚笔下的凤凰*

《凤凰和斑鸠》中的凤凰虽然体现了彼特拉克式的完美典范形象，但是，莎士比亚作品中运用到凤凰形象的地方很多，就所指代的名称和隐喻而言，《凤凰和斑鸠》都不具典型意义。[33]如果要说文中有“凤凰”这一名称或者明确提到神鸟的，那么，可以算得上的就有一首十四行诗[34]、一首作者尚有争议的叙事诗[35]、十一部戏剧以及一部莎翁与他人共同创作、最近才收入其全集的剧本[36]。这位剧作家备受尊敬，其作品中有如此之多的凤凰形象，不仅提升了伊丽莎白时代凤凰的文化意义，也增进了凤凰数千年历史的文化内涵。

在剧本中，人物和环境决定着“凤凰”的运用。与其作为专有名词时不同，在剧本中，“凤凰”一词通常用于刻画人物，以揭示说话者在某一特定时刻的心境。提到“凤凰”或使用这一隐喻最多的，还是在喜剧和历史剧中。下文所列戏剧，按照首演时间排序。[37]

- 《错误的喜剧》(*The Comedy of Errors*)。在这部莎士比亚最早的戏剧作品中，“凤凰”仅仅是一处宅院的名称（1.2.75, 88）。这处宅院属于安提福勒斯和他的仆人德洛米奥，二人还是小孩儿时就遭遇船难，在海上失踪。这二人各有一个孪生兄弟，连名字也和他们一样。主仆二人在经历了一系列错综复杂的闹
剧后，被他们的双胞胎哥哥发现，安提福勒斯兄弟也与他们的 207

* 本部分中的莎士比亚相关作品的译文参考自《莎士比亚全集》朱生豪等译本，人民文学出版社，1994 年。

父母得以团聚。因此，从主题上讲，说“凤凰”与喜剧意义上的复活相通也无不可。

- 《亨利六世（上篇）》(*1 Henry VI*)。在获准把死亡士兵尸体从法国运回英国后，威廉·路西爵士在讲话中，用凤凰暗喻英国：

> 我是要把他们运走的；等我将他们火化以后，从他们的尸灰里会生出一只凤凰，使你们整个法国不得安生。（4.7.92–93）

- 《亨利六世（下篇）》(*3 Henry VI*)。在这部作品中，凤凰的用法与上篇相似，但是被用来指代一个人，而不是一个国家。约克公爵理查·金雀花对克列福勋爵说：

> 我的尸灰会变出一只凤凰，它将为我向你们全体复仇。（1.4.35–36）

- 《理查三世》(*Richard III*)。在这部剧中，为了一些怪诞的目的，理查在讲话中很有代表性地对凤凰形象进行了扭曲。但剧中只是暗指，并未提到“凤凰”一词。伊丽莎白·伍德维尔是爱德华四世的王后，她的儿子被理查谋杀，她与爱德华四世的女儿、约克王朝公主伊丽莎白却又是理查所追求的对象：

> **伊丽莎白王后**　可是你确实杀死了我的孩子。

理查王　只要我重新将他们栽进你女儿的胎房，在那个香巢中，他们得以复活，他们本身的再现又可为你承欢。（4.4.422–25）

- 《皆大欢喜》（*As You Like It*）。在收到牧女菲苾的信后，罗瑟琳女扮男装前往森林。这一幕能使人联想到独一无二的神鸟凤凰：

她说我不漂亮；说我没有礼貌；说我骄傲；说即使男 208
人像凤凰那样稀罕，她也不会爱我。（4.3.16–18）

- 《第十二夜》（*Twelfth Night*）。与《错误的喜剧》一样，这部剧中的“凤凰”也是专有名词（5.1.55），用作海盗安东尼奥所驾驶的那艘船的名字。在剧中，安东尼奥和薇奥拉遇到了一场海难，薇奥拉的双胞胎哥哥塞巴斯蒂安被安东尼奥所救，薇奥拉本人被船长和其他船员安全带到岸上后却听说她的哥哥失踪了……兄妹二人都不知道对方的音讯，直到剧终之时，两人才得以团聚。尽管剧中仅蜻蜓点水式地提到凤凰，但是，从主题上讲，还是暗示了塞巴斯蒂安的“复活”。
- 《终成眷属》（*All's Well That Ends Well*）。剧中，海丽娜罗列了勃特拉姆所得到的各种爱。在这里，“凤凰”就是人们熟悉的完美典范的隐喻：

你的主人在外面将会博得无数人的倾心，他会找到一

个母亲，一个情人，一个朋友，一个凤凰，一个司令官，一个敌人。（1.1.160–62）

- 《雅典的泰门》（*Timon of Athens*）。泰门为人特别慷慨大方，这一点与凤凰有相似之处。但是，有一位贵族却对他的乐善好施恼怒不已，于是派其仆人前去收账，以防泰门把财富散光：

> 我怕泰门大爷现在虽然像一只神采蹁跹的凤凰，要是把他借来的羽毛一根根拔去以后，就要变成一只秃羽的海鸥了。（2.1.29–32）

- 《辛白林》（*Cymbeline*）。与《理查三世》一样，这部剧也没有点出凤凰的名字，但有很明显的暗示。在剧中，阿埃基摩
209 认为，为人妻者皆难守忠贞，并就此与波塞摩斯打赌，然后就去勾引朋友之妻伊摩琴。但是，伊摩琴像凤凰一样品德高洁。于是阿埃基摩在一段旁白中表达了他的沮丧之情：

> 她外表的一切是无比富丽的！要是她再有一副同样高贵的心灵，她就是世间唯一的凰鸟，这场打赌，我也活该输去。（1.6.15–18）

他的感情稍纵即逝，马上又继续他勾引友妻的勾当。

- 《暴风雨》（*The Tempest*）。莎士比亚写到凤凰的片段中，最著名的一幕发生在普洛斯彼罗流落的那座神奇荒岛。当然，

莎士比亚在剧中对行者游记持一种温和的讽刺态度。在普洛斯彼罗的宴会上，一位遭遇海难的贵族看到了“一些奇形怪状的动物”，被惊得目瞪口呆，甚至声称见过这些动物后，就没有什么是不可能的了：

> **塞巴斯蒂安**　一幅活动的傀儡戏！现在我才相信世上有独角的麒麟，阿拉伯有凤凰所栖的树，上面有一只凤凰至今还在南面称王呢。
>
> **安东尼奥**　麒麟和凤凰我都相信；要是此外还有什么难以置信的东西，都来告诉我好了，我一定会发誓说那是真的。旅行的人决不会说谎话，足不出户的傻瓜才嗤笑他们。（3.3.18–27）

17 世纪早期之前，人们对剧中一些动物的怀疑不断累积。后来，新的理性主义科学对传统神话提出了直接挑战。

- 《亨利八世》（*Henry Ⅷ*）。莎士比亚作品中另一处广为人知的凤凰，出现在《第一对开本》最后一部完整戏剧《亨利八世》中。这幕剧于 1613 年被搬上舞台，当时伊丽莎白一 210
世已经去世 10 年，而 3 年之后，莎士比亚本人也去世了。约翰·弗莱切（John Fletcher）作为莎士比亚的继任者担任国王剧团（King’s Men）首席剧作家，他曾与莎士比亚共同创作了《亨利八世》。但是，一般认为，这部剧的最后一幕是由莎士比亚自己创作的。在这一幕中，坎特伯雷大主教托马斯·克兰默在给亨利八世初生的女儿伊丽莎白施洗礼时，就把这位英格兰未来的女王比作旧凤凰，而把她的继承人比作初生的新凤凰：

> 这样的和平生活决不会随她的消逝而消逝；相反，像独栖的奇禽凤凰在死后又从自己的灰烬中新生出和自己同样神奇的后嗣一样，这位公主在上天把她从这片乌云中召回之时，也将把吉祥遗留给一位后嗣，这位后嗣将从她光荣的、神圣的灰烬之中，像明星一样升起，赢得和她媲美的名声，永世不替。（5.5.39–47）

1556 年，这位克兰默大主教被信奉天主教的玛丽一世烧死在火刑柱上。而玛丽一世是亨利八世与其第一位妻子、阿拉贡的凯瑟琳的女儿。这位大主教在创作时，应该就预想到都铎王朝王位的“另一位后嗣”会是伊丽莎白的孩子。鉴于这部剧是在伊丽莎白去世之后创作的，所以可以认为，剧作者和观众会自然地将王位继承人，即伊丽莎白的表侄当作统治英格兰的斯图亚特王朝国王詹姆斯一世。

一只新凤凰

正如伊丽莎白一世是她那个时代至高无上的凤凰一样，她的继承人、苏格兰国王詹姆斯六世也是他所处的新文化时代的凤凰。与莎士比亚《亨利八世》中克兰默那段相似，乔舒亚·西尔维斯特的《敬献的花冠》（*Corona Dedicatoria*）也是在詹姆
211 斯一世继位之后所写。这首诗也用凤凰的完美典范之意来隐喻

伊丽莎白一世和詹姆斯一世：

> 当阿拉伯孤鸟衰老的身躯
> 在香焰中被烧之时，
> 灰烬中会冒出一只幼鸟的气息，
> 幼鸟拥有原来那只鸟所有的美貌；
> 我们的凤凰（亲爱的伊丽莎白）死去了，
> 但从那神圣的骨灰瓮的香灰之中，
> 又一只凤凰复活，生气勃勃。[38]

西尔维斯特是迪巴尔塔斯《创世的一周》的首位英语译者，他于伊丽莎白统治时期开始翻译，译作出版时已是詹姆斯统治下的 1605 年。

剧作家托马斯·米德尔顿（Thomas Middleton，1580—1627 年）在伊丽莎白一世去世之后数月就开始创作戏剧《凤凰》（*The Phoenix*）。[39] 可以肯定，他在创作之时，心中就以詹姆斯一世作为新凤凰的形象。米德尔顿一生作品甚多，该剧是他留存至今作品中最早的一部，于 1604 年 2 月由名为“保罗的孩子们”（Children of Paul’s）的剧团为詹姆斯王演出。在这部辛辣的讽刺剧中，凤凰形象指的就是年迈的费拉拉公爵之子。这位公爵的近臣提出，尽管公爵的儿子品行兼优，但是他缺乏经验，不谙世事，所以应该外出游历，以获得历练，这样才能在其父去世后管理好封地。于是，这位王子就按照庄严得略具讽刺意味的传统仪式，化装成普通平民，带着他的仆从费德里奥前往自己的封地。果然不出意料，他们在游历中遭遇了各种罪恶阴谋，从欺诈到谋杀都有。在完成游历回到他父亲的王宫之后，这位王子揭露了公爵近臣的贪腐行为。公爵获悉这些情况后，就将爵位传给了这位睿智而年轻的王子。《凤凰》的剧本写作和舞台表演都是在一个新王朝开始之时，因此可以认为，米德尔顿的剧本就是对新统治者的提醒和建议。

米德尔顿创作的戏剧中，有三部在一家正式名称为“凤
212 凰”的剧院中演出，但这家剧院却通常被称为“斗鸡场”（The Cockpit），是伦敦著名的德鲁里巷（Drury Lane）的第一家剧院。人们称之为“斗鸡场”，是因为该地过去是一处斗鸡的地方；就在莎士比亚去世的 1616 年，著名的剧院经理克里斯托弗 · 比森（Christopher Beeson）将它改建成了一座剧院。1617 年，就在这座剧院开业后仅数月，学徒们发动了骚乱，剧院建筑被毁。第二年，比森又重修了剧院，并用复活之鸟的名字来重新命名剧院。戏剧学者约瑟夫 · 昆西 · 亚当斯（Joseph Quincy Adams）曾写道:“名称‘凤凰’暗示，在斗鸡场原址修建的剧院被火焚毁，但在其灰烬之上又立起了一座新的建筑。”虽然，他后来又否认剧院是如此被毁的，并且还引用了伦敦市长的一封信来介绍剧院遭人破坏的细节。1649 年，这座剧院又遭克伦威尔的圆颅党人洗劫。王政复辟后，剧院重新开张，上演的第一出剧就是莎士比亚的《泰尔亲王配力克里斯》（*Pericles*）。数年之后，凤凰剧院又遭废弃。[40] 如今，新的凤凰剧院就屹立在科文特花园区的凤凰街，在历史上的凤凰剧院原址以西 600 米。在凤凰街入口处，剧院的遮篷上装饰有纹章凤

凰的小塑像。

在整个伊丽莎白时代以及 17 世纪的大部分时间里，凤凰形象不仅在文学和日常用语中很普及，在图画中也有丰富的表现形式。

13

纹章中的凤凰

213 从古典时代一直到文艺复兴时期，西方凤凰形象在文学中的描写，绝大部分都源于经普林尼改编的希罗多德作品中的神鸟：一只外形和大小与鹰相似，但羽毛为红金相间的鸟。然而，图画中的凤凰形象却差异甚大，罗马帝国硬币以及早期基督教艺术中，凤凰是一种与不死鸟相似、长着长腿的动物，还有的形象则不甚清楚、难以辨别。在这些图画中，最具影响力的当属动物寓言集中的插图，其中的凤凰多为鹰的样子，身处火巢之中。到了文艺复兴时期，这一形象又重新出现在纹章、皇家肖像画、寓意画册、印刷商标识和星图之中，成为如今公司和一般民间徽标的前身。

纹章顶饰和徽章

被铸在武器上的神鸟形象并不多，纹章凤凰即是其一：它
有一半与鹰相似，双翅展开，在火苗之上挥舞，颜色则与纹章
214 本身相同。这一形象很少用在英国和欧洲大陆的武器盾牌上，

慈禧太后的凤袍

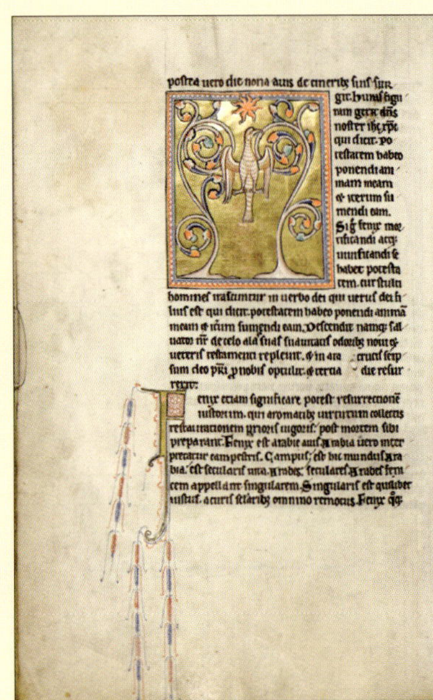

《阿伯丁动物寓言集》中的凤凰插图

《剑桥动物寓言集》中的凤凰插图

三把锤子。[5]

纹章学者罗德尼·丹尼斯（Rodney Dennys）认为，英国武器上首次用到西方凤凰形象，是在都铎王朝第一位国王亨利七世的一个徽章之上。[6] 威斯敏斯特大教堂的一把短剑上，有一枚 18 世纪制作的这位国王的凤凰徽章，其中的凤凰被两条龙夹在中间。[7] 亨利八世则把长有冠羽的凤凰形象用在一面旗帜之上，上面的凤凰立于烈焰之中，双翅展开。[8] 此后，凤凰形象既出现
215 在整个都铎王朝时期的徽章之上，也曾出现在斯图亚特王朝时期的纹章顶饰之上。这些凤凰图案所附的箴言一般会提到死亡、复活、继承以及独一无二的特质。

图 13.1　英格兰切斯特凤凰塔上的凤凰顶饰

1658 年，兰德尔·霍姆三世（Randle Holme III）雕刻。

来源：Photograph by Steve Howe, *Chester: A Virtual Stroll Around the Walls,* http://www.chesterwalls.info. Reproduced by permission.

但是经常用在头盔顶饰和徽章之上。[1]

英国纹章中最早的一种凤凰形象也是立于烈火之中，这种鸟长有冠羽，全身羽毛有多种色彩，但它的双翅没有展开。兰开斯特的纹章官彼得·关恩－琼斯（Peter Gwynn-Jones）认定，画家－染色师公司（Company of Painter-Stainers）1486 年顶饰中的就是一只中国凤凰，这显示，当时的伦敦希望扩大与东方的贸易。他坚称，中国凤凰是以大眼斑雉为原型，是欧洲旅行家把它与西方凤凰搞混了，而纹章官又把它作为中国凤凰，修改之后，铸于武器之上。[2] 画家－染色师公司所用的鸟的形象不仅与古典和中世纪时期绝大多数的凤凰形象不同，而且与中国传统上长着长腿、羽毛又长又平滑的凤凰形象也不同。英国行会研究学者约翰·布朗利（John Bromley）曾记载，根据这一纹章介绍中描绘的情形，在一个"凤凰"（Fenyx）头盔顶饰之下，有一片蓝色的田野被一个 V 形标志隔开，以此为背景，有三只长着金头、红嘴的鸟：

> 那片土地被一个 V 形标志隔开。三只凤凰的头部都有金色和红色相间的冠羽。头盔上的凤凰以其特有的本性和色彩，散发出一圈金光，照亮了用貂皮做的斗篷。[3]

英格兰切斯特的凤凰塔上因为有一尊画家－染色师公司的凤凰雕像而增色不少；这尊雕像上标有 1613 年行会开始在那里召开会议的日期（图 13.1）。[4]1490 年，有一只类似的鸟的雕像被授予给铁匠公司（Company of Blacksmiths），鸟的翅膀下有

罗马圣彼得大教堂中一幅圆形马赛克镶嵌画中的凤凰

罗马帝国时代的凤凰
站立在一处土丘之上

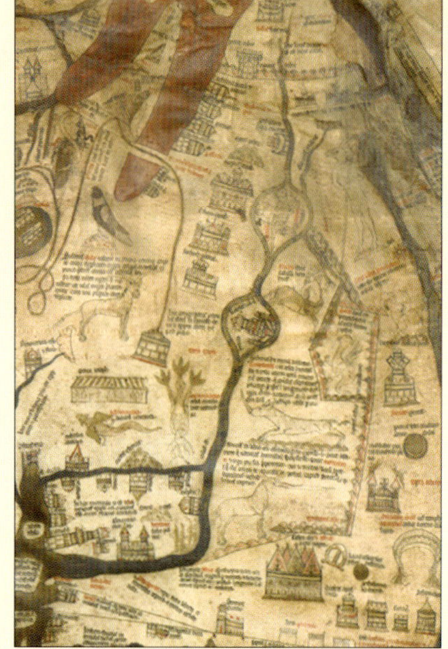

《赫里福德地图》中红海
下方即为鸣禽凤凰

也许，最著名的凤凰徽章属于简·西摩（Jone Seymour，1508—1537 年）——亨利八世的第三位妻子，也是他的独子爱德华一世的母亲（图 13.2）。徽章上画有一座葱绿的大山，周围环绕着两圈城墙，山顶烈焰升腾，一只凤凰头戴王冠傲然站立。神鸟脚下生长的玫瑰代表了兰开斯特家族和约克家族。关于所配的文字，有一枚徽章解释道："这种徽章是由她的国王丈夫所赠，就装饰在怀特霍尔宫的窗户之上。"[9] 西摩的家族顶饰就是一只凤凰从一顶公爵冠冕上伸出上半身的样子。[10] 这位王后的墓位于温莎城堡的圣乔治礼拜堂，其墓志铭为拉丁文，用人们所熟知的彼特拉克式隐喻赞美了西摩王后：

> 有凤凰于此安眠，她的辞世 216
> 给了另一羽凤凰新生。
> 可哀可叹啊
> 世人不曾得见两者共生于世。[11]

在伊丽莎白一世的一枚徽章上，有一只蓝金相间的凤凰从熊熊烈火之中升起。大概在她去世之后，徽章的介绍文字补充上了下面一段话：

> 伊丽莎白女王佩戴的烈火凤凰徽章上刻有箴言"始终如一"。她在世之时，是全世界唯一的真凤凰。[12]

"始终如一"（*Semper Eadem*）是伊丽莎白最喜欢的箴言之一。 217

图 13.2　简·西摩的凤凰徽章（1536 年），取代了安妮·博林的猎鹰徽章

来源：Mrs. Bury Palliser, *Historic Devices, Badges, and War-Cries* (London: Sampson Low, Son and Marston, 1870), 382.

具有讽刺意味的是，伊丽莎白的表亲和主要竞争者、苏格兰女王玛丽·斯图亚特（1542—1587 年）的一枚徽章上也有凤凰的形象。玛丽女王从她的母亲玛丽·德·吉斯（Mary of Guise）那里继承的凤凰徽章上刻有这样的箴言——“我死即我生”（*En ma fin git ma commencement*）。[13] 玛丽从苏格兰王位退下来后，即被囚禁在英格兰；她在囚禁期间制作了一件刺绣作品，即著名的奥克斯伯勒庄园“玛丽挂毯”（Marian Hanging）。挂毯上绣有一个十字形架子，上面绣着凤凰图案（图 13.3）。凤凰形象在挂毯中居于显著位置，位于这位前女王名字上方的正

图 13.3　苏格兰女王玛丽·斯图亚特的刺绣“玛丽挂毯”（1570—1585 年）上的十字形凤凰图案

来源：Reproduced by permission of the Victoria and Albert Museum, London.

中央。挂毯上还有选自寓意画册和康拉德·格斯纳等人的博物学著作中的其他图案。[14] 其中就有犀鸟和天堂鸟，这些异域奇鸟将和凤凰一起被选入新南方星座的图案之中。这些十字架充满神秘感和晦涩的寓意，表达了她对自己身处危险政治环境中的感受。[15] 多年囚禁生涯之后，玛丽这位叛逆的天主教徒被认 218
定犯了阴谋颠覆伊丽莎白王位之罪。1587 年，她被处决。如果伊丽莎白没有子嗣，玛丽的儿子詹姆斯六世就可以继承英格兰王位。所以说，玛丽被处死反倒为其子继位铺平了道路。

伯里·帕利泽夫人的著作《历史装置、徽章和战斗口号》（Bury Palliser, *Historic Devices,Badges,and War-Cries*, 1870 年）中有很多轶事，颇具娱乐性，作者在书中提到了英国和欧洲大陆许多徽章上的箴言，当中就有多个当时流行的凤凰寓意。除了与伊丽莎白女王、玛丽·斯图亚特等名人相关的，她还列举了许多别的箴言，但没有点明与之相关的人。这些箴言有西班牙语的、拉丁语的、法语的和意大利语的，绝大部分都与死亡和复活有关，且多出自寓意画册：

> “我由死而生”；“我被火烧而死，又从灰中升起”；“啊，死亡，我要为你而死”；“杀他是为了他能再生”；“由死而生”；“死亡使他的生命得以延续”；“活着会死亡，死亡为再生”；“我死得我生”；“为了它能不死”；“它只有在痛苦中才能找到快乐”；“自死亡，得永生”。[16]

由于圣女贞德受火刑而殉难，所以，巴黎皇家宫殿美术馆里凤凰图案上的箴言自然是最为感人的：“她因死而得生”（*Invito funere vivat*）。[17]

伊丽莎白一世女王的肖像

虽然凤凰只是伊丽莎白女王的形象符号之一，但它最能说
明女王的独一无二。到她统治中期，凤凰和女王的形象一起，
出现在勋章、珠宝、画作、雕塑以及其他肖像艺术品中。在这
219 些作品中，凤凰的象征意义包括童贞和珍稀，还象征着伊丽莎
白是都铎王朝最后一位君主。[18] 总而言之，这种复活之鸟独一
无二，虽无伴侣却又意气风发，其对英格兰女王的形象也是一
种提升。

与许多罗马帝国硬币相似，凤凰勋章（约 1574 年）的正面

是国王，反面则是凤凰（见图 12.1）。神鸟双翅展开，从烈火中腾空而起，这代表凤凰形象发生了转变，已经不再是罗马帝国硬币上的不死鸟形象。在神鸟的上方，缕缕神光之中，有女王名字的首字母“ER”和王冠。

女王和她的凤凰图案被三件皇家珠宝联系在了一起。第一件珠宝是一位朝臣献给伊丽莎白的礼物，制作时间大概与那枚勋章是同一年，也有可能是从那枚勋章复制而来。这件珠宝的金质坠饰正面是伊丽莎白的侧面像，反面是凤凰，二者被巧妙地结合在了一起，而凤凰的双翅则沿着女王肩膀的轮廓展开。珐琅质的花环环绕着这件珠宝，花环上的花分别是代表兰开斯特家族和约克家族的红白玫瑰。[19] 在伊丽莎白女王的许多肖像画中，有一幅据说是英国著名宫廷画家尼古拉斯·希利亚德（Nicholas Hilliard）所画，被称为“凤凰肖像”（Phoenix Portrait）。而第二件凤凰珠宝就解释了它何以得名。女王把这件珠宝挂在胸前的都铎王朝玫瑰之下。[20] 第三件是德雷克珠宝（Drake Jewel），[21] 伊丽莎白女王将它作为礼物赐给了探险家、海盗船长弗朗西斯·德雷克爵士（Sir Francis Drake）。这位爵士是第一位完成环球航行的英国人，也是对抗西班牙人的头领之一。这件珠宝以珐琅花、红宝石和长形珍珠为背景，中间是一半身像，代表被释放的加勒比奴隶，他们被德雷克征召，于 1585 年在西印度群岛向西班牙人发动了一次袭击。这一半身像背后是一个欧洲人的侧面像，其身份不明。在希利亚德所画的伊丽莎白肖像的反面、一个金质小盒盖子里，有作为女王象征的凤凰图像。[22] 在格林尼治国家航海博物馆现存的一幅德雷克画作中，这位爵士的腰间就挂着这件珍宝，刚好位于他的剑柄和桌上的地球仪中间。[23]

220 1596年，为了庆祝在大败西班牙无敌舰队8年后，英国人又成功突袭了加的斯的西班牙人，克里斯平·范·德帕斯（Crispin van de Passe）创作了一件雕塑，其中展现了伊丽莎白的凤凰以及她所钟爱的另一种动物鹈鹕，这两种动物都有象征意义。[24] 它们站在石柱之上，石柱代表着加的斯附近直布罗陀海峡沿岸的海格力斯之柱（Pillars of Hercules）。从象征意义上讲，鹈鹕与凤凰是有关联的，它弄伤自己，只为用自己的血来喂养幼鸟；而这又与女王为其臣民而付出牺牲相似。在伊丽莎白身后的石柱之间，展现的是一幅英国舰队和西班牙城堡的全景画。这件作品表现了英国强大的国力，女王手中的权杖和圆球就是其象征。[25]

寓意画册

借由当时流行的寓意画册，文艺复兴时期的凤凰形象在多个国家发展起来。意大利作家安德烈亚·阿尔恰托（Andrea Alciato）所著《寓意画》（*Emblemata*，1531年）开启了寓意画这种新体裁。随着印刷书籍在法国发展起来，寓意画册在整个欧洲大陆以及英国一直流行至18世纪。寓意画中标准的象征物由三部分组成，第一部分是一幅具有象征意义的图片（*pictura*），第二部分是一句箴言（*impresa*），第三部分是解释图片的一段文字（*subscriptio*）。这三部分共同组成一条道德说教，其内涵则必须由读者解读。这种三部分框架也可以变为两部分，例如较早一些的法国“漫谈”（*devis*）和意大利“箴言”（*imprese*），又如某个人的图像和箴言，这种情况见于一些家族纹章之上。虽然严格来讲，三部分的框架与一般图片加箴言的结构有差异，但二者又有重叠的类型，难以区分。在法语、意大利语、英语、荷兰语等寓意画以及有关体裁的作品中，凤凰形象的应用甚为广泛。[26]

《黛丽》

里昂诗人莫里斯·斯克夫（Maurice Scève）于1544年创作的《黛丽》（法语为 *Délie*，实为 *l'idée* 一词的变位词）是早期的一种寓意画，通篇都明显受到彼特拉克的影响。该书中有
箴言和图片，但是，在每一幅木刻版画之后，都附有一组十行 221
的彼特拉克式爱情诗。斯克夫参与了彼特拉克的劳拉位于阿维尼翁的坟墓的发掘，将意大利文艺复兴时期的诗歌引入法国也应归功于他。《黛丽》受彼特拉克的影响可能并不限于这些爱情诗，还见于一幅图。这幅图中有一只很粗笨的凤凰，并且配有与复活相关的箴言“由死而生”（*De mort a vie*）。[27]

《英雄图谱》

有些格言经常将杰出人物与凤凰联系起来，不论其是男是女。彼特拉克用来表达劳拉卓尔不群的凤凰隐喻对这些箴言有深入影响。第一部箴言书，克劳德·帕拉丁的作品《英雄图谱》（Claude Paradin，*Devises héroïques*，1551年）中包含部分贵族的图片和箴言，其第二版中给寓意画册增加了一段文字

介绍，用最美的一幅凤凰图像来赞誉奥地利的埃莉诺（Lady Eleanor of Austria）：在这幅木刻画中，凤凰优雅地站在火巢之中，四周的火苗越来越旺（图 13.4）。[28] 画中的箴言“这只鸟，生生世世，独一无二”则源于奥维德。[29]1591 年的英译本把这句箴言译成“同一时间，世界上只有一只凤凰”，而配文的翻译 如下：

> 凤凰是一种珍禽，在任一时间，人们只能见到一只；与此相同，所有美好珍贵的事物，人们都难以发现。这一道理也适用于法兰西国王弗朗索瓦去世后留下的遗孀奥地利的埃莉诺。[30]

埃莉诺是神圣罗马皇帝查理五世的妹妹、弗朗索瓦一世的第二任妻子。帕利泽夫人在故事中讲到，在洛什城以及古堡的拱道内，装饰有弗朗索瓦一世的蝾螈和箴言及其王后的凤凰和
222 箴言。据说，当弗朗索瓦遇到他妻子的哥哥、对手查理五世时，那只蝾螈就喷出火苗，烧到了凤凰。[31]

《箴言》

威尼斯画家和雕刻家老詹巴蒂斯塔·皮托尼（Giovanni Battista Pittoni the Elder），在他精美的作品《箴言》（*Imprese*, 1568 年）中，凤凰形象也被用于指代特立独行之人。[32] 该书与帕拉丁的著作相似，却与阿尔恰托的道德象征有所不同，它展示了每位人物的画像，并配有专门解释性文字。书中的纹章鸟

Vnica ſemper auis.

Comme le Phenix eſt à iamais ſeul et unique Oiſeau au monde de ſon eſpece. Auſsi ſont les tresbonnes choſes de merueilleuſe rarité, & bien cler ſemecs. Deuiſe que porte Madame Alienor d'Auſtriche, Royne douairiere de France. Theophraſte.

图 13.4　克劳德·帕拉丁的《英雄图谱》寓意画

来源：Courtesy of the University of Glasgow Library, Special Collections.

（凤凰）置于人像柱之间，站在巢穴中，而巢穴又被一个长着人脸模样的太阳点燃了。而这是老詹巴蒂斯塔·皮托尼的同胞乔万尼和加布里埃尔·乔利托（Giovanni and Gabriele Giolito）的著名印刷商标识（图 13.5）。对于太阳鸟而言，太阳的出现再合适不过，这是因为，它的先祖是埃及的不死鸟，而不死鸟又
是拉神等太阳神祇的化身。如今，威尼斯有一座凤凰歌剧院，223
而其名称可谓再合适不过。剧院里有一块浮雕，上面的凤凰在将死之际望着一个长着人脸模样的太阳。自 18 世纪末以来，这

图 13.5　詹巴蒂斯塔·皮托尼的《箴言》寓意画

来源：Courtesy of the University of Glasgow Library, Special Collections.

座剧院经历了三次被焚毁然后又重建的过程。[33] 在皮托尼作品中，V、E、V 三个字母源于文中的“*eterna vita vive*”（生命永恒，生生不息），并且在太阳之下、献祭画面之上成弧形排列。

224 “*Ut Vivat*”（使他能够活着）这一箴言点明了主题，而这一雕塑作品框架上的一块牌子也指出，该作品的持有人是特伦特主教。

洛多维科·多尔切（Lodovico Dolce）的十四行诗源于彼特拉克诗作的意大利语完善版。在诗中，作者将主教克里斯托弗·马德鲁乔（Christoforo Madruccio）与神鸟凤凰比较，赞美了他的美德。

《图谱》

泰奥多尔·贝扎（Théodore de Bèze）的拉丁语作品《图谱》（*Icones*，1580 年）中的凤凰寓意画并非某一个人的箴言。相反，它表达了一位新教改革家对宗教现状的愤怒之情，这位改革家继约翰·加尔文（John Calvin）之后担任日内瓦主教。根据贝扎作品中的插图，有一只复活的幼鸟从燃烧的柴堆中伸出头来。翻译过来的诗句非常有表现力，描述了英格兰的天主教女王、伊丽莎白同父异母的姐姐“血腥玛丽”在 16 世纪 50 年代对新教徒实施火刑的场景：

> 因为，如果他们所言为真，那么，死亡本身是在再造凤凰；也就是说，火对神鸟而言既可带来死亡，也可带来生命。那就做吧，刽子手们！把这些圣徒的圣体烧掉！你们想毁灭的人，将会因火而得新生。[34]

在历史上遭到罗马人迫害时，凤凰作为复活希望的象征，给早期基督徒以慰藉。所以，上文宗教改革时期的凤凰纹章却用天主教的凤凰寓言来抨击天主教，这颇具讽刺意味。

《拉丁语寓意画》

让·雅克·博萨德在其作品《拉丁语寓意画》（Jean Jacques Boissard, *Emblemes latins*，1588 年）中也使用了凤凰形象。其中有一幅进行道德说教的寓意画，从罗马人的角度将人的美德人格化，这给博萨德的作品增添了神话寓言的色彩。这幅寓意画上的箴言为“*Vivit post funera virtus*”（死后美德亦长留）。书中还有一幅图片，细节惟妙惟肖：山间一片残垣断壁，凤凰在柴堆中燃烧着，旁边坐着一位手持武器的女神。[35] 这幅寓意
225 画有希腊语和拉丁语两种铭文。在名为“美德”（Virtue）的盾牌上题有米南德（Menander）的名言“美德是凡人最坚强的盾牌”；在柴堆的基座上则题有“拥有美德，就足以活得幸福快乐。美德不死，美德永恒”。[36] 在背景设计上，图中最显著的位置有一个树桩，强化了凤凰之死的主题。这里有两个主题，一个是凤凰死而复生，另一个是人生前的美德会影响其死后的名誉。这段铭文将二者进行了清晰的对比：“追随美德之神的人，死后将永享美誉。”

长久以来，不仅寓意画册中的凤凰形象受人欢迎，其他形式中的凤凰形象也一直流行到 18 世纪。它与各种圆形爱情纪念章和箴言一起，出现在另一种形式的寓意画册中，那就是克里斯托夫·维格尔（Christoph Weigel）1700 年的著作《思维模式与指导》（*Gedancken Muster und Anleitungen*）。[37] 书中描述，由于受到荷兰爱情寓意画册相关书籍的影响，丘比特把心放在天平上，用风箱使其燃烧，然后向它射去爱情之箭，再用钥匙打开。书中还用了其他一些图案渲染爱情主题，其中就有经常

成对出现的两只鸟。它们与伊丽莎白一世肖像中的一样，一只是自伤育幼的鹈鹕，一只是死于烈火的凤凰。维格尔书中给这两只鸟配的箴言分别是“爱的牺牲”和“爱的复活”。丹尼尔·德·拉·富勒（Daniel de la Feuille）所著《古今寓意画图案考》（*Devises et emblemes anciennes et modernes*，1712年）中，描绘了成百幅寓意画和其他图案，但标题页上仅出现了七种，凤凰即是其一。由于受到意大利箴言“在复活中升华”（*Rinasce piu gloriosa*）的进一步影响，该页的插图中描绘了一只新生的凤凰在其渐渐逝去的父辈之上飞翔。[38]

印刷商标识

文艺复兴时期，威尼斯有一家凤凰书店（*Libreria della Fenice*），其母公司就是乔利托公司。[39] 这家书店出售彼特拉克、但丁、薄伽丘和阿里奥斯托等人的著作，而这些书的标题页上都有凤凰标识。乔利托享誉整个欧洲，查理五世曾为其颁发过一枚金质凤凰。[40]

诸多家族纹章推动了凤凰形象的流行，印刷商标识只是其 226
中之一。在图案和箴言的选用上，这些标识与纹章顶饰和寓意画册密切相关。在历史上，随着印刷书籍的出现，印刷商们需要确立其作品的所有权并保证其质量。福斯特（Fust）和舍费尔（Schoeffer）曾是古登堡的助手，一般认为是他们二人设计了第一枚印刷商标识：1457年出版的《美因茨诗篇》上印了两块盾牌。而最为有名的印刷商标识则很可能是威尼斯印刷业先驱阿尔杜斯·马努提乌斯（Aldus Manutius，1450—1515年）所使用的铁锚和海豚［寓意为“欲速则不达”（*Festina lente*）］。威尼斯取代德国成为欧洲印刷业的领军者，马努提乌斯功不可没。[41]正是从这座复活之城里的一处潟湖，凤凰形象从一枚简单的纹章发展成为著名的乔利托公司的标识。

印刷商标识中最早的凤凰形象出现在约翰尼斯·费拉伦西斯 1494 年所著《天堂生活》（Johannes Ferrariensis，*De coelesti vita*）的标题页中，为耶罗尼米斯·布朗德斯（Hieronymus Blondus）所画，画中的鸟雍容华贵，头顶长着气派的弧形冠羽，站立在烈火之中。后来印刷商标识中的凤凰形象，与这一形象差异甚大。[42]例如，数十年后，托马索·巴拉里诺（Tammasso Ballarino）和乔万尼·帕德瓦诺（Giovanni Padovano）所用的凤凰形象就是一般纹章中的形象——其背景有所创新，用拟人的手法描绘太阳发光发热并点燃了凤巢——后来寓意画册的印刷商标识和插图都使用通用的主题。[43]

虽然有那些早期凤凰标识，但是文艺复兴研究学者安杰拉·努沃（Angela Nuovo）在对早期意大利出版印刷业进行广泛研究后发现，文艺复兴时期国际上最为知名的凤凰图案还是出自乔利托家族。16 世纪早期，乔万尼·乔利托在意大利特里诺创建印刷厂；1536 年，又在威尼斯开设了一家机构，后来成为其公司总部。就在巴拉里诺和帕德瓦诺的标识问世后数年，乔万尼和他的儿子加布里埃尔也开始为自己的公司设计凤凰标识。[44]不论乔万尼为何选择凤凰作为标识，可以肯定的一点是，时人都知道，凤凰象征着复活、再生、更新、珍稀和卓越。

努沃教授对乔利托制作的书中的 20 多种凤凰图案进行了

跟踪研究。其中，在出版于 1539 年的一部书中，凤凰站立在一个燃烧着的巢穴之中，抬头看着太阳的脸。而凤巢被置于一个两侧带有侧室的球体之上，该球体上印有乔万尼拉丁语名称 227
“Ionnem Giolitum de Ferrariis”的首字母 I. G. F.。从柴堆上卷曲着垂下的一张卷轴，上面写有“始终如一”，这一箴言很快就被英国女王伊丽莎白采用。还有一句稍长的箴言：“我因死而得永生”（*Vivo morte refecta mea*），在垂直方向上紧挨着乔利托标识。[45] 这一凤凰形象和箴言成为标准的乔利托标识，后来，加布里埃尔在出版阿里奥斯托等意大利诗人的作品时，又对这一标识进行了修改。在一版彼特拉克诗集的首页，有一幅木刻版画很形象地说明，文艺复兴时期凤凰形象的首要起源就是中世纪晚期彼特拉克及其笔下的劳拉。配有“始终如一”箴言的乔利托标识就位于一个骨灰瓮之上，瓮上刻画了诗人与他所爱的凤凰（恋人）四目相对的场景。[46]

乔利托标识中，最为流行的是 1547 年的两款，其中没有太阳，凤凰也是正面像。其中一款的设计更为简洁，绕着凤凰纹章一周的是乔利托所使用的那两句传统箴言。凤凰站在一件双耳瓶之上，瓶身刻有加布里埃尔名字的首字母。支撑双耳瓶的是两只尾巴缠绕在一起并且长着翅膀的萨堤尔精灵（见第三部分篇章页）。另一款标识则非常华丽，边上是一张天使的脸，上方是印有箴言的卷轴，两侧是跳跃嬉戏的小天使，在下方支撑的是一对举着月桂花环、长着翅膀的狮子。[47] 在所有乔利托标识中，这两款在整个欧洲是最常被复制和修改的。[48] 加布里埃尔 1578 年去世后，他的儿子接手了他的事业，并一直经营到

1591 年。

乔利托公司对于建立凤凰印刷商标识的传统贡献甚巨，时至今日，国际出版业仍然保持着这一传统。

星　图

16 世纪末，天文学界创造了 12 个新的南天星座，凤凰成为其中一个星座的代表。自然而然，文艺复兴时期的星图上也出
228 现了选自其他体裁的凤凰形象。凤凰怎样被用到星图中，是天文学史上重要的一章。

故事的开端具有一定的政治意涵。历史上，因为看到香料贸易利润丰厚，为了与葡萄牙人竞争，于是荷兰人准备首航东印度。为了 1594 年环绕好望角的探险，荷兰官方地图绘制师彼得勒斯 · 普朗修斯（Petrus Plancius）对航海家彼得 · 德克斯松 · 凯泽（Pieter Dirkszoon Keyser）和弗雷德里克 · 德 · 豪特曼（Frederick de Houtman）进行了培训，让他们可以绘制南天星图。在那次航海冒险中有 89 人死亡，其中也包括凯泽。但是，1597 年船队返回后，他绘制的星图被呈交给了普朗修斯。虽然航行中多有灾难，但是船队运回了香料，并与爪哇签订了条约。很快荷兰东印度公司成立，并主宰了整个 17 世纪的香料贸易。[49]

与此同时，凯泽列出的 135 颗星星的坐标奠定了 12 个新南天星座的基础：天燕座（Apus），代表为天堂鸟；蝘蜓座（Chamaeleon），代表为变色龙；剑鱼座（Dorado），代表为剑鱼；天鹤座（Grus），代表为天鹤；水蛇座（Hydrus），代表为

水蛇；印第安座（Indus），代表为印第安人；苍蝇座（Musca），代表为苍蝇；孔雀座（Pavo），代表为孔雀；凤凰座，代表为凤凰；南三角座（Triangulum Australe）代表为三角形；杜鹃座（Tuscana）*，代表为巨嘴鸟；飞鱼座（Volans），代表为飞鱼。[50]这些代表物中，许多都是南半球的珍奇动物，刚刚由探险家告知世人，而其中唯一属于神话生物的只有凤凰。而在那些鸟中，凤凰只与巨嘴鸟没法建立联系。

但是，将其中一个新星座命名为凤凰的到底是凯译还是普朗修斯，时人尚无定论。我们也不明白，是否因为凤凰与复活概念在象征意义上的关联，而影响到人们选取这种动物来命名一个星座。[51]然而，不管是谁把这一星座想象成一只再生之鸟，大概都是遵循了一个古老的传统，即以大鸟来命名。这些大鸟早些时候曾被认定为鹰、狮鹫兽，中国人称其为火鸟。这一星座当中最亮的一颗星名为“安卡”（Ankaa），而“安卡”在阿拉伯语中指的就是一种与凤凰有亲缘关系的神鸟。[52]

普朗修斯以凯泽，也许还有他的同伴弗雷德里克·德·豪特曼所记录的坐标为基础，在小雅各布斯·洪迪乌斯（Jacobus 229
Hondius the Younger）的星象仪上，首次绘出了这些新的星座。但是，直到约翰·拜耳编制的《测天图》（Johann Bayer, *Uranometria*）于1603年出版之后，这12个新星座才广为人知。[53]拜耳是第一位使用希腊字母并根据亮度对每个星座中的星星进行分类命名的人。他的这一方法具有开创性，这种恒星命名法

*　杜鹃座，属于南天星座，是巨嘴鸟的意思，是中文把它误译成了“杜鹃座”。

一直沿用至今。此外，他的《测天图》也是第一部使用铜雕而非木刻的星象图：托勒密于公元 150 年确立的 48 个标准星座被刻在一些铜版之上；此外，星图最后还附加了一张铜版，上面刻着新南天星座（图 13.6）。后人的星图色彩丰富，但是都与拜耳的一样，收录了凯泽绘制的星座。星图中的凤凰是典型的纹章形象，而作为星图中增加的一种惯常的场景，凤凰周围有烟雾升腾。[54]

230 在一年的大部分时间里，特别是 11 月，南半球都可以看到凤凰座。每年 12 月初，都会有一场流星雨从这一星座喷射而出，划过天际，人们将其命名为“凤凰流星雨”。[55]

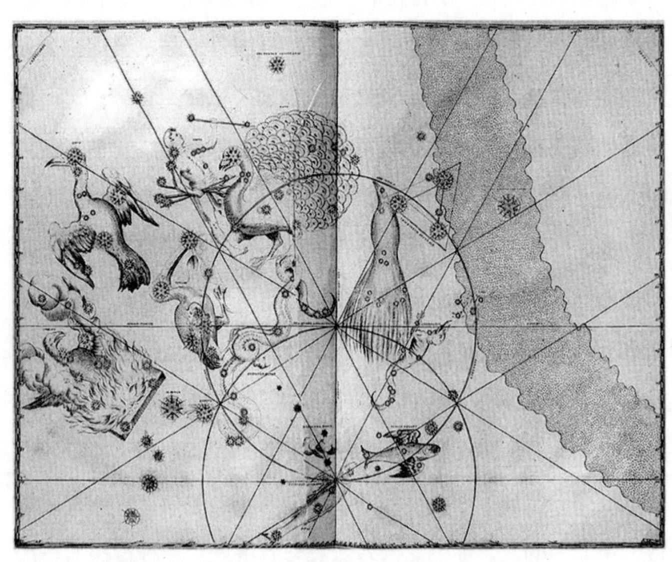

图 13.6　约翰·拜耳《测天图》（1603 年）中的新南天星座

来源：Image copyright History of Science Collections, University of Oklahoma Libraries.

文艺复兴时期，一方面，各种纹章对凤凰独一无二的形象进行了无数刻画；另一方面，在文学和炼金术领域，凤凰也具有深刻的象征意义。只是后者仅限于专业领域，一般人了解不多。

14
贤者之石

231 在神秘的炼金术中，凤凰是最为尊贵的一种象征物。炼金术的基础是将金属和炼金术士的精神生命熔合，并使其发生形变。而在传说中，凤凰能从其父辈的灰烬中奇迹般地复活。所以凤凰复活的传说成为炼金术中不可或缺的主题并不令人惊讶。炼金术中的凤凰形象在中世纪的一些手稿中就存在，后来，特别是在 17 世纪早期印刷的书籍中，不管是文字还是版画中的凤凰形象都越来越多。直到今天，凤凰也是炼金术的一个主要象征物。

米夏埃尔·迈尔（Michael Maier）伯爵曾为寻找凤凰而周游世界。在游历之初，他在《关于炼金术奥秘的寓言》（A Subtle Allegory Concerning the Secrets of Alchemy，1617 年）一文中曾写道:

> 我认为，沿着世人的脚步，开始一次朝圣之旅，去找寻神鸟凤凰，将会充满乐趣，并有利可图。[1]

232 可以看出，迈尔在谈到凤凰时既乐观又直率。但是，第一次探寻中世纪和文艺复兴时期炼金术中凤凰形象的人会遇到许多困惑：谜一样的语句和经常稀奇古怪的图片——炼金术与黄道十二宫星座、物品、太阳、月亮、星星、动物、人以及神话中的形象。为了防止外人发现他们的炼金秘密，术士们会专门用一些只有自己才明白的符号和寓言把作品搞得晦涩难懂。为了误导一些读者，他们有时在描写炼金方法时故意不那么准确，甚至颠倒顺序。要理解凤凰在这一神秘领域的地位，我们首先需要对炼金过程进行一个简单的概述。

杰 作

我们知道，中世纪动物寓言集的原型是《生理论》。与此相似，一般认为西方炼金术[2]是在公元后几个世纪里起源于希腊化时期的埃及城市亚历山大。

“炼金术”（alchemy）一词可以追溯到不同的词源，在阿拉伯语中，它是“演变之术”，而这又来源于希腊语中“埃及的演变之术”（*Khemet*，译为“黑土”），也可能源于希腊语中的“化学”（*chemistry*）。将贱金属化为金银的神秘之术起源于古埃及、希腊和中东地区的冶金术，中世纪时，因阿拉伯有关专著被翻译过来而传到欧洲。欧洲炼金术的原则来源于这些专著中的一部——《翠绿石板》（*The Emerald Tablet*，又名 *Tabula smaragdina*）。该书创作于 6—8 世纪，14 世纪时被译成拉丁语，被中世纪和文艺复兴时期的炼金术士奉为经典。人们认为该书的作者为赫耳墨斯·特里斯墨吉斯忒斯（Hermes Trismegistus）[*]。

---

* 意为三倍伟大的赫耳墨斯。

古希腊人认为，他们的众神使者就是埃及神祇托特，于是将二者合二为一，而后者不仅是象形文字的发明者，而且还是诸神的记录官。因此，炼金术士相信，埃及人神秘的象形文字就是赫耳墨斯所教，而罗马人把赫耳墨斯称为墨丘利（Mercury）。
233 根据炼金术士的传奇故事，赫耳墨斯的《翠绿石板》发现于挪亚大洪水后的一个岩洞里。因为从中世纪起，炼金术士就将该书奉为圭臬，所以任何人如果想要在炼金术领域寻找凤凰形象，该书就再合适不过了。当然，这部具有开创意义的书有难以数计的译本和不同解读。但它们都对炼金术的一般模式进行了介绍，而要确定凤凰形象在炼金术文章和版画作品中的作用，就有必要了解这些模式。《翠绿石板》的正文语言精辟，其一开始的声明就确定了炼金术中物质的微观世界与精神的宏观世界之间的基本对应关系，而这两个世界又是炼金石（*lapis*）的两个组成部分。书中指出，贤者可以先对其中一个世界进行打磨，然后就可以与另一个连为一体。下面所选的是物理学家、数学家以及民间炼金术士艾萨克·牛顿（Isaac Newton）的译文。[3]

这毫无虚言，非常真实和确定。如其在上，如其在下；依此成全太一的奇迹。万物本是太一，借由分化从太一创造出来。日为其父，月为其母，由风孕育，由地养护。世间一切完美之源就在于此，而它一旦化身为大地，就会拥有完全的能力。

在炼金术中，一切物质都是由土、气、水、火四种元素组成的。它们分别具有潮湿、干燥、寒冷和火热的特性，并且会衍生出水银、硫黄和盐等媒质。借由这些媒质，四种元素可以结合并形成任何其他物质，并进而生出第五种元素：精质（quintessence）。[4]这里，太阳（索尔神、赤色国王或者红人、阳性、火、硫黄、金子）与它的对立物月亮［露娜神（Luna）、白色女王或白皙女子、阴性、水、水银和银子］被安排在一起。这种对立物间的联系（即对立统一，*coincidentia oppositorum*）是由风（气）孕育，然后出现在大地（土，即第四元素）之上，并从 234
大地之中汲取精华之气，并以“形而下”的原始状态，等待术士们以炼金之术实现第一元素（*prima materia*）或者说“种子”的潜力。第一元素这种物质可以囊括各种元素，并吸收它们的特性。这种物质被炼金术士称为“暗黑块状物”或“混沌之物”，实际上可能如尘土一样普通。[5]然而，人们怎样才能对其进行改造，以从微观上再现宏观上的造物过程，进而把物质世界和精神世界、把瞬间和永恒结合起来?

> 分土于火，萃精于糙，谨慎行之。由地升天，又从天而降，获万物之力，无论贵贱。

将各种元素分开的做法在炼金术领域一般被称为“先分后合”。进行分解或蒸馏溶液的实验设备一般包括球形长颈蒸馏瓶、炼金炉或锅（Athanor，意为“不灭之火”）。术士们炼出杰作（*opus magnum*）的化学过程可以视为对各种金属先“破坏”再“融合”。金属被破坏然后又融合再生实际上象征着奥西里斯的死亡与复活。[6]在微观大地中可以用于炼金的金属能够与宏观天空中的星星相对应。有一种说法认为，炼金术士炼金的同时也是其在托勒密天球的精神之旅，而这一精神之旅始于“糙”而趋于“精”：从铅（土星）、锡（木星）、铁（火星）、铜（金星）、汞（水星）、银（月亮）一直到金（太阳）。[7]还有另外一种说法认为，当金属的物理属性被炼得趋于完美，炼金术士的精神也将得以升华，这实际上就是金属和灵魂都得到净化的过程。从纯粹的精神层面讲，炼金过程实际上就意味着学徒会死而复生，并成为贤者[8]——这一过程也能够与凤凰主题相对应。

最早描述炼金术的希腊著作据说是《自然之物与神秘之物》（*Physika kai Mystika*），是由他人假托德谟克里特（Pseudo-Democritus）之名创作的。[9]书中从原始物质讲起，根据颜色（tincture）的不同将炼金术中的化学变化分为四个阶段：黑
235 （*nigredo*）、白（*albedo*）、黄（*crinitas*）和红（*rubedo*）。绝大多数的物质变化缺少黄色阶段，这样就是三个阶段；也有一些则包括了绿色阶段和彩虹色“孔雀尾”阶段。18世纪末，有一位炼金术士布切林·冯·斯坦·德·韦森（Büchlein vom Stein der Weisen）总结了这些阶段的化学反应。这些化学反应正好展示了《翠绿石板》中的“分离”指令以及“先分后合”的炼金箴言：

> 我们首先收拢材料，对其进行腐烂处理，再将腐烂物分类、净化，然后把净化过的原材料融合，使其变硬。阴

> 阳就这样合二为一。[10]

此处的阴和阳就是所有炼金反应中都存在的两种极性力量。

概括起来，在炼金过程中，金属受热变黑，分解成灰，随后又从灰中产生新的凝结状金属。凤凰形象就在这一节点进入了许多炼金术文章和版画作品中。凤凰的希腊名称源于腓尼基语中的“红色、紫色和深红色”，它在死后又浴火重生；而在炼金术中，也将它与硫黄和红色联系了起来。因此，凤凰代表炼金术中最终成品的最后一种媒质，第一元素就是借由这种媒质转化成了贤者之石。贤者之石有许多种叫法，比如“长生不老药”（Elixir）、“万能药”（Universal Medicine）、“精质”、“拉石”（Lapis）等，它不会腐朽，具有多种功效，能够将其他物质转化成黄金、治疗疾病、使人返老还童和长生不老等。炼金过程对金属来说，是在物质形态上达到完美，对炼金术士而言，则是精神上实现了完美。[11] 在《智者的水磨石》（*Wasserstein der Weysen*, 1619 年）中，约翰·安布罗西乌斯·西玛赫（Johann Ambrosius Siebmacher）把最终炼成的石头称为“贤者之凤”，并用基督教语言描述了它的特性：

> 人们把贤者之石描述为最为古老、隐秘、天然、难以理解、又受到上天祝福的圣石。非常肯定的是，它确实存在，但又最为隐秘；它具有圣德和奇效，但愚人无法发现；它是 236
> 万物的目的和归宿，是圣人所有辛劳的成果；它是万物完美的精髓，没有东西可以摧毁它，它就是精质；它是一种双

> 重的元气，本身就具有天国的精气；它能改良所有锈腐的金属，能发出永久的光芒，能治愈所有的疾病；它就是一只荣耀的凤凰，是最珍贵的宝物，是人间首善。从天然成分来看，这种石头由三种物质构成，但实际上又是一种物质——它的形成过程就是一生二，二生三……[12]

《翠绿石板》中讲到成功完成炼金过程的术士，实际上就是重复了神造万物的过程，因此会得到褒奖：

> 这样，你就会拥有全世界的荣耀，所有的卑微都会离你而去。炼金的力量超越一切，不论是柔是钢，都能征服穿透。上帝创造世界，亦是如此。

炼金术士给“坚硬”（或粗糙）之物注入“微妙”（超凡）的精神，就这样重复了神创万物的过程。《翠绿石板》结尾处写道：

> 依此术可创造奇迹。因此，我被称为赫耳墨斯·特里斯墨吉斯忒斯，因为我拥有全宇宙三大智慧。我所说的太阳的运行就是如此完成的。[13]

动物寓言

在第一元素的演变中，凤凰是最常出现的一种最后媒质，但在杰作形成的过程之中，它也只是许多种动物形象之一。炼
237 金术研究者亚当·麦克莱恩（Adam McLean）指出，对于炼金

术士而言，炼金的每个阶段始于颜色变化，且同时会伴随一种动物形象。[14] 尽管他跟踪研究的炼金模式并非与所有炼金术论述相符，但也构成了炼金过程的一个总体寓言模板。开始炼金时通常是一条龙的形象，最初它代表的是一种不完美，必须“死去”才能复活成为一种贵金属，接下来是一条衔尾蛇的形象，代表着炼金过程成功完成。麦克莱恩还用黑乌鸦来代表变黑阶段的加热煅烧反应，将蟾蜍与另一种朽烂过程联系起来。白鹰或白天鹅可能象征着暂时变白的阶段；绿狮则象征炼金过程的变绿阶段，但这一阶段要用到植物而非矿物质；孔雀尾代表化学反应后喷发出的七彩光线。麦克莱恩的炼金过程中并没有变黄阶段，但他用麒麟来代表第二次变白阶段，用以己血育幼鸟的鹈鹕来代表变红阶段。最后的嬗变则用凤凰从灰烬中重生来体现，这是炼金过程中所有变化的高潮。[15]

卡尔·荣格（Carl Jung）对炼金术中有关形象的原型进行过重要研究，《神秘合体》（*Mysterium Coniunctionis*）一书就是其中之一。书中，他提到 16 世纪的炼金术士格哈德·多恩（Gerhard Dorn）作品中有一条相似的鸟类寓言。推崇帕拉塞尔苏斯（Paracelsus）的多恩曾写道，变黑阶段“死去的精神躯壳先变成了黑乌鸦的脑袋，又变成孔雀的尾巴，之后变得像天鹅毛一样白，最后变成最亮的红色，成为火的本质的象征”。[16] 荣格则补充写道，最后的变红阶段“明显暗示了凤凰，它与孔雀一样，是炼金术中复活的象征，扮演着重要角色；而且，凤凰更是贤者之石的同义词”。[17]

人们秉承米夏埃尔·迈尔寻找凤凰的精神，探究神鸟是如何进入炼金术领域的。到了荣格的年代，他根据研究结果在一则脚注中写道："在炼金术中最早提到凤凰的很可能是佐西莫斯（Zosimos）。"佐西莫斯是亚历山大城的一位炼金术士（约4世
238 纪），这则脚注中的话应该来自他已经失传的作品。在荣格的书中，古埃及祭司奥斯塔尼兹（Ostanes）讲道："一只黄铜色的鹰，每天都要从天而降，到洁净的泉水中沐浴，以获得新的力量。"[18] 所以可以看出，这则记录能使人联想到《诗篇 103:5》（"你如鹰返老还童"），联想到拉克坦提乌斯笔下那只每天凌晨在泉水中沐浴的凤凰，联想到最初由希罗多德总结的两种鸟间的相似之处。在炼金术领域，人们有时会把鹰的形象看作凤凰的一种形式。

15世纪末有一部手稿，名为《神最珍贵的礼物》（*Pretiosissimum Donum Dei*），其中就直接提到了凤凰之名，因为它影响着炼金术最重要的阶段。这部手稿的作者据说是乔治乌斯·奥拉赫·德·阿珍蒂纳（Georgius Aurach de Argentina）。手稿描写了炼金的各个阶段，是一部颇具影响的作品。与其他许多人一样，阿珍蒂纳一开始就给作品定下了宗教的基调："是神赐的灵感，使我掌握这一奇术。"[19] 但是，他很快又表示，他的作品是以赫耳墨斯的指导为基础的，并且指斥那些生产普通黄金的人"既愚蠢又盲目"。唯一无形却有奇效的真金是贤者使用的"长生不老药"，也是"万能药"。炼金术士在"流动的银子"（*Argent vive*，此处指水）中把四种元素的"本性"都转变成为"精神的本性"，这样就实现了炼金术的目的——"如在其下者，又如在其上，反之亦然"。在变黑阶段，乌鸦那透明般的黑

色头部代表的就是第一元素中污浊的腐土。在这一腐朽的环境中，会生出蠕虫；它们互相吞食，“一只虫子的腐烂意味着另一只的新生”。随着时间的推移，经历一系列演变，水变清；但是，水的精神却不会离开，因为“炼金容器的颈部正是你要杀死的乌鸦的头部”。因此杀死行为又会引起另外两种鸟的变化，它们分别与绿色和红色相关联：

> 于是，就会出现一只鸽子，然后出现一只凤凰。[20] 如果你运气好，从这些文字中就能明白炼金的过程会最终发展为白色和红色。

接着，这位炼金术士总结了炼金过程，最后凤凰葬身火海 239
而得重生：

> 一团团的乌云压向它的尸身，尸身上冒出缕缕青烟；水土交融，灰烬产生。黑色的乌鸦走了，白色的鸽子走了，为了生出后代或者从灰烬中重生，凤凰走向了火堆。

经过这一嬗变过程的最高潮，白色玫瑰出现了。它就是长生不老药，能够“把一切不完美的躯体变得比天然的银矿还纯粹”。只有经历过“白色”阶段，炼金术士才能炼出红色的玫瑰，这也是一种长生不老药，

> 只要向流动的银子里撒一点点，它就能把一切粗糙的

原料变得比天然金矿还纯洁。我们观察到炼金药使银子凝结、变红，最后变成最纯的金子。

《哲学的十二把钥匙》（*Twelve Keys of Philosophy*，1599 年）是一部影响很大的炼金术著作，介绍该书的小册子中也用生动的动物形象来代表炼金的各个阶段。该书的作者据说是一位不知名的炼金术士，他自称巴希尔 · 瓦伦丁（Basil Valentine），是本笃会的一名修士。这位作者在书中讲了一则寓言，其中有一位年长的智者用晦涩的象征语言解释了贤者的炼金之术：

> 神鸟凤凰，来自南方，它将来自东方的巨兽的心挖了出来。如果给东方巨兽一双翅膀，它就能与南方神鸟一样强大。因此，必须剥掉这只巨兽狮子般的皮，并剪除它的翅膀。然后，它还得没入大洋的盐水之中，当它再出现时便会焕然一新。将你易变的灵魂，没入一眼永不干涸的泉水，因为你们的母体就是在那里孕育的你们，这样，你们就会变得与母体一样。[21]

240 东方巨兽下潜入水后返老还童。所以说，它与鹰一样，具有再生之力，而传说中的凤凰与鹰极为相似。

帕拉塞尔苏斯（1490—1541 年）在 16 世纪早期时创作过一部炼金术著作，名为《炼金术士的宝物》（*The Treasure of the Alchemists*），其中，他使用了与《哲学的十二把钥匙》相似的生动意象。作为一名医生，帕拉塞尔苏斯坚决摒弃传统医学，他提出了“炼金凤凰”（Alchemical Phoenix）模式，以加速炼金过程。炼金或者化学被人们称为“炼金学”（Spagyric）。这一术语的创造者可能就是帕拉塞尔苏斯，他相信，利用炼金术、占星术和哲学，可以找出一种化学手段来治疗疾病。帕拉塞尔苏斯一方面受人嘲笑，被视为江湖郎中，另一方面又获得了名望，被视为现代药理学的先驱。

> 炼金术中的色彩变化发生在一个月之内；按照炼金学的方法，不会有任何迟延，在40天之内就能完成整个炼金过程：提纯原料，使之朽烂、发酵、凝结成石，最终生成炼金之凤。但很值得注意的是，硫化朱砂变成了飞鹰。它长有一双翅膀，没有风也能飞翔；它将凤凰的尸身驮到其父辈的巢中，在那里，雏凤从火中汲取营养；它的眼睛被挖出，然后生出一个白色球状物；球状物内部有香脂，按照秘法师的设计，又会分裂，内核中会生出新的生命。[22]

在这一剧变之中，代表凤凰形象的红鹰与代表白鸽形象的白色球体共同促使这只再生之鸟变成石头。在谈论炼金术中的眼睛形象时，荣格说，眼睛“说明拉石还在进化之中”，因为它是从眼睛中生出的。多恩在诠释帕拉塞尔苏斯的话时曾说：“幼鸟用嘴挖出了它们母亲的双眼。”荣格指出，这一诠释实际上指的是凤凰化为石头的过程。[23]

约翰·约阿希姆·贝歇尔在其著作《化学原理》（Johann 241

Joachim Becher，*Oedipus chimicus*，1664 年）中指出，古埃及人最早用动物形象来代表矿物和炼金过程，比如用红色狮子代表太阳和黄金，用乌鸦代表朽烂过程等。为了说明这些动物形象在寓言中的应用，贝歇尔对炼金术中的各种演变进行了描述，首先描述的就是净化红狮时的朽烂过程。他的语言风格与两个世纪之前《神最珍贵的礼物》相似。他解释道，在朽烂过程中，“一方的朽烂恰是另一方的新生”。之后，从狮子腐肉中生出的动物形象都遵循同一个炼金模式，并以生出一只凤凰结束。从灰烬中会生出“一只新的、不会腐烂的长生不老果，它能为世间万物供给营养”。[24]

接着，贝歇尔描述了炼金过程中的物理变化，这包括前文中提到过的黄色阶段：先把经提纯的贱金属置于杯中，杯中“有 10 倍到 12 倍”的水银，然后再适当加热，于是金属就会“发生质变”。这时，“人们就能看到黑色等各种颜色”。朽烂过程完成后，第一元素就会先变成灰色，然后越来越淡，直至成为白色；高温会使它先变成柠檬黄色，最后又变成红色，“并且从液态变成固态”。[25]

形象演变

17 世纪时，印刷书籍中的版画技术不断发展，从而推动炼金术书籍的大量出版。炼金术晦涩难懂，但是，借助先进的版画技术，炼金术士能够向人们进行更为形象的介绍。[26] 这些象征性的插图揭示了凤凰在炼金过程中所扮演的重要角色。

《炼金术》

在德国医生和化学家安德烈亚斯·利巴菲乌斯所著《炼金术》(Andreas Libavius，*Alchymia*，1606 年）一书中，凤凰的形象就是纹章中的样子：双翅展开，傲然站立于烈火之中。该 242
书详细讲解了炼金过程，而凤凰代表了这一过程的高潮。利巴菲乌斯甚至还在书中加了一幅炼金术的图解。正是使用这种教学方法对炼金术材料进行研究，才使《炼金术》成为第一部关于化学反应的教科书。

利巴菲乌斯根据他对炼金过程中分离、净化和融合等阶段的理解，加入了一些版画插图。这些插图的副标题是“哲学作品的另一条描述”(*Ichnographia operis Philosophicialia*)，它是炼金术杰作的重要组成部分（图 14.1）。利巴菲乌斯的插图经过了浓缩和修改，素材来源各不相同：[27]

两个巨人（B）跪在地上（A），支撑着作为第一个作品的球体。一条龙的四个脑袋（C），将球体笼罩在烟、气和火当中。墨丘利（D）用银链控制着第一元素绿色狮子（E）和龙（F）。一只鹰（G）的三个头中的一个朝海中（H）喷出白色液体，风（I）吹着灵气，血从红色狮子（K）身上流出。一座黑白色的山（M）从污浊的黑水（L）中隆起，并在黑色乌鸦（N）的头上溶解、凝结。有净化作用的雨水（O）落在山上。在朵朵云彩（P）之上，有一条代表凝结过程的衔尾蛇（Q）用嘴咬着自己的尾巴，代表炼金过程第一阶段的完成。

在第二次黑色朽烂过程中，一位埃塞俄比亚男子和一位埃塞俄比亚女子（R）支撑着日月星球。一只白天鹅（T）支撑着

图 14.1　安德烈亚斯·利巴菲乌斯《炼金术》（1606 年）中关于炼金过程的版画

来源：Courtesy of Wellcome Library, London.

上方的球体，把一粒代表凝结作用的炼金药吐到全是水银的海（S）中。太阳（V）被遮住，落入海中，生出一道孔雀尾般的彩虹（X）。月亮被遮住，也形成了一道彩虹（Y），随后，它也没入海（Z）中，这代表炼金过程第二阶段的完成。

天鹅背上的球体代表着炼金过程的高峰，它始于“对立面的结合”（conjunctio oppositorum）：硫黄代表的国王（a）戴着金色的王冠，穿着紫色长袍，手持红色百合，站在起固定作用的金狮之旁；水银代表的王后（b）头戴银色王冠，手持白色百合，轻抚起固定作用的银鹰。凤凰（c）乃国王与王后结合所生，它四周都 244
是金色和银色的鸟，象征着繁殖，而这就是贤者之石的魔力。

《炼金术的成功》

17 世纪后期，亚历山大・图森・德・利莫让・德・圣－迪迪埃创作了《炼金术的成功》（Alexandre Toussaint de Limojon de Saint-Didier，*Le Triomphe Hermétique*，1689 年）一书。书中有一幅版画将凤凰图标与炼金术中使用的硫黄符号结合了起来。斯坦尼斯拉斯・德・罗拉（Stanislas de Rola ）把这幅版画称为“完美的凤凰”（the Perfection of the Phoenix，图 14.2）。[28] 这幅版画构图相对简单，但也对广义炼金术领域中的杰作进行了描绘。

这幅版画的解释性文字据说是赫耳墨斯所写，当中提到了版画中对称出现的小山：“在那些藏有金属的山洞里，也藏有那块珍贵的石头。”[29] 这位炼金术士（赫耳墨斯）指出，这一形象“就如镜像一般，概要地反映了炼金术的全部秘密”。[30] 他解释

图 14.2　亚历山大・图森・德・利莫让・德・圣－迪迪埃《炼金术的成功》（1689 年）中的“杰作”版画

来源：Courtesy of Les Sept Sceaux, https://lesseptsceaux.wordpress.com/.

道，总体而言，“天地之间通过日月实现了微观和宏观的连接，而日月又像是炼金过程中的神秘纽带”。具体而言，山洞中流出的金属熔液汇合起来，形成了“神秘的三角石”，而这块三角石正是炼金术的基础。火的热量把这块石头化为气态，随后又在容器中凝结，形成第一个水银“完美王冠”。赫耳墨斯手中持的双蛇（日蛇和月蛇）权杖就是炼金术中水银的象征。这根权杖能把各种元素转化成双层完美王冠，这就是炼金过程的第二阶段。此时，读者们就会看到，

> 正如浴火重生的凤凰一样，在点金石（Magistery）的作用下，水银被点化，进入最后的完美阶段，固化成为贤者手中硫黄色的东西。

十字架上的三角形中间有一只凤凰，代表着炼金过程中的硫黄。三角形之上则是代表自然的三层王冠，“而王冠之上则是一幅世界的象形画”。王冠之上的天空中，散布着双子座、金 246
牛座和白羊座的黄道图，它们代表着春季。从传统占星术上讲，炼金术士在春季开始炼金。

寻找凤凰

在其所著《关于炼金术奥秘的寓言》中，作为学徒的米夏埃尔·迈尔是在春季启程寻找凤凰的。[31] 他选择的出发季节恰好也是适合“朝圣”的时间。米夏埃尔·迈尔既是医生、炼金术士、玫瑰十字会支持者，又是一位多产作家。《关于炼金术

奥秘的寓言》中的寓言原本是其著作《圣坛符号》（*Symbola aureae mensae*，1617 年）的一部分，后来又在《赫耳默斯博物馆》（*Musaeum Hermeticum*，1625 年以后）中单独重印。这则故事忠实反映了著作标题的两个部分，在为期一年的努力过程中，包含大量的赫耳默斯典故，而其本身正是对杰作的再现。因此，这位学徒对凤凰即贤者之石的探寻过程可以被视为迈尔本人学习炼金过程的隐喻。总之，这则故事可以被视为“术士炼金之路”。

这位小学徒走遍了欧洲（土）、美洲（水）、亚洲（气），并且到了非洲（火），但从未见过凤凰，所以很难认识到凤凰与炼金术，特别是黄金有何关系。过了一年多，他也没能找到凤凰，于是就在红海附近向埃里色雷的西比拉（Erythraean Sybil）求教。西比拉向他透露说：“你在古书中读到的故事是要用心体会，而非用耳去听；它与埃及象形文字一样[32]，充满了神秘感，因此应该从神秘学的角度（而非历史学的角度）去理解。”[33] 她以寓言的形式向这位小学徒神秘地发出指示，让他在尼罗河的七个入海口处寻找墨丘利（即赫耳墨斯），因为墨丘利知道在哪儿可以找到凤凰。小学徒按照占星术中“行星宫”的方位走遍了尼
247 罗河的各个三角洲，终于找到了难觅踪影的墨丘利，从而知道了凤凰的位置。但是，当小学徒到了那个地方，

> 我发现凤凰已经离开，因为其他的鸟在追逐猫头鹰，双方发生了打斗，凤凰碰巧被选作裁判。关于这场鸟类的争斗，前面我们已经讲述过。[34] 据估计，凤凰过几个星期

> 就会返回；但我不能等那么久。我想，收集了这么多关于凤凰的信息，我也应该满足了；于是，我决定在将来的某时候再来完善我的探索。[35]

就这样，小学徒放弃了寻找凤凰的梦想——他连凤凰的一根羽毛都没找到，甚至都没看到凤凰一眼。卡尔·荣格断定，迈尔最终找到的羽毛就是他手中的羽毛笔。[36]尽管荣格这样认为，但小学徒回到家后才意识到，凤凰并非真实客观存在，它只存在于炼金术中，是一种虚构的形象。他用了一系列隽语赞扬西比拉、墨丘利、凤凰以及万能药。关于凤凰，他说：

> 你就藏在自己隐秘的巢中；如果普林尼声称自己曾在罗马看到过你，那么他就犯了大错。[37]除非有哪个笨男孩打扰你，你会一直安然待在巢中：如果你真要把羽毛赠给谁，我祈望让他成为一个圣人。

迈尔认为，“真实的”凤凰就是一种炼金药，并不是实际存在的动物。这一说法预告了17世纪学界关于神鸟是否存在的一场争论。同时，凤凰在17世纪的诗歌中以多种隐喻形式出现。

15

凤凰的隐喻变体

249 一方面，17 世纪早期，凤凰以图画的形式大量出现，比如作为英国国王的象征以及炼金术中的贤者之石；另一方面，在当时的诗歌之中，神鸟的形象也扩散开来，并且，一直到王政复辟（1660 年）之后的诗歌中，都有它的形象出现。王政复辟是英国历史上的一次重大事件，通常被认为标志着英国文艺复兴的结束。[1] 这一时期的凤凰既应用于世俗领域，也应用于宗教领域，并且延续着数千年来在文化上的广泛影响。与此同时，凤凰的许多文学形象也预示了它的逐渐式微，因为伴随这些形象的同时，暗中也兴起了一种理性的怀疑论，质疑神鸟是否真的存在。

这一时期，英语诗歌发展出了两个不同流派，分别是玄学派和新古典派。十四行诗几乎销声匿迹，从 17 世纪中叶起，英雄双韵体开始流行起来。凤凰仍然代表着完美、独一无二、复活和王权，有时甚至变得比以前更具色情意涵。同时，灵性诗
250 人（devotional poet）利用常常是不甚通顺的语法和隐喻，改

变了中世纪时凤凰与基督和复活之间的联系。约翰·弥尔顿（John Milton）的作品超越了诗歌流派，用无韵诗等形式改变了凤凰的传统意涵。

从多个方面对凤凰形象进行综合研究可以发现，就在17世纪寓意画册和炼金术兴盛一时之际，凤凰还有很多其他隐喻义，它可以与恋人、皇室新婚夫妇、诗人、圣婴耶稣、圣母玛利亚、灵与肉、返国的国王、海船、城市、天使长以及一位《旧约》中的英雄联系起来。

玄学派诗歌

伊丽莎白时代，所谓的“玄学派”[2]诗人为了突破常规，改变了当时流行的凤凰形象，以适应自己的需要。16世纪末典型的诗风是彼特拉克式的，辞藻华丽，音韵甜美。从表面上看，约翰·邓恩（John Donne）等人摒弃了这种诗风，他们经常会以令人惊讶的方式，把一些毫不相关的东西拿来比较，以探索新的思想和情感领域。塞缪尔·约翰逊（Samuel Johnson，1709—1784年）曾将这种方法描述为“全凭蛮力把杂七杂八的思想拉到一处”。[3]玄学派诗歌理念包括了使用口语词汇、语气突变、讽刺、悖论的应用等，从而增加了句法的张力，创作韵律粗糙的诗句，形成具有创新意义的韵律形式。所有这一切都使得玄学派诗歌与伊丽莎白时代的爱情诗相比，初读起来晦涩难懂，而这又使读者不得不更加努力地去深入了解诗歌的本质：也许这样，他们反而能获得新的认识。

约翰·邓恩

学界一般会把伊丽莎白时代的诗歌与玄学派诗歌区分开来，这使人们容易忘记一个事实：约翰·邓恩（1572—1631 年）虽然被认为是玄学派诗歌的开创者，但他首先是一位伊丽莎白时代的诗人，而且是本·琼森（Ben Jonson）的密友。大学时代，
251 约翰·邓恩就被认为既是一名浪子，又是一名才子；之后不久，他又成为一名颇有前途的外交官，还曾陪同埃塞克斯伯爵和沃尔特·雷利爵士参加了英国于 1596 年发起的对西班牙港口城市加的斯的进攻。在那次远征几年后，因与少女安·摩尔（Ann More）秘密结婚，邓恩的政治生涯受挫。邓恩与安共育有 12 个子女。后来，安去世了，再加上多年贫困，邓恩放弃了天主教改信英国国教，成为圣保罗大教堂的主任牧师，并因其宗教著作而备受尊敬。邓恩的宗教著作和其诗作一样，想象新奇，思想敏锐。

邓恩创新性地运用了凤凰形象。要理解这一点，我们不妨将它与加的斯的版画进行对比。在加的斯版画中，凤凰作为伊丽莎白女王的象征，代表了她的独一无二、卓尔不凡、贞洁如玉，并且暗示了她是都铎王朝最后一位女王。邓恩去世后出版的《歌与十四行诗》（*Songs and Sonets*，1633 年）中有一首著名的诗《追认圣徒》（*The Canonization*），[4] 在这首诗中出现了一只独特的凤凰。诗中有一位不知姓名的人，批评诗人大胆的爱情观，于是诗人在诗的开头就对他说：“看在上帝的分上，闭上你的嘴，让我爱……”

在诗的第三节，为了寻找一个合适的意象来描写恋人之间

的情欲，诗人从一系列意象中最后选定了凤凰：[5]

> 爱把我们造成这样，任你称我们什么都可以；
> 称她是一只飞蛾，我是另一只，
> 我们也是蜡烛，为自己的付出而死，
> 我们发现自己既是鹰隼也是鸽子。
> 凤凰之谜[6]因我们更加奇异；
> 我们合二为一，成为一只凤凰；
> 所以，对于一个中性之物没有性别。
> 我们死后能复活，我们的爱
> 证实了这种神秘。[7]

在肉体之爱中，恋人们不仅被比喻成飞蛾，而且被比作烛火；欲望之火会在一瞬间达到高潮又突然结束，所以“死亡”就成了性欲通用的隐喻。[8]恋人们也被比喻为鹰隼和鸽子，二者 252
分别象征着力量和纯洁，同时象征着炼金过程。[9]在炼金过程中，鹰和鸽子最终都嬗变成了凤凰，与此相同，在邓恩的诗中，它们最后也变成了凤凰，并且，诗人认为这一形象更为贴切。[10]在《爱的殉道者》中，罗伯特·切斯特从情欲的角度描述火巢，并用它来说明各种形象之间的前后演替。在这首诗中，凤凰和斑鸠能够“焚烧我们的肉体，以合为一体”。另外，看似矛盾的是，在邓恩的《追认圣徒》之中，两位恋人却成了一只“中性”的凤凰。尽管在文艺复兴时期的诗歌中，两位恋人合二为一的主题很常见，但是，“中性之物”这一说法却把性、情、灵这三位一体的主题与凤凰复活融合在了一起。[11] 这一变化不仅对被“追认为圣徒”的恋人来说很“神秘”，对于传说中的凤凰也是如此。在彼特拉克笔下，凤凰代表着完美典范劳拉，与之相比，邓恩的奇思妙想本身就是一个大的转变。

詹姆斯一世的女儿伊丽莎白公主于1613年结婚，为了纪念这一盛事，邓恩创作了诗歌《新婚喜歌，或伊丽莎白公主和普法尔茨伯爵于圣瓦伦廷节*当天婚礼上的歌曲》(*An Epithalamion, or Marriage Song on the Lady Elizabeth and Count Palatine Being Married on St. Valentine's Day*)。[12] 在这首诗歌中，邓恩又一次把凤凰作为情欲狂想的象征。举办这场婚礼的时间正是鸟类传统上择偶交配的日子。与《追认圣徒》相比，《新婚喜歌》第二节中的凤凰形象与象征伊丽莎白女王的凤凰以及她“始终如一”的箴言差别更大。在《追认圣徒》中，两位恋人合体，成为一只凤凰；而在《新婚喜歌》中，一开始，新郎是一只凤凰，而新娘是另一只。诗人对圣瓦伦廷（St. Valentine）说：

> 现在你们感受到了多重爱的温暖，
> 两只百灵鸟、两只麻雀，或者两只鸽子，
> 但是与此相比，他们的爱都不值一提。
> 为了你，两只凤凰今日结对；
> 因你之力，用蜡烛也能够看到
> 对着太阳无法看到的东西；

---

* 即我们通常所说的情人节。

因你之力，一张床就能装下
方舟也无法装下的鸟笼兽笼。 253
有两只凤凰身子探向对方的巢穴，
相拥在一起。
他们一动，就点燃了火苗，
火中生出新凤，但旧凤却不会死，
他们的爱和勇气也不会消减，
相反，你的这一天将成就一整年，啊，瓦伦廷。

在上述诗句中，邓恩否认存在活的凤凰，把它说成是“对着太阳无法看到，方舟也无法装下”的东西。而在他写出这令人惊奇的诗句之前，一些文艺复兴时期的作家已经开始质疑凤凰传说。[13] 有人甚至以《圣经》所述为基础，从挪亚方舟的角度提出论据，断言因为方舟上的其他动物都是成对的，所以上帝不可能把单独的一只凤凰安排在方舟上。

邓恩把年轻的伊丽莎白公主称为“美丽的凤凰新娘”，并且在最后一节中，让新婚夫妇合体成为一只凤凰：

就这样，两只凤凰
又回归本原；
因为二人已非两个独立个体，
所以，正如以前，世间唯有一只凤凰。

在后来的诗歌和散文中，邓恩又用其他不同寻常的方式对凤凰进行过描写。他所著的《世界的剖析：第一周年》（*An Anatomie of the World: The First Anniversary*，1611 年）是对旧世界充满感情的一首挽歌。在诗中，邓恩哀叹社会正在向个人主义倒退，每个人都想着一定要成为“凤凰，而且能够做到 / 但是他并不能成凤，只能做他自己”。[14]

在散文作品《紧急时刻的祷告和病中的几个步骤》（*Devotions upon Emergent Occasions, and severall steps in my Sickness*，1624 年）中的第五沉思录中，邓恩写道，孤独是与上帝、天性和理性相悖的；他进一步断言：“凤凰并不存在，也没有什么是独一无二或能够独处的。”[15] 这一信念预示了他在第十七沉思录中所说的名言——“没有人是一座孤岛”。然而，在他大病康复期间创作的第二十二沉思录中，邓恩又回归到传统
254 的凤凰复活形象：他把人虚弱的身体比成一座农场，有时要实施轮耕，比如：

> 一些地方烧掉表层草皮（类似烧灼疗法），能够使土壤有新的肥力；凤凰能从灰烬中重生，荒芜之地也可长出果实，而灰烬就恰似最荒芜的土地。[16]

邓恩的宗教著作虽然都是面向大众的，但其诗歌则仅以手稿形式流传；在他有生之年，只有少量诗歌，如《世界的剖析》，得以印刷发行。邓恩去世之后，他的诗集首版于 1633 年发行，亨利·瓦伦廷（Henry Valentine）写了一首挽歌编入了这一诗集，给予这位诗人和牧师以当时最高的赞誉，将他

比喻为人中凤凰，具有“一种活力 / 她的灰烬和她本身都能得永生”。[17]

邓恩在世时，其神学家的身份广为人知；直到 19 世纪末，他的世俗和宗教诗歌才得到评论界关注，对现代诗歌也产生了重要影响。

理查德·克拉肖

理查德·克拉肖（Richard Crashaw，1612—1649 年）现在也被归入玄学派诗人之列，他用诗歌宣扬自己的宗教信仰，作品中常常带有一种神秘的狂热色彩。英国内战爆发之时，他离开故国，在意大利改信了天主教。在去世前的第三年，克拉肖出版了诗集《通向圣殿的台阶》（*Steps to the Temple*），去世之后，这部诗集得到扩充，更名为《歌颂我主》（*Carmen Deo Nostro*，1652 年）。在这部诗集中，多次出现过凤凰形象。

在克拉肖的田园诗《我主诞生时牧羊人的赞美诗》（*In the Holy Nativity of Our Lord God a Hymn Sung as by the Shepheards*）[18] 第二版中，充满了悖论和令人称奇的隐喻，既有身体感官方面的，也有精神层面的。有一群牧羊人看到圣婴耶稣降生在马厩中，惊叹不已，于是就从他们中选出两人，把在太阳下未曾看到的那一幕告诉“他”。一位名叫提泰鲁斯（Tityrus）的牧羊人说，圣婴的面庞把阴郁的黑夜照得亮如白 255
昼。这位牧羊人还和提尔西斯（Thyrsis）一起在为凤凰现身做准备，期间，他们直接对圣婴说：

我们看见你在香巢之中，

我们得永生的日子就将到来。[19]

提泰鲁斯问世人，难道他们能够给圣婴提供的最好的环境就是这样一个又冷又脏的马槽？他说，这是“伟大的降生事件”，并乞求上苍给圣婴一个舒适的床。提尔西斯回答他说：

骄傲的世人哪，请停止争吵

不要打扰圣婴。

凤凰筑造凤巢。

那就是他的爱屋。

圣婴拥抱清晨而生，

出生之后就会为自己做床。[20]

从《生理论》开始，经典的基督教意象中，都认为凤凰代表着自我牺牲然后复活的基督；在科普特《玛利亚布道文》中也表明，耶稣降生时，曾有凤凰现身。尽管有这些说法，但是以凤凰隐喻圣婴很少见。不仅如此，理查德·克拉肖还走得更远，暗示凤凰既是自己父亲又是自己儿子的三位一体悖论以及圣婴自我牺牲而又复活的命运。提泰鲁斯哀求，不要让“一粒粒”或“一层层”的雪盖住圣婴的床；但是，提尔西斯回答说，撒拉弗（Seraphim）* 会在“香巢”之上罩一层“粉色的火幕”。

---

* 《旧约》中的六翼天使，又名炽天使，是神的使者中的最高位者，是天使之首。

于是，全体牧羊人开始合唱，欢迎圣婴降生。而看似矛盾的是，圣婴使时间变成永恒，使严冬之后又有盛夏，黑夜尽后迎来白昼，使人间可见天国，人类可见上帝；他从宗教意义上将宏观世界与微观世界合一，这就相当于炼金术中的精质。赞美诗以牧羊人向圣婴许诺赠送羊羔和银鸽而结束： 256

> 最后被你如炬的目光烧死，
> 我们就成为自己最好的祭品。[21]

克拉肖死后出版的圣歌集中有一首名为《晚祷》（*Compline*）的诗歌，其中的凤凰意象从马槽—凤巢转向复活的墓穴。救世主的母亲（指圣母）促成了凤凰的再生，也进而促成了信众的复活。在这里，诗人为了自己的宗教目的，利用了我们已经很熟悉的凤凰—王室这一对应关系：

> 跑啊，圣母玛利亚，跑啊！
> 把阿拉伯的所有福祉都带到这里，带到皇家的凤巢；
> 把它们撒在尊贵的香草之上，
> 香草遇到凤凰散发着香气的尸身，一定能带来祝福。
> 但是，主啊，你的床也是一座坟墓，
> 它将给万物带来生命。[22]

在天主教仪轨中，晚祷是一日中最后一小时的宗教仪式。克拉肖说："晚祷是在参加我们自己活着时候的葬礼。"

此外，在世俗挽歌、个人抒情诗、加冕颂歌以及一首婚礼喜歌之中，克拉肖也使用过凤凰形象。[23]

亨利·沃恩

还有一位宗教诗人如今被归入了玄学派，他就是威尔士医生亨利·沃恩（Henry Vaughan，1622—1695 年）。他因翻译克劳迪安的《凤凰》，以及充满宗教异象的诗作，而在当时备受赞誉。

沃恩的诗《复活与永恒》（*Resurrection and Immortality*）[24] 以诗歌的形式表达了灵与肉间的对话，可以使人联想到中世纪基督教中的凤凰形象。上帝能够改变其他生物的肉体，例如能把“昏睡的蚕”变成蝴蝶。肉体对这一点有怀疑，因此，灵魂
257 就把肉体斥责为“牢骚满腹的可怜虫”。毕竟，大自然展示的万物在其生命之中经历的“服装变化”（指外形变化）已经证明，我们对死亡的理解是错误的，

因为，万物都不会化于无形，
相反，它们巧妙地融合于他物，
然后再返回，并且从“万物之源”带来珍宝
就像凤凰复活
又得新生和青春……[25]

这里的凤凰既可能是复活之鸟，也可能是一种媒质，促成“万物之源”的第一元素演变成为充满生机的贤者之石。[26] 灵魂让

肉体放心，他说，肉体就像一座“被动式节能小屋”，

> 会在某一天建成，在闪闪的光线照耀之下，
> 如此纯洁，闪亮，
> 与灵魂合一……[27]

沃恩的作品使用凤凰意象时风格活泼，但诗的形式又中规中矩。在爱情诗《致艾特西亚》(*The Character, to Etesia*)中，他运用凤凰的神力赋予诗以灵感：

> 去抓住那只凤凰吧，
> 从他的翅膀上拔一根羽毛给我。
> 给我一张少女的笑脸吧，
> 纯洁，红润，没有污渍：
> 她双颊绯红，笑容甜美，
> 能激发出枯燥的诗句永不会有的灵感。[28]

类似的诗还有几首，都是写给一位没有指明，也许就是虚构的女子“艾特西亚”的。

沃恩的作品跨度较大，颇得同侪好评和赞誉。其中一个名 258
叫 I. W. 的人，他在诗作《致我尊敬的朋友，西留尔人亨利·沃恩先生》(*To my worthy Friend, Mr. Henry Vaughan the Silurist*)中指出，沃恩翻译克劳迪安的《凤凰》[29] 即使他本人获得声望，也使凤凰获得了永恒的荣誉：

亚述人的凤凰正愉快地重新
拿回最后一缕被掠走的羽毛；
他似乎是另一种更雄奇的物种
他的冠羽更亮丽，翅膀更强壮；
他抵挡住了命运给他安排的香草瓮，
战胜了殉道的风险，实现了永生。[30]

新古典主义浪潮

部分英国诗人坚持古典原则，创作了一批非常精美的诗作，其特点一是平衡，二是遣词和诗歌形式都很清晰。这些诗人因为受到本·琼森的影响，被称为“本的儿子们”（Sons of Ben）。他们还经常被与骑士派诗人（Cavalier poets）相提并论，而后者在查理一世统治时期风头正劲。这一运动的诗歌规则同英雄双韵体一起在王政复辟之后继续发展，并且在18世纪大部分时间里都保持着强劲的势头。

罗伯特·赫里克

在新古典主义传统中，罗伯特·赫里克（Robert Herrick，1591—1674年）的诗集《西方乐土》（*Hesperides*）占有重要位置。《西方乐土》是赫里克唯一的一部诗集，出版于1648年。当时，赫里克经查理一世任命，在西郡（West Country）担任主任牧师。他虽然创作了大量宗教诗歌，但其世俗诗作更加广为人知，例如他《给少女的忠告》（*To the Virgins, to Make Much of Time*）一诗中就有阐述“活在当下”（carpe diem）理念的名句：“含苞的玫瑰，采摘要趁年少。”赫里克后来的作品中，有两篇关于凤凰的情欲诗，语气天真无邪，但又充满感官之乐。这位诗人一生没有结婚，但有许多名字充满古典气息的情人，《爱的芬芳无处不在》（*Love perfumes all parts*）中的“安西娅”就 259
是其中一位。虽然一些学者曾试图确认赫里克诗中众多女子在现实生活中的真实身份，但另一些学者则认定，这些女子都是虚构人物。

> 如果亲吻安西娅的酥胸，
> 我就能嗅到凤巢的味道：
> 如果亲吻她的红唇，
> 我就能嗅到香炉最真实的味道。
> 她的双手、两股，
> 还有双腿，
> 都是如此芳香。[31]

在《克里斯比·克鲁爵士和夫人婚礼上的喜歌》（*A Nuptiall Song, or Epithalamie, on Sir Cliseby Crew and his Lady*）一诗中，赫里克也运用并拓展了带有香味的凤巢这一意象，用它指代情欲之火。而诗中的恋人就如凤凰一般，被火吞噬：

> 看她从何而来；再闻整条街道

都散发着葡萄和石榴的香气：啊！如此香甜！
每块石头都是着火的祭坛，
生出肉桂的粉末。
用香草筑成的凤巢
在她的胸部燃起激情之火。
面对此情此景，哪位男士
不会在这浓浓的香气之中销魂？
他一边向命运挑战
一边走上柴堆，化身成灰。[32]

赫里克的诗作《邀请》（*The Invitation*）是一首风格朴实的讽刺诗，具有罗马时期诗人的特点。诗人在这首诗中提到凤凰的方式又有所不同。诗中讲到有一位绅士邀请赫里克到他家
260 里赴宴，并许诺说，宴会将比罗马皇帝埃拉加巴卢斯办的宴会还要气派。据说，这位皇帝为了长生不老，曾想要吃一只凤凰：

我来了；（我真的）来寻找一只珍禽，
那只杂交而生的凤凰；那只天堂之鸟；[33]
我愿付出比美酒佳酿还高的代价。[34]

在寒冷沉寂的冬日，大家坐在壁炉旁，主人端上一道腌制的牛脚和一小杯啤酒。这时，诗人心中暗暗发誓，下次来赴宴时，一定要穿戴暖和一些。

在另一首诗作《另一件新年礼物，或割礼之歌》（*Another New-yeeres Gift, or Song for the Circumcision*）中，赫里克将凤凰与王室联系了起来。在诗的结尾，大家一起合唱，祝福圣婴耶稣，并向国王查理一世送上新年祝福：

祝他长寿，一直活到他说
他活的时间已经达到过去的三倍：
到了那个时候，他还会再次渴望
他的圣火之中能够生出一只新凤凰。[35]

《西方乐土》出版后的第二年，查理一世即被处死。因此，诗人关于“生出一只新凤凰”的祝愿就显得既颇具讽刺，又冷酷残忍，从隐喻的角度来讲，还有预见性。[36]

约翰·德莱顿

几十年后，约翰·德莱顿（John Dryden，1631—1700 年）在诗作《八月悼词：一首献给查理二世的有韵哀悼诗》（*Threnodia Augustalis: A Funeral-Pindaric Poem Sacred to the Happy Memory of Charles II*，1685 年）中，把已故国王的儿子查理二世描写成为“一只新生的凤凰。”作为英国久负盛名的桂冠诗人，德莱顿是在斯图亚特王朝继任者詹姆斯二世统治之初写下这首诗的。他用凤凰意象赞扬查理二世的 1649 年复辟，这一意象的源头可以追溯至塔西佗笔下陪伴凤凰飞翔的群鸟：

261 当新生凤凰启程，
去巡查他父亲富饶的领地时，
群鸟列成一队在空中飞翔、歌唱
陪伴凤凰在原野上空开启一次奇妙旅程；
从他父亲的骨灰盒中，
我们的查理国王载誉而归；
缪斯女神也一起来了，
现场欢快和谐，如同许多年轻天使聚在一起。[37]

王政复辟之后，德莱顿创作了大量诗歌，其中许多与这首诗类似，是为某一特定场合而作。在40年的时间里，他作为一名公共诗人*、戏剧家和文学批评家，主宰着英国文坛。德莱顿最初受到玄学派的影响，发展和完善了英雄双韵体，同时也创作其他韵律诗歌。

德莱顿上面这首诗中关于“新生”凤凰的说法，在他早期发表的一首诗《黑斯廷斯勋爵之死》（*Upon the death of the Lord Hastings*，1649年）中就出现过。该诗在查理一世被杀当年收录入赫里克等人的一部诗集当中。该诗中的凤凰形象以其通常作为完美典范的隐喻为基础，具体而言指的是德莱顿的学友黑斯廷斯即将结婚，却死于天花：“凤凰尚未有子嗣就先死去，而他也获得了新生。”[38]

---

* public poet，历史上一般指诗人写的诗的体裁主要是关于重大政治和社会问题的，与公共知识分子的角色类似。

实际上，查理二世悼词中的“新生凤凰”片段是德莱顿对其诗作《致公爵夫人的诗》(*Verses to her Highness the Duchess*, 1665 年）中诗句的改写。[39] 德莱顿创作过一首长篇“历史诗”《奇迹之年》(*Annus Mirabilis*，1667 年)，这首诗预示了英国经历多重灾难之后在政治和文化上的复兴，奠定了德莱顿作为一名公共诗人的权威地位。而这首历史诗的前言部分，也是引自《致公爵夫人的诗》。《奇迹之年》创作于伦敦大瘟疫期间，诗人怀着爱国主义精神，采用英雄四行诗的形式，以严肃的语言风格叙述了英国在经历与荷兰的海战以及伦敦大火之后的复苏过程。

诗中提到，英国有一艘名叫“凤凰”的战舰在此前一年被荷军击沉，于是英国就用另一艘战舰来替换。这是诗中唯一一次直接提到凤凰的地方。[40]

> “伦敦”优美华丽 262
> (她是消失的旧“凤凰”的女儿：)
> 就像一位在大洋中遨游的丰满新娘，
> 一抹金色在她的身影之下漂浮。[41]

在伦敦大火中，三分之一的城市被烧毁。诗人继上面诗节之后，在描写伦敦重建时，也用凤凰作为暗示。伦敦人希望，查理二世不会因一片残垣断壁的景象而离开，相反，他“要留下来，从灰烬中孵化出一座新城”。诗人以炼金术的暗示和凤凰作为贤者之石的“繁殖和增加”预言，从“这炼金术的火苗”之中，将生出“一座更加高雅的城市”：

与其说她人性化，不如说她更加宏伟和威严，

现在，她又如神一般，从烈火中复活：

在新的地基之上，拓宽街道，

全城都在扩建，她开始腾飞。[42]

这座中世纪城市的烧毁，确实导致一座由克里斯多弗·雷恩（Christopher Wren）等人设计的新伦敦的建造。回望历史，凤凰作为一座被大火烧毁的城市的复兴的象征，可以追溯到马提亚尔，他把凤凰比作新的罗马城；[43] 它也能使人想起德鲁里巷的凤凰剧院，同时也预示着，未来它会成为伦敦凤凰保险公司的徽标，也会成为世界各地重建的机构与地方的名称和标识。《奇迹之年》的创作，使得德莱顿于 1668 年被封为桂冠诗人和宫廷史官。

德莱顿晚年的绝大部分时间都用于翻译古典作家的作品。在《古今寓言集》（*Fables Ancient and Modern*，1700 年）中，他写道，读奥维德的著作时，他是如此喜欢第 15 卷，“（它是《变形记》中的杰作）以至于翻译任务对我来说成了一种愉悦的享受”。[44] 于是，在他的新古典英雄双韵体诗中，也就有了奥维德笔下的神鸟：

263 自然降生，从父辈的火焰中

成为又一个，一模一样的鸟儿。[45]

《古今寓言集》在德莱顿死前不久出版，据说是这位诗人在18世纪最受喜爱的作品。

弥尔顿的凤凰

尽管弥尔顿（1608—1674年）的晚期作品创作于王政复辟之后，但他还是被称为伊丽莎白时代的最后一位诗人。他的作品既超越了玄学派，也超越了新古典诗派。此外，弥尔顿也代表了英国文艺复兴文学的终结。他在作品中只有两次明确提到了凤凰，其他地方都是隐喻。但是，鉴于他在英国文学史中的崇高地位，作品中的凤凰形象还是引起了诸多关注。

弥尔顿最早是在《哀达蒙》（*Epitaphium Damonis*，1639—1640年）中提到凤凰的。这是一首田园挽歌，为了纪念自校园时期就与他结为密友的查尔斯·迪奥达蒂（Charles Diodati）。诗中描述，为了纪念去世的达蒙，牧羊人在杯子上面刻了两幅画，其中一幅就结合了传统意义上的凤凰形象，特别是拉克坦提乌斯和克劳迪安笔下的形象：

> 中间是红海的波浪、芬芳的泉水、阿拉伯长长的海岸，还有向外渗出香脂的树木。林间有一只凤凰，它是世间独一无二的神鸟，它注视着极光升起于波光粼粼的水面，多彩的双翼上闪着蓝光。[46]

作为共和政体的狂热支持者和克伦威尔执政时期的拉丁语秘书，清教徒弥尔顿在王政复辟后，曾被短暂囚禁。而就在此时，这位失明的诗人开始创作《失乐园》（*Paradise Lost*），这部作品首次出版于1667年，与德莱顿的《奇迹之年》同年。《失乐园》是一部基督教史诗，描述了“人类初违上帝之命”。在第五卷中，弥尔顿运用了人们所熟悉的凤凰主题。在一段庄严而又不失明快的诗节中，诗人描写了百鸟朝凤这一令人惊讶的画
264 面。上帝派遣天堂里的天使长拉斐尔（Raphael）警告亚当和夏娃说，撒旦正在飞向他们的伊甸园：

> 他向前飞去，穿过广阔
> 无边的缥缈太空，飞翔于大千世界之间
> 时而挥动强健的翅膀，以乘极风，
> 时而用急速的风翼鼓扇柔和的空气；
> 不久就飞进了雄鹰高翔的区域，
> 对百鸟而言，他看起来就像一只凤凰，
> 众鸟都凝视着这只独一无二的鸟。
> 他带着自己的遗骨飞往埃及的
> 底比斯[47]，敬献在灿烂的太阳神庙里。
> 他直接在乐园东头的悬崖之上降落，
> 他周身发光，恢复原形，
> 带翼的撒拉弗天使。[48*]

拉斐尔是真的化身为凤凰，或只是看起来像凤凰？尽管弥

---

* 本书中弥尔顿《失乐园》译文参考自朱维之译本，上海译文出版社，1984 年。

尔顿描写拉斐尔恢复“原形”[49]的意图很明显，但几个世纪以来，人们对这些诗句还是多有商榷，特别是在18世纪弥尔顿诗作的不同版本之间，还存在互相冲突之处。[50]拉斐尔恢复了真实的模样，他的双翼五彩缤纷，“这些颜色浸在天光之中”，令人想起经典传说中凤凰那华丽的羽毛，而其“天堂的香气”又能使人联想到《生理论》和安布罗斯的凤凰意象。

尽管理性主义者对于凤凰的存在越来越怀疑，但是，弥尔顿在作品中选择使用凤凰形象却不怎么令人奇怪，这是因为，他很可能是所有用英语写作的诗人中最富学养、最具古典风格的一位。距上面引用的诗句仅数行，诗中就又出现了更为传统的凤凰意象。在伊甸园这座人间天堂里，拉斐尔从一群天使之间穿行而过：

> 现在走进那
> 幸福的田野，走过没药树丛，
> 走过肉桂、甘松、白壳杨的花香； 265
> 到了一片芬芳、甘美的原野。[51]

德莱顿非常喜欢《失乐园》，于是他就请求弥尔顿同意他将这部史诗改编成歌剧并搬上舞台。剧本创作完成于1677年，形式采用了英雄双韵体，并改名为《纯真状态》(*The State of Innocence*)，但是这部歌剧却从未上演。

在《斗士参孙》(*Samson Agonistes*)结尾的数页，弥尔顿又一次没有理会凤凰只是一种“传说中的”鸟，相反却对它进行了更加形象的描写。[52] 作为一部“戏剧诗”，《斗士参孙》被认为是英语文学中最能体现希腊悲剧形式的作品。它写于《复乐园》（*Paradise Regained*，1671 年）之后，被收入弥尔顿最后一部书中，但弥尔顿并没有想着把它搬上舞台。

剧情以瞎子参孙为开场，他被其死敌非利士人用锁链捆住并囚禁。在朋友和大利拉等人去探访他之后，一位非利士官员把他带到达贡神庙（the temple of Dagon），非利士人在那里庆祝抓获了参孙，并让参孙表演其神力以羞辱他。而他的朋友们和父亲玛挪亚在城墙之外等待。不久，他们听到庙内传出一声狂暴的声音，就像是“天怒之声”。诗中按照希腊悲剧的方式描述到，有一位信使给他们讲述了自己刚刚见证的“可怕一幕”。然后，他的朋友们演绎了参孙英勇就义的场景。这段演绎的高潮就在暗示凤凰的复活，这也是这幕悲剧中最为精彩的时刻——因为自己的勇气和上帝的恩典，参孙得到拯救并恢复了神力，他推倒了柱子，摧毁了神庙，与非利士人同归于尽：

他的肉眼虽然失明，
受人鄙视，认为他已灰飞烟灭，
但他内心的眼睛明亮，
照耀他那火样猛烈的德性，
使他突然死灰复燃；
犹如那条夜间的恶龙
袭击村舍高棚上的鸡窝，
266 捕捉窝内并头齐伏着的

驯顺的家禽；又如那只神鹰
把雷神的晴天霹雳劈在他们的头上，
他曾失去原有的力量，
好像是从此颓丧，萎靡不振，
但不久又恢复、苏醒，像那
隐藏在阿拉伯森林中的
能自我生长的仙鸟——凤凰，
除了她自己，谁也不知其秘密，
她先自焚，作为牺牲，
后又在自己灰烬的母腹中
孕育成长，形似沉寂，而实际
富有生气，正在复苏重荣，
她的身体虽死，她的声名长存，
一只尘世的鸟儿，也能跨越世代。[53] *

有学者指出，弥尔顿运用了一系列动物形象对参孙恢复神力进行了戏剧化描写，如“夜间的恶龙”、神鹰以及那只“自我生长的仙鸟”。参孙因为头发被剪，丧失了神力。但是，诗中用比喻的手法给他添上了一对鹰的翅膀，于是，他又恢复了神力；另外，“晴天霹雳”，一阵阵的闪电消灭了他的敌人。从参孙完成重生的过程上讲，他本人就与那只在阿拉伯森林中筑巢、衰老并葬身火海的奇鸟一样，名誉得到恢复，并世代流传。[54]

---

*　译文参考自《复乐园·斗士参孙》，朱维之译，上海译文出版社，1981 年。

在《斗士参孙》中，诗人安排了从恶龙到神鹰再到凤凰的形象递进，这与约翰·邓恩在《追认圣徒》中综合运用苍蝇/鹰隼/鸽子/凤凰的手法相似。尽管没有直接证据表明邓恩的诗对《斗士参孙》的高潮部分产生了影响，但是这两首诗都用隐喻的手法揭示了一场行动的具体演变过程。此外，邓恩诗中炼金过程的形象也可与弥尔顿作品中的形象相比。不管弥尔顿是不是有意识地暗示炼金术中发生的形象嬗变，但可以确定的是，他了解当时的炼金术；而且，参孙的转变过程与炼金过程相似，
267 后者以第一元素——恶龙——开始，以凤凰重生——贤者之石炼成——结束。

正如在《新婚喜歌》中所表达的那样，约翰·邓恩并不相信世界上真有凤凰存在，因此，他属于领先自己所处时代的少数几位诗人之一。然而，一场知识革命已经开始，它将把人类引入现代社会，并且严肃挑战人们对神鸟真实存在的信念。

第四部分
挑战与质疑

我们既不能假定凤凰存在，也不敢断言自然界中就有凤凰。

——托马斯 · 布朗爵士《世俗谬论》

扬 · 琼斯顿《鸟类博物志》（1650 年）中的神鸟凤凰

来源：From Matthäus Merian, *1300 Real and Fanciful Animals: From Seventeenth - Century Engravings*, ed. Carol Belanger Grafton (New York: Dover, 1998), 110. Courtesy of Dover Publications.

16

越来越多的质疑

将凤凰传说引入西方的最受赞誉的作者却并不相信神鸟的存在。对于凤凰的文化生命而言，这可以说是最令人惊讶的讽刺了。希罗多德曾经直言，赫里奥波利斯“人”所述的，“对我而言似乎并不可信”。在第二部关于凤凰最具影响的散文研讨作品中，老普林尼同样表达了他的质疑，塔西佗和艾尔伯图斯·麦格努斯等人在其作品中也加了免责声明。所有这些都使得希罗多德的怀疑论调更为复杂。关于凤凰存在与否，虽然有以上这些孤立的保留意见，但凤凰形象在中世纪和文艺复兴时期的经典传说中仍然广为流传。16 世纪新生的动物学也深受凤凰传说的影响。当时的人文主义作品对神鸟的关注聚焦于确认其是什么动物，既包括真实存在的，也包括传说中的。与此同时，“动物学之父”康拉德·格斯纳编纂了开拓性的百科全书作品。与稍晚之后乌利塞·阿尔德罗万迪的作品相似，这部百科全书试图汇编从古典时代和中世纪传说中的生物一直到新世界的所有已知生物。所有这些都有助于革命性的新哲学（或新科

272 学）的开创，而新哲学 / 科学的重点在于自然和理性。文艺复兴时期，凤凰的表现形式多样，流行甚广；而同一时期，理性主义运动对传统知识的挑战，催生了许多关于神鸟真实性的疑问。如前所述，神鸟据传在巢中死后又从灰烬中复活、升华。

鸟类学

文艺复兴时期对鸟类的研究[1]经常会引用一些权威或传统的说法，相信凤凰存在的人对这些说法都非常熟悉。威廉・特纳（William Turner）[2]的研究自然而然也符合这种情况。作为格斯纳的朋友，他的著作《普林尼和亚里士多德所记主要鸟类简史》（*A Short and Succinct History of the Principal Birds Noticed by Pliny and Aristotle*，1544 年）一直被视为第一部现代鸟类学专著。除古典作品中对每种鸟的描述，特纳通常还会添加自己的观察结果。然而，他的凤凰条目仅仅是对普林尼相关条目的扼要释义，当然也包含他写的免责声明。在这一声明中，特纳写道:“虽然普林尼所写的可能只是传说”，但关于它的释义“我并不确定是否有误”。因此，特纳对凤凰的处理与《纽伦堡编年史》中相应的普林尼节选相似。

关于鸟类的争议

特纳之后，在不同作品所总结的动物学研究中，收录了三种被认为是凤凰的异域鸟类。[3]在传统作品基础上增加这三种鸟类，再次增加了凤凰研究的复杂性，同时也说明，学界有兴趣探索神鸟在博物学中的位置。尽管如此，对凤凰形象的不同认定却成了托马斯·布朗《伪多希亚流行病学》(*Pseudodoxica Epidemica*,《世俗谬论》的别名）中驳斥凤凰存在的最主要论据之一。

其中第一种就是自然界中真实存在的天堂鸟。为了协助西班牙抢占香料群岛，斐迪南·麦哲伦率领船队于 1519—1522 年进行了环球航行。这次航海活动厄运连连，最后只有“维多利亚”号得以返航，正是这艘船把天堂鸟引入了欧洲。这艘船上有一位名叫安东尼奥·皮卡菲塔（Antonio Pigafetta）的船员， 273
他的日记中对首次环球航行的描述是迄今为止最为详尽的。他记载道，摩鹿加群岛的一位国王给西班牙国王的赠礼中有丁香和“两只美丽异常的鸟类标本”。这两只鸟与画眉大小相似，

> 小脑袋，长嘴巴，双腿如笔般纤细，身体很长；它们没有翅膀，但在本该长翅膀的地方长有长长的彩色羽毛；它们的尾巴与画眉相似。除了翅膀处的羽毛，周身的羽毛都是深色；除了有风吹动的时候，它们从不在空中飞翔。他们告诉我们，这些鸟来自人间天堂，他们把这些鸟称为“博隆迪纳塔”(bolon dinata)，也就是神鸟。[4]

不同地方的人，对天堂鸟的称呼也各不相同。东印度群岛的土著人称之为“神之鸟”(*manucodiata*)，葡萄牙人称之为太阳鸟(*passares de sol*)，而荷兰人把它称为天堂鸟（*avis paradeus*）。[5] 所以，皮卡菲塔笔下生活在人间天堂、长着华美羽毛的太阳神鸟被当作凤凰，一点都不令人惊奇。

在百科全书式作品《论精妙》(*De subtilitate*，1553 年）中，

意大利医师、数学家杰罗姆·卡当（Jerome Cardan）详细记录了皮卡菲塔的记述，这将成为后来广为流传的神鸟传说（legend of the Manucodiata）。在引用卡当作品内容时，法国著名外科医生安布鲁瓦兹·帕雷（Ambroise Paré）用法语拼写了他的名字，并且在所著《怪物惊奇》（*Des Monstres et Prodigies*，1575 年）中对卡当的描写进行了解释。[6]但他把神鸟的土著名误认为是另一种语言。帕雷作品中配有一幅木刻版画，上面就画有无脚的天堂鸟。这幅图复制于康拉德·格斯纳所著的《自然界的鸟类》（*De avium natura*）一书，但未经授权。

> 杰罗姆·卡当在所著《论精妙》中写道，在摩鹿加群岛，你有时可能会发现一种名为“天堂鸟”（Manucodiata）的死鸟躺在地上或漂在水中；而在希伯来语中，这种鸟被称为“神之鸟”，人们从未见过它活着时的样子。它生活在空中，身形和嘴巴与燕子相似，不同之处是它有着与潜鸟
> 274 一样的彩色羽毛：头顶为金色，颈部羽色与野鸭相似，而尾部和双翼则与孔雀相像；它没有双腿，因此，当它飞得疲倦或者想要睡觉的时候，就会用羽毛缠住一根大树枝，把身体吊在上面休息。只要它活着，就必须在空中疾驰，而它赖以维生的只有空气和露水。雄鸟背部有一凹陷之处，雌鸟就在那里产卵并孵化幼鸟。

帕雷又补充说：“我曾在巴黎见过一只，它被献给了国王查理九世。”天堂鸟的羽毛很早就已经成为欧洲时尚界的珍

品，过了很长一段时间以后，人们才知道，来自东印度群岛的无腿无翼的天堂鸟标本，实际是当地土著人用鸟皮制作的。虽然亚里士多德曾声称，世间没有无腿鸟，但卡尔·冯·林奈（Carolus Linnaeus）在18世纪创立的生物分类体系中，还是把这些鸟归入了无腿天堂鸟（*Paradisea apoda*）的类别。

卡当并没有把这种华丽的鸟视为凤凰；相反，他指出，凤凰死而复生的故事有可能源于一种被他称为 *semenda* 的鸟。这也是一种来自东印度群岛的鸟，据说它嘴巴上有三个洞，在死前会唱天鹅挽歌；而且在着火的巢中死后，又化为蠕虫而复活。[7] 1557年，朱利叶斯·恺撒·斯卡利格（Julius Caesar Scaliger）在其著作《杰罗姆·卡当〈论精妙〉一书粗解》（*Exotericarum exercitationum lib. XV. de subtilitate, ad Hieronymum Cardanum*）中，对卡当进行了反驳，他修改了卡当关于 *semenda*/ 凤凰的论点，但似乎又是在接受了卡当叙述的故事之后，再对其进行的反驳：

> 在我们读的航海家所写的评述中，凤凰根本就不是神话传说中的鸟。他们写道，这种鸟见于印度内陆地区，被当地居民称为 *Semenda*。而且，他们还增加了一则谎言，使其所讲故事的可信度又打了折扣。因为他们声称，这种鸟的嘴巴上有三根管子，从中可以发出乐声。牧羊人模仿这一点，创造出了一种非常好听的乐器。[8]

就在卡当《论精妙》一书出版的同一年，鸟类学家皮埃 275

尔·贝龙（Pierre Belon）又将凤凰与另一种鸟联系了起来。他在黎凡特地区旅行时，看到土耳其士兵头饰上插着美丽的羽毛，于是就认为其似乎是一种天堂鸟的羽毛。皮埃尔·贝龙在所著《对数种奇异事物的观察》（*Les observations de plusieurs singularitez*）一书中，把这种鸟称为极乐鸟（*rhyntaces*），并且描写道，这种鸟“体型不大，（人们弄到这种鸟时一般）只剩下鸟皮，因为售卖这些鸟（标本）的阿拉伯人会把鸟肉剔掉”。尽管有些作家把这种鸟命名为雨燕（*Apus*，无腿鸟），但贝龙仍然表示，“我相信它可能就是凤凰”。[9]

尼多斯的克特西亚斯（Ctesias the Cynidian，公元前 15 世纪晚期）的《波斯史》（*Persica*）中的一个片段，曾出现过雨燕。在《阿尔塔薛西斯》（*Artaxerxes*，75 年）中，普鲁塔克认为，有一个关于雨燕的故事，就是克特西亚斯所写。帕瑞萨娣斯是阿尔塔薛西斯的母亲，因为嫉妒儿媳斯妲特拉，就给自己与儿媳一起吃的一只鸟的一半涂抹了毒药。这只波斯小鸟就是雨燕，它体内“没有粪便，只有一块肥脂，因此，人们猜测，这只小鸟以空气和露水为生”[10]，而这一点与天堂鸟和凤凰相似。

就在卡当的书和《对数种奇异事物的观察》出版两年之后，贝龙又写了一部鸟类学著作《鸟的种类发展史》（*L'Histoire de la nature des oyseaux*）。在该书中，他用了整整一章的篇幅对凤凰进行了详细讨论，并解释了他为何将其与雨燕联系在一起。[11] 在这一章的开始部分，他又提及了前面一个章节中的相关内容，在那一章中，除了半狮半鹫兽、斯廷法利斯湖怪鸟以及其他神话中的鸟，贝龙还提到了卡当笔下的“神之鸟”和雨燕。[12] 接着，他引用了克特西亚斯关于雨燕的描写，并罗列了曾经写过凤凰的一些古典权威人士：希罗多德、拉克坦提乌斯、克劳迪安、奥维德和索利努斯。随后，在综合各种传说的基础上，贝龙对卡当笔下的天堂鸟传说进行了改编。他写道，雌鸟并非在雄鸟背上孵卵；相反，一些人认为这种鸟会“把小树枝收集成堆，这些树枝又会被太阳点燃；从灰烬中生出一只蠕虫，而这只蠕虫随后又会变成凤凰”。[13] 因此，他声称，古人相信世间只有一只凤凰，有可能是弄错了。接下来，贝龙对普林尼所写的凤凰相关内容进行了诠释，并引用了《博物志》中提到这种鸟的相关部分，还对曼尼里乌斯关于大年的说 276
法进行了讨论。特纳对普林尼的作品只是进行了简短的诠释，相比之下，贝龙写的这一章中则包含了大量的经典凤凰传说。

康拉德·格斯纳的鸟类学著作

就在贝龙鸟类学著作出版的同年，又有一部鸟类学著作问世，它就是瑞士医生和学者康拉德·格斯纳（1516—1565年）所著的《动物史》（*Historiae Animalium*）。文艺复兴时期有五部最为著名、影响巨大的博物学著作，该书位列第三。一方面，格斯纳提到了贝龙把天堂鸟认定为凤凰的说法；另一方面，在其鸟类学著作《自然界的鸟类》[14] 中，他又把这两种鸟分别列出，并且在一幅木刻版画中描绘了一种无腿鸟。在此后的博物学书中，这幅版画被多次复制或修改（图 16.1）。在描写天堂鸟的结尾部分，格斯纳写道，他有一位名叫威兰迪努斯（Guilandinus）* 的朋友曾驳斥过皮卡菲塔认为天堂鸟有腿的说法，因为他声称自己至少两次亲眼见过并摸过无腿的天堂鸟。至于天堂鸟传说是否站得住脚，格斯纳本人并未讨论。[15]

与贝龙一样，格斯纳也用了一个章节来描写凤凰，题目就叫“凤凰”（“De Phoenice”）。[16] 作为一名文学博物学家，格斯纳对各种权威著述进行了汇编，在章节一开始就引用了普林尼笔下的凤凰：“据说，在埃塞俄比亚和印度，有一种鸟羽毛色彩斑驳，难以描述。”[17] 他先讲了一下凤凰现身的各种记录，然后对希罗多德、奥维德、斐洛斯特拉图斯和拉克坦提乌斯等人所写的凤凰文章进行了汇总。在这一过程中，他提到了伊西多尔和艾尔伯图斯，甚至还有《祭司王信札》。在这一章的末尾，是一个简短小结，内容包括：凤凰的各种修饰词［“高贵”（*Nobilis*）、“独一无二”（*Unicus*）、“孤独的鸟”（*Avis Solis*）、“稀有”（*Rarus*）和“亚述”（*Assyrius*）等］；凤凰形象的各种指代用法［棕榈树、阿喀琉斯的导师、一种乐器、伊奥利亚
277 （Aelian）的一种鱼、帕萨尼阿斯（Pausanias）的一条河等］；肉桂和桂皮等香料的权威使用方法；凤凰形象在表达稀有之意的谚语中的运用。

乌利塞·阿尔德罗万迪的鸟类学著作

16 世纪后半叶，出现了第二部伟大的博物学作品，其作者

---

* 即梅尔希奥·威兰（Melchior Wieland，1519—1589 年），一位意大利医生。

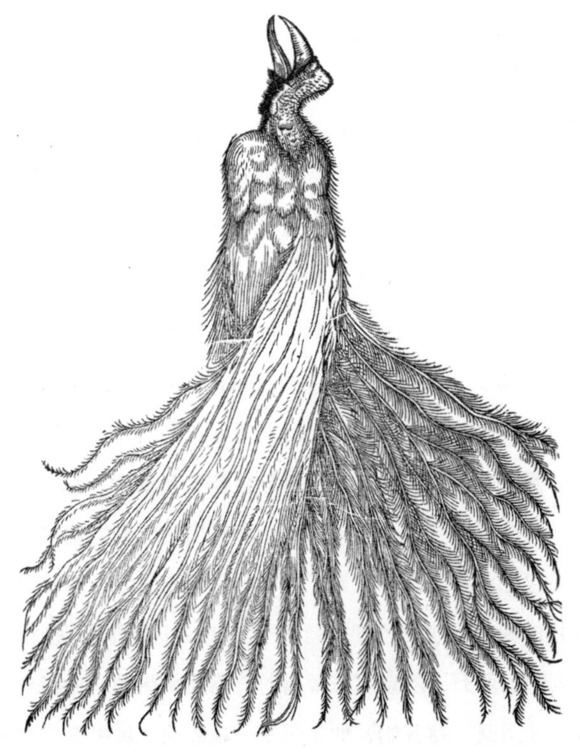

图 16.1　康拉德·格斯纳书中的天堂鸟

来源：From Konrad Gesner, *Beasts & Animals: In Decorative Woodcuts of the Renaissance*, ed. Carol Belanger Grafton (New York: Dover, 1983), 14. Courtesy of Dover Publications.

是另一位医生乌利塞·阿尔德罗万迪。他在有生之年共完成了
五卷，其中前三卷就收录在他所著《鸟类学》(*Ornithologiae*, 278
1599—1603 年）一书中。该书中关于凤凰的一章[18]共计对开
18 页，与格斯纳的相应章节比更为详细，是 19 世纪以前关于
神鸟的学术研究中最具广度者之一。在该书前面描写寓言之鸟
的部分，并没有把凤凰纳入。这部分章节描述的有狮鹫兽、哈

比（harpy）*、斯廷法利斯湖怪鸟和塞壬（Siren）** 等，并且还有几种神话动物的木刻版画，如狮身人面兽。[19] 另外，关于凤凰的章节则被安排在摩鹿加神之鸟以及克特西亚斯所记录的雨燕之后。阿尔德罗万迪认同格斯纳所记录的威兰迪努斯的说法，也驳斥了皮卡菲塔关于天堂鸟有腿的断言，但他没有提格斯纳本人。[20] 接着，凤凰一章中给出了一具 *semenda* 头盖骨的木刻版画并进行了描述。在此，阿尔德罗万迪注释称，这具头盖骨并非属于凤凰，其嘴巴上也没有三个洞。[21] 紧接着凤凰的下一章是关于肉桂鸟的，这与动物寓言集的习惯安排相同。阿尔德罗万迪书中凤凰一章的安排与其他章节相同，都分成一些小节，对该种鸟进行全面描述——包括当时已知的这种鸟的外形、生存地点、饮食、鸟巢、鸣叫声音、繁殖以及寿命等。这些内容的来源则为古典时代、中世纪以及当代的一些权威作品。阿尔德罗万迪的素材来源有时与格斯纳不同，但编纂方法相似。在凤凰一章开始，他先写了一篇概论，其中不仅包括了希罗多德和普林尼作品的相关内容，而且对塔西佗的凤凰片段进行了全文引用。在“意义相似”（*Ae Quivoca*）一部分中，他分析了“凤凰”与棕榈树相关的含义，还讨论了其与《伊里亚特》中阿喀琉斯导师名字的关系。在“同义词”（*Synomia*）一节中，他列出了“凤凰”一词在意大利语、西班牙语和法语中的名称。在“外形”（*Forma*）一节中，阿尔德罗万迪对凤凰的

---

*　一种鸟身人面女妖。

**　希腊神话中半人半鸟或半人半鱼的女海妖。

外形进行了描写，并大段引用了拉克坦提乌斯作品中的相关内容以及彼特拉克的劳拉系列十四行诗，例如“金色的羽毛缠绕在凤凰洁白而又迷人的脖子上”这样的诗句。在“活动地域”（*Locus*）一节中，作者并未像普林尼、索利努斯、圣安布罗斯和塔索一样，将神鸟的家乡局限在阿拉伯半岛，而是加入了人间天堂这一概念，正如克劳迪安和拉克坦提乌斯作品中叙述的一样。虽然阿尔德罗万迪在随后的小节中提到了多个其他素材来源，但相比之下，他引用克劳迪安和拉克坦提乌斯作品的 279
内容更多，甚至在“诞生·成长·死亡”（*Nidus. Generatio. Mors*）一节中，全文引用了克劳迪安的《凤凰》。“道德含义”（*Moralia*）一节中主要描述了中世纪的凤凰形象。在这一节中，作者重现了圣安布罗斯《六日创世记》中关于凤凰的寓言，又转述了圣比德所记录的关于约伯的评论。随后的两节分别是“谚语”（*Proverbia*）和“医学用途”（*Medica. Usus*），结尾处的几个小节分别是“独一无二的鸟”（*Unica Semper Avis*）、“唯一事实”（*Unica Semper Avis*）、“永生”（*Ut Vivat*）以及“象征物与纹章”（*Symbola. Emblemata*），而在前述最后一节中，作者还收录了其所处时代关于凤凰的一些箴言。

爱德华·托普塞尔的鸟类学著作

格斯纳和阿尔德罗万迪都是医生出身的博物学家，而他们作品最主要的英语译者爱德华·托普塞尔（Edward Topsell，1572—1625 年）却是一名牧师。他的著作《四足动物志》

（*Historie of Foure-Footed Beastes*，1607 年）和《蛇类志》（*The Historie of Serpents*，1608 年）就是对格斯纳《动物史》的翻译，但这两部作品并不拘泥于原作，而且经常带有道德说教意味。这两部译作完成后，他又开始翻译阿尔德罗万迪的《鸟类学》，但在 1613—1614 年又放弃了翻译工作。他所著的《天上诸鸟；或鸟类志》（*Fowles of Heauen; or History of Birdes*）直到 1972 年才出版，该书记录的鸟类按照字母编排，而索引只写到“杜鹃鸟”（Cuckoo）。[22]

书中有一章篇幅很长，题目是“天堂鸟”（Birdes of Paradise）。在这一章中，托普塞尔驳斥了这类鸟的家园在天堂的说法；但他还是列出了关于这些动物的经典传说，“虽然这类鸟存于世间，但人们从未在世间找到或看见过它们”。[23] 在这一章之前的内容中，他不仅引用了阿尔德罗万迪和格斯纳的作品内容，还有贝龙、斯卡利格和卡当的作品：

> 据阿尔德罗万迪和格斯纳所述，有一类稀奇古怪、五彩斑斓的鸟被称为天堂鸟。
>
> 我这里要讲的是天堂鸟中的一种，但它有非常准确的名字，名为印度雨燕（*Apos Indica*），是印度的一种无腿鸟。而贝龙（此处拼写为 Bellonius）认为古时人们臆造出来的凤凰就是这种天堂鸟，并将其与另外两三种鸟组合在一起，不过他未能提供任何可信作家的权威支持，也没有自己亲历的一手证据。所以，我仅把它作为神话
> 280 传说一带而过，因为它不值一驳。

显然，贝龙把天堂鸟认作人们“臆造”的凤凰和“其他”鸟类，但托普塞尔并不接受这种说法。托普塞尔汇编了格斯纳关于龙、麒麟以及其他诸多神话动物，按说应该是容易相信凤凰存在的，但他成了17世纪早期少数质疑凤凰存在的学者之一，这不得不令人惊讶。

托普塞尔辩称，只要亚里士多德见过天堂鸟，他就不会宣称世间没有无腿鸟。沿着这一辩论思路，他又介绍了两种鸟：

> 关于它们的数量以及体型大小，斯卡利格和卡当存在分歧。卡当断定它们体型不会超过燕子，而斯卡利格则声称，Iaua Maior 附近的一位土著首领曾送给他一只，与鸽子或海鸥一样大。[24]

在阐述了斯卡利格和卡当关于这种鸟体型的分歧之后，托普塞尔又记录了斯卡利格关于一种无腿彩羽鸟的描写，接下来，他详细描绘了阿尔德罗万迪鸟类学著作中的另外五种鸟，它们也都属于天堂鸟的范围。但是，他其中的一幅插图却是以格斯纳那幅著名的木刻版画为基础的。

新哲学

尽管格斯纳和阿尔德罗万迪主要只是对以前作者的作品进行了汇编，但他们二人以及16世纪其他博物学家的作品代表着现代动物学的开端。在他们那个时代，一种新的科学精神摆脱了中世纪思想的禁锢，他们的研究正是这一精神的重要体现。帕拉塞尔苏斯推翻了盖伦（Galen）和阿维森纳（Avicenna）的医学教条。哥白尼的天文学理论取代了托勒密的学说，前往古希腊人未知之地的航海又改变了托勒密的地理学理论。天文、物理等科学领域的发现推翻了古典权威学者，
281 特别是亚里士多德的学说。[25] 水文学家罗伯特·诺曼（Robert Norman）在其关于天然磁石的专著《新引力》（*The newe Attractiue*，1581 年）中，点评了古人关于磁力的论点。他的点评看似不重要，却代表了一股对传统学术理论越来越强的反对声浪：

> 不只以上这些，看起来，古人所写的许多其他传说实际上都是将自己的想象作为不容置疑的真理。[26]

起初，人们对古典和中世纪思想的摒弃还只是星星之火，但后来都汇入了弗朗西斯·培根（Francis Bacon，1561—1626 年）发起的科学的新哲学运动之中。培根是伊丽莎白时代英国的大法官，他创造性地提出，人类要取得知识进步，就必须以对自然界的实证观察代替对古代权威的依赖。在整个 17 世纪上半叶，这种从演绎到归纳的学术革命虽然进展缓慢，但步履稳健；另外，这一革命也受到传统思想卫道士的激烈抵制。[27] 文学史学家道格拉斯·布什（Douglas Bush）曾对 17 世纪英国文艺复兴时期人们世界观的转变进行过精辟的总结：“1600

年时，受过教育的英国人的思想和世界观多半还停留在中世纪；但到了 1660 年时，则多半进入了现代。”[28] 从伊丽莎白女王去世，历经詹姆斯一世和查理一世的统治、18 年的英国内战，一直到查理二世复辟，英国社会一直动荡不安，而现代科学的兴起正是这一时期文化变革必不可少的一部分。西方文化范式发生了转变，传统信仰中一个不起眼的事物也不可避免地被卷入其中。它就是凤凰。

《创世记》相关问题

新哲学运动时期，不管对天主教徒还是新教徒而言，《圣经》都具有最高权威。新哲学运动在重新审视权威的时候，也把《圣经》纳入了审视范围，但因其神的属性，《圣经》具有特殊的地位。[29] 所以，以下情况就算不上奇怪：在对凤凰 282
的存在进行的攻击中，有一种方式就是审视神鸟“神的属性和哲学属性”，《创世记》中的情景也就成了攻击凤凰存在的背景。

犹太教和基督教评论人士已经给《约伯记 29:18》和《诗篇 92:12》中的凤凰赋予了《圣经》真本的有限权威。但是，《圣经》中有另外两条“证据”最为 17 世纪的解经家关注。第一条，因为世间只有一只凤凰，它就无法按照上帝的命令去繁殖后代；第二条，这只孤独的鸟不可能和其他成双成对的动物一样登上挪亚方舟。然而，可以肯定的是，第二条与犹太教法典《塔木德》中的《公会篇》所描述的并不一致。据该文记录，凤凰不仅在挪亚方舟之上，而且还曾优雅地与挪亚对话。

另外，新哲学运动时期的基督教学者对中世纪时教会将凤凰认作复活的象征也并不介意。鉴于在《圣经》中凤凰并未出现在挪亚方舟上的鸟舍之中，那么它多半要么已经葬身于大洪水之中，要么其存在本身就是不合理的。希罗多德也曾对埃及关于凤凰的故事表示怀疑，但与他不同的是，新哲学时期对凤凰的质疑针对的是一个 1500 多年来已经为基督教所接受的经典形象，并且这一形象在文艺复兴时期的多种艺术形式中都稳定地占有一席之地。在凤凰的历史上，它受到如此审视，也是头一遭。

本尼迪克特·佩雷拉（Benedict Pereira）是西班牙耶稣会士，他曾解释过雌雄同体的凤凰为何被拒绝登上挪亚方舟。[30] 不论约翰·邓恩是否读过佩雷拉所写的《〈创世记〉有关争议评论》(*Commentarii et disputationes in Genesim*, 1607—1610 年），正如前文所述，他在提到隐喻的凤凰时写道："太阳从未见过，方舟中也没有。"

塞缪尔·帕切斯在其 1625 年所著的《哈克鲁特遗著》中也曾提过《创世纪》的相关问题。在书中，他对伯谬达斯 1565 年写的埃塞俄比亚达姆特（Damute）游记进行了注解，提到埃塞俄比亚当地那些高大强悍的妇女所讲的有关狮鹫兽、凤凰以及其他神鸟的故事：[31]

> 当地人既狡猾又爱吹嘘，他们曾声称见到过巨大的怪鸟。要让我们相信存在这些怪鸟，首先得和他们一样，相信那些奇闻逸事。因为如果说凤凰仅有一只，那么，为何

> 上帝创造的动物全都雌雄有别，而且被带到方舟上的也是如此？ 283

接着，他又进一步强化自己的这一反问，并且提到了新哲学运动的理论，即不能仅仅接受现有知识，而且要对自然进行观察：

> 我所讲的并非要贬低整个（关于凤凰的）故事（这个故事还是有用的），而是要让读者机敏地思考所报道的事物发生的地点，或者思考如何才对罗马或者葡萄牙有利。这一章的大部分内容在我看来都是《新约外传》（Apocrypha）的内容，但是，我认为，他们的信仰实际上都是因为太缺乏思考才轻易相信的。然而，我还是祈愿，非洲能拥有其他地方没有的稀罕之物，一些看似难以置信的事也是真的。

他的结论虽然具有探索精神，但也承认了现实中还是可能有奇异事物出现的。

牧师乔治·黑克威尔所著的《世界政府之权力与神启》（George Hakewill，*Apologie of the Power and Providence of God in the Government of the World*，1630 年），对当时广为流传的自然腐烂说进行了抨击，并产生了巨大影响。这部书中记录了一系列博物学中的神话，凤凰神话位列第一（在本书下一章，我们会看到，托马斯·布朗重复了黑克威尔的数个论点）。[32] 文章一开始，黑克威尔先讲述了一个可谓当时标准版的凤凰故事。这一故事将从希罗多德到克劳迪安的经典传说与中世纪传说结合了起来，而后者认为是凤凰自己将火点燃的。接下来，他又引用了基督教中的凤凰寓言，认为这则故事是早期教父们想要使异教徒改信基督教才编出来的。

> 我当然知道，各位教父这样叙述故事，目的是要证实耶稣复活的教义。而且，我相信，他们这样做是用异教徒
> 284 的武器攻击他们，是用他们的刺来戳他们，或者说就是借
> 用他们的例证而已。

随后，黑克威尔又回顾了普林尼笔下那只广场上的凤凰，这时，他引用了一句话；而关于这句话，布朗和亚历山大·罗斯在古今之争（Ancients and Moderns）的书籍之战（Battle of the Books）中有不同的解读：

> 据说，奉克劳迪乌斯·恺撒之命，有一只凤凰被带到了罗马并置于广场供公众观看。普林尼说，对于古时记载，人们无须怀疑，但凤凰是人们假造出来的。

在加入了普林尼关于神鸟可能只是个神话的免责声明之后，黑克威尔接着又诉诸权威和理性，来支持这种怀疑。与理性论据相关的就是人们所熟知的挪亚方舟：

> 塔西佗、卡当和斯卡利格所依据的是什么呢？是理性，是源自神性和哲学的理性。就神性而言，按照神最先创造时的样子，每一种动物都至少有两只要登上方舟，一雌一雄；就哲学而言，那些只有一只的动物，遇有伤亡，就会有灭绝的危险。因此，我们发现，对那些仅有一个的个体，如太阳和月亮、神和大自然都将它们安排在危险所不能及的地方，远离恶行，免于恐惧。

在这一章接下来的部分中，黑克威尔又反驳了中世纪动物寓言集和民间传说中流传下来的某些动物神话：熊是由熊妈妈用嘴巴舔出来的；海狸为了逃避猎杀会自我阉割；天鹅死前会歌唱等。在下文中读者也会看到，布朗也从理性的角度揭露了被黑克威尔称为“用神话的方式描述大自然（在自然界，人类的经验会验证各种说法）”的谬误之处。

另一位牧师叫约翰·斯万（John Swan）也对凤凰的存在表
示怀疑。在其所著《镜像世界》（*Speculum Mundi; Or, A Glasse* 285
Representing the Face of the World，1635 年）中，他提到了从普林尼到托普塞尔等人关于凤凰的论述，试图从上帝六日创世这一视角来审视他所处时代的科学。从动物角度，一方面，他相信麒麟和美人鱼的存在，但另一方面，他又接受《创世记》中反驳凤凰存在的两条证据。后来，托马斯·布朗也用这两条证据反驳凤凰的存在。在书中，斯万依照《生理论》中的标准动物顺序，先描绘了创世第五天出现的鹰，紧接着就开始写凤凰，因为鹰常被认为与凤凰有亲缘关系。在这一部分，他先提

到了塔西佗，并补充说，古人认为凤凰在埃及的现身是提比略去世的先兆，而后世作家却认为神鸟象征着基督的死而复生，基督才是“真正的凤凰”。在写了普林尼笔下的凤凰传说后，斯万又引用了《圣经》里的说法——这只独一无二的鸟未能遵从上帝的命令，因而受到冷遇。

> 许多人认为所有这一切都是虚构的。因为，（除了一些互有分歧的报道），有哪一种动物其生命历程可以预演？除了凤凰，再无其他。再进一步，上帝对他所创造的万物说，你们要繁殖，要增加种群数量，而凤凰因为不能繁殖，所以这一赐福也与它无关。而且，我们看到，登上挪亚方舟的动物，都是一雌一雄成双成对，所以可以推断，凤凰此时已经消失了。综上所述，我（不仅是我一人）认为凤凰的存在是人们虚构的，因为它既不符合理性，也不具备可能性，而且与创世和大洪水的历史完全相悖，在这两次事件的记录中，上帝创造了雌雄万物，并命令它们繁衍生息。[33]

斯万接下来分析的动物是狮鹫兽。他对这种动物也持怀疑态度。但是在当时，各种信仰不断变化，因此，他写道：“有人怀疑到底有没有这种动物，依我看，这个问题还是见仁见智吧。”[34]就如同迪巴尔塔斯的《六日创世记》一样，在一个对传统知识
286 越来越怀疑的文化氛围中，《镜像世界》的后续版本也失去了大众的青睐。

一方面，17 世纪早期，人们对凤凰真实性的质疑主要集中于它在自然界中的角色，并且这些质疑是依据《圣经》展开的。另一方面，在关于凤凰的争论中，很快就出现了两位关键人物，一位是托马斯·布朗，另一位是亚历山大·罗斯，前者从理性角度挑战了凤凰的存在，后者则对古典和中世纪时期关于神鸟的记录进行了富有激情的辩护。

17
书籍之战

287 在希罗多德对赫里奥波利斯的凤凰进行开创性描述之后的几千年里，凤凰的文化生命主要通过两个因素得以延续，一是权威文学作品，二是这些作品通过其他著述的传播和发展。是某些作家赋予了凤凰以生命，并使凤凰信仰传播开来，因此，要反驳凤凰的存在，一个重要手段就是抨击这些作家。到了 17 世纪中叶，由于新哲学的发展，这一进程正在顺利进行。

对凤凰真实性的质疑在 1646 年达到高潮，标志是托马斯·布朗爵士在所著的《伪流行病学；或诸多公认信条和假定真理探究》(*Pseudodoxia Epidemica; or Enquiries into Very Many Received Tenents and Commonly Presumed Truths*，通称《世俗谬论》）一书中对文学传统中的凤凰发起挑战。[1] 在古今之争的书籍之战中，亚历山大·罗斯反驳了布朗关于凤凰的相关论点，他的相关著作为《微观世界的奥秘：或揭开隐藏的人类奥秘……驳布朗博士之〈世俗谬论〉并论证古代观点》(*Arcana Microcosmi: or, The hid Secrets of Man's Body disclosed...With*

a Refutation of Doctor Brown's Vulgar Errors, And the Ancient Opinions Vindicated, 1652 年）。[2] 布朗试图揭露古典和中世纪时期权威的谬误，而罗斯又竭力为传统辩护，二者共同构成了凤 288
凰数千年文化史中的关键时刻。

托马斯·布朗爵士

托马斯·布朗（1605—1682 年）实际上是培根新哲学的追随者，这似乎看起来不大可能。[3] 作为诺里奇的一位医生，布朗曾在牛津大学以及欧洲大陆数所大学接受教育，深深浸淫于学术研究和传统思想之中。他并不赞同哥白尼关于天体运动的日心说，甚至曾在一次审判中作证，裁判两位女性为巫婆。《世俗谬论》是布朗写的第二本书。该书出版之前，他就以《医生的宗教》（*Religio Medici*）一书而闻名。《医生的宗教》写作风格华丽，对生命、死亡、邪恶、心灵、理智以及“医生的信仰”进行了深度思考。与《医生的宗教》相比，《世俗谬论》风格朴素，作者在书中试图揭露一些公认事实中的谬误，这些事实的创造者包括了古典和中世纪的作家，有时甚至还包括了作者所处时代的最高精神权威——《圣经》。然而，一方面，布朗认为传统权威是谬误思想的主要源头，也是知识发展的一大障碍，在这个意义上，他是培根的追随者；另一方面，他喜爱且饱读经典，在学术研究上又依赖于经典作品。这两种相反的事实使得《世俗谬论》的观点介乎古今两大阵营之间。布朗的其他作品在风格上常常充满嬉笑讽刺，深受世人追捧，但这又使他无法加入伦敦的皇家科学学会（Royal Society of Science）。英国文学学者巴兹尔·威利（Basil Willey）曾写道，与当时任何其他作家相比，布朗“代表着他所处的那个双面的年代，这个年代一半讲科学，一半讲魔幻；一半多怀疑，一半又轻信”。[4]

《世俗谬误》有一个引言部分，题为“致读者”。布朗在开首几句就反驳了知识“仅仅是对过去的回想”这一传统观点，提出“知识是因遗忘而得；要得到清楚可靠的真理，必须忘记并抛弃我们所知的大部分东西”。《世俗谬误》的第一卷是全书的基础，作者在其中指出，谬误的源头在于人类本性的瑕疵。他写道，大
289 众之所以倾向于相信谬误，原因是“理解错误、事实错误或演绎错误、轻信、心态消极，以及固执古说、传统和权威”。在其他章节中，布朗也抨击了“固执古说”的现象以及“那些大力推动公众执迷于旧时虚妄的作家”。在第一卷的结尾，布朗指控说，“谬论的最后一位主要散播者”就是撒旦。

《世俗谬误》中最广为人知的是第三卷，题为“经检验，关于动物的各种流行且为人所接受的说法，要么完全错误，要么存疑”。在这一卷中，布朗驳斥了有关现实中存在的动物的各种传说，例如浑身没有关节的大象、四条腿中两条长两条短的獾、在火中还能活的蝾螈以及海陆共生的动物等。此外，他还用数个章节的篇幅讨论了一些自己认为其存在或特点是“虚构”或“可疑”的动物：人马怪、狮鹫兽、蛇怪、麒麟、无足蜥蜴以及凤凰。[5]这些章节对于人们已有的知识进行了详细探究，其中内容最为广泛和精细的就是讨论凤凰这种复活神鸟的。

亚历山大·罗斯

如果说，托马斯·布朗因其大量作品而在英国文学史上占据了一席之地，那么，除了研究 17 世纪英国的专家，亚历山大·罗斯（1591—1654 年）[6] 如今则少有人知晓。理查德·福斯特·琼斯（Richard Foster Jones）曾经这样总结过罗斯的历史地位:“古今之间的争论史揭示，罗斯的著述对历史传说的忠实始终如一。”作为亚里士多德思想的热情追随者，罗斯的作品都致力于记录传统，因此，“就当时的新思想而言，他不可避免，也无可救药地站在了错误的一边”。[7]

作为苏格兰的一位教师、查理一世的牧师，罗斯以作为从文学上抨击新哲学的倡导者而闻名。除了回应布朗的《医生的宗教》[8] 和《世俗谬误》，罗斯还借《圣经》权威对日心说的倡导者进行了反驳，而且在其《微观世界的奥秘》一书中对弗朗西斯·培根和威廉·哈维（William Harvey）等人的作品也进行 290
了驳斥。因为这些充满争议的著述，罗斯被时人视作“古学卫道士”（Champion of the Ancients）。

《微观世界的奥秘》中的题献部分具有苏格兰传统的典型特点。在这本书中，作为罗斯的资助人，罗金汉勋爵（Lord Rockinghame）的儿子爱德华·沃森（Edward Watson），

> 曾看到，现代“创新者”对这位“古学卫道士”的思想观点是多么轻慢，又做了多少曲解。我们在理解上只是孩童水平，应该接受古代知识之父（Fathers of Knowledge）

> 的指导。与古代的智慧巨人相比，我们只是一些无足轻重的侏儒。我们是站在他们肩膀上，如果有意无视他们，我们自然无法看到他们的智慧。[9]

罗斯也持相同观点。他认为，我们的确应该追求新知识，但是在这一过程中，不能忘记旧知识，也不能错误地把“实体”当作“影像”。

作为一名高产作家，罗斯共写了约30部书。他的作品还包括了一部犹太诗歌历史，当然还有他最受欢迎的著作《世界宗教通考》（*Panesebeia; or, a View of all Religions in the World,* 1653年）。罗斯去世时，富有而受人尊敬。《世界宗教通考》在罗斯去世后共印刷了10次，并被译成了荷兰语、法语和德语。[10]弥尔顿的《失乐园》也受到《世界宗教通考》以及罗斯其他作品（不含《微观世界的奥秘》）的影响。[11]虽然在我们今天看起来，罗斯思想保守，固执己见，成就远不及布朗，但是，我们一定要将他置于当时的时代背景下去评价。如果说他对新思想既激烈又毫无幽默感的回应是可以为人们所预知的，那么鉴于英国正处于内战与旧的价值观和信仰瓦解的时期，他就是传统和人类精神的勇敢守护者。

布朗与罗斯的书籍之战

以下引文选自布朗《世俗谬误》[12]和罗斯《微观世界的奥秘》[13]中的凤凰相关章节，其中有两位作者的关键论点和对彼此的回应。由于罗斯常常是逐条回应布朗的观点，因此，这两位作者关

于凤凰的篇章就组成了一个辩论文集。作为学术研究，这些论述 291
中既包括了本书古典和中世纪部分中出现的绝大多数权威记述，还综合了文艺复兴时期正反两方关于凤凰是否存在的典型论点。

辩论中涉及了诸多权威，古埃及人、希罗多德、亚里士多德、奥维德、普林尼、塔西佗、拉克坦提乌斯、克劳迪安、《圣经》、拉比、基督教早期教父、炼金术士、格斯纳和阿尔德罗万迪等都曾短暂出场。除了布朗和罗斯所引用的经典素材和印刷材料，辩论中还涉及了中世纪动物寓言集手稿、古英语诗歌《凤凰》以及自克劳迪安起的诸多诗人。在辩论的过程中，一方面，布朗以饱学之士的姿态，条理清晰地推出己方论据；另一方面，思想保守的“老罗斯”的论据则杂乱冗长，他回避问题实质，自相矛盾，对布朗的某些指控视而不见，还改变辩论主题，对于布朗偶尔的讥讽和变化要么置之不理，要么未能觉察。

在这场古今之争中，布朗是“攻方”，罗斯是“守方”。这一论战体现了在文化上对凤凰的评判。为了集中关注两位作者的论点，我将二人所写的两个章节进行了整合，按照提出论点和进行回应的形式把相应篇章归类，只加入极少的评论。[14]

开篇语

布朗

有一种虚构故事，算不上是新内容，也不算流行，但由来已久：世间只有一只凤凰[15]，它能活好几百年，然后

> 自焚，接着从灰烬中又会诞生另一只凤凰。不仅人文作家讲述这个故事，而且其他许多人也经常讲，如神学家西里尔（Cyrill）、伊皮法纽（Epiphanius）等，以及创作了《六日创世记》的圣安布罗斯和德尔图良。德尔图良在《主人的判决》（*de Iudicio Domini*）一诗中有提到凤凰，但与现代含义更为接近的是他另一本出色的小册子《论肉体的复活》。[16]就连《圣经》都似乎对这一故事表示了重视，特别是《约伯记 21》对圣比德的话进行了诠释：“*Dicebam in nidulo*
> 292 *meo moriar, & sicut Phoenix multiplicabo dies*”[17]，而《诗篇 91》中则有“*δίκαιος ὥσπερ φοῖνιξ ἀνθήσει vir justus ut Phaenix florebit*”[18]的诗句。

也许是印刷错误，这里写成了《约伯记 21》和《诗篇 91》。这些错误在后来出版的《世俗谬误》中被改成了《约伯记 29》和《诗篇 92》。

罗斯

> 因为博士（布朗）相信佩雷拉、费尔南德斯·科尔多瓦（Fernandus de Cordova）和弗朗西斯[19]等人的观点，完全否认凤凰的存在，所以我将从几个方面表达我对这种鸟的看法。首先，我承认有关这种鸟的一些文章是虚构的，例如说它 500 年现身一次，而且世间只有一只；如果有两只的话，那么新凤凰会在赫里奥波利斯安葬旧凤

凰。但是，这些虚构故事并不能证明这种鸟不存在，这就如同有关圣方济各的寓言，并不能证明这个人从未存在过一样。[20]

…………

历史上有如此多的作家，特别是基督教早期教父以凤凰来证明耶稣的复活以及我们人类在末日的复活。这使我们相信这种鸟真的存在。因为，如果这些人自己不是真的相信有这种鸟，那么他们的论据对异教徒而言可信度也不会高。德尔图良说，令人惊奇的是，这种东方之鸟的诞生不是通过交配完成，而是由自己孵化而出。（他问道，）人会不会完全死亡？阿拉伯之鸟是不是一定会复活？[21]这种鸟的存在得到了许多人的确认，如希罗多德、塞涅卡（Seneca）*、梅拉、塔西佗、普林尼、索利努斯、埃里亚努斯、兰普瑞狄乌斯、奥勒留斯·维克多（Aur. Victor）、拉尔修、苏达（Suidas）以及其他异教作家。另外，也有一批基督教学者认可凤凰的存在，如亚历山大的圣克莱门特、罗马的圣克莱门特（著有《克莱门特一书》）、德尔图良、尤西比乌斯、耶路撒冷的西里尔（Cyril of
Jerusalem）、伊皮法纽、纳齐安（Nazianzenus，即圣格列 293
高利）、圣安布罗斯、奥古斯丁、圣杰罗姆和拉克坦提乌斯，等等。[22]

---

* 古罗马时期著名的斯多葛派哲学家、政治家、悲剧作家、雄辩家。

无目击证人

布朗

尽管在开篇语中说了那么多，但我们还是不能推测这种动物确实存在，也不敢断言自然界中有任何类似凤凰的动物。因为，首先现在缺少有决定意义的证人，有关验证——即人的感官验证——也不够确定：虽然许多作家曾就此详述，但是却没有目击者的描述，也没有任何推测能够被证实。因此，就算是把凤凰故事讲给希腊人的希罗多德也曾直言，他从未亲眼见过凤凰，见过的只有图像而已。[23]

罗斯

不能仅仅因为一些描写凤凰的人未曾读到目击者的报告，就推断世间没有这种鸟。因为，尽管有些人未曾见过凤凰的图画，但是，他们从埃及人那里获得了关于凤凰的知识，而埃及人确实见过凤凰。塔西佗曾写道，对于这种鸟在埃及现身一事，无人怀疑。[24]这就好比，在非洲和印度有一些动物，谱写其历史的作家从未见过，但是通过当地居民一样可以获得其有关知识。[25]

…………

亚里士多德、格斯纳、阿尔德罗万迪等人也写过大量有关鸟兽虫鱼的文章，但他们也没有亲眼见过所写之物。

他们所写的大部分内容也是依据民间传说和传统说法。那些后来写美洲和印度动物的作家，同样也从未见过所写之物。[26]

对凤凰持半信半疑态度的作家 294

布朗

凤凰发展史都源于古典作家。但是，这些作家在创作时态度都非常暧昧，他们要么会用一个表示怀疑的插入语，要么遮遮掩掩地用一个结论推翻凤凰的整个关系图谱。例如，希罗多德在《历史》中讲到凤凰故事时，就加了一个插入语，表示"这在我看来也不太可能"。[27]塔西佗在《编年史》中所讲的凤凰故事则更为全面，先写了凤凰在塞索斯特里斯统治时期在赫里奥波利斯现身的情形，然后又写了它在阿玛西斯和马其顿托勒密时期现身的情形。但是，在文末，他又断言："然而，古时之事物，如今已难辨清，关于凤凰，就有一些谬误之处，或者说是阿拉伯地区的好多人弄错了。"[28]普林尼的故事讲得更好，他写道，凤凰在昆图斯·普劳提乌斯任执政官时飞到了埃及，又在克劳狄乌斯担任监察官、罗马建城800年时被带到了罗马，这些在两位罗马帝国统治者的相关记载中都可以证明。但他在写完这段话后又补充说，但是人人都相信，这个故事是虚构的。[29]

罗斯

希罗多德并未质疑凤凰的存在，他所怀疑的只是赫里奥波利斯人所讲述的具体情形，即新凤凰会用没药包裹其父辈的遗体，然后将其驮到太阳神庙并安葬。塔西佗也没有否认确有凤凰的事实，他只是说，古人所说的凤凰，并非如一些人所描述的那样，曾在托勒密时期的埃及现身。而博士（布朗）则曲解了普林尼的话，而他引用的是 *Sed quoe falsa esse nemo dubitabit*，[30] 而这段话实际是 *Sed quem falsum esse nemo dubitabit*。[31] 普林尼并未说关于凤凰的记录是虚构的；他只是说，克劳狄乌斯执政期间被带到罗马的不是真凤凰，只是虚构的而已。[32]

295 互相矛盾的记录

布朗

此外，由于凤凰故事从此自然流传，并且存在不同版本，各版本说法又互相矛盾，因此，无法推断出凤凰存在的确定性事实。一方面，绝大多数说法都否认凤凰存在；另一方面，那些确定相信凤凰的人，又把凤凰之名安排到许多鸟的身上，而且还把两三种鸟都当成一种。所以，总有一种鸟被视为凤凰，它生活在阿拉伯半岛，用肉桂筑巢，希罗多德把它称为 *Cinnamulgus*，亚

里士多德则称为 *Cinnamomus*，而斯卡利格则把它直斥为异想天开。在一些人心目中，这种鸟就是凤凰，希腊人用波斯语称它为极乐鸟（*Rhyntace*）。他们要自圆其说，我们却偶尔能发现一些疑点。因为我们读了《阿尔塔薛西斯》之后发现，有种小鸟经常会出现在人们的餐桌上，帕瑞萨娣斯就是用它设计毒杀了儿媳。而天堂鸟虽然有此美名，羽毛也被人们从摩鹿加群岛带回欧洲冒充凤凰羽毛，因而好像就是稀奇之物，然而，前往东方旅行过的人们不大可能承认这一点，他们知道，这种鸟在当地甚为常见，土耳其士兵的头饰就用的是这种羽毛。最后，*Semenda* 也被称为凤凰，这一点斯卡利格注意到了，也进行过驳斥。此外，凤凰的孤立特性也决定了它不会是 *Semenda*，因为这种鸟种群数量庞大，而且我们都亲眼见过它嘴巴上有三个管子。[33]

罗斯

人们有时会发现死的天堂鸟，但是从未见过活的，而且在其腹中也从未发现过肉类或其他排泄物。这难道不是个奇迹吗？没有人知道这种鸟要如何喂养，它的故乡在何处，它又从何处而来（因为发现它尸体的地点有时在海上，有时在陆地）……[34] 有一种情况可能性很大，那就是，东印度群岛的神鸟 *Semenda* 就与凤凰一模一

296 样，它自焚成灰，而灰烬之中又会生出另一只一模一样的鸟来。[35]

布朗

（接上文）

不仅关于凤凰本身的意见不一，而且人们对于与它相关的问题也多有分歧。因为有人声称它能活300岁，有人说是500岁，还有人认为是600岁，有人说1000岁，另一些人则声称不会少于1500岁。有人说它生活在埃塞俄比亚，另一些却说在阿拉伯；有人说在埃及，又有人说是印度；而我则认为它生活在乌托邦，因为按照拉克坦提乌斯的描述一定是这样，它既没有被法厄同燃烧的战车烧死，也没有在丢卡利翁所经历的大洪水中丧生。[36]

罗斯

矛盾之处只有一点，那就是他们绝大多数人对凤凰存在本身没有异议，只是对一些具体的事件和情况有不同认识，比如凤凰的年龄、羽色和活动地点。但是，我们不能因为有作者否认，就全盘否定凤凰的存在——如果这样做，那我们就可以不认同神学和哲学中的绝大部分观点了。[37]

作者不同，写作手法也就不同
——诗歌、修辞、神秘学和象形

布朗

最后一点，许多作者在提到或者讲述凤凰时，意图各不相同，这让我们无法从中推断出一个确定的答案。例如，一些作家是以诗歌的形式描写凤凰的，如奥维德、曼托瓦人（Mantuan）[38]、拉克坦提乌斯、克劳迪安等人；另一些作品则从神秘学的角度出发，例如帕拉塞尔苏斯所著《炼金药阿佐特，或者炼丹谱系与生命线》（*de Azoth, or de ligno & linea vitae*）[39]，此外还有几位炼金术士也写过长生 297
不老药的奥秘，以宣传炼金术的神秘性。有些作者在写作时采用了反推的方法，他们对凤凰存在与否这一问题并不反驳，而是退一步，假定以下推理过程是正确的：教会学者利用凤凰传说证实耶稣复活，先是与相信凤凰传说的异教徒接触，然后又从自己的教义中推断出耶稣复活，他们自己先接受了所推断出来的观点。还有些人则从象征物和象形的角度谈论凤凰，古埃及人就是如此。对他们而言，凤凰就是太阳神的形象表现。而最后这一点很可能就是围绕凤凰的一切关系的基础，在后来的各个历史时期，人们又以此为基础不断增添凤凰神话传说，最终构建起了一个独一无二的凤凰形象。于是，在每位作者笔下，凤凰的这一形象都得到了宣扬。[40]

罗斯

关于这一论点，罗斯并未回复。

《圣经》记载并不有利于凤凰存在一说

布朗

至于《圣经》文本，虽然似乎能够证实凤凰传说并非空穴来风，但也不能从正面证实其真实性。[41]因为，按照《七十士译本》或者希腊语译本，我们在《约伯记》中能够找到 Phaenix 一词，但是，该词所指可能并不是动物，因为它写出来并非 φοῖνιξ，而是 στέλεχος φοίνικος，后者指的是棕树树干，又名 Phaenix。[42]所以，要说该词所指不是某种植物很难成立。况且，即使对这一希腊语单词本身，我们也没有十足的把握。虽然在《世俗谬误》中把它译为棕树，但有些人还是保留了凤凰这一译法，还有一些人的解释与这二者都不相同。特雷米利乌斯（Tremellius）就曾写道：*Dicebam quod apud nidum meum expirabo, & sicut arena multiplicabo dies*。日内瓦和我们都翻译过这段话“我便说，
298 我必死在窝中，增添我的日子，多如尘沙”。[43]至于皮法纽和德尔图良在《诗篇》中用拉丁语表达的“如同 Phoenix 一样，独自开花”（*Vir justus ut Phoenix florebit*），[44]则是因为希腊语中 Phaenix 一词同音异义而导致的错误——在希腊

语中，该词也有“棕树”一意。所以，这一表达含混的错误，起因是两种事物名称相同，导致人们误认为它们具有共同属性。[45]

罗斯

指代棕树树干的词，从比喻角度讲，也可能指的是凤凰的躯体。在希腊语中，棕树和凤凰是同一个词，而且二者的特性也有相同之处，一个四季常青，一个长生不老。另外，虽然特雷米利乌斯将希伯来语 חוlohhל[46] 解释为“尘沙”，而该词也可以指凤凰。关于这一点，帕尼宁［Pagnin，即桑特斯·帕尼诺（St. Pagninus）天主教多米尼克修会教友、《圣经》译者］、孟他努（Montanus）、布克斯托菲乌斯［Buxtorfius，即加尔文教派学者约翰内斯·布克斯托夫（Johannes Buxtorf）］以及其他希伯来语学者都持赞同意见。R. 萨洛蒙（R. Salomon）等古代希伯来人也是如此解释凤凰篇章的。Tygurin Version 中的解释也是一样。此外，德尔图良、菲利普斯长老（Philippus Presbyter）和卡耶坦（Cajetan）在解释这段关于凤凰的文字时，也把它视为复活和永生的象征。因此，相较于“尘沙”，“凤凰”更符合原文之意，因为，约伯曾这样提到过凤巢：我必死在窝中，再化身为凤凰增添我的日子。[47]

经验和理性都无法证实凤凰的三大特性：雌雄同体、长寿和繁殖

雌雄同体

布朗

至于凤凰雌雄同体且自然界中仅有一只的说法，似乎不仅与新哲学的观点矛盾，而且与《圣经》记载不符。《创世记 7》中直白宣示，被带上挪亚方舟的每种动物都有雌雄两只。每种鸟都是成对登上方舟的，那里充满了生
299 命的气息，各种动物都雌雄成对。世间仅有一只凤凰的说法也与《创世记》中上帝关于万物繁殖的赐福相悖。据文中记载，上帝祝福他们说，你们要生育繁殖，鱼儿在各个海洋里生活，鸟儿则在陆地上繁衍。在第 8 章中，上帝又（对挪亚）说，地球上每一种能大量繁殖的生物，你都要带上，让它们繁衍生息。《圣经》中的说法显然与凤凰传说不一致。在传说中，上帝赐福之时，世间只有一只凤凰；一只凤凰的新生，同时又意味着另一只凤凰的死亡；虽然也有新的降生，但数量不会增加，因此，不能说凤凰会繁殖，因为它并未超越雌雄同体的状态。[48]

罗斯

当《圣经》中说到每种动物成双成对登上方舟时，指

的只是那些雌雄异体的动物，让它们成对进入方舟的目的就是为了繁衍后代。而凤凰则无性别之分，与其他动物不同，它无须通过交配来繁衍种群。所以，虽然它也登上了方舟，[49]但《圣经》中并无必要把它与那些成对进入的动物相提并论。因为，既然凤凰仅有一只，那么，怎能说一雌一雄成对登上方舟？至于上帝关于繁殖的赐福，则并非针对凤凰所言，因为它本身就不能繁衍后代。为了解决种群延续的问题，上帝赐予凤凰另一个祝福，让它比其他动物更为长寿，通过这一特别的方法，让凤凰可以无须繁衍个体就可以实现种群延续。[50]

长寿

布朗

至于凤凰寿命很长，可以活到1000岁甚至更久的说法，
则是因为人们的观察有瑕疵，而且凤凰现身罕见，实际并
无法证实。所以，这很可能是人们计算有误。凤凰传说甚 300
为久远，可以追溯至古埃及时期，后来又通过古希腊人传
播开来。而古希腊人在计算凤凰年龄时有可能用的是自己
的年代计算方法，这一方法算的年有可能比现在的一年要
短，因而导致传说中凤凰的超长寿命。如果按照现在的计
算方法，今日的凤凰将会是神创万物以来的第六只，而且
正值中年。而如果按照拉比的预言，这只凤凰应该葬身于

> 最后一场大火，毫无复活的希望。[51]

罗斯

罗斯早前曾承认，有些关于凤凰的记录是虚构的。此处，他并未回应布朗的论点，也未回应他戏谑的计算。

繁殖

毫不奇怪，在布朗和罗斯所写的篇章中，最不易懂、专业性最强的也是凤凰传说中最神奇的部分。

布朗

> 关于凤凰的繁殖，传说中认为它无须两性结合，就能生出与自己一样的个体。这里，我们实际上是把自然界中植物繁殖的特点嫁接到了动物身上。据《创世记》记载，上帝创造万物的法则里，植物的特性是自我繁殖……但动物的繁殖则无法由单一个体完成，要创造一个新生命，必须有两性交合。因此，凤凰就如同亚里士多德笔下的鳗鱼以及贝壳类动物一样，没有雌雄之分，根本无法繁殖。[52]
>
> 虽然有些人宣称，两代凤凰的更替，并非一个紧接一个，而是旧凤凰先腐朽化为蠕虫，蠕虫再变成新凤凰，但这一过程实际也是不可能的。因为这样的过程实际上是有
> 301 瑕疵的动物生出完美的动物，无血的生出有血的，蠕虫生

出卵生动物，[53]所有这些都违反了自然法则，不合常规。进一步说，即使在绝大多数有瑕疵的代际更替中，这种腐朽繁衍的方式也难以实现。我们并不否认，有许多动物是以蠕虫的形式繁殖的——蠕虫化蝶，离开原地，前往远处进行繁殖——一般来说，昆虫都是如此，蝴蝶和蚕则更为明显。然而，在这一过程中，繁殖并非通过动物本身的腐朽来进行，而是通过另一种具体的有性传播方式进行的。这种传播中有一个过渡阶段，虽然动物外形发生了变化，但本质依然得以保留。在这样一代一代的繁衍中，都存在一个中间形态。所以，这种形态与其先辈并不相似。例如，青蛙腐烂后，并不会直接生出小青蛙来。再比如，如果真如荒诞的传说所言，有能生出鸭或鹅的树，其腐烂之后也应该化作藤壶雁[54]（Bernacles）*。然而，实际上，它们腐烂后，先是降解成蠕虫，这种蠕虫就是一种中间形态，与藤壶雁也并不相似。所以，关于凤凰繁殖的说法实际上混淆了由腐而生和有性生殖；上帝创造万物时赋予了它们繁殖的能力，而这种说法却否定了这一能力。这个问题本来可以避免。因为，既然动物的坟墓能成为后代最佳的孕育之地，既然死亡不能摧毁世界，反而能使人类在世间繁衍，那么，一方面，上帝就不用安排挪亚方舟了，另一方面，我们为什么不能像爱自己孩子那样去爱我们身上的寄生虫呢？[55]

---

* 又名白额黑雁，一种鸭科水禽。

罗斯

亚里士多德在《论动物的生成》(*de gen. Animal.*) 第10章中曾指出，潜水鱼类和蜜蜂都不分雌雄，[56]但也一样能繁衍后代。但是，与布朗所言相反，亚里士多德在《动物志》中提到鳗鱼时又表示，鳗鱼不繁衍后代并非因为它们无雌雄之分，而是因为它们体内没有卵子（ᾠοτοκία）；所有能够繁殖的鱼类体内都有卵子，而鳗鱼没有。事实上，亚里士多德就曾提到一些没有雌雄之分却能繁衍后代的鱼类。他在《论动物的生成》第1章中曾指出，一般而言，
302 有血动物都有雌雄之分，但也有一些例外的情况。他说，如果确实有些有血动物没有性别之分，那么凤凰不分雌雄又有什么可奇怪的呢？凤凰有数种不同的繁衍方式，这并不是对自然法则的混用或违背。因为，在植物当中……而在动物当中，有的是由同一种动物雌雄交媾而繁衍，例如人类、狮子和马等；有的是由不同动物交媾而繁衍，如骡子；有的则无须交媾，仅靠身体厮磨就可完成繁殖，例如某些鱼类；有的则完全由雌性完成，雄性并不参与，例如有些人认为有一种鱼就是如此；有的是由雄性吸纳雌性的器官完成，例如苍蝇；有的从黏液泡沫中繁殖出来，例如一种被称为“紫贝”（Purpk）的甲壳类水生动物；有的在污泥之中不经交媾完成繁殖，例如鳗鱼；有的虽不经交媾但却由母体中生出，例如蜜蜂。最后说一下，凤凰的繁殖也不经交媾，而是通过自身躯体腐烂来完成，布朗觉得这

种方法不可思议。关于这一点，我可以引用亚里士多德的话来回答。在提到蜜蜂时，他说，因为与其他动物相比，它们有着独特的自然属性，因而，其繁殖方式也自然而然地与众不同。对于凤凰，我也持类似观点。不管从其长寿、种群唯一性，还是繁殖方式来看，凤凰都是自然界的奇迹。凤凰这一神奇物种的创造，也体现了造物主的智慧、力量和荣光。[57]

结语

布朗

既然证实凤凰存在的证据如此不可靠；既然没有目击者；既然我们从凤凰传说的创作者那里就可以肯定这种鸟的存在已为人所摒弃；既然那些以严肃态度记述凤凰的人要么持否定态度，要么意见不一甚至对立；既然那么多人因为写作方法问题（诗歌、修辞、神秘学和象形）而不能纳入严肃讨论；既然《圣经》认为上帝创造的万物之中并没有凤凰；既然凤凰的代际更替、华丽外表和长生不老如 303
此奇怪，人类的经历和理性都无法证实；那么对于凤凰传说我们能够相信多少，就值得考虑了。[58]

罗斯

于是，出于好奇，我在写《世界历史》（*History of the*

World）的同时挤出了一点时间，[59] 简要地浏览了一遍布朗医生的大作《如犬饮于尼罗河》（*tanquam canis ad Nilum*）。[60] 一方面，这是为了满足我自己和朋友们的好奇心；另一方面，也是为了证实古代圣贤所言，批驳对其的错误理解甚至扭曲。我认为，维护和捍卫先贤的名誉是我的责任，因为我的知识大多源于他们。如今这个时代，人们治学态度随意，不求甚解，对古训多有轻慢；人们喜好猎奇，有些东西乍一看赏心悦目，但如果仔细近距审视，就会像索多玛的苹果 * 一样，化为灰烟。看到现在许多年轻人渴求知识却求之不得，我很是难过。古希腊逍遥派 ** 的思想全面、合理又具自洽性，他们却不愿学习；亚里士多德的思想如同清泉，他们拒绝饮用，相反却要去费力挖一个根本无法贮水的水池。对于正确的理论，他们本应像对待婚姻一样坚守，他们却堕落到如同嫖娼（如《圣经》中所言）的地步，只顾学一些异想天开的东西。所以，他们所吸收的都是空洞虚无、毫无可靠性可言的内容。那么，我们就不要和夏甲（Hagar）*** 一起在沙漠里游荡了吧，那里没有水，而我们水袋里的水很快就要耗光了。我们还是返回大师的家园吧，那里能找到古学的甘泉。四处流浪觅食的人啊！把那些谷糠丢给猪去吃吧，家里就有足够的面包啊！我们先辈的学问简朴纯真，作为子孙，我们

---

* 传说死海附近的索多玛产一种苹果，外观美丽，但一摘就会化成灰烟。现多用来指代事物虚有其表、华而不实。

** 由亚里士多德及其弟子建立的哲学学派，又称亚里士多德学派。

*** 《创世记》中记载的亚伯拉罕妻子撒拉的一名埃及使女。

有责任对古学进行正面解读，使之易于接受。[61]

罗斯 1652 年版的《微观世界的奥秘》此后再未重印；而托马斯·布朗则不断扩充《世俗谬论》的内容，到 1672 年共印刷了 6 版，而在此前 18 年，罗斯就已经去世了。罗斯生前好与人 304
辩论，约翰·威尔金斯（John Wilkins）博士就是他抨击的对象之一。1660 年，威尔金斯与其他自然哲学家一起，创建了伦敦皇家自然知识促进学会（Royal Society of London for Improving Natural Knowledge，即英国皇家学会）。皇家学会作为全欧洲最早的科学促进组织之一，自成立之日起就一直致力于推进科学发展。在这一背景下，数千年里凤凰所得到的大众认可也走到了尽头。

18

凤凰，湮灭于传说

305 托马斯·布朗爵士认为，历史上关于凤凰的记载充斥着各种矛盾，实际上，自然界中就不存在这种鸟。他在所著《世俗谬论》中揭示了 17 世纪人们对神鸟日益怀疑的态度。到了 18 世纪启蒙时代，人们已经明确不再相信凤凰存在于世间。尽管整个欧洲都把凤凰从动物王国中驱逐了出去，但是在诗歌、寓意画册、炼金术文本以及星图中，凤凰的比喻意义仍无处不在。然而，由于实际存在凤凰的说法已经遭到博物学者的批驳，再加上象征意义也被人们过度消费，凤凰越来越被人们认为是一种“世俗谬误”，一提起它总是让人想起一种荒谬的思维。这种局面确实令人尴尬。另外，在虚构的讽刺作品中，作为一种创新，凤凰偶尔也成了一个会说话的形象，这种情况在 18 世纪就出现过两次。在启蒙时代的装饰艺术中，西方的凤凰形象与中国的凤凰形象也发生了交汇。此外，凤凰还成为伦敦一家火灾保险公司的企业形象，它甚至还漂洋过海，到了美洲殖民地。

神话动物 306

事实上，17 世纪否认凤凰存在的思潮反而证明，自古以来，人们就普遍相信凤凰传说。在当时的多种文学体裁中，都有碎片化的凤凰形象，其中部分比较客观，把凤凰归入神话动物，还有部分则是恶毒攻击，认为凤凰传说充满了荒谬之言。

博物学视角

最早加入托马斯·布朗阵营、否认凤凰存在的人中，有一位名叫扬·琼斯顿的医生和博物学家。他在所著《鸟类博物志》(*Historiae Naturalis De Avibus*，1650 年）的附录中，[1] 收录了阿尔德罗万迪所认为的所有神鸟——狮鹫兽、哈比、被大力神所击败的斯廷法利斯湖怪鸟[2]、塞壬，又补充了塞硫西亚（Seleucian）[*] 鸟类，如凤凰、肉桂鸟以及 *semenda* 等。在凤凰一节中，琼斯顿照例也引用了从希罗多德到克劳迪安等一众古典作家的作品内容。附录中有一页插图，上面印着一些版画作品，描绘了以血饲幼的鹈鹕、葬身烈火的凤凰（见本书第四部分篇章页上的凤凰形象）、蹲着的哈比和站着的狮鹫兽。[3] 在原来的插图中，鹈鹕是唯一一种真正存在的鸟；但是，我们可以看到，在传统上，它的神话形象都是与凤凰一同出现的。有一本名为《世间异物志》(*An History of the Wonderful Things of Nature*）的译著，据说署名为扬·琼斯顿的拉丁语名字 Joannes

---

* 希腊化时代和罗马时代位于美索不达米亚的底格里斯河畔的一座大城市。

Jonstonus。很奇怪的是，书中有一章把凤凰与啄木鸟放在了一起。[4] 文中先提到了克劳迪安所写的题词，随后对经典凤凰传说进行了概述。凤凰条目篇幅不长，在结尾处，琼斯顿总结道："但这一切都是虚构的。"

一篇日记

就在琼斯顿的这部著作出版当年（1657 年）的 9 月 17 日，约翰·伊夫林（John Evelyn）写了一篇日记，内容更加微妙地反映了当时社会中贬低凤凰的情绪：

307 > 去兰贝斯区看望我的亲戚罗伯特·尼达姆（Robert Needham）爵士；然后又去了约翰·特雷德斯坎特（John Tradescant）的博物馆，我认为，那里最主要的稀罕之物是古罗马、印度和其他国家的盔甲、盾牌和武器；里面还有些人制作的羽毛饰品，颜色甚是古怪，据传，有一件是用凤凰翅膀上的羽毛制成的。[5]

特雷德斯坎特收藏的奇异之物有一份目录，编于 1656 年。这份目录似乎更倾向于接受凤凰存在的说法。其中有一条名为"羽毛"，讲的是"印度西部奇怪而美丽的"鸟的羽毛，其中就列举了"凤凰的两根羽毛"。[6] 博物馆里的藏品后来传到了埃里亚斯·阿什莫尔（Elias Ashmole）手中，成了牛津大学阿什莫尔博物馆的精华。亚瑟·麦克格雷戈（Arthur MacGregor）博士是特雷德斯坎特藏室的管理者，但他找不到证据证明阿什莫尔藏品中有这些羽毛（很有可能取自天堂鸟、野鸡或者孔雀）。他曾狡黠地对我承认说："如果这些羽毛传到今天，显然还是能引起人们兴趣的！"[7]

一场学术争论

格奥尔格·卡斯帕·基希迈尔著有《关于动物学的六大争论》（*Hexas disputationum Zoologicarum*, 1661 年）[8] 一书，其中关于凤凰的部分记录了人们对神鸟的各种认识。作为维滕贝格的一位年轻教授，基希迈尔虽然是伦敦和维也纳皇家学会的成员，[9] 但颇具讽刺意味的是，他在推论中经常忍不住表达出对凤凰传说的负面态度，这实际上有悖新哲学所倡导的客观研究方法。

基希迈尔在文中并未提及布朗。但是，在他所写的六篇文章中，《论凤凰》（"On the Phoenix"）一文与布朗的作品一样，都研究了那些关于神话动物和真实动物的经典传说。他还对蛇怪、麒麟、巨兽（大象）、海中怪兽（鲸）、龙以及蜘蛛等动物进行了研究。他对凤凰的研究一开始是从哲学角度进行的，先对"凤凰"一词的含义和用法进行了梳理。他写道，这个名字与棕榈树、"淡红"色、腓尼基人、具体的人名、一匹马、一条河、一座山、一种植物、星座、一种染料、一种乐器、炼金术中的长生不老药等都可以联系起来，但最主要的还是指凤凰神 308
鸟。接着，他按照学术研究的方式，引用了古典时代和中世纪权威人士关于凤凰的说法：它的长寿、死而复生、家乡以及栖息地等。然而，在写到神鸟放声歌唱时，基希迈尔对权威人士的各种不同记载已经失去了耐心：

> 关于凤凰的饮食，一些人坚持认为它吃的是仙馔，饮的是甘露，而另一些人则认为它只饮一种很有营养的露水。奥维德说，它的泪水有熏香的味道，它的血有香脂的味道。[10] 关于它的歌声，各种记载则是胡言乱语，说它歌声悦耳，无法模仿。这一话题实在恼人，我一点也不愿多讲。甚至可以说，各种谬误流传，让我大倒胃口。
>
> 虽然这些说法不够周密严谨，但太多的人还是接受并且将其作为历史事实传播于世。[11]

基希迈尔又补充说，基督教早期教父也“被这些不实之词欺骗”。但是，希罗多德和普林尼对待凤凰传说的态度则更为严谨——“他们经常是严谨有加！”[12] 此外，基希迈尔还指出，有些人认为圣克莱门特的《克莱门特一书》也是虚构编造的。[13]

基希迈尔一方面例行性地回顾了古典作家关于凤凰的著述，另一方面也总结了新哲学对传统说法的驳斥。在文章的第二部分，他又把凤凰置于《圣经》、自然界以及理性范畴进行检验。然而，这部分开端就说“这种动物非常神秘”[14]，这种文风几乎不像是一部严肃的理性研究作品。作者引用希罗多德的话说，除了图画中所见，没人真正见过这种鸟。这种说法不免使人想起布朗关于凤凰“没有目击者”的指控。接着，基希迈尔又记述了艾尔伯图斯·麦格努斯 400 年前就曾暗示过的一种道听途说的谬论：

> 到处用的都是“据说”“据传”“有一个传说”或者“有人说”这样的句式，除此而外，关于凤凰，没人能够给出清晰的介绍。[15]

这段文字接下来的内容非常严厉地驳斥了凤凰存在一说： 309

> 我认为，除了明确是虚构的形象，所有关于这种动物的说法都是荒谬可笑、不能成立的。凤凰信仰简直就是对《圣经》、大自然和理性思维的诋毁。

基希迈尔首先提出的还是《创世记》中的“证据”，这些内容证明，由于凤凰既不能繁衍又无法登上挪亚方舟，所以它肯定不会是动物王国中的成员。[16] 随后，他又引用了新哲学中的一句箴言——“要驳斥凤凰卫道士，大自然本身已给我们提供了论据”。这些论据包括，肉体死亡则其他无存，以及“鸟为卵生，不可能生于灰烬”“动物不可能生于烈火”“（动物）不可能在如此高温中存活”等原则。[17] 因为多次提到火元素，基希迈尔的文章又提到了关于蝾螈的寓言。接下来，他不无愤怒地用理性原则去检验神鸟：

> 对于动脑思考的人而言，凤凰带来了许多难以解释的问题。我们会挑一些荒谬的凤凰传说来讲一讲。据说，对它而言，死即是生。它死的时候就得到升华，它尸身腐烂

之时就会得到复活。这简直是胡说八道！据说这种鸟无雌雄之分。常识也能告诉我们这种说法的谬误。据称，这是一种孤独的鸟，世间仅有一只。这种荒谬的说法根本经不起冷静的哲学思考。[18]

在文章的最后，基希迈尔认定，凤凰以及其他流传甚广的传说，源头都是古希腊和古罗马诗歌。由于那本来是一个“充满神话和寓言”的时代，他对于那些迷信思想的愤怒也就缓和了一些。他自相矛盾地说，

310 任何诗歌主题都有相应的文学发挥空间，对这一点认识越多，我们就越能理解这种艺术形式为何会创造出这些虚妄的故事。

接着，基希迈尔似乎开始可以瞥见凤凰在自然之外的一个维度。关于凤凰，“学识渊博的劳伦博格（Laurembergius）”进行过解释，他认为，（西方）古典时代的凤凰是一种诗意的宇宙寓言，在传统的自然象征意义上，与中国凤凰有亲缘关系。基希迈尔引用了这种说法：

“我相信，从未有过一只真正的凤凰；这一传说背后有一层神秘的意涵，即这只名为凤凰的鸟实际上象征着整个世界——金色的头部象征着缀满繁星的天空，亮丽的身体象征着地球，胸部和尾部的蓝色象征着水体和空气。然

而，只要星辰还在上帝创造万物时的位置，凤凰或者说我们这个世界就会存在。一旦这些星辰消失，凤凰也会死去；但是，如果旧世界又恢复过来，那么一切又会重新开始。”[19]

基希迈尔虽然承认了凤凰在隐喻和谚语中的使用，但在文章结尾时仍然写道：“在我们心中，凤凰是一个完全虚构的形象，根本不存在。”[20]

《圣经》中记载的动物

法国新教学者萨米埃尔·博沙尔（Samuel Bochart，1599—1667 年）著有《〈圣经〉动物历史》（*Hierozoicon*，1663 年）一书。[21] 该书研究了《圣经》中所记载的动物，相比之下，它对凤凰形象分析得更多，处理也更加平衡。其中的凤凰一章使用的是拉丁语，但也引用了许多用希腊语、希伯来语和阿拉伯语的内容。在当时的博物学著作中，只有阿尔德罗万迪的《鸟类志》能在全面性上与博沙尔的凤凰作品媲美。[22] 博沙尔并未像阿尔德罗万迪那样引用彼特拉克的作品，引用拉克坦提乌斯作品的内容也不多。但是，他也讨论了文艺复兴时期博物学者的作品以及基督教和非基督教作家的作品。并且，鉴于著作的宗 311
教主题，他还对《约伯记 29:18》和《诗篇 92:12》中有争议的解读进行了深入研究。和托马斯·布朗等作家一样，博沙尔也认定，《圣经》中没有提到神鸟凤凰。

一部鸟类学著作

《弗朗西斯·维卢克比鸟类学》(*The Ornithology of Francis Willughby*, 1678 年）是一部鸟类学著作，译者为博物学家约翰·雷（John Ray）。该书曾两次提到凤凰。第一次是在讲述一种从藤壶或果树中生出来的、名叫白颊黑雁（barnacle goose）或木鹅（tree goose）的传说之鸟时，附带地提到过凤凰：[23]

> 但是，我确信，所有这些故事都是虚构的。我们有充足的证据，可以引导追求真相的人相信我们的观点，并说服那些持相反看法的人。因为在所有鸟类中（凤凰除外，因为它毫无疑问就是虚构的），没有哪一种的繁衍过程模糊不清，也没有哪一种能够单体繁殖。[24]

第二次提到凤凰时，维卢克比的表述更为简洁，只在一个索引条目中写道：“凤凰，一种虚构的鸟，详情略。”对于世间存在长有翅膀的狮鹫兽一说，他也以同样的方式予以否认。

文学编辑的脚注

18 世纪早期直到中叶，有两位研究弥尔顿的学者在凤凰纯属虚构的认识上基本一致，但对于《失乐园》中天使长拉斐尔如何化身为凤凰，二人观点存在分歧。这两位学者中，一位名叫理查德·本特利（Richard Bentley）。1732 年，他在对这部史诗进行编辑时，针对凤凰所流露出的轻蔑态度几乎和基希迈尔差不多。他曾这样批评过弥尔顿作品的编辑：

> 但是，我的大编辑啊，他为什么要化身为凤凰的样子？ 312
> 百鸟都在看着他，把他视为一只真鸟，可是，他为什么要如此欺骗这些鸟儿呢？天使长受上帝派遣，从天上来到人间，担负着重要使命，他怎么可能一时兴起化身为凤凰？这不会是少见的一种轻浮行为吧？世间有许多体形健硕、羽毛华丽的鸟，难道除了凤凰，就没有一种能让你满意？要知道，世间本无凤凰，它只存在于神话传说中啊！[25]

本特利因为曲解弥尔顿的原文而备受非议。而30年后，托马斯·牛顿（Thomas Newton）又编辑了一版《失乐园》，被认为是这部史诗的第一个确定版本。牛顿在脚注中回应了本特利的质疑：

> 本特利博士否认拉斐尔化身为凤凰。如果说弥尔顿真这么说过，那他的否认当然合情合理。然而，事实上弥尔顿只是说对百鸟来说，他看起来就像是一只凤凰；他并不是凤凰，只是百鸟把他想象成凤凰而已。古典时代，凤凰是一种非常有名的鸟，但是，现代人一般认为它仅是一种虚构的形象。[26]

接下来，牛顿以与早期人文学者相同的方式，引用普林尼、奥维德、克劳迪安和塔索等人的作品，对历史上的诸多凤凰传说进行了总结。

实际上，鉴于在《失乐园》前面的内容中，撒旦也有其他的化身，关于拉斐尔化身凤凰的描写，本特利的说法可能比牛顿更为准确一些。

虚构的人物形象

数千年里，人们普遍相信凤凰的存在，而且在一些传说中，也有人类的形象：神庙祭司和欢迎的人群；逃出埃及的以色列人；先知巴鲁克；伊甸园里的夏娃；印度的亚历山大大帝等。[27] 在我所知的 16 世纪中叶之前的凤凰传说中，关于凤凰开口说话的情形仅出现过两次：一次是在方舟上对挪亚说；一次是在罗伯特·切斯特所著《爱的殉道者》中（凤凰独白，无人在场）。直到后来，人们不再相信凤凰存在时，这种鸟才成为一个会说话的虚构形象，能够与人交流——这种情况在法国的两部讽刺
313 作品中出现过，一次发生在某个神奇旅途之中，而另一次出现在一则寓言之中。伊迪丝·内斯比特和 J. K. 罗琳在 20 世纪和 21 世纪创作的儿童小说都曾受到这两部作品的启发。

西哈诺的《太阳世界旅行记》

1897 年，埃德蒙·罗斯丹（Edmond Rostand）根据西哈诺·德·贝热拉克（Cyrano de Bergerac，1619—1655 年）的有关传说创作了一部非常有名的舞台剧，剧名就是《西哈诺·德·贝热拉克》（又名“风流剑客”）。作为一位无神论者和讽刺作家，西哈诺曾被许多人嘲笑。他的作品体裁多样，有政治小册子，也有喜剧和悲剧。此外，他还按照琉善[28] 和拉伯雷的荒诞故事

创作了两篇游记。这两篇游记在他去世之后才出版，合称《另一个世界》(*L'autre Monde*)。第一篇虚构了作者去月亮上的旅行，第二篇则是他去太阳上的旅行。因为传说中凤凰与太阳密切相关，所以凤凰也就自然而然地出现在第二篇当中。[29]

这也许就是第一个在小说中开口说话的凤凰。一个世纪以后，伏尔泰所著《巴比伦公主》(*The Princess of Babylon*) 中的一个形象就受此启发。西哈诺笔下的凤凰综合了诸多不同传说中的内容，同时，他又在这些传说基础上虚构了一些情节，例如凤凰驮着一枚沉重的蛋飞翔，但目的地不是太阳神庙，而是太阳本身。

《太阳世界旅行记》(*L'Histoire des États et Empires du Soleil*，1662年）一开始就讲到，主人公西哈诺结束了前往月亮的旅行，回到法国。但是，因为被指控为巫师，他遭到了囚禁。后来，他自己制作了一枚火箭，逃离了监狱。接下来的情节就像早期的科幻小说：他搭乘的火箭降落在了太阳之上，在那里他遇到了一些神话中的侏儒，然后又跟着一只夜莺去了一个百鸟王国。接着，他的向导（夜莺）就离开了，于是，他在树荫下休息。这时，一只“神奇的鸟”从上空飞过。它身上的羽毛有多种颜色——翠绿色的、天蓝色的和深红色的，“头部羽毛是紫色的，像王冠一样，如炬的目光就像王冠闪耀的光芒”。这只鸟用歌唱欢迎西哈诺，因为西哈诺和它来自同一个地方，也能听懂那歌声。随后，这只鸟又花了很长时间介绍百鸟的语言，说明它们是多么渴望从地球飞到太阳之上。最后，它介绍了自己，内容就是我们所熟悉的各种凤凰传说：

> 314 在你来的地方，人们称我为凤凰。在世间的每一时刻，都仅有一只，它的寿命能达百岁。在快到百岁之时，它会在阿拉伯的山中点燃柴堆（用芦荟枝、肉桂和熏香堆起），然后走进灰烬之中，产出一只巨大的蛋。这一切完成之后，它就向太阳飞去，因为那里是它内心一直向往的家园。[30]

因为驮的那只蛋很重，神鸟飞了100年才到达太阳。它在介绍结束之时发咒说，如果它所言有虚，“只要我一到人间，就让鹰来袭击我”。说完，它就飞走了。西哈诺觉得这个故事引人入胜，于是就跟随凤凰，来到了百鸟王国。但是，在那里他却被投入监狱，因为王国议会指控，人类就是自然界的怪物。他被释放后，又经历了一系列事件，包括与笛卡尔的一次会面。这部小说的情节尚未写完时，作者就突然停笔。所以，小说结束时，西哈诺仍然停留在太阳王国。

伏尔泰《巴比伦公主》

启蒙时代，人们普遍不相信凤凰的存在，所以，凤凰在文学作品中出现得很少，这当中就有一次是出现在伏尔泰（1694—1778年）的小说中。然而，从精神实质上讲，伏尔泰又是理性时代的象征，所以，这种搭配颇具讽刺性。这部小说题为《巴比伦公主》（1768年），[31] 它又是一则讽刺寓言，其中，凤凰的样子又发生了变化。伏尔泰利用讽刺寓言这种文学形式，有力抨击了世间的偏狭、不公，以及受人操纵的宗教，宣扬了他坚信的启蒙精神。[32]

西哈诺和伏尔泰笔下的凤凰有相似之处，都可以开口说话，这一点与经典传说并不相符。在伏尔泰的小说中，也有讨论动物语言的情节，也有柴堆燃尽后，凤凰在香灰中产下巨蛋的情节。这说明，他笔下的凤凰受到西哈诺的强烈影响。然而，在伏尔泰笔下，凤凰却是一个主要角色，对于小说叙事的发展和结局起着关键作用。另外，作为一部东方的讽刺故事，《巴比伦公主》也受到《一千零一夜》早期译本的启发。

《巴比伦公主》也是一部浪漫爱情小说，书中描写了一个年 315
轻男子骑着麒麟前往巴比伦求婚，他的手臂上卧着一只美丽的鸟，这就是一只无名的雄凤凰。为了牵手巴比伦公主福末桑蒂，这位男子与埃及、印度和斯基提亚的国王展开了角逐。但是，他非常具有骑士风度，为了搭救其中一位国王，他杀死了一头狮子，拔掉了它的牙齿，镶上钻石，然后差遣凤凰把狮头送给公主作为礼物。

福末桑蒂待在闺房，因未见年青的求婚者而几近绝望。这时，一只长得像鹰的鸟飞来，卧在窗外的橘子树上，开口说道："姑娘，他会来的！"公主大为惊讶，不禁泣喊："哦，天哪！……我的鸟儿啊，你竟然说的是这么纯正的迦勒底语！"那鸟儿告诉公主，自己生于 27900.5 年以前，当时，所有动物都和人类生活在一起，并且都会说话。作为讽刺作家，伏尔泰还是一位素食主义者。因此，在小说中，他让凤凰解释道，绝大部分动物不再说话的原因是，后来的人们开始捕食动物。据这只鸟说，后来世间只有一个地方的人仍然喜爱动物并和他们说话，那就是他的朋友、求婚者阿马赞的祖国。

但是，埃及国王妒火中烧，用箭射伤了凤凰。在临死之前，凤凰向公主提出请求，将它火化，把尸灰装进一个金瓮带到阿拉伯的菲利克斯，在那里堆起一堆香料，把尸灰置于其上。接着，这堆香料就自燃起来，灰烬中生出一枚巨蛋，蛋中生出一只鸟儿，样子比死去的凤凰更华丽。故事到了这里，公主才理解了这种神奇的动物就是凤凰。[33]

接下来，为了寻找阿马赞，福末桑蒂和凤凰开启了一场世界之旅，但是，与此同时，阿马赞也在寻找他们。在描写这场旅行时，伏尔泰利用机会讽刺了各国政府，抨击了某些国家被教会控制的现状，宣扬了公正和宽容等启蒙思想。[34]

但是，在塞维利亚，人们以为凤凰是伪装的魔鬼，福末桑蒂则被当作女巫囚禁起来并判处火刑。凤凰设法飞走并找到了阿马赞。这位勇士闻讯，立即披坚执锐，带着他为数不多的侍从骑着麒麟进入塞维利亚，并包围了敌人的城堡。凤凰从天窗飞入城堡，阿马赞随即进入，救出了公主。随后，他们率军回
316 到巴比伦，并打败了公主的其他追求者，在凤凰的帮助之下，成为巴比伦王位继承人。[35]

从表面看，《巴比伦公主》讲的是神话故事，但它实际上是一部讽刺作品，凤凰推动了讽刺情节的发展。与仅仅一个世纪之前亚历山大·罗斯为各种凤凰传说辩护相比，伏尔泰作品中的凤凰则进入了另一个领域。在小说结尾，伏尔泰别出心裁地请求诸位女神对他的敌人进行严厉打击。伏尔泰因毕生致力于抨击体制的不公与暴政，因此被认为对引发法国大革命的文化力量做出巨大贡献。

凤凰的装饰性或象征性形象

尽管博物学否认了凤凰的存在，而且在那一时代的文学作品中也甚少出现，[36] 但是，借由图画艺术，凤凰在 18 世纪的文化中得以零零散散的保留。不管是新颖的文艺作品，还是旧的艺术形式，都从象征性和装饰性角度刻画了凤凰形象。

来自东方

11 世纪时，中国的装饰艺术风格传到西方，到了启蒙时代，欧洲的设计艺术更是深受其影响。这种影响在当时欧洲的一种烛台上体现得尤为明显——它上面刻画了一只貌似凤凰的亚洲神鸟，但又增添了西方的火元素，这样，东西两种不同的传统就融入一幅图画之中。[37] 虽然我们还不能确定，18 世纪物件（例如镜子）上用作装饰用途的鸟儿形象到底是东方的还是西方的，但不管在欧洲还是美国，装饰艺术中鸟的图案都可谓司空见惯。[38]

一个长久使用的伦敦纹章

1782 年，一群伦敦制糖业者在筹建一家新的火险公司时，选择象征着复兴的凤凰作为公司的名字和企业象征。凤凰保险公司在其所有资料中都会加上烈火凤凰的形象，例如保单 317
信头以及受保资产标识（上有“受保”二字）等。[39] 受保资产标识上的凤凰形象与罗马帝国硬币上女神手捧凤凰的样子相似。这个标识是一幅版画，其显著位置的基座上，密涅瓦

（Minerva）* 戴着头盔站在上面，一手执矛，一手持盾，盾牌上刻有一只火凤凰的浮雕图案。[40] 她的身后是一系列场景：消防员灭火、搭起脚手架重建遭受火灾的建筑物等。这家公司以凤凰来比喻建筑物受损重建，既能使人回想起詹姆斯一世时期德鲁里巷的凤凰剧院，又能想起德莱顿在《奇迹之年》中用凤凰比喻伦敦城遭遇大火之后的复苏。在之后的数百年里，凤凰最主要的象征意义就是它与重建的联系。在伊迪丝·内斯比特著名的儿童魔幻小说《凤凰与魔毯》（*The Phoenix and the Carpet*, 1903—1904 年）中，主人公们曾到访过凤凰保险公司在伦敦的办公室。因此，作为纪念，该公司于 1956 年还出版了这部小说的特辑。如今，这家公司的分支机构已遍布全球。

进入新世界

1778 年 4 月 10 日，凤凰首次出现于英国在北美的殖民地，当时美国独立战争战事正酣。就在那一天，新生的南卡罗来纳州发行了 6 种不同面额的纸币，每一种上面都印有不同的图案和印章。[41] 仅仅在这些纸币印制的前两年，南卡罗来纳才获得州的地位，而再以前，这个地方曾是英国殖民者与西班牙人、法国人、海盗和印第安部落打仗的战场。这些纸币的面额从 2 先令 6 便士到 30 先令不等，其上印有母山羊的角（cornucopias）**、一只往自己窝里藏树枝的海狸、一只立于烈火之中的凤凰（图 18.1）、

---

* 智慧女神，希腊名为雅典娜。

** 又称丰裕之角。

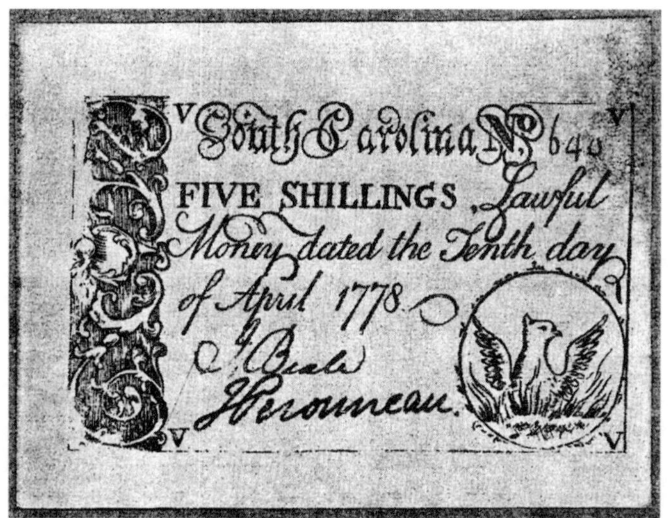

图 18.1　南卡罗来纳州 5 先令纸币上的雏凤（1778 年 4 月 10 日）

一棵棕榈树、升起的太阳以及手持树枝和铁锚的希望之神。且不论设计者是否有意为之，这些形象多与凤凰传说有关。这些纸币发行不到 3 年，英国人就击败了南卡罗来纳州，但后来英国人又被打败，并于 1781 年末在约克城投降。318

就在伦敦的凤凰保险公司选定凤凰作为其公司标识的同年，凤凰形象在早期美国政治生活中也曾短暂再现。这次是与美国国徽的设计有关。当时，大陆会议意识到，要向世界展现自己，美国就需要一个国家象征物。[42] 于是，就在《独立宣言》签署的同一天，大陆会议就开始了国徽设计。前两个设计委员会设计的数种方案中都有摩西和大力神的寓言形象，但在提交之后都被（大陆会议）否决了。于是，大陆会议于 1782 年 5 月又委任了第三个设计委员会。该委员会成员把设计任务交给了威廉·巴顿（William Barton）——一位通晓纹章学的年轻顾问。巴顿的第一个方案中有一只公鸡，但也被否决了。于是，他又开始构思第二个方案。方案中有一个盾牌，上面有 13 道横杠，代表 13 个殖民地，还有一根柱子竖立着穿过这些横杠；盾牌顶部又有
319 一只白色的欧洲鹰。根据巴顿（括号里的）描述，在柱子顶部，“一只凤凰双翼展开，立于烈火之中，羽毛颜色仍然不改”。他在别的地方还曾解释道：“凤凰象征着自由在英国已经走到尽头，却由英国人的后代在美国复兴。”虽然鹰也是爱国的象征，但是这个方案中同时包含了鹰和凤凰两种鸟，而它们自古以来就被人们联系在一起。方案中的盾牌由两人共举，一个是位少女，象征着“美洲联合共和国的天赋精神”，另一个则是“一名美洲武士”。方案中的箴言自上而下分别译为“保卫自由”和“唯有美德不可征服”。在国徽的反面，巴顿原本的设计中有一棵棕榈树，这棵树“被从根部烧毁后又复活并长高，而且比以前更美丽”。但是，后来他用“上帝之眼”代替了棕榈树。大陆会议否决了巴顿的国徽设计，并将其转给了查尔斯·汤姆森（Charles Thomson）。随后的一个月，大陆会议通过了汤姆森的修改方案。该图案一直沿用至今，它上面印的不是一只欧洲的小鸟，而是一只勇敢的美国秃鹰，羽毛为褐色。凤凰虽然没有登上美国国徽，但也因为这一设计过程而最终传遍美国，成为许多公司机构的标识以及一些地方的名字，如亚利桑那州的凤凰城。

经历了从文艺复兴时期起的质疑，凤凰湮灭成灰。但是，到了 19 世纪初，这些灰烬里开始闪出星星点点的火光。

第五部分
现代的重生

只有被烧死，活活地烧死，
烧成一堆热灰，
凤凰才能重生并焕发青春。
——D. H. 劳伦斯《凤凰》

亚利桑那州凤凰城的标识

来源：®© Official Logo of the City of Phoenix. Courtesy of the City of Phoenix.

19
神话之鸟

不久，在信仰光谱的另一端，人们又接受了凤凰复活的概念。于是，凤凰之名又开始传播，直至遍及整个西方文化。

格奥尔格·卡斯帕·基希迈尔曾经这样语带贬低地说凤凰，“这个东西就是个神话”。[1]“神话”（myth）一词有两种基本含义，既可以指一种虚构的东西，又可以指本身蕴含着真理的传说故事，而基希迈尔所言从这两种含义上都可以讲得通。因此，虽然凤凰本身的存在在 17 世纪时备受质疑，但这绝不意味着它的文化意涵就中断了。D. H. 劳伦斯曾写道：“只有被烧死，活活地烧死，/ 烧成一堆热灰，/ 凤凰才能重生并焕发青春。”这不仅是说单一本体的复活，而且说明，要实现凤凰的形象转型，必须先改变世间关于真正存在凤凰的认识。数千年里，凤凰都有能力担当死而复生、重焕活力的象征，19 世纪凤凰在文化意义上的复苏正是对这种能力的终极验证。

如前所述，希罗多德早先描写阿拉伯神鸟时，语气虽略带质疑，但其描写具有首创性；对神鸟的下一次重要描述出现在

奥维德的《变形记》中，而这距希罗多德的记录已经过去了 500
324 年。相比之下，文艺复兴和新哲学时期的间隔要短得多。文艺复兴时期的多种艺术形式都刻画过凤凰形象，到了新哲学时期，凤凰形象被解剖分析，人们对神鸟的兴趣又重新燃起。像基希迈尔这样贬低凤凰的思潮一直持续发展到了 18 世纪。[2] 但是，到了 19 世纪早期，由于浪漫主义的兴起，人们又开始追求那些原本被理性主义所驳斥的观念，因此，人类如何通过想象创造出各种神话传说这一话题再次激发起学术研究的兴趣。[3] 学者们又重新研究各种凤凰传说以及维多利亚时代对凤凰的各种描写。他们的研究对象包括各种关于凤凰的素材、其他文化中与凤凰相对应的形象、作为凤凰原型的各种鸟以及 20 世纪儿童文学中的凤凰。

重读凤凰传说

如前所述，古英语《凤凰》是对拉克坦提乌斯诗歌的诠释。1814 年，J. J. 科尼比尔对这部古英语作品进行了分析，对后来的凤凰研究起到了引领作用。[4] 此外，学界对凤凰传说进行了汇编，而且还研究了凤凰神话发展史。这些都预示着凤凰将在新时代重新回到人们的视野之中。

《凤凰》

安东尼－玛丽－特雷斯 · 梅特拉尔所著的《凤凰或不死鸟》（Antoine-Marie-Thérèse Métral，*Le Phénix ou l'Oiseau de Soleil*，1824 年）[5] 又追溯到凤凰在埃及现身的记载。作为凤凰的颂词，这部作品反映了当时人们对古埃及文化的迷恋。而这种情绪的背景则是拿破仑 1798—1801 年对埃及的入侵以及商博良 1822 年对古埃及象形文字的破译。按照数学教授让－巴蒂斯特·马尔科兹（Jean-Baptiste Marcoz）的解释，凤凰仅是大年的一个象征而已。而梅特拉尔在其书的免责声明中称，古代作家所做的凤凰记录内容丰富，且与马尔科兹的说法不同。就在梅特拉尔做这一表态之时，划时代的巨著《埃及记述》（*Description de l'Égypte*）[6] 还在分册不断出版。他还补充说，自己在书中呈现的各种凤凰形象，不管是天文学上的、神话中的还是历史传说中的，都与考古学家皮埃尔·亨利·拉彻（Pierre Henri Larcher）的认识不同，后者把凤凰视为“来自埃及神庙中的可笑的虚构之物”。[7]

与克劳迪安以及誊抄古英语《凤凰》的人一样，梅特拉尔
在创作时也模仿了拉克坦提乌斯的《凤凰》。一方面，他以非常 325
夸张的方式，频繁地引用拉克坦提乌斯和克劳迪安的诗歌；另一方面，又加入了其他古典和中世纪时期相关作品的内容，并利用埃及的相关信息使这些内容更加切合时代。梅特拉尔重述了对凤凰的各种诗意描写，总结道：“无论自然界还是艺术创造”都无法企及神鸟的美。这是一只金色的、激情燃烧的不死鸟：“因为渴望丈量无尽的空间，他从双翼中射出千万道金色的火光；”“他的双腿有金色的鳞片，好像也在燃烧。”梅特拉尔还综合各种素材，描写了黎明之时的凤凰：

他能准确地记录时光的流逝。他会在一个巨大的时光

> 之轮上标注不同季节、尼罗河的汛期以及日食月食，以显示大自然的年龄。做这项工作时，他既不用脚和脚趾记录，也不用别的又慢又笨的工具和方法。[8]

上面一段中，第一句实际上是对拉克坦提乌斯作品的解释。而第二句中呈现了梅特拉尔本人的宏大意象描写，“尼罗河的汛期”能使人回想起前文中赫拉波罗所解读的象形文字。很显然，直到文艺复兴时期，人们才认识了这些象形文字。[9]最后一句则隐约提到了埃里亚努斯以嬉戏的风格所描写的凤凰——作为自然界中的智慧生灵，他不用“掰手指或其他手段”就可以计算出时间。

梅特拉尔还写到了凤凰的长寿特性，记录了关于其寿命的各种说法，如有的认为是 500 岁，而赫西俄德谜语则认为是 2034 个世纪。这位法国作家承认，关于凤凰的寿命，说法不一，很难得出定论。有许多作家正是以此为由，贬低凤凰传说的可信度。但是与这些人不同，梅特拉尔赞扬了凤凰的长寿特性，称其为“世间最伟大的奥秘”。

不管寿命有多长，神鸟在衰老之时，都要找一个地方并在那里死去。梅特拉尔著作中所选的地点是尼罗河源头。统治那一地区的“埃塞俄比亚国王会写信给教皇，说明凤凰就出生在他们的王国”，这种说法实际上暗指的是《祭司王信札》中的
326 相关内容。他先是醉心于自己所编的凤凰传说（浴火重生的故事），然后再给出别的故事版本。比如赫拉波罗的版本讲到，神鸟从空中一头撞到地上流血而死，然后又从血泊中复活。[10]和

《生理论》中的描述一样，新生的鸟在第三天就羽翼丰满。当年轻的凤凰强壮到可以飞的时候，就把他父辈的灰烬收集在一个用没药和其他香料做成的球中——这一情节在希罗多德作品中也出现过。接下来，梅特拉尔的散文感情激荡，“他背负葬礼的重担，一飞冲天，不畏风雨雷电，跨越千山万水，于黎明时分突然出现在尼罗河畔”。如同塔西佗、拉克坦提乌斯等人作品所描述的那样，百鸟见到凤凰现身，都惊叹不已。凤凰又继续飞行，一直到了希罗多德凤凰传说的起源——赫里奥波利斯：“长长的通道两侧，有用红色花岗岩雕刻的斯芬克斯像、高高的门廊以及刻满了神秘雕塑的柱子，而远处有两座高达百尺的方尖碑，它们早就预示了凤凰现身时的宏大场景。”[11] 在那华丽的神庙里，凤凰端坐在“他高高的王位之上”。

当旧凤凰的尸骸要被献到祭坛之上时，神庙中的人们都因为“敬畏”而不能自已。在这里，凤凰的定期现身也被视为帝国兴旺的吉兆。就这样，新生的凤凰在百鸟簇拥之下，回到了故乡。

《凤凰传说》

就在《凤凰或不死鸟》出版的第二年，鲁道夫·约翰·弗雷德里克·亨里克森在所著《凤凰传说与古希腊、罗马和东方的民间评论》(Rudolf Johann Fredrik Henrichsen，*De Phoenicis Fabula apud Graecos, Romanos et Populos Orientales Commentationis*，1825 年、1827 年）[12] 的第一部分就引用了梅特拉尔的说法。该书从学术角度对凤凰神话以及其他文化中与凤凰类似的鸟进行了广泛研究。时至今日，研究凤凰及其他神话鸟类的学者仍然对该书多有借鉴。

与阿尔德罗万迪、博沙尔以及其他博物学者相似，亨里克森在书中对关于凤凰的历史记载进行了探讨，并且经常引用其中的内容。但是，《凤凰传说》是一本学术专著，并非仅限于博物学，因此，与以前的作家相比，亨里克森对古典和中世纪凤凰作品的引用量要大得多。因为赫西俄德所记录的谜语是当时人们所知最早提到凤凰的，所以，在书的第一部分，亨里克
327 森就以此为起点，开始分析西方古典文学和基督教作品中关于凤凰的内容。他的引用并不限于某一特定片段，而是旁征博引，广泛涉及了普林尼、普鲁塔克以及奥索尼乌斯（Ausonius）等人的作品。如前所述，波菲利曾指称，希罗多德笔下关于赫里奥波利斯神鸟的故事实际上是源于赫卡泰俄斯的记录，尤西比乌斯在作品中也重复过这一观点。关于这些内容，亨里克森在书中也有所提及。此外，他还分析了一些经常被人引用的凤凰作品，如奥维德、普林尼 / 曼尼里乌斯、塔西佗、克劳迪安以及拉克坦提乌斯等人的著作；之后又描写了从哈德良到瓦伦提尼安二世时期罗马帝国硬币上的凤凰形象和所配的箴言。在第一部分结尾，他又讨论了基督教早期教父关于凤凰的说法以及神鸟生死的天文周期。

《凤凰传说》第二部分的内容则超出了经典传说，对被视为凤凰故乡的各国的鸟类故事进行了分析，从而为 19 世纪末出现的关于巨鸟的比较神话研究打下了基础。亨里克森在书中不止一次提到斐洛斯特拉图斯以及提亚纳的阿波罗尼乌斯所记载的

印度凤凰。与博沙尔等前人一样，亨里克森也认定，凤凰就是戏剧家以西结《出埃及记》中出现在以色列人面前的那只阿拉伯无名鸟。尤西比乌斯曾在作品中重现过那次凤凰现身的场景，后来，亚历山大·波里希斯托又引用过尤西比乌斯的相关片段。亨里克森在分析了波里希斯托作品中的一个关键片段后指出，托名尤斯塔修斯的人和博沙尔等人都认定，出现于阿拉伯以琳的鸟，确实就是凤凰。众所周知，《约伯记 29:18》和《诗篇 92:12》的译文存在争议。犹太人关于凤凰的一些故事，例如它和夏娃一起在伊甸园、和挪亚一起在方舟上的故事等，就是源于与这些争议相关的文字和注解。亨里克森在研究波斯、阿拉伯和土耳其神话中与凤凰相关的鸟类时，受到了博沙尔的影响。与此类似，犹太人用希伯来语记录的作品中也能让我们想起博沙尔作品。不死鸟（Kaukis）葬身烈火，又得复活。土耳其有一种类似秃鹰的鸟，名为“可克”（Kerkes），寿命可达千岁。《阿维斯陀》（*Zend Avesta*）中的“峨姿”（Eorosch）是百鸟之王，后来变成了波斯神鸟“思摩夫”，相当于阿拉伯神鸟“安卡”（Anka）。亨里克森在书中又转载了波斯诗人菲尔多西《列王记》（Firdausi，*Shahnameh*）中的一则故事：有一位名叫扎尔的王子被抛弃后，无所不知的思摩夫在厄尔布尔士山中把他抚养成人。在将波斯神鸟与凤凰比较之后，亨里克森又讲述了凤凰另一个“亲戚”的故事。这就是古印度教中毗湿奴神的坐骑迦楼罗。而在书的结尾，他又引用了一句话，提到了中国“凤凰”。

328

流行神话

19 世纪初，随着公共教育的扩大和人民识字率的提高，出版界开始发行针对中产阶级的书籍和杂志。这些书中有两部甚为流行，其中一部的语气充满了优越感，把凤凰视为蒙昧时代的产物。

神话鸟类学

娱乐知识图书馆（Library of Entertaining Knowledge）中有一部 1833 年的书，其中一章对凤凰和白颊黑雁进行了描写，后者是一种古代传说中的鸟类，后来也被人们斥为虚妄之物。詹姆斯·雷尼在所著《百鸟探秘》(James Rennie，*The Architecture of Birds*) 中介绍到，作为一种流传甚广的虚构之物，凤凰之名的商业用途甚广，令人称奇。

> 人们对奇闻逸事的兴趣催生了关于神鸟的故事，这些鸟寿命很长，远远超过人们常见的乌鸦和鹰。这些鸟中最值得一提的就是凤凰。我们将利用本书，把它作为神话鸟类学的一个研究对象进行分析。这一研究主题应该不会引起人们多少兴趣，至少对那些以凤凰之名进行商业交易的人而言，更是如此。这些人从事的行业包括保险业、钢铁制造业、发动机制造业、公共马车运输、班轮运输、赛马行业、咖啡馆以及许多其他不同的领域。我们可以想象，所有这些行业都因借用凤凰之名而有了一种神秘的影

响力。[13]

在回顾了从希罗多德到普林尼、塔西佗、安布罗斯以及巴托洛梅乌斯·安格利克的艾伦的凤凰文学史后，雷尼分析了部分经典凤凰传说，这些传说认为，凤凰从天而降，投身入火，是为了把自己的身体献祭给天神。最后，他断言，关于“这些虚构的奇妙故事”源于何处，“我们已经毫无疑问”。因为，“只有一种合理可信的解释”：古时候，人们会在露天举行仪式，把 329
动物扔进火堆作为祭品献给天神；有一次，人们看到，一只老鹰或秃鹫俯冲下来，从火堆中抢走动物尸体。[14] 为了进一步证明他的观点，雷尼在凤凰研究的结尾处，又提到了一些关于猛禽与烈火的故事。

现代怪物

雷尼的研究成果出版 20 年以后，美国作家托马斯·布尔芬奇出版了一部名为《神话时代》(Thomas Bulfinch，*The Age of Fable*，1855 年）的书。[15] 该书吝于笔墨，对凤凰仅做了很短的介绍，时至今日仍在印刷。作为一名教师和会计师，布尔芬奇更注重理性，而非古典主义者。所以，他对希腊 - 罗马和斯堪的纳维亚神话进行了删改、重写和汇编，使之能适应全国更多读者的品位。书中有一章题为“现代怪物”，对寓言中的动物和神话中的动物进行了区分。布尔芬奇延续了基希迈尔和启蒙时代作家的嘲讽语气，以一种居高临下的姿态，把鸡身蛇尾怪（cockatrice）/ 蛇怪（basilisk）和麒麟都描绘成人类无知和迷信的象征。在鸡身蛇尾怪条目的结尾，布尔芬奇写道："我们可以想象，看到这里，读者肯定已经受够了这么多荒诞不经的故事。"在麒麟条目的结尾，他又写道："现代动物学家很可能也难以忍受这些传说，所以他们一般都不相信世间有麒麟。"对于凤凰，他虽然有所嘲讽，却不像对蛇怪和麒麟那样公开嘲弄，而是像以前的百科作家、博物学者和其他散文作家一样，引经据典，表明自己的看法。他引用了古典作家奥维德、塔西佗和希罗多德的作品，可中间却完全忽略了基督教早期教父的作品以及教会对凤凰的寓言化处理，直接写到了托马斯·布朗——"第一位否认凤凰存在的作家"。在坐实了凤凰的虚构身份之后，布尔芬奇又引用罗斯的话说，凤凰现身很少是因为它要避免被"一些有钱的吃货"吃掉。在写到德莱顿"所以，当新生的凤凰第一次出现"这一诗句时，布尔芬奇并没有提到这首诗的题目——《致公爵夫人的诗》。在凤凰条目的结尾，他引用《失乐园》中关
330 于拉斐尔降临人间的诗句时，也只是说弥尔顿将天使比为凤凰。所以说，在布尔芬奇笔下，凤凰虽然也被归入"现代怪物"之列，但相对而言，受到的奚落却不多。

追根溯源

学界对古典神话和语言的研究显示，其源头指向了印欧地区。特别是雅各布·格林和威廉·格林兄弟（Jacob and Wilhelm Grimm）的研究，推动了学界对不同文化中凤凰故事源头以及这些故事之间关系的兴趣。比较神话学家把凤凰等动物视为太阳崇拜的产物，认为这些神鸟都是同一神话的不同表现。这些

理论有不同变体，也各自受到相应的反驳，比如有人就试图从“神秘动物学”（cryptozoology）的角度去揭开神话形象在现实中的原型。从 19 世纪下半叶起一直到现在，关于这些理论，正反两方观点都有所发展。在所有这些关于凤凰的观念演进中，最为突出的就是古埃及研究者所提到的不死鸟以及理雅各所记录的中国凤凰，后者如今已经等同于西方凤凰。

太阳崇拜文化下的动物

安吉洛·德·古伯纳蒂斯所著的《神话动物学：或，动物的神话》（Angelo De Gubernatis，*Zoological Mythology: or, The Legends of Animals*，1872 年）[16] 是比较神话学中最早对各种动物进行全面研究的著作之一。凤凰作为一种神鸟，就是研究对象之一。作为梵语教授，古伯纳蒂斯的作品受到两个人的深刻影响，一位是把梵语的起源追溯到雅利安时期的格林，另一位是研究太阳神话的马克斯·缪勒（Max Müller）。[17] 虽然古伯纳蒂斯在书中把凤凰归入猛禽一章，但他对这种复活之鸟的研究反而有力地例证了神鸟理论。[18] 在猛禽一章的开始，他就宣称，太阳才是吠陀神话中最强大的食肉鸟。古伯纳蒂斯首先描写了《梨俱吠陀》（*Rigvedas*）中的鹰、雕和秃鹫，分析了这些猛禽在印度和西方神话中的形象，接下来他写道：

> 一些从未真正存在、仍然有待关注的鸟，如凤凰、哈 331
> 比、狮鹫兽、施特里克斯（strix）、塞琉古鸟（Selcucide birds）、斯廷法利斯湖怪鸟和塞壬等。长久以来，凭借想

象，人们都相信世间是有这些鸟的，但实际上，它们都和阿拉伯的凤凰一样——

"所有人都声称它存于世间，

却无人能说出它到底在何处。"[19]

与 17 世纪其他备受质疑的神话动物一样，凤凰也被视为一个神话形象，归入古代怪物之列。古伯纳蒂斯在分析了凤凰神话的自然根源和内在含义之后，又重复了人们所熟知的理性指控——无人亲眼见过这些动物，最后还补充说："它们应属天上物。"在讲述凤凰的结尾，古伯纳蒂斯还提到了民间传说中与凤凰类似的一些动物。

从赫里奥波利斯这一源头开始，凤凰就一直被视为一种太阳鸟，与太阳联系在一起。古伯纳蒂斯也一再强调凤凰作为太阳象征的角色[20]："毫无疑问，凤凰就是东西方世界的太阳。"所以，读者自然可以推断，他引用最多的还是拉克坦提乌斯和克劳迪安的凤凰作品。他曾断言，通过自己的例证，可以充分说明凤凰就是清晨和傍晚的太阳，

并且，也可以推而广之，认为它是春天和秋天的太阳。而且，古典乃至中世纪传说中的凤凰形象，也与太阳再次重现光明的现象完全一致——它每天、每年都有熄灭（死亡）的时候，但又会从灰烬中重新燃起（复活）。[21]

他还进一步把凤凰比作印欧民间传说中的一位英雄，这位

英雄“可以穿过燃烧的柴堆而毫发无伤”。他还补充说:“凤凰在本质上与俄罗斯神话中的火鸟（szar-ptitza）相同。”

神鸟理论 332

古伯纳蒂斯把神鸟凤凰与火鸟等同的观点与 19 世纪“神鸟理论”（*Wundervogel*）中用到的比较方法有关。如果说，神鸟传说都是从一个起源地传播开来，那么，世界各地的神鸟故事就都是同一传说在各种文化中的不同版本而已。

曾有编者在一些作品的注解中对这些神鸟进行了汇总。亨利·玉尔爵士所著的《马可·波罗游记译注》（Henry Yule，*The Book of Ser Marco Polo*，1875 年）正是这类作品的开山之作。[22] 书中虽然没有特别提到凤凰，但列举了博沙尔和亨里克森认为与凤凰相关的一些鸟类，这些鸟都是阿拉伯大鹏鸟在马达加斯加到新西兰等地的变体，也包括了高达 16 英尺的象鸟（Aepyornis）[23] 等大型鸟类。

理查德·伯顿爵士著有《一千零一夜译注》（Richard Burton，*The Book of the Thousand Nights and a Night*，1885 年）。书中的阿拉伯大鹏鸟注解中，对于这些神鸟的态度更为明确。他甚至坚持认为，不死鸟的形象有可能是以某种史前动物骨骼为基础编造出来的。伯顿的注解内容与玉尔有一定程度上的相似性，但他列举的与凤凰有亲缘关系的动物数量更多（范围甚至拓展到其他非鸟类动物）。把不死鸟和凤凰结对讨论说明伯顿对古埃及学者的研究有所了解；但是，他对二者起源地的解释又不求精确，从而表明他对当时尚处于发展阶段的古生物学比较熟悉：

> 一如往常，全世界的“神鸟”传说都是基于这样的事实：人类可以记住世间的事物，并且对这些记忆进行整合，但人类不能凭空创造。所以，埃及的不死鸟（即凤凰）可能与巨型翼手龙（pterodactyls）等长翅膀的怪物相似。不死鸟的传说，经由“按 5∶1 赔率出海冒险的人”之口，从尼罗河流域向外流传，催生了《阿维斯陀》中的神鸟“峨姿”，并进一步演变成“思摩夫”（意为“体型相当于 30 只家禽”）、犹太教的“巴尤克里”（Bar Yuchre）、印度教的“迦楼罗”、阿拉伯人口中的“安卡”（意为“长脖子”）、觉音论师寓言中的“象鸟”（Hathilinga bird，力量可抵 5 头大象）、土耳其的“可克”、希腊的“格利普”（Gryps）、
> 333 俄国的“诺加”（Norka）、中国的神龙、日本的“鹏鸟”（Pheng）和“麒麟”（Kirin）、卧在乾坤树（yggdrasil）之上的“古代智慧鸟”，以及中世纪的龙、狮鹫兽和蛇怪等。[24]

和玉尔相似，伯顿随后也提到了马达加斯加的象鸟化石。实际上，阿尔弗雷德·牛顿在四卷本巨著《鸟类词典》（Alfred Newton，*Dictionary of Birds*，1893 年）中也同样提到过这一化石。

数十年后，博物学家欧内斯特·英格索尔在所著《传奇、神话和民间传说中的鸟类》（Ernest Ingersoll，*Birds in Legend*,

Fable and Folklore，1923 年）中对神鸟理论进行了修改。书中有一章题为“神鸟汇”，主要内容就是描写凤凰，然后又写了它在各种文化中的形象以及所有这些神鸟可能的起源地。一方面，他赞同与古伯纳蒂斯相近的自然理论；另一方面，又否认那些源于现实动物的神鸟已经灭绝。

> 前人曾讲过，迦楼罗、思摩夫、凤凰等神鸟实际上只是人类运用原始的想象力，从阳光、云彩和风等自然现象中创造出来的形象。而一些人（特别是牛顿教授）却费尽心力要把这些神鸟与某种现在仍存活或已灭绝的动物联系起来，例如把大鹏与象鸟或者马达加斯加其他已经灭绝的大型走鸟扯上关系。这实在是在浪费时间。[25]

神秘动物学

神秘动物学（cryptozoology）一词源于希腊语中的“隐藏”（hidden）和“动物”（animal）两个词根，它的研究目的一是探寻以前未知的动物，二是寻找神话动物与已经灭绝的真实动物或其原型的关系。尽管欧内斯特·英格索尔曾经否认这种建立关联的做法，但是，詹姆斯·雷尼从理性上把凤凰认定为某些猛禽，信奉神鸟理论的人也把一些神话中的巨鸟与象鸟化石联系起来。他们的方法相似，都应用了神秘动物学的理论。

查尔斯·古尔德所著的《神话怪兽》（Charles Gould, *Mythical* 334
Monsters，1886 年）是一部备受神秘动物学家推崇的重要著作。一些神话学者认为，中国“凤凰”、希腊凤凰、阿拉伯大鹏鸟以

及印度的迦楼罗“都只是各个民族对同一神话进行修改后的产物”。古尔德在书中则表达了完全不同的观点。[26] 虽然书中相应章节的题目为“中国凤凰”，但对于一些汉学家把西方凤凰与中国神鸟等同的说法，古尔德特别表示了反对。他相信，“凤凰”是一种美丽的鸟，“它就像渡渡鸟”以及许多其他鸟类一样，已经随着时代的变迁而灭绝。[27]

莫里斯·伯顿所著《凤凰重生》(Maurice Burton，*Phoenix Reborn*，1959 年) 在神秘动物学文献中也占有重要位置。[28] 与雷尼类似，伯顿也为凤凰献祭的情形找到了一个博物学上的原型。在书的开头，他描述了他鸟舍中一只名叫“尼格尔”的白嘴鸭。这只鸟站在燃烧的稻草堆上扇动着翅膀，四周烟火升腾。他用嘴叼起一些未燃尽的碎草，似乎要把它们藏在双翼之下。其实，火是尼格尔自己用木制火柴点燃的。鉴于这只白嘴鸭的动作和样子都“与凤凰相似”，伯顿就从博物学和经典凤凰传说两方面进行了研究。曾经有报道说，有些鸟会让蚂蚁爬到它们身上，或者用香草整理羽毛，甚至在烟火之中也能从容打扮自己。直到 20 世纪早期，人们对这类报道都持怀疑态度。有一种说法认为，据人们观察，动物利用蚂蚁净化自身这一现象就是经典凤凰传说的起源。但是，伯顿对这一具体说法并未坚持，他在书中所做的就是寻找事实与神话之间的相似之处。

整个 20 世纪里，学界对凤凰的关注越来越多。

儿童奇幻故事中的凤凰

许多文化领域中都有凤凰等神话动物形象。其中，儿童文学因为富于想象，自然就成为这些神话形象活跃的领域。这些形象先是出现在雅各布·格林和威廉·格林兄弟所写的童话故 335 事中。后来，在 20 世纪晚期，刘易斯·卡罗尔（Lewis Carroll）所著《爱丽丝梦游仙境》中，狮鹫兽和麒麟作为会说话的怪物，都担当了重要角色。在整个 20 世纪里，凤凰在奇幻故事中都被描写成一种独特的形象，背景设置要么是当代，要么是其他虚构的平行世界。当下，甚至 20 世纪早期和中期的凤凰奇幻故事都还有新版发行。[29]

《凤凰与魔毯》

虚构的凤凰在现代世界的复活发生在伦敦一处公寓的壁炉旁。伊迪丝·内斯比特对传统凤凰传说进行了加工，创作了《凤凰与魔毯》（1904 年），其中的凤凰很是饶舌。[30] 小说一开始就描述了盖伊·福克斯之夜前夕，四姐妹在儿童室偷偷玩点烟花的一幕。他们分别是安西娅、西里尔、简和罗伯特。盖伊·福克斯之夜是英国的一个传统活动，最初是为了纪念 1605 年天主教徒企图用火药炸毁议会的阴谋。四个孩子不小心烧坏了地毯，他们的父母就找了一块旧地毯铺上。孩子们在这块地毯中发现了一个“很黄又很亮”的蛋形物，其中似乎有“一枚闪着微光的火球蛋黄”。庆祝活动结束的当晚，孩子们回到家中，感到百无聊赖，于是，就试着把一些“香木”和香精投入火中，看是否能制造出神火来。“香木”就是用来做铅笔的木料，香精则是樟脑。就在他们玩的时候，又不小心把那个金色的蛋从壁炉架上撞了下来，掉入火中。这枚蛋在火中被烧得通红，接着发出一声脆响，爆裂开来，“从里面出来一只火鸟”。如插图（图 19.1）所示，这只鸟“嘴巴张着，眼睛突出”。它从“火巢”中跃起，在屋里飞了一圈又停了下来。就在西里尔伸手要摸它的时候，这只鸟开口说：“小心点啊！我还没有凉下来呢。”罗伯特从一部百科全书中找出这只鸟的图片，那个条目的标题就是“凤凰”。百科中说这种鸟是一种“古代神鸟”，对此，凤凰仅表示了部分赞同，说自己是来自远古时代，但是又说：“至于神奇嘛——好吧，我看起来奇怪吗？”这只鸟很骄傲，它认同世间仅有一只凤凰的说法，但对于希罗多德“凤凰体型与鹰相似”的描述表示反对，因为它认为“各种鹰体型大小不一”，不能作为参照标准。它还说，这部百科全书“太不准确
336 了，应该毁掉”。接着，这只鸟解释道，它每 500 年就会产一
枚蛋，然后自焚，它“会从蛋中复苏并走出来，又如以前的样
子，循环往复，直到永远”。它说：“我都没法告诉你我有多厌
烦——这种生活没有停歇，让人不得安宁。”[31] 正如小说题目所
337 示，内斯比特就这样虚构了一个与传统不同的凤凰故事，讲述
了凤凰的蛋是如何出现在儿童室的地毯之中。

孩子们和凤凰一起乘坐魔毯飞行到各地探险。关于探险生活，小说中有两幕很值得一提，因为作者为他笔下的怪鸟增添了一些传统元素。

其中有一幕带有喜剧色彩，潜在的背景就是不死鸟的赫里奥波利斯神庙。凤凰劝说孩子们带它去那座“神庙”。而它口中的神庙实际上就是凤凰火险办事处，该办事处又是以伦敦凤凰保险公司为原型虚构出来的。对于凤凰来说，办事处的经理

图 19.1 H.R. 米勒（H. R. Millar）为儿童文学创作的插图，展现了凤凰复活的情形（1903 年）

来源：E. Nesbit, *The Phoenix and the Carpet* (1904; repr., London: Octopus, 1979), p. 199.

和员工就是大祭司。于是，它说道："我是你们的主，我来到我的神庙，就是要接受你们的祭拜。"员工们点燃了用红糖、封蜡和烟草调制的熏香，表达对凤凰的崇拜。凤凰让他们齐唱公司的歌曲，其中一段歌词歌颂道："啊！金凤凰，你是世间最美的鸟儿！"[32]

另一幕中，凤凰陪着孩子们去了剧院。火是这一幕的主导元素。凤凰认为，这座剧院是为它而建的另一座神庙。所以，当它发现里面既没有祭坛，也没有燃火焚香，就很失望。于是，它在剧院里四处飞，窗帘被它点燃，看戏的人们惊慌失措地跑到外面的安全地带。当晚，凤凰又用神力把火收回，剧院的建筑也恢复了原样。

在和孩子们一起玩乐了两个月后，凤凰进入它原先复活的那个壁炉，把自己献祭了给天神。

内斯比特对凤凰长寿特点的描写非常巧妙。罗伯特对这只衰老的鸟说："但是我以为你已经活了500年。"对此，凤凰答道："时间……只是人们为了方便而创造出来的，其实它并不存在。"第二天晚上，有一位大家都不认识的投递员送来一个包裹，打开后，上层是礼物和糖果，下面则是一根金色的羽毛。

作为伊迪丝·内斯比特的朋友，H. G. 威尔斯（H. G. Wells）曾致信称赞说，内斯比特笔下的凤凰是"一个伟大的创造，是所有凤凰形象中最为出彩的"。[33]

338 《哈利·波特》系列小说

就在千禧年来临前不久，J. K. 罗琳发表了厚达4000多页的《哈利·波特》系列小说，其中塑造的凤凰形象贯穿始终；它与内斯比特笔下的鸟儿有亲缘关系，但是带有的传统色彩更少。《哈利·波特》系列小说成为出版史上前所未有的现象，就连威廉·卡克斯顿也想象不到。这部小说分为7部，[34]共售出了4.5亿套，到2013年7月已经被译成73种语言。[35]"Phoenix"一词在中文和越南文版本中分别译为"凤凰"和"phuong hoang”，尽管其在西方和东方有差异。[36] 人们甚至赞扬说，这部书创造了新生代读者。

罗琳在小说中记录了一位少年在霍格沃茨魔法学校多年的魔幻经历。她曾公开承认，创作这部小说受到了许多其他文学作品的影响。内斯比特的小说就是其中之一。在 2004 年的一次书展上，罗琳曾发言表示：“我喜欢内斯比特。我认为她很伟大，我也认同她的写作方法。她所刻画的儿童形象非常真实。她是那个时代文学领域的一位开创者。”[37]《凤凰和魔毯》开始的一幕是孩子们为 11 月 5 日盖伊·福克斯之夜庆祝活动准备烟花；而罗琳则别出心裁地用历史上“火药阴谋”的主使盖伊·福克斯之名把书中的火凤凰称为福克斯。这二者之间应该不仅仅是巧合。然而，内斯比特和罗琳笔下凤凰的“显性”相似也仅止于此。

如同对待其他传统素材一样，罗琳根据自己魔幻世界的需要，随心所欲地对凤凰传说进行了修改。在《哈利·波特》系列小说的前四部出版之后，罗琳又出版了《神奇动物在哪里》（*Fantastic Beasts & Where to Find Them*，2001 年）。[38] 在这部书的凤凰条目中，她在描写时并未提到福克斯之名。《神奇动物在哪里》是一部小型百科，它借虚构的主人公纽特·斯卡曼之口，试图再现哈利·波特在霍格沃茨魔法学校的教材内容。书中关于凤凰的部分细节符合经典传说，但是与《哈利·波特》系列小说中的福克斯又不完全对应——后者有名有姓，是一个独特的文学形象。斯卡曼所记录的凤凰更符合希罗多德书中的 339
形象，羽毛为鲜红和金黄相间，长着一只长尾巴；它在埃及、印度和中国的高山之巅生活，直到“年岁老迈”，葬身烈火后，“灰烬中又生出一只幼鸟”。接着，斯卡曼描写道，与经典传说中的凤凰相比，这只凤凰具有独特的神力。只要它愿意，就能随时现身，也能随时消失；它唱的歌有一种魔力，有德之人听了会受到鼓舞，无德之人听了则会感到恐惧；它的眼泪也有疗伤的功效。

《哈利·波特》系列小说中有大约200个角色。通过创造福克斯这一形象，罗琳又为系列小说搭建了一个次级框架。在系列小说的第一部《哈利·波特与魔法石》中，并没有出现凤凰，但其中有一个关键的情节要素预示了凤凰会出现在以后几部中——哈利在采购教学用品时，买到一根魔杖，里面有一根凤凰羽毛（另一根魔杖里也有一根羽毛，但属于另一只凤凰）。直到系列小说第四部《哈利·波特与火焰杯》中，魔法学校校长阿不思·邓布利多教授才对哈利说，他魔杖中的羽毛是福克斯身上的，而那根带芯的魔杖则是邪恶巫师伏地魔的；哈利还在襁褓中的时候，伏地魔杀害了他的双亲，又企图杀害小哈利；小哈利虽然保住了性命，但身上留下的伤痕却成了证据。系列小说的第七部《哈利·波特与死亡圣器》的结尾部分，哈利战胜了伏地魔，“仍用最美的凤凰羽毛”修复他受损的魔杖。[39]

从哈利去采购这一情节一直到系列小说结尾，发生了许多事情：福克斯返老还童、唱了一支神奇的“凤凰之歌”、用嘴啄出蛇怪的双眼、用眼泪疗伤、拯救小说中的人物并把他们送走以及离开霍格沃茨魔法学校前的种种事情。这些情节对于数以亿计的读者、影迷和网民而言，都很熟悉，无须再重复叙述。

正如“福克斯”这一名字所示，这一形象是罗琳虚构出来的。虽然这只鸟也被称为“phoenix”，羽毛颜色也与凤凰一样，而且同样能够死而复生，但是，除了这些，它与赫里奥波利斯的神鸟几乎再无相同之处。毕竟，他是凤凰在新千年里的一个虚构形象。尽管这一形象与传统不符，但因为世界各地的读者 340
无论老幼都知道福克斯，所以，只要一提凤凰，人们很容易就能想到《哈利·波特》系列小说。

与此同时，19 世纪和 20 世纪诗歌中也出现了一些不同的凤凰形象，它们都由神话和想象中的形象转化而来。

20

诗意之火

341 格奥尔格·卡斯帕·基希迈尔认为，那些流传下来的关于凤凰的错误说法，都是由古希腊和古罗马诗歌造成的。他曾说：“任何诗歌主题都有相应的文学发挥空间，对这一点认识越多，我们就越能理解这种艺术形式为何会创造出如此虚妄的故事。这就是凤凰传说的起源。”[1] 事实上，奥维德、拉克坦提乌斯和克劳迪安对于经典凤凰传说的确立贡献良多，所以，数百年来，人们在提到凤凰时，会把他们的作品与历史学家、神学家以及博物学家的作品同等对待。

中世纪诗歌对神鸟的关注很少，只有古英语诗歌《凤凰》是个明显的例外；此外，埃申巴赫和但丁的作品中也间接提到过凤凰。如前文所述，彼特拉克给凤凰诗歌带来了巨大变化。他摆脱了经典和基督教凤凰传说的影响，把神鸟比喻成劳拉和爱情。从此以后，在整个文艺复兴时期，凤凰的意涵变得更为丰富，在爱情诗和史诗等诗歌形式中得到蓬勃发展。但是，一方面，凤凰形象充斥于诗歌，另一方面，新哲学又否认凤凰的

存在，这二者结合起来，销蚀了神鸟的象征力量。随着文化品
味的变化，启蒙时期的诗人实际上忽视了凤凰形象。诗歌中的 342
凤凰形象随着历史变迁呈现出一个总的规律，并一直延续到 19 世纪；浪漫主义诗人和维多利亚时代的诗人在作品中都曾偶尔描写过凤凰；20 世纪诗歌中，相关习语发生了变化，凤凰出现的频率也更高，在心理层面上的创新应用也随之增加。[2]

19 世纪凤凰形象拾遗

浪漫主义反对新古典主义，引起了凤凰在文学上的部分回归。这表现在两个方面，一方面，当时的一些主要诗人零星地间接提到凤凰；另一方面，其他诗人以凤凰为主题，进行了展开描写。以下是关于 19 世纪诗歌中各种凤凰形象的简析。

在著名浪漫主义诗人的作品中，关于凤凰的描述都比较简短，一般都是与想象力和创造力等主题有关，而且关于凤凰的内容在诗中都处于从属地位。柯勒律治在《雪花莲颂》(*The Snowdrop*) 一诗中曾写道:“凤凰将她的巢隐藏”在一片永恒的土地上。而拜伦的特点则是把凤凰与艺术声望联系起来:

我能否与凤凰一起，借他燃烧的双翼一飞冲天?
我期望与他一起在烈火中死去。

而济慈则不满于“浪漫主义的溢美之言”，在《坐下来重读李尔王》(*On Sitting Down to Read King Lear Once Again*) 一诗中，他表达了对更高层次创意的渴望。在这首十四行诗的结尾，

诗人乞求从莎士比亚的《李尔王》中获得灵感：

> 当我被火烧尽时，
> 请赐我一双新的凤凰翅膀，让我尽情翱翔。[3]

詹姆斯·史密斯和霍勒斯·史密斯兄弟（James and Horace Smith）共同创作的滑稽模仿诗集《被拒的发言稿》（*Rejected Addresses*, 1812 年）很受读者欢迎。[4] 诗集把凤凰作为讽刺的对象，这种处理方法与前述几位浪漫主义诗人不同。为了纪念德鲁里巷剧院重新开张，伦敦曾准备举办一次征文比赛，以选出
343 剧院重开当晚的纪念稿。但后来，该比赛被委员会取消，于是，史密斯兄弟就模仿柯勒律治、拜伦等浪漫主义诗人的风格，编纂了《被拒的发言稿》。重新开张的情形使人们想起了那座被焚毁后又重建的凤凰剧院，它是詹姆斯一世时期德鲁里巷的第一家剧院。霍勒斯·史密斯在诗集的前言中提到了“这只长着羽毛却不惧烈火的生灵”，并且坚称自己从未见过凤凰，也未见过“它被关在鸟笼中的比喻”。[5] 考虑到凤凰剧院被焚又重建的历史掌故，再加上凤凰与火的联系，霍勒斯的说法也就不怎么令人奇怪了。诗集中还有一首他本人所做的诗，题目为《忠心耿耿》（*Loyal Effusions*）。诗中，他将凤凰与重新开张的剧院相比，并按 18 世纪讽刺诗歌的传统，把凤凰写在英雄双韵句中：

> 美丽的阿拉伯（曾经幸福的国度，
> 因被大叛徒波尼所毁，现在一片荒芜，）[6]

一只凤凰刚刚被抓住，那些阿拉伯人
思考许久——有些人想把它煮了，有些想烤了；
思考之际，锅盖一下飞了起来，
见它腾空而起，羽毛、嘴巴和爪子都已长成，
飞上天空，高呼着挑战那些曾捕获它的人。[7]

《忠心耿耿》一诗中包含对埃拉加巴卢斯故事的回应，其中嘲弄凤凰的诗句就是20世纪凤凰讽刺诗的先导。史密斯诗集后面的部分中还有一首诗《未提凤凰的发言稿》(*An Address Without a Phoenix*)，这一题目可谓恰如其分。[8]

爱尔兰诗人乔治·达利所著《忘忧药》(George Darley, *Nepenthe*, 1835年)[9]长达69页，但仍未写完。这首诗继承了巴录和以诺描写世界末日的传统，竭力突破语言表达的局限，描写了许多千变万化的幻景。忘忧药据说可以使人忘记悲伤。诗人沉迷于幻想之中，昏了过去，这时一只鹰驮着他穿过云霄，来到“百日凤凰”的家乡。醒来之时，他已在一棵“香树”之下；他抬头一看，“不死鸟就在上方”，凝视着太阳喷出的火焰。他看到神鸟葬身烈焰的情形：“慢慢地，灰烬变成了深红色，明亮而美丽。”诗人激动落泪，神鸟“转向我，目光紧紧地凝视”，接着“尘烟”“琥珀色的血”从树上流下。就在这里，诗人开始 344
记叙一个迷幻场景：

我内心如火般燃烧，饮下一滴忘忧药——
天在旋，响起一声炸雷，它是在笑！

地在转，如秋千般晃动
她用半只脚环推动秋千，
我头朝下，两次被抛起，
两次，看到深蓝色的尘世，
两次，只需一瞥，就能看到我下方
深不可测、无边无际、空无一物的天空。[10]

迷醉的诗人爬上“棕榈树”，来到凤巢的废墟处，从那里，他看到了“阿拉伯 / 与欧洲、非洲、印度等地”之间的“狭长水域”，那就是三个“地中海”。在他脚下，“银白色的灰烬在闪光”，“火鸟 / 似乎点火烧死了自己”。他在那些白色灰烬上洒了一些炼金药，

就像轮巨大的太阳，
四周有无数颗星星，
凤凰头顶金色羽冠，
银色的双翼，星星般的眼睛，
凤凰从灰烬中重生！

在这节诗的结尾，诗人赞美忘忧药说：“万物精华倾泻于烈火之中，/ 经过蒸馏，无比香甜！这就是真的忘忧药！”同时，他还歌颂了凤凰飞天的一幕。[11] 而在全诗的其余部分，诗人描述了一个又一个迷幻场景。

达利曾在赠给朋友的一份副本的最后一页，亲笔写了一条

注解:“巴巴利海岸(Coast of Barbary)。他渴望回家，不再追求无法得到的东西，甚至脱离尘世本身。”在书的最后，是诗人 345 徒劳的许诺:“后面将会有第三部分。”

安徒生曾为儿童写过一首充满幻想的散文诗，题目就是《凤凰》(*The Phoenix Bird*，1850年)[12]，诗中把凤凰称为“天堂之鸟”——印度尼西亚一种鸟的名字。安徒生之所以选用这个名字，与传说中人间天堂所在地以及《大密德拉什》中的伊甸园有关。不管是人间天堂，还是伊甸园，这只雄鸟都可以说是生于天堂。但是，当亚当和夏娃被逐出伊甸园时，“天使佩剑在燃烧，一颗火星掉落在鸟巢上，将它引燃”。凤凰葬身于烈火之中，但是正如传说中所讲，又得到重生。新生的凤凰依然美丽，并且“疾如电光”。有个小孩正在酣睡，凤凰“用双翼为他遮盖，使他感受恩泽”;“朴素柜子上的紫罗兰(因为凤凰而)散发出香甜的气味”。凤凰飞过拉普兰极光区和格陵兰，来到英国的煤矿区，接着又飞到传说中的一处凤凰家园，“借着一片荷叶，在恒河的圣水之上漂流而下”，点亮“印度少女的眼睛，当她看到他时”。如同拜伦的作品一样，安徒生也使用了凤凰与文学声望的象征性联系。在他笔下，凤凰长得就如同奥丁(Odin)* 所养的乌鸦；它蹲在莎士比亚的肩膀上对他耳语道:“永垂不朽!”

安徒生深受读者喜爱，而他描写“局外人”的童话故事读起来又令人哀伤。他曾说过，自己笔下的鸟(凤凰)每100

---

* 北欧神话中的神祇之一。

年重生一次，但又经常“处于孤独和不为人所理解的状态——它仅仅是一个神话：‘阿拉伯的凤凰鸟’”。这说明，安徒生已经默认了理性主义者否认凤凰存在的观点。然而，他后来又在作品中以另一种形式恢复了凤凰的形象：

> 当你降生在天堂的花园里，就在知识之树下面那朵刚刚绽放的玫瑰花旁，我主亲吻了你，并把你的真名赐给了你——诗歌！

这段话虽然充满感伤，但也承认，凤凰不是自然界存在之物，而是人们想象出来的独特而永恒的形象。

19 世纪晚期，在亚瑟·克里斯托弗·本森所著的《凤凰》（Arthur Christopher Benson，*The Phoenix*，1891 年）[13] 中，人类
346 想象的背景又有所不同。本森写道，与自己此前所有作品不同，这是他唯一一首在梦中创作而成的诗。[14] 该诗尽管韵律中规中矩，但意象色彩华丽，恰似梦境。这首诗描述了人们的一种追求，但与炼金术士米夏埃尔·迈尔不同，这种追求贪欲更盛：

> 一身绿羽的凤凰，飞越卡斯宾，
> 朝圣者紧随它的足迹。
> 荒原与森林，散满它的珍宝，
> 珍珠般的羽毛随风飘零。
>
> 云游远方，星月做伴。

朝圣者守候在干柴旁。
雷电撕破天际，闪着红光。
冲动的凤凰，俯冲而下。

灰烬如深红色的酒灼耀着，
就像一袋提尔骨螺向外溢出，
飞禽的爪和腭骨，
也被镀上一层涅槃后的金色。

罕见天光，奇美景象。
朝圣者，一心逐利，
放下货物，双手低垂，
双目凝视，心满意足。

“卡斯宾”（Casbeen）就是今伊朗的加兹温地区，也属于经典传说中凤凰在阿拉伯的家园。“提尔骨螺”（Tyrian murex）是一种软体动物，其分泌物可以用来制作腓尼基的一种紫红色颜料，而从词义上讲，“凤凰”一词也与这种颜料有关。除上述诗中的情节以及其他经典凤凰故事元素，珍珠般的羽毛和散落的珍宝等也给故事增添了新意，并把那些装神弄鬼的“朝圣者”引到一处神奇的献祭场所；他们原来心中充满物欲，看到献祭后，也为神迹而惊叹。

20 世纪的转型 347

20 世纪发生了两次世界大战，人们对宗教和社会制度的信仰不断消退，个体之间出现疏远。在此背景下，当代诗人倾向于超越传统诗歌韵律，用一种新的语言来刻画凤凰。与维多利亚和浪漫主义时代诗人的语言相比，这种语言通常较难为一般读者所理解。《荒原》（*The Waste Laud*）的作者、诗人 T. S. 艾略特认为，“抽象概念有逻辑，形象想象亦有逻辑”。[15] 这一观点源于他对约翰·邓恩及其同时代其他诗人的玄学派诗歌的推崇。一般读者理解一首诗，需要了解一些显性关联。但是，艾略特的创作方法省略了这些关联。因而，诗歌的焦点从诗歌之外易于辨识的对应关系转向了诗人的心理状态；这种心理状态通常表现为象征或超现实的意象。赏析这类诗歌对读者也有了不同的要求。就凤凰而言，其在不同诗歌中的形象少了些传统色彩，多了些另类特质，它的含义在诗歌开始时经常模糊得令人费解。

在《火的诗歌断简》（*Fragments of a Poetics of Fire*，1988 年）中，法国哲学家、文学批评家加斯东·巴什拉（Gaston Bachelard，1884—1962 年）阐述了凤凰形象在现代诗歌中的诸多转型：

> 事实上，在诗歌、诗史以及诗歌创作中，凤凰的生、死以及复活从未有过中断。凤凰在诗歌中的形象不断创新，丰富多样，令人称奇。这些诗歌中的凤凰形象问世不久，因此，读者有时很难揭开诗歌的外衣，找出传统的凤凰形象来。

他预言，

> 从每一位新诗人的作品中，都能找出凤凰的一种新形
> 象或者某种特别的、类似凤凰的生灵。有时候，这种凤凰
> 几乎连名字都没有，偶尔还会把脑袋隐藏于各种华丽的隐
> 喻之中。有时候，诗中只是稍微提及凤凰或者香草，但这 348
> 也足以使人想起传说中的那只神鸟。[16]

要理解现代诗歌对凤凰的描写，有一种方法是通过诗歌的题目。20 世纪以前，从未有过如此多的诗歌在题目中就有“凤凰”一词。历史上值得一提的当然包括拉克坦提乌斯、克劳迪安的经典凤凰诗作以及中世纪古英语诗歌《凤凰》。在伊丽莎白时代的诗歌杂集《凤巢》中，没有一首诗的题目中有“凤凰”一词。除了讽刺诗，题目中有“凤凰”的现代诗中，绝大部分都是以凤凰作为隐喻，而不是把它作为诗歌主题；并且，“凤凰”一词也并不一定会在诗中再次出现。此外，其他诗歌中也会提到凤凰。正如巴什拉所解释的，这种情况下，凤凰形象在诗中只是隐约存在，连名字都不会提及——或者提到的仅是一个混沌的类似凤凰的形象。关于诗歌中的凤凰，巴什拉曾按照明确提及、未提凤凰之名的顺序进行过排列。下文中会按照粗略的顺序介绍这类现代诗歌。

爱尔兰诗人威廉·巴特勒·叶芝（1865—1939 年）曾是一位新浪漫主义诗人，后来成为现代诗歌的开创者之一。他的创作风格发展可以从两首诗中看出，其中一首，他应用了彼特拉

克式的常规凤凰隐喻，另一首则用了一个类似凤凰的形象。

叶芝诗集《库尔的野天鹅》（*The Wild Swans at Coole*，1919年）中收录了一首题为《他的凤凰》（*His Phoenix*）的诗。[17] 在这首诗中，凤凰是一系列知名女性的化身，比如中国女皇（“或者也可能是西班牙的”）、欧洲公爵夫人以及某些现代知名女性。这首诗每一节结束时，都会重复这样的话，“我青年时认识一只凤凰，那就让她们交好运吧”。后来，人们确认，那只“凤凰”就是叶芝曾经的恋人、爱尔兰革命家莫德·冈尼（Maud Gonne）。这首诗采用了常规的韵律，结尾一节与托马斯·邱吉雅德的作品有相似之处——后者诗中曾把其他女性与伊丽莎白女王比较。但是，诗歌的最后几行充满哀伤，悼念失去了一只类似劳拉、无比美丽的凤凰；这只凤凰与太阳结合：

> 世世代代都会有那乌合之众，那野蛮的人群，
> 谁能说只有某些年轻美女的步态和话语会使男人发昏，
> 349 谁能与我的美人相比，尽管我的心不承认，
> 但她与我的美人不完全一样，缺少儿童般的纯真，
> 还有她那仿佛凝视着烈日般的自豪神情，
> 以及那丝毫未曾变样的美好身材。
> 我伤悼那最孤寂的尤物；但神的旨意终究难违：
> 我青年时认识一只凤凰，那就让她们交好运吧。

与读者熟悉的伊丽莎白时代诗歌中的完美典范形象不同，叶芝在《驶向拜占庭》[18]（*Sailing to Byzantium*，1927年）一

诗中描绘的金色鸟儿并非凤凰，但鉴于二者之间存在的对应关系，这种金色鸟儿也称得上是巴什拉作品译者笔下所谓“类似凤凰的鸟”。在《驶向拜占庭》一诗中，老迈的叙述者出于对永恒精神的渴求，“远涉重洋，来到圣城拜占庭”。他渴望超凡自然，成为

> ……希腊金匠制造的
> 用镀金或锻金铸造的身形，
> 使睡意沉沉的君王保持清醒；
> 或者飞上金色的枝头歌唱，
> 对着拜占庭的王公贵妇，
> 歌唱过去、现在和未来。

这首诗中的叙述者并非吃凤凰以求长生不老的埃拉加巴卢斯，他所希望的就是化身为一件不朽的艺术品。诗中鸟儿所唱的歌实际上是传统神圣知识的一种表现形式。这与古埃及《亡灵书》第 17 节一样，在这一节中，“不死鸟”“掌管着关于现在和未来万事的书”。[19] 在叶芝笔下，这种类似凤凰的鸟儿形象背后有两只美丽的鸟儿，一只用黄金制成，另一只则长着金色的羽毛。这两只鸟儿都筑巢于天堂奇树之上，因火而生，长生不老，通晓万世之识。[20]

叶芝要么把凤凰刻画成卓越品行的代表，要么把它刻画成类似凤凰的一种鸟儿。而介于两种极端之间，还存在许多现代 350
诗歌，其中要么明确提到凤凰之名，要么有所暗指。

20 世纪诗歌中有许多题目中就有“凤凰”，这些诗中又有一部分对神鸟持讽刺态度。这类诗中最为著名的一首，题目就是《凤凰》（*Phoenix*，1920 年）[21]，作者西格夫里·萨松（Siegfried Sassoon，1886—1967 年）是一位参加过“一战”的英国老兵，因反战诗作而闻名。他进一步强化了托马斯·布朗等人的观点，即由于活动区域和物种上存在相互冲突的说法，凤凰传说不可当真。

“有人说凤凰居住在埃塞俄比亚，在土耳其、叙利亚、鞑靼利亚或者乌有之乡。”还有人认为它居住在世上遥远得连名字都没有的地方。有人把它称为天堂鸟；还有人根本就不相信这一“完美典范”的存在，断言它只是“臆造的形象”。

作为美国的桂冠诗人（1988—1990 年）、国家图书奖和普利策诗歌奖获得者，霍华德·奈莫洛夫（Howard Nemerov，1920—1991 年）在其诗作《凤凰》（*The Phoenix*）中，用讽刺的手法将各种凤凰传说杂糅在了一起。[22] 在这首诗的开始，奈莫洛夫隐约提及了希罗多德笔下赫里奥波利斯的神鸟，结尾处，他又通过夸大凤凰悖论，凸显其在基督教上的寓意。这些悖论最先由奥维德提出，在拉克坦提乌斯和克劳迪安作品中都有体现。

> 凤凰生于火焰和尘埃
>
> 他用没药裹住父辈的尸体
>
> 源自太阳和邪恶的欲望
>
> 把父辈的坟墓变成了他的摇篮

在太阳城
他死而复生，无比神圣
但世上只有一只
真凤凰

依靠乱伦、谋杀和自杀
紫色的神鸟才得以代代存在
他是自己的父亲、儿子和新娘 351
他亲口所言

除了上述讽刺诗，凤凰形象常常被用来比喻个体的复兴。[23] 在描写凤凰自体再生的作品中，最为著名的当属 D. H. 劳伦斯的《凤凰》了。关于这部作品，我们将在下一章中进行讨论。还有一些现代诗中，凤凰会给诗人以启发和引导，甚至还会直接对诗人说话。在西欧、东欧和中东地区的一些诗歌译作中，就描写了这样的情形。[24]

久洛·伊耶什（Gyula Illyés，1902—1983 年）被认为是匈牙利当代最伟大的诗人之一。因为参加非法政治活动，在不到 20 岁时，他就被迫逃离祖国。后来，他从巴黎返回，供职于凤凰保险公司多年；当纳粹德国于 1944 年占领匈牙利后，他又逃离祖国。在他的诗歌《凤凰》（*Phoenix*）[25] 中，年轻的叙述者经历了一次“地狱之旅”，逃离受压迫的村庄，在那里，“虔诚信仰者的教堂，就建在金字塔和斯芬克斯像的废墟之上”。铁路“弯弯曲曲，就像一条套索”，要把他拉回到那个“人只可为奴的地方”。但是，火车一直在平原上奔驰，穿过一座城市。这座城市的城墙巍峨高耸，在月光的照耀之下闪着“死一般的惨白之色”。在列车下面的黑暗之中，“不知从什么地方，死亡露出了白惨惨的面容”。随着村庄和过去在身后退得越来越远，他开始想，未来会是什么样子？这个问题引出了诗歌题目中的意象：“青春最后会不会变成一只凤凰？”然而，这种源于隐喻的凤凰烈火而产生的兴奋之情甚为短暂，虽然仍心怀复活的希望，但他很快就接受了过去，然后也不得不承认当下的处境：

> 列车载着我，颠簸缓行。
> 我动作拖拉，心情痛苦，在幽暗之中踯躅——
> 但是，有一只鸟儿在我上方扇动双翼，
> 它受到了伤害，双翼折断。
> 它挣扎着，想要飞起。一次，又一次……

352 凤凰形象在另外一首流亡诗中也占有突出地位，那就是叙利亚诗人阿多尼斯［即阿里·艾哈迈德·萨义德·阿斯巴尔，（1930年— ）］的作品《流亡中的哀歌》（*Elegy in Exile*）。[26]该诗曾有另外一个标题《复活与灰烬》（*Resurrection and Ashes*）。阿多尼斯被认为是世界上首屈一指的阿拉伯诗人，他曾因参与政治活动而被囚禁，之后离开祖国，居住在黎巴嫩，最后又移居巴黎。虽然《流亡中的哀歌》一诗在题目中没有出现“凤凰”，但诗中的叙述者常常把这种鸟爱称为“我的凤凰”，想从凤凰的本性中找出自己生命的方向。

凤凰啊，
当被烈焰包围时，
你手中拿着一支什么笔？

开篇的这个问题虽然会令一般读者困惑，但是，熟悉凤凰传说的人很容易就能想到古埃及抄写员、文字的发明者托特。传说中，他曾见证了通过称人心的重量以判断其善恶的一幕。在腓尼基神话中，托特的同行、地狱里的抄写员伊德里斯（Idris）也是第一位书写者。[27] 无论诗人想表达的是什么含义，这只凤凰都是一个睿智的形象；它无所不知，在经历了弥尔顿所谓“跨越世代”后，累积了关于降生、死亡以及复活的深刻知识。

告诉我，
那从落日上旋转脱落的最后的寂静
之后是什么样子？
那是什么样子，凤凰？
给我只言片语，
一个手势。

诗人对神鸟被放逐感同身受。因为，在离开伤心的母亲和父亲后，他就成了一只“被猎的鸟儿”，羽毛逐渐脱落。凤凰神谕般地描述自己被从尘世驱逐的情形：

353 他们说我的叫声太怪异
因为它没有回声。
他们说我的叫声太怪异
因为我做梦都不曾想到
我会穿上丝绸织物。
他们说我不相信预言，
这是真的，
现在如此，且一直如此。

虽然阿多尼斯被放逐，但这位诗人宣称，他会像耶稣那样爱那些驱逐自己的人。儿时的记忆使他充满了如火般的激情，他得到了净化，像凤凰一样“随着太阳的圣歌”而复活。“我长出一双新翼 / 就像你的一样啊，我的凤凰。”他想起了一个曾被钉在十字架上的人，然后通过经典的凤凰意象，拓展了中世纪时把凤凰认定为基督的观点：

临死之际，他双翼伸展，
将那些埋他于灰烬之中的人
聚拢起来，
又如你一般，
把痛苦化为生命的清泉和烈火。

在获得了之前在诗中向凤凰索要的“只言片语，一个手势”

后，诗人重新振作，准备继续精神之旅：

现在就出发吧，我甜蜜的鸟儿，
你来指路，我会跟随。

诗人的笔名阿多尼斯正是古叙利亚死而复生的神灵塔木兹（Tammuz）的希腊语叫法。所以，他以凤凰自比，自然是再合适不过。

保尔·艾吕雅（Paul Éluard，1895—1952年）是法国超现实主义诗歌运动的奠基人之一。在他的一首爱情诗中，凤凰以凤鸣之声或者像人一般的喃喃自语来发言。这首诗被收入艾吕雅献给其第三任妻子多米尼克·莱莫尔（Dominique Laure）的 354
诗集《凤凰》（*The Phoenix*）[28]中。这部诗集出版于两人结婚的1951年，反映了诗人在其第二任妻子早逝后，经历多年消沉而再次振作的经历。诗歌开篇几句意义含混不清：

我是你路上最后一个过客
最后一个春天和最后一场雪
最后一次求生的斗争

不论讲述者的身份如何，在诗歌的每一节中都有明显的凤凰意象，勾勒出传说中死而复生的循环：“在我们的柴火堆中，一切应有尽有”；“我们脚下踩着火，头上顶着火”；“青烟升上苍穹”。在结尾处，诗歌给出了新生的希望：

黑夜，悲伤在恐惧中自燃

灰烬如花般美丽，快乐绽放

我们总是背对落日

一切都披上黎明的色彩。

加斯东·巴什拉认为，在艾.吕雅诗集《凤凰》中的诗歌里，“旧情的悲伤被新爱所煅烧，生出新的火焰，这时，新的生活开启，新的幸福来临”。[29] 但是，就在诗集出版后的第二年，艾吕雅就因心脏病去世了。

帕特里克·卡瓦纳（Patrick Kavanagh，1904—1967年）也创作过一首铿锵有力、格调积极的诗歌，题目也是《凤凰》（*Phoenix*）。[30] 与其他诗歌不同，该诗以工业化社会为背景，其中的凤凰复兴的是“一个失去生命的文化”。卡瓦纳出生于爱尔兰的农民家庭，对爱尔兰的农村社会持严厉批判态度。与艾吕雅的诗相似，卡瓦纳的诗在结尾处也写到了黎明（下文诗中的省略号为诗人本人所用）。

废铁——

在都柏林码头堆成一座褐色的山：——

那是扭曲的发动机底盘

355 而那些发动机曾经能产生能量

还有一些锅炉和车轮，

混乱堆积，四处跌落
让登记造册的人也愁容不展。

心里一阵阵悲伤
看到这些已经完成使命的废弃物……
如今成了一个失去生命的文化。

然而，就在河的上游某处
有人在歌唱新生：——
利兹的锅炉
就像凤凰一样
这堆废铁就像它死后的双翼
从那里
机械的活力
又会迸发。
我们相信。
当下正是信仰的黎明。

作为炼金术中的重要意象，凤凰双翼燃烧，把那些废弃的原材料锻烧成贵重的金属。如前文所述，德鲁里巷凤凰剧院的重建以及德莱顿笔下伦敦城的重建，从象征意义上都体现了一种旧有社会秩序的恢复。卡瓦纳诗中描写的这种转型也以一种新的形式体现了这种模式。只是在这首诗中，火成了具有创造力的元素。

美国诗人丹尼丝·莱维托夫（Denise Levertov，1923—

1997 年）诗作《捕猎凤凰》（*Hunting the Phoenix*）的题目中虽然有凤凰，正文中却没有提及。在这个题目中，凤凰作为复活的隐喻，更具个人色彩。《捕猎凤凰》与米夏埃尔·迈尔的寓言相似，也是在探寻凤凰的隐喻意义。只是在这首诗中，诗人先描写了人们在文学作品中探寻炼金之火的历程。

翻阅褪色的手稿，
确保每个单词
都未被漏掉，
356 都得到关注。不：
旧时的爱
只是半遮半掩地表达，那些时刻
只是从感知流中挤出
如“雕像”一般，
静止而无生气——
他们体内都没有血液在流淌。
你一定要去
被烧成灰的鸟巢中寻找
如果你还想找到
烧黑的羽毛，闷燃的鸟骨，
还想看到摇曳歌唱的火焰
重新燃起。[31]

莱维托夫生于英格兰，17 岁时就出版了自己的第一部诗集，引起了评论界的高度关注。后来，她随丈夫、美国作家和政治活动人士米切尔·古德曼（Mitchell Goodman）移居美国，成为美国越战政策的激烈批评者。莱维托夫后期的诗歌政治色彩较淡，从本质上讲主要是憧憬未来。

还有一些诗歌，题目和正文中都没有“凤凰”一词，凤凰形象在其中的位置当然也持续削弱。巴什拉把这类诗歌归类为“含蓄的凤凰诗歌”。部分这类诗歌只是通过形象的联系和对应来暗指凤凰。而巴什拉辩称，凤凰就是“人们想象中火的原型”。[32]

塞尔维亚诗人伊万·拉里奇（Ivan V. Lalić，1931—1996 年）在《鸟儿》（*Bird*）一诗中暗写了死而复生的凤凰形象，但没有明确提到凤凰之名。[33] 拉里奇被认为是欧洲现代主义文学大师，其作品源于其塞尔维亚－克罗地亚的双重文化困境。

我用一团火和少许空气做成一只鸟儿。
鸟儿慢慢地燃烧
借着你内心的火，和你周围的空气。

鸟儿比满是气孔的贤者之石还轻， 357
如同失重般飘浮在层层叠叠的黑暗之中
压抑迫使你继续用力呼吸，

为你歌唱超越时光的花园
就在那大洋之边

风打起了卷，甚至连阿基米德都未曾见过。

一只鸟儿来自一团火和少许空气。

就让她在我那风急雨骤的小天堂里飞翔吧。

在我如细丝一般的梦想之上。

在我如细丝一般的鲜血之上。

除了那只诞生于烈火又葬身于烈火的鸟儿，诗中能够与凤凰传说呼应的意象还有贤者之石、世界边缘“超越时光的花园”，甚至还有风打起的“卷”，等等。

约瑟夫·哈奇森（Joseph Hutchison，1950 年— ）是 2014—2018 年科罗拉多州桂冠诗人。在其诗作《亡魂归来》（*Revenant*）中，火和空气也是基本的意象。这首诗通过把一只鸟与火并列来暗指凤凰，正如题目所示，凤凰死后，亡魂归来，并借助凡人之力，在尘世得到重生：

塞满旧时新闻的鸟巢，火苗在摇曳

炉架之上的鸟骨，

火苗奋力上窜

要驱赶岁末的寒冷。

你会想，这火是怎样用燧石点燃

然后火星四溅，现出蓝色

如丝般光滑流淌的油体之上的羽毛。看吧！

当终于有机会在炉边点燃时

火苗有多么努力
只为不致熄灭。
这是你的火炉——所以你才 358
不停地朝它中心吹气，
起初只是点点火星，但是很快
火焰就燃开，“呼”的一声蹿起

一如既往，这火
捕捉到你眼中闪烁的
关于复活的迹象，于是瞬间闪亮
接着化作一股黑烟飘向空中。
你眨了眨眼，烟就飘散在夜空中——
现在已经爬升到遥不可及的星空。[34]

这只幽灵般的凤凰不是生于用异国香草筑成的巢中，其根据仅是一些无人问津的“旧时新闻”和光秃秃的木架子。人用嘴吹气，使得凤凰浴火而出；然后，它的灵魂穿过被烟熏黑的烟囱，直上夜空。抛开这首诗的主题不论，信奉凤凰传说的人能从诗中感受到新南天星座中的那只鸟（凤凰）。

美国桂冠诗人（1997—2000 年）罗伯特·平斯基（Robert Pinsky，1940 年—　）曾经获过多个国内国际奖项，并且因为翻译但丁的《地狱篇》而闻名于世。他在诗歌《致凤凰》（*To the Phoenix*）中曾提出一个神秘问题，引起了其他诗人寻找答案的兴趣：

黑色的信使啊，你在荒芜废弃中自我孕育，
什么样的阴阳之气，才能罩住谜一般的你？

记忆之翼如火般，抹掉了过去——
抑或现在，在它已化成灰的巢中孵化？[35]

现代诗歌中，多变的凤凰形象经历过多次转型。与此同时，它在文学中的地位也因两位著名小说家而继续攀升。

21

凤凰在文学上的尊荣

通过 D. H. 劳伦斯的个人徽章以及詹姆斯·乔伊斯《芬尼根 359
的守灵夜》，凤凰形象又得到了提升。仅这两位 20 世纪作家的文学成就就确保了凤凰在现代文学中可以长久地占有一席之地。

D. H. 劳伦斯的徽章

作为作家，D. H. 劳伦斯（1885—1930 年）对复活之鸟（凤凰）着墨甚多，多部著作的封面和标题页上都有凤凰形象。由于自认为与凤凰心灵相通，劳伦斯更把它作为自己的个人徽章，他对凤凰形象的文学刻画反映了他的愿望——通过原始的自然力量完成自我实现。[1]

劳伦斯出生于诺丁汉郡的伊斯特伍德，因为当地有一家“凤凰咖啡馆”，还有一排“凤凰”小屋，所以劳伦斯从年轻时就熟知“凤凰”之名。[2] 他最早提到凤凰之名是在 1913 年，即与弗里达·威克利（Frieda Weekley）结婚的前一年。在当年给
弗里达·威克利的一封信的结尾处写道：“你是我的唯一（你的 360

名字对我就像凤凰一般）！”[3]

劳伦斯对凤凰徽章的首次刻画出现在1915年1月3日写给其犹太人朋友S. S. 科泰利安斯基（S. S. Koteliansky）的一封信中。下面为信中的一段话，方括号内的词为劳伦斯书信作品的编辑所加：

> 我们要建立一支拉那尼姆骑士团，其口号是“火”，徽章如下：
>
> [素描图]
>
> 黑色背景之下，一只鹰，或者是银白色的凤凰从燃烧的红色巢穴中跃起。我们的旗帜以黑色为背景，嵌着一颗燃烧的红色十角星。[4]

《拉那尼姆》（*Rananim*）是一首犹太歌曲，科泰利安斯基曾在劳伦斯举办的假日聚会上唱过这首歌；它也可以指劳伦斯想要创建的一个乌托邦。在那次聚会上，另一位朋友唱了一首关于传统凤凰的歌。不仅在上述信中，而且在以后的许多作品中，劳伦斯都把传统凤凰形象与他的复活意象联系起来：“我感觉到了，我感觉到自己就像一只翱翔天空的雄鹰。”[5]劳伦斯笔下从火中跃起的鸟实际上是根据牛津大学博德利图书馆13世纪的《阿什莫尔动物寓言集》中的有关形象刻画出来的[6]（图见本书第二部分篇章页）。他所谓的“拉那尼姆”旗帜之上的十角星，正好对应动物寓言集插图中火焰上方的十角星。

学者们一致认为，劳伦斯选择凤凰作为自己的个人徽章，至少部分原因是他读了亨利·詹纳夫人所著的《基督教象征主义》（Henry Jenner，*Christian Symbolism*）。[7]《阿什莫尔动物寓言集》中的凤凰插图的一段配文中，詹纳夫人讲述了凤凰在基督教中作为复活象征的重要意义。她指出，圣克莱门特《克莱门特一书》中的凤凰“死后又从灰烬中重生”，正是这部作品把凤凰形象引入了基督教；她还提到早期基督教艺术中凤凰与棕榈树的关系。尽管圣克莱门特在作品中已经提到了“灰 361
烬”，但詹纳夫人还是补充说，虽然凤凰以胜利者的姿态从烈焰中腾飞而起的一幕通常描写不多，但是，“其作为基督复活的象征是得到人们承认的”。[8]就在写有拉那尼姆标志和旗帜插图的信之前几个星期，劳伦斯还写过一封信，并在其中特别提及了詹纳夫人的书。他并没有提及詹纳夫人对凤凰的刻画或者凤凰插图，但对中世纪基督教复活概念的象征之美却着墨甚多。劳伦斯承认，“基督教现在应该教导我们，在经历了耶稣受难以及坟墓的黑暗之后，我们的肉体还会重生”，但是又强调说，所有宗教本质上都是相同的，作为个体，必须要将正统的概念转化成“新的真理”。[9]他用自己的思想解读了复活的概念，把凤凰选作“拉那尼姆”的纹章顶饰以及他的个人徽章。这实际上是继承了女王伊丽莎白一世及其同时代其他人选择徽章的传统。

在写了关于“拉那尼姆”的信之后几个星期，劳伦斯就开始佩戴他的新徽章。他曾给自己家族的一位朋友凯瑟琳·卡斯韦尔（Catherine Carswell）写道：“我要在一个盒子上给你画一只凤凰。”两个星期以后，他就给伦敦一位身份高贵的女士奥托琳·莫雷尔（Ottolime Morrell）夫人送了一个这样的盒子，并解释说：“下面的凤凰就是我的徽章和标志。”接着又说：“它真能使我悸动。这是不是有点荒谬？”[10]

当年晚些时候，劳伦斯文学作品中的凤凰形象两次出现在正式出版物中：

一部名为《虹》（*The Rainbow*）[11]的小说，描写了一家三代人的两性关系和情感生活。令人意外的是，其中的凤凰形象朴素，出现在威尔·布兰文为其未来妻子安娜所做的黄油印章之上。与《阿什莫尔动物寓言集》中的插图一样，这只小凤凰与鹰相似，双翼展开；“从杯口边缘处升起一圈非常美丽的火苗，摇曳闪烁”，凤凰就从这火苗之上跃起。[12]

就在《虹》的创作完成后不久，劳伦斯又写了一系列随笔，结集取名为《王冠》（*The Crown*）[13]，并于《虹》出版之后一个月面世。作为新生命诞生的象征，《虹》中的凤凰与《王冠》中“沙漠里独一无二的凤凰”截然不同。这些随笔以第一次世界大战的爆发为背景，描述了当时的大动荡局面，反映了劳伦斯对
362 未来的观点：文明衰败之后，人类可以有意识地使其重新焕发活力。劳伦斯曾给这些随笔取过不同的标题，“凤凰”便是其中之一。[14]《王冠》中的凤凰与鹰相似，以凤凰传统的完美形象和基督教寓言为基础，进而发展成为作者本人创造的形象，体现了作者心中那团超自然的火。当“她化身成为永恒的火焰，与万物之源融为一体”，巢穴中的一块煤点燃了“一点点灰烬，一小堆蓬松的灰色尘埃”。这些尘埃就变成了凤凰，它的“嘴巴慢

慢变硬，透明弯曲，像一把弯刀，爪子也在变硬，像高纯度的珠宝”。《王冠》中的雏凤与“拉那尼姆”信件和《虹》中的凤凰相似，都是从烈焰中跃起。但是，作为一位富于想象的作家，劳伦斯描写的凤凰复活颠覆了传统——《王冠》中那只凶猛的鸟儿从灰烬中重生，却化身为火焰。对此，他补充写道：“只有化身为火，她才能成为凤凰。否则，她就只能是一只普通的鸟儿，在鸟类历史上也不过是昙花一现。”[15] 相比之下，他笔下的沙漠中的斑鸠，因为没有火，就只知道静止、黑暗和死亡。后来，在劳伦斯诗集《鸟、兽、花！》(*Birds, Beasts and Flowers*!, 1923 年）中的《圣约翰》(*St. John*)[16] 一诗中以及更晚期的《凤凰》一诗中，《王冠》中“灰烬”“蓬松”等关于复活的意象也出现过。

在《王冠》之后的作品中，劳伦斯又多次使用了凤凰隐喻，最后才把“拉那尼姆”中的凤凰形象公开作为个人徽章。[17]

1923 年，劳伦斯将一枚凤凰印章作为圣诞礼物赠给了友人约翰·米德尔顿·穆里（John Middleton Murry），其上就刻画了一只雏凤在火巢中诞生的情形。赠礼时劳伦斯还附了一张便条，上面画着“拉那尼姆”信中的那幅徽章素描图；这幅图被放在一段致“杰克”的铭文和一个象征永恒的衔尾蛇徽章之间。[18]5 年后，劳伦斯出版他最为大胆、最富争议的小说《查泰莱夫人的情人》(*Lady Chatterley's Lover*, 1928 年）时，在有关信件中提到过这枚印章，并把其中的凤凰形象作为了小说的封面图。[19] 在其他信中，劳伦斯在提到个人徽章时都使用了几乎同样的话——“凤凰从燃烧的巢穴中一跃而起”。[20] 在给友人罗尔夫·

加德纳（Rolf Gardiner）的信中，他甚至特别写道：“我一跃而起，”这说明了他对凤凰徽章的高度认同。[21]

在《为〈查泰莱夫人的情人〉而辩》（*A Propos of “Lady*
363 *Chatterley's Lover*”）一文中，劳伦斯这样自豪地介绍这部小说的首版：“精装本，纸张颜色为桑葚般的深紫红色，上面印有一幅黑色的凤凰（就是那只从燃烧的巢穴中跃起的鸟儿，象征着不朽）图片。”[22] 在此，劳伦斯又像诠释动物寓言集中的凤凰一样，描写这只雏鸟从烈焰中跃起的情形。只是这时他笔下的凤凰形象更具有胜利者的气势，它位于烈焰之上而非屈居其下（图 21.1）。后来，这一凤凰形象被印在劳伦斯许多作品的封面和标题页上。[23]

图 21.1　D. H. 劳伦斯的凤凰徽章

来源：Print rights: Phoenix (illustration) from *The Letters of D. H. Lawrence* by D. H. Lawrence, edited by Aldous Huxley, copyright 1932 by the Estate of D. H. Lawrence. Used by permission of Viking Penguin, a division of Penguin Group (USA) LLC. E-book rights: Phoenix Emblem from *The Letters of D. H. Lawrence* by D. H. Lawrence, reprinted by permission of Pollinger imited (www.pollingerltd.com) on behalf of the Estate of Frieda Lawrence Ravagli.

《凤凰》一诗创作于劳伦斯死前数月。诗中，作者用这只长生不老的鸟比喻自我创造力的再生：

你是否愿意被擦掉、消灭、删除，
连痕迹都不留下？ 364
你是否愿意一无所有，
被投入无人知晓之地？

如果不，你就永远不会有真正的改变。

凤凰可以重回青春，
只有当她先被火烧，活活地烧，烧成
炽热蓬松的一团灰烬。

然后，巢中有一只雏鸟轻轻翻动
身上一条条的绒毛就像蓬松的浮灰
表明，她正如鹰一般重返青春，
成为不朽之鸟。[24]

劳伦斯去世后，各种形式的凤凰形象仍与他继续联系在一起，且不仅限于他作品中的凤凰徽章。劳伦斯的墓原本在法国旺斯，墓碑上就有他的徽章。[25]曾有人用沙滩鹅卵石做了一幅凤凰镶嵌画来表现这一徽章。劳伦斯生前曾与弗里达计划在新墨西哥州陶斯镇长满树木的小山上修建一座“拉那尼姆”农场。[26]他死后，根据弗里达的安排，在那里建了一座小教堂，作为 D. H. 劳伦斯纪念馆。教堂里面装饰着各种凤凰雕塑，教堂屋顶上竖立着一只拟人化的张开双翼的怪凤凰。在凤凰之下、门廊之上，镶嵌着一扇用农用马车铁轮子制成的玫瑰花窗；车轮有九根辐条，如同光束一样从圆心向外发散，与劳伦斯设计的“拉那尼姆”旗帜上的星星很像。在教堂圣坛上，还有一只凤凰，它与劳伦斯最常用的徽章更为相似（图 21.2）。[27]1935 年，即这座教堂建成一年后，弗里达安排将劳伦斯的遗体从旺斯墓中移出并火化。[28] 在劳伦斯农场里还有一间供客人居住的小屋，其门廊上悬挂着一幅用锡片切割成的双头凤凰图。这间客房旁边有一棵松树，上面曾经悬挂着另一幅锡制凤凰图，是劳伦斯徽章的复制品，但现在已经不在那里了。[29]

366 劳伦斯一些未被收录的作品后来也结集出版，题目就是《凤凰》（1936 年）和《凤凰 II》（1959 年）。这个题目是对他与凤凰的象征性联系的公开纪念；此外，民间和学界也多有提到二者间的关系。其中，田纳西 · 威廉斯（Tennessee Williams）描写劳伦斯之死的独幕剧《我从火焰中升腾，向凤凰哭诉》（*I Rise in Flame, Cried the Phoenix*）尤为值得一提。[30] 该剧对劳伦斯把凤凰作为创造力复活的象征进行了剖析。威廉斯 1941 年创作该剧，但直到 1959 年才出版。这部剧的开场将剧情设定在旺斯附近的一间海滨小屋，并介绍了一系列意象，将戏剧题目与劳伦斯本人关联起来。在傍晚阳光的照耀下，剧中主人公身披毛毯，蜷缩着坐在那里。在他身后，“是一面很大的丝质旗帜，颜色为银色、鲜红和金色混杂，上面绣有火巢凤凰的图案。”[31]

图 21.2 新墨西哥州陶斯镇郊外的 D. H. 劳伦斯纪念馆外观和内部图
来 源：Photographs by the author (2000).

《芬尼根的守灵夜》中的凤凰*

如果说劳伦斯是以凤凰复活自比，那么詹姆斯·乔伊斯（1882—1941年）则是以凤凰比喻整个人类历史。《芬尼根的守灵夜》（1939年）的文字艰涩难懂，如果一个信奉凤凰传说的人首次读到这部书，很可能会备感沮丧。好在一代又一代研究乔伊斯的学者已经在他的文字迷宫中找出了路径。[32]

这部小说以维柯（Giambattista Vico）的历史循环论为基础，反映了人类社会的盛衰兴替。这一理论将人类历史分为四个阶段：神的时期、英雄时期、人的时期，以及复归（*ricorso*），最后一个阶段又循环返回到第一个阶段。[33] 小说的结构中有一系列潜台词，经典凤凰传说中死而复生的循环就是其中之一。这部小说被学界誉为小说中最精妙的作品，又被普通读者斥为最难读的作品。小说的“梦语”（dream-language）描述了凤凰这一神秘形象，此外还直接间接地描述了许多其他千变万化的意象。无论如何，乔伊斯文学作品中的凤凰形象代表了这种不朽之鸟的终极语言转型。[34]

367 乔伊斯有可能是在两次世界大战之间，一边修改《尤利西斯》的校样，一边开始构思颠覆常规的《芬尼根的守灵夜》的。乔伊斯的传记作者理查德·埃尔曼（Richard Ellmann）曾记述道，乔伊斯在巴黎的公寓中曾经养过几株盆栽（*Phoenix dactylifera*，椰枣树）。“他说这种植物能使他想起凤凰公园，所

* 《芬尼根的守灵夜》的部分译文参考自戴从容译本，上海人民出版社，2013年。

以对它们精心呵护。”[35] 那座历史达数百年、面积很大的公园后来成为小说《芬尼根的守灵夜》的中心。另一位研究乔伊斯的学者约翰·毕晓普（John Bishop）曾戏谑地猜测，《芬尼根的守灵夜》可能是文学史上第一部灵感源于作者养育的盆栽植物的作品。[36]

该书最后定下的题目暗示了乔伊斯的创作方法和作品主题。“芬尼根的守灵夜”（注意 Finnegan 后带撇号）实际上是一首音乐厅演奏曲的名字。这首曲子背后的故事情节是：一个砖瓦匠从梯子上摔下而死，后来守灵时有人把威士忌洒到他身上，他受到酒香刺激又苏醒过来。[37] 乔伊斯这部小说的题目中包含了几处双关语：砖瓦匠蒂姆·芬尼根（Tim Finnegan）之名与爱尔兰神话英雄芬·麦克尔（Finn MacCool）关联；法语中的 *fin*（终结）与英语中的“again”结合成芬尼根的名字，暗示死亡之后又复活；“wake”既表示葬礼中的守灵，又表示睡后苏醒。在《芬尼根的守灵夜》所描写的梦境中，各种意义相反的事物被融合在一起，比如字符、单词以及主题等。[38]

这部“首尾相连”的书开始和结尾都是半句话，结尾半句又回复到小说开始的半句，形成一个闭环，就好像都柏林的利菲河一样，从山间流向大海，又蒸发形成雨水再降落到山间。就在乔伊斯无尽循环的梦境中，汉弗莱·汉普顿·伊厄威克（Humphrey Chimpden Earwicker）一家人一直在沉睡。[39] 作为都柏林一家酒馆的老板，伊厄威克因为某一未说明的“罪过”而心怀愧疚，这个“罪过”与城中凤凰公园里的两个女孩有关。伊厄威克全名的首字母 HCE 暗指“此即人人”（Here Comes

Everybody）、“子孙遍地”（Haveth Childers Everywhere），所以说，这个人物形象可以代表每个人。在梦境之中，他化身为芬·麦克尔、蒂姆·芬尼根、路西法、亚当、乔纳森·斯威夫特（Jonathan Swift）、憨蛋呆瓜（Humpty Dumpty）等多个神话、历史和文学作品中的人物。睡在他身旁的是小说的女主人公、他的妻子安娜·利维娅·普鲁拉贝尔（Anna Livia Plurabelle，首字母简写为 ALP），象征着利菲河，并在无意识的超现实世界里化身为其他女子的形象。伊厄威克家有一对
368 双胞胎儿子，分别叫山姆（Shem）和肖恩（Shaun），他们是伊厄威克潜在的竞争对手。伊厄威克对自己的女儿伊莎贝尔（Isabel）有乱伦的非分之想，于是伊莎贝尔不在家里住。乔伊斯在小说中通过多重双关语、混成词以及其他语言结构，描写了这一家人的生活是如何融入人类神话和历史中的人物和周期中的。[40] 在所有这一切中，凤凰以各种变体和暗喻的形式出现，并与梦境中的幻象和主题交织在一起。乔伊斯在小说中以不同的形式频繁运用凤凰复活的形象，尤其是在一些关键的叙述片段中的运用，都说明了凤凰在这部小说中的重要地位。

这部小说中，绝大多数词语都融合了两个或多个指示意义、暗示意义和明示意义；相关的暗喻和主题则像音乐中的主乐调一样贯穿整部小说。事实上，与一般人能读懂的文章中的词汇相比，乔伊斯所用的词汇更接近音乐中的乐符。[41] 许多学者坚称，在这迷宫般的游戏中，乔伊斯本人控制着词汇的复杂含义，给读者留下的个人诠释空间很小。然而，专家们在解读乔伊斯的文本时经常有意见分歧，因而不得不承认，要完全理解这部小

说，还需要许多年的努力。

《芬尼根的守灵夜》的开篇用四段文字介绍了小说的闭环结构、主题和人物形象，这一部分的高潮就出现在小说第二页的凤凰形象。[42] 小说的第一句就有“河水奔流，流过亚当和夏娃之家”（3.1）这样的描述，并且把都柏林一座教堂和一间酒馆的名字故意颠倒，从而使人联想到人类在伊甸园中的堕落。[43] 接着，作者又用一个由 100 个字母组成的单词，振聋发聩般地宣告了另一次“跌落”事件，这一事件发生在都柏林伊甸园般的凤凰公园里［在“公园里一处迷人的地方”（3.22）有详细介绍］。这里是蒂姆·芬尼根从梯子上摔下来的地方；再引申开来，这里也是书中即将讲到的伊厄威克不慎跌落的地点——他的酒馆就在公园隔壁。在公园边缘的土地上，留有爱尔兰昏睡巨人芬·麦克尔的脚趾印，他的头颅埋在霍斯堡（Howth Castle）之下，躯干则在都柏林之下。这实际上是乔伊斯对都柏林建城时野蛮杀戮的综述，其高潮部分是一位原生的“通奸者们的父亲”在尘土中爬行，接下来，天空中出现了一道象征救赎罪过的彩虹。 369
这部分结束时，又增添了一个意象，反映了乔伊斯反复提到的死而复生的主题，还有整部小说的闭环结构：

> 昔日的橡树如今躺在泥炭沼中。但是梣树（阿斯克、灰烬）躺卧的地方榆树拔地而起。如果你只能坠落，你必须升起：眼下的闹剧也不会太快落定走向尘世的凤凰（终结）。（4.17）

橡树静静地躺在泥炭沼中，但是榆树又从灰烬（树木被烧后的残留）中冒出小芽。衰落之后即是复苏，在遥远的未来，这一戏剧（历史？）般的循环将会结束，但新的循环又会重新开始。“尘世”一词如果按“世代”或“年代”讲，会使人想起弥尔顿在《斗士参孙》中所写的“尘世的鸟儿，也能跨越世代”。乔伊斯用“phoenish”一词能够同时使人联想到凤凰公园、芬尼根以及芬·麦克尔，并且将“finish”嵌进了凤凰的复活之中。

乔伊斯多次将这种神话之鸟与凤凰公园结合在一起，上文是其中第一次。[44] 由于这座公园在整部小说的主题和情节中的重要地位，要理解乔伊斯笔下凤凰形象的变化，就一定要了解这座公园的历史。这座公园的名字源于英语中对爱尔兰语单词*fiunishgue*（意译为“清水”，直译为英语单词“Feenisk”）的误译。在爱尔兰，“凤凰”之名最早是用于指詹姆斯一世时期的一处宅邸。这座宅邸位于一眼泉水附近，那块土地最早是由英格兰国王亨利八世从耶路撒冷圣约翰骑士团手中没收而来的。王政复辟时期，奥蒙德公爵（duke of Ormond）买下了凤凰宅邸，并把它及周围的土地改建成一座封闭的公园用来为国王养鹿。18 世纪早期安妮女王当政时，这座公园被称为“位于凤凰（地名）的女王花园”（“女王的凤凰花园”，553.24–25）。18 世纪晚期，切斯特菲尔德伯爵（Lord Chesterfield）对这一地区进行了修缮，修建了道路，立起了一根凤凰柱，上面雕刻了烈火凤凰的雕像，然后将公园向公众开放。[45] 乔伊斯在书中曾提到过
370 “把自流井（Artesia）改成阿拉伯半岛的鸟”（135.14–15），这实际上暗示，公园中那眼泉的爱尔兰名字与切斯特菲尔德伯爵

选用凤凰雕像之间有些许联系。1882 年，爱尔兰发生了著名的凤凰公园谋杀案，进而引起了政治动荡。爱尔兰民族主义分子就是在凤凰柱附近暗杀了英国的爱尔兰事务大臣卡文迪什公爵（Lord Cavendish）及其次官托马斯·伯克（Thomas Burke）。[46] 目前，凤凰公园的休闲用地达 1750 英亩，为全欧洲最大，每年那里都会举办数百场公共活动。

《芬尼根的守灵夜》全书中，根据不同的上下文，凤凰公园的发音发生了数十次变化，从而使人能从同音异义等角度联想到那只能够死而复生的鸟。这些变化包括：“Phornix Park”（通奸的发生地；80.6）、“the Fiendish park”（伊甸园中的撒旦；196.11）、“parks herself in the fornix”（描写了另一次通奸场景以及人脑和阴道的弯曲结构；116.17–18）、“from spark to phoenish”（特别值得一提的是，这一表述把“自始至终”、凤凰献祭、公园以及循环周期等元素都结合在了一起；322.20）、“the Finest Park”（461.9–10）、“feelmick’s park”（暗示伊厄威克未被揭露的“罪过”；518.27）以及“Phoenix Rangers”（管理公园的骑警；587.25）。

而“Finnishthere Punc”（17.23）、“Finnish pork”（39.17）和“Finn his park”（564.8）这三处表述则更明确地暗指 HCE 诸多含义中的芬·麦克尔。他

> 在凤凰的空间翱翔时，石头飞起，他撞进公园的空地，树木倒下。（136.34–35）

“空地”就是凤凰公园里的一个地方，而“凤凰”自然就指的是公园。

Finn、Finnegan、法语词 *fin* 以及“finish”（“phoenish”的另一种形式）在整部小说中还有其他语音变体，并且这些变体都有暗示凤凰公园和凤凰之意。这些变体包括：“Finiche!”（7.15）、“finisky”（6.27）、“finnishfurst”（238.24）、“his finnisch”（325.12）、“photoplay finister”（516.35）、“finnish”（518.26）以及“Big Maester Finnykin with Phenicia Parkes”（576.28–29）。

这部非线性小说的前半部分曾讲述道，在爱尔兰巨人芬去世
371 之后很久，来到凤凰公园的游客会被追赶着绕芬和其他巨人的生命之树转圈，这一路线实际上是重复了自然界中的四季循环：

> 此时他们的护卫绕着巨大的生命之树循环转动，我们那火已离、爱者幸的花树，我们没有树林的世界里的凤凰，高傲、尖锐、羞愧（重复）！它的根是松树丛中的灰烬。（55.28）

上文中，那棵生命之树就是能带来幸运的四叶草的花树，“凤凰”既指公园，也指神鸟，还指代枣椰树，它的根是松树丛中的灰烬。[47]《芬尼根的守灵夜》的梦境呓语中还有凤凰葬身烈火又得以复活的相关意象。

在《芬尼根的守灵夜》中，凤凰公园就像都柏林的伊甸园。小说中除了凤凰公园的主题以及各种语言学变体，还有关

于“啊，快乐的罪过”（*O felix culpa*）和原罪的变体。奥古斯丁也高兴地认为，正是亚当的堕落才使基督降临以及人类救赎成为可能。在整部小说中，“*felix culpa*”与凤凰公园互相呼应，使人不仅联想到伊甸园和亚当的罪过，而且还有 HCE 所代表的各种人物（芬·麦克尔、蒂姆·芬尼根以及伊厄威克）乃至全人类的罪过；再说远一些，还包括各个历史时代、人类的救赎、复活以及凤凰的死而复生。在书中，乔伊斯创造了 10 个由 100 个字母组成的单词来描写人类的罪过。与其中一个词相隔数行，书中描写的一个新的历史转折之后，又出现了“O foenix culprit!”（23.16）这样的变体。在小说中，“*felix culpa*”的其他变体还有：“O felicitious culpability”（263.29）、“finixed coulpure”（311.26）、“them phaymix cupplerts”（331.2–3）、“phoenix his calipers”（332.30–31）、“Colporal Phailinx”（346.36）、“Poor Felix Culapert!”（526.8）以及“*O ferax cupla*”（606.22）。此外，“*felix culpa*”中的“*felix*”一词在“Felix Day”（27.13–14）中又再次出现。“Felix Day”指的是即将到来的欢乐凤凰节，在这个节日里，一位参加婚礼的人会“拿着常春藤火把而来，来重新点燃快乐日的火苗”（27.13）。

在《芬尼根的守灵夜》中，神话凤凰本身经常包含火、柴堆、灰烬等意象，也会直接间接地关联到凤凰公园以及“快乐的罪过”这一概念。由于乔伊斯借鉴的是凤凰传说的较晚版本，他笔下的“fieri-fornax”（318.34）也是死于烈火之中，然后又从灰烬中跃起而重生。

在公园摔下来后，蒂姆·芬尼根/芬·麦克尔的尸体就庄重 372

地停放在那里。我们“最可敬的祖先”有着丰功伟绩，

> 如果低语的小草能唤醒他，就还会如此，并且当火鸟解体时就又会这样。而且如果这就是那些将由长者告诉晚辈的事实，就将再次发生。你为我的婚礼举杯了吗？你把新娘和被褥带来了吗？你希望我的死去是一次？苏醒？威士忌亚当（Usqueadbaugham）*！（24.10–14）

凤凰从灰烬中重生时，宴会上有人要威士忌——“这种生命之水”具有使人复苏的特性。那位祖先苏醒过来。为了确保能够开启一个新时代，参加守灵的其他人竭尽全力要摁住他，他们说道：“你肯定只会在赫里奥波利斯里迷路。”（24.18）小说中，希罗多德笔下凤凰的目的地、古埃及不死鸟的圣殿，都是都柏林的另一种表达形式。而且，书中与凤凰有关的地点也与凤凰公园里的一处住宅融为一体，那就是爱尔兰自由邦首任总督蒂姆·希利（Tim Healy）的宅邸。[48] 客人继续劝“芬尼莫先生”不要起来，承诺传播他的名声，并把“柴堆的全部财宝”都给他。很快，他的继承人伊厄威克就要登场了。

小说中还有地方重复出现了以烈火和灰烬隐喻死亡和复活的用法，这似乎在暗示凤凰就是贤者之石，而后者可以将贱金属转化为真正的黄金或精神意义上的黄金。学者芭芭拉·迪伯

---

* 解为usquebaugh“威士忌”+Ad...am“亚当”；也解为usque and bacam“通向浆果”，出自 usque and mala “条条大路通向苹果”，古罗马人用餐时的常用语，意为一切都指向结束；其中 Baum 也解为“树”。

纳德（Barbara DiBernard）辩称“艾克本、索皮特和艾什利本公司”（Messrs, Achburn, Soulpetre and Ashreborn，59.17−18）* 这种说法背后实际上暗指炼金术的煅烧过程以及凤凰从灰烬中重生。[49] 她指出，乔伊斯在书中说“借着三种精神的作用，凤凰和烧他的柴堆仍在熊熊燃烧”（265.8–10），实际上是在间接地说贤者之石，因为要炼出贤者之石，需要将水银、硫黄和盐三种材料结合起来。[50]

书中还有其他关于灰烬的双关语。以下是暗示凤凰生死循环的双关语：“愿凤凰作他的火葬堆，灰烬作他的祖先！”（128.34–35）“幸运的罪过”（O’Faynix Coalprince，139.35），后者像是爱尔兰人名，也是“*felix culpa*”的变体 **。

伊厄威克的酒馆就在凤凰公园旁边的查珀尔利佐德 373
（Chapellizod），这也能引出其他不同的凤凰意象，但它们与其他凤凰相关意含都有共通之处。18 世纪时，都柏林确实有一家凤凰酒馆，估计是因位于凤凰公园附近而得名（205.25）。《芬尼根的守灵夜》中就提到了这家酒馆的名字——“夜晚，在灯火明亮的凤凰酒馆”（321.16）。因为伊厄威克有一处名为穆林加尔的产业，后来，凤凰酒馆被改称为穆林加尔酒馆（Mullingar House）。[51] 这两处凤凰酒馆表述之前的单词，要么首字母为 H、C、E，要么词中包含这三个字母。这种安排使人能够联想起伊厄威克名字的各种含义。[52]

---

*　也解为 arch-born“首生”+soul petrel“灵魂之燕”+ash reborn“从灰烬中重生”。

**　也可解为 O’Faynix“人名”+Coal prince“煤炭王子”。

19 世纪时，都柏林还有一家名叫凤凰的酿酒厂。这在小说中也有体现："一瓶 98 年的凤凰啤酒"（38.04）、"凤凰酒厂黑啤"（382.4）以及"凤凰酒厂的老看门人"（406.10）。[53] 小说中，伊厄威克的孩子们在他的酒馆后面玩游戏、演哑剧。乔伊斯把这个地方称为"Feenichts 剧院"（219.2）。这个名字与爱尔兰语中 fiunishgue 一词的直译非常相似，同时也能使人联想到伦敦德鲁里巷的凤凰剧院。

这部小说最复杂的凤凰形象和复活意象出现在第三部分第二章的结尾处，在这部分，伊厄威克梦到了他日间所思的、儿子肖恩功成名就的样子。复活节前一天，肖恩 / 乔恩（Jaun）/ 豪恩（Haun）在一所女校参加完布道就匆匆离开了。这时，小说中出现了一位未点明身份的讲述者，他就像那位梦呓者一样，也颂扬肖恩这位有梦想的行者：

> 就在爱丽比亚（Erebia）沉睡之前些许时辰，凤凰腾空而起！亮丽的不死鸟啊，你就向天而飞吧！勇敢地去吧！我们自己的凤凰也会再一次向柴堆射出火花，熊熊火焰会向着太阳的方向燃起。啊！朦胧阴郁之气一扫而光！勇敢的行者豪恩！你的脚痛了！一定要努力前行！坚持住！现在！要赢得胜利，你这个勇敢的家伙！沉默的公鸡最后一定会一鸣惊人。（473.16–22）

这段话隐喻色彩浓厚，虽然其颂扬的语气和许多表达感叹的双关语显得有点讽刺意味，但其中还是嵌入了许多与凤凰相关的意象——神鸟凤凰、太阳、阿拉伯半岛（爱丽比亚、伊里布斯）、不死鸟、凤凰公园、坠落、飞翔、火焰、苏醒、东方以及黎明，等等。在小说的最后一部分“复归”的开头，又出现 374
了呼应的一幕——第二天，梦呓者醒过来——那只“沉默的公鸡”又鸣叫起来。这是乔伊斯在《芬尼根的守灵夜》中唯一一次直接提到“不死鸟”。[54] 由于谁也不会认为伊厄威克本人听说过埃及神鸟，因此，与其他相应的单词相似，书中用这个词实际上强化了这位酒馆老板、梦呓者就是 HCE，就是每个人。《芬尼根的守灵夜》的创作历时 17 年，在这期间，它的题目叫作《创作中的作品》（*Work in Progress*）。而在上段引文中的“Work your progress”（一定要努力向前）实际上就是“Work in Progress”的变体，它暗示，伊厄威克所做的普世之梦，首先是乔伊斯本人的梦。

在小说第三部分最后一章中，又一次间接地应用了不死鸟的意象。在此，乔伊斯呼应了著名的《亡灵书》第 17 节的语句。在这一节中，赫里奥波利斯“不死鸟”所代表的逝者声称，“我身处昨日，却知明朝”，“我既掌管关于今世之事的书，也掌管关于未来之事的书”。[55] 小说这一章的最后一句还使用双关手法提到了托特。

> 你没有听说吗？在生者之书中就有这个内容。昨天，我听有人（一个戴着臂章的制革匠）说过明天会现身，但今天并没有出现。但我还是要提醒你想一想，昨天摩根娜（Ys Morganas）参加打斗的地方，明天一定会被托特在另

外一个地方记录下来。（570.8–13）

詹姆斯·S. 阿瑟顿（James S. Atherton）在所著《〈芬尼根的守灵夜〉中的书》（*The Books at the Wake*）中有力地论证说，古埃及《亡灵书》是贯穿于《芬尼根的守灵夜》全书的主要作品之一。[56] 乔伊斯所引用的素材包括了大英博物馆古文物管理者 E. A. 沃利斯·巴奇（E. A. Wallis Budge）所著的《埃及亡灵书》（*Egyptian Book of the Dead*）等作品。小说中提到了部分埃及神祇的名字，还模仿了部分古埃及的符咒。此外，《亡灵书》的题目在类似"生者之书"（the book of that whichis）"尘世行为录"（"the boke of the deeds"）一类语句中也有体现（13.30–31）。"生者之书"有可能暗示，《芬尼根的守灵夜》就是乔伊斯本人的亡灵书，而"尘世行为录"也有可能暗指《芬尼根的守灵夜》
375 这部小说以及乔伊斯的其他重要作品。小说中有一处直接提到了底比斯修订版《亡灵书》："底比斯的复审员闻出《聋子的臭虫》（*Bug of the Deaf*）* 后面藏着什么。"（134.36）

小说中，梦呓者在漫漫长夜中经历了危险的旅程，这就像古埃及传说中的死者穿过阴间一样。在讲述这一旅程之后，小说的第四部分一开始就描写了复活节时一缕光线闪过，基督复活的场景："啊！复——活——啦！"（593.2–3）接下来的几行里描写道，凤凰在复活时，跃升"到鸟能飞到的最高极限"（593.4–5）。而乔伊斯创造的"大都市赫里奥"（Heliotropolis，

---

* 指埃及《亡灵书》的底比斯修订版。

594.8）一词又将古埃及的太阳城与都柏林联系了起来。以前沉默的公鸡四点时就打鸣宣告黎明的到来："食蜜鸟的叫声！"（595.34）自然界中就有一种鸟名为食蜜鸟。小说中用这一鸟名既可能暗示中世纪修道士所说的象征基督复活的凤凰，也可能暗示火鸟凤凰。小说描写清晨和复活的意象是为了梦呓者的苏醒做铺垫。他从沉睡中醒来，就如同（凤凰）从冒着烟的灰烬中复活一样：

> 持续一周的苏醒过程结束了；那一大堆灰烬中燃起了一点微弱的火光，火势越来越猛，发出阵阵声响，这时，梦呓者苏醒了。（608.30–32）

阿瑟顿认为，火焰发出的声音"temtem"代指的就是埃及神话中的创世神亚图姆（Atem 或 Atum）。[57] 梦呓者实际上就是芬尼根和一位腓尼基人形象的合体。小说第一章曾预示，凤凰的复活"不会那么快"，而是在遥远的未来。菲恩·福尔德姆（Finn Fordham）推测，上段引文中所描写的凤凰从灰烬中跃起，实际上就是在呼应第一章，说明复活的过程终于"实现"。[58]

在希腊语中，"*phoinix*"的另一种形式和含义就是"Phoenicia"。而在《芬尼根的守灵夜》中，"Phoenican"则又仅是"Phoenicia"一词的一种双关说法，因此，在书中诸多凤凰意象中，它也就成了不可或缺的一个。而其他凤凰意象的表述还有："Phenicia or Little Asia"（68.29）、"Phenitia Proper"（85.20）、"gran Phenician rover"（197.32）、[59]"Phenician blends”（221.32）以及“Phenicia Parkes”（前文已有论述，实指凤凰公园；576.28–29）。

376 小说结尾是一段非常著名的狂想独白。年迈而又疲惫的ALP就像利菲河一样，穿过都柏林蜿蜒的市区，走向大海。她恰好经过了凤凰公园，而那里正是HCE“坠落”的地方：

> 亲爱的，那就是凤凰。听吧，那就是火焰的声音！让天使长米加勒走吧。既然劳萨的创作激情已经像火一样（lausafire）熄灭，本书的深度探索也就到此为止。来吧！从禁锢你的壳中走出来吧！展开你自由的双翼！对。我们已经看到足够的光明。（621.1–5）

小说中的凤凰除了指凤凰公园、都柏林的伊甸园以及从亚当到伊厄威克等坠落的地方，还能使人联想到与“finish”一语双关的“phoenish”（如4.17、13.11–12）。[60] 因此，ALP所说的话也能使人想到基督在十字架上的遗言（《约翰福音19：30》），从而实现了从“快乐的罪过”到得到救赎的预言。凤凰的复活之火已经燃起！路西法已经从天堂驱逐，“本书”的创作也已完结，ALP就可以继续追随天使长米加勒。古埃及《亡灵书》记录了引导者的灵魂穿过阴间的一系列符咒，它同时也可以被认为就是小说《芬尼根的守灵夜》本身。“来吧”以及“在白昼出现”（Coming Forth By Day）这样的说法，实际上就是古代《亡灵书》在现代又以小说《芬尼根的守灵夜》的形式再现的证明。小说的最后几句，ALP遇到了她“浑身发冷、心智失常而且充满恐惧的父亲”（628.2）；河流“就在这里入海。芬尼根，我们又到了一起”。这几句话既暗示，这条河流（利菲河）汇入大海，又暗示了乔伊斯这部书的完结，二者的共同之处就在于都发生了形式上的变化。河流继续流淌，“孤独地流走，最后遇到了爱”（628.12–16），这与小说开始一句形成呼应：“河水奔流，流过亚当和夏娃之家”，暗示着历史又会如凤凰死而复生一般，开启另一轮循环。[61]

《芬尼根的守灵夜》的各个新版本中，封面上都有 D. H. 劳伦斯的凤凰徽章。成千上万的人前往作为劳伦斯纪念馆的那座小教堂朝圣，并在来客签名簿上签名留言。《芬尼根的守灵夜》则成了一部终极小说作品，在文学史上也因标新立异而广为人知。与此同时，作为人类顽强精神的象征，凤凰的名字和形象也传遍世界。

22

文学领域之外的凤凰

377 “如凤凰一般从灰烬中重生。”即使从字面意义上讲，这句俗语也保留着凤凰死而复生这一古老传说的痕迹。[1] 凤凰可以用来比喻几乎任何事物的复兴；对于遭到毁坏，特别是被火焚毁的建筑、机构、城市乃至国家，其重建之后的形象或名称都可能选用凤凰。

如同在纹章学中一样，现代硬币、公司标识、印章和旗帜上刻画的凤凰，总是有火的形象或者相关暗示。在早期经典凤凰传说中，旧鸟死于巢中，新鸟从其灰烬中跃起而得复活，所以说，“从灰烬中重生”这一说法能更准确地反映古老传说。但时至今日，人们刻画的凤凰形象通常都是在烈火中重生。在动物寓言集中，凤凰通常是葬身于烈火；纹章顶饰形象虽然源于动物寓言集，但是它把凤凰的死亡和复活放在一幅图中，因此意义含混不清。正如 D. H. 劳伦斯个人徽章中所显示的，现代
378 人对凤凰的刻画更加强调其以胜利者的形象复活的姿态。原本只是人们的想象，现在却自己创造出了现实。也正是通过

这种方式，神奇的复活之鸟随着时间的流逝，形象不断发生变化。

必要的象征之物

1946年，《凤凰》杂志第一期出版时，古典学者多萝西·伯尔·汤普森（Dorothy Burr Thompson）雄辩地表示，现代社会仍然需要神鸟凤凰：[2]

> 历史上最猛烈大火的浓烟仍笼罩在广岛上空。我们应该如何解读从火葬柴堆中升起的凶兆？从这样的灰烬中，能生出什么样的鸟儿、什么样的希望？人文主义者一定相信，这只新凤凰必然象征着人类理想的又一次复活，并且这种理想的复活将循环往复，经久不息。

在古典时代，“罗马帝国的人民灰心丧气”之时，凤凰成为他们希望的象征。汤普森在对这段历史进行总结之后，再次用动人的语言强调了凤凰传说在当代的价值：

> 然而，虽然我们身处的世纪拥有更为先进的技术，但我们能否创造出更好的象征，来表达我们新的希望？在物质主义的魔鬼大行其道之时，我们能否复兴人类漫长创造周期中那些不朽的理念，构思出一个比凤凰更能鼓舞人心的象征物？无论文学艺术、哲学伦理、政治发展，还是以科学方法理解人类及其需求，所有这些领域中最优秀的成果都源于希

> 腊－罗马传统。这些传统经过复兴、重新修订，甚至重新创造的过程，对欧美社会起到了形塑的作用。从本质上讲，这些传统都是不朽的；但是，我们必须要再建起一个柴堆，再点燃火苗，烧尽过时之物，使精华得以重生。我们认为，现代西方文明是建立在希腊－罗马传统那个柴堆之上，并从历史中沉淀下来的。因此，我们现在还可以表达对经典传统凤
> 379 凰的信仰。那只古老的凤凰一定会从我们希望的灰烬之中跃起，获得重生，“自我毁灭以生出原样”。

这段话结尾处的引文选自奥维德《变形记》(15.392)：“唯有一只鸟，它自己生自己，生出来就再不变样。”2001 年 5 月，汤普森夫人于百岁高龄去世。仅仅数月之后，她这段玄妙深奥的话就在纽约得到了现实验证。

凤凰在全球的兴起

在全球范围内，人们都把凤凰当作一种复兴的象征。这是对人类所具有的复兴精神的明显反映。就如同伦敦的凤凰剧院以及凤凰保险公司一样，许多当代恢复或重建的事物使用了神鸟的名字或者使用了它的形象。

希腊独立纪念币

希罗多德的《历史》把凤凰形象引入到西方世界。而他的祖国希腊也在通过战争从土耳其人统治下独立之后，把凤凰的纹章形象印在了其首次发行的硬币之上，作为国家的象征。从

1828 年到 1831 年，希腊的货币单位也叫“phoenix”。[3] 一只似鹰的凤凰雄踞希腊共和国硬币中央，双翼展开，从烈火中跃起（图 22.1）。一束光线从硬币边缘斜射向凤凰，它的头顶竖立着一座十字架。与硬币上的凤凰形象相似，在希罗多德笔下，那只埃及圣鸟的样子和体型都与鹰相似。但是，这位历史学家的记录中没有火的意象。我们已经知道，在古希腊艺术中，并没有发现过凤凰形象。而硬币上的凤凰则象征着希腊以胜利者的姿态再次复兴。十字架则宣示，经历了伊斯兰统治之

图 22.1　希腊独立战争后新希腊共和国使用的凤凰硬币（1831 年）
来源：© The Trustees of the British Museum

后，希腊人依然信仰基督教。[4]一个多世纪以后，希腊军方发动军事政变，推翻政府后，又一次使用了凤凰形象，但这次的目的与以前不同。在军方于 1967—1974 年当政期间，希腊
380 硬币上仍然有凤凰跃起的形象，但其上又叠加了一位士兵的形象。[5]

旧金山印章

在 1849 年“淘金热”过后的一年半内，旧金山这座新兴城市的大部分被大火烧毁了——不是一次或两次，而是六次。每次被烧之后，这座城市都在灰烬之上得到重建。因此，1852 年，旧金山市的首枚印章上选用了凤凰作为主要形象。在金门大桥和进出港口的船只下面，展翅的凤凰从燃烧的巢中跃起。1859 年，旧金山启用了第二枚印章（图 22.2）。这枚印章上印有一个
381 盾牌，盾牌上刻画了一艘轮船驶入金门港的情形；而盾牌之上就是一只凤凰顶饰。在盾牌两侧分别站立着一位矿工和一位水手，盾牌下面是铁锹、犁和锚，这些形象中间有一句用西班牙文写的话：“和平黄金城，战时钢铁都。”[6]旧金山 1900 年的旗帜上，又一次出现了凤凰顶饰和前面这句话。据这面旗帜的设计者解释，上面的凤凰象征着这座城市“从旧的‘合并法案’的灰烬中崛起，并在新宪章之下恢复活力”。[7]由此可见，在 1906 年之前，旧金山曾 3 次把凤凰选为其重生的象征。而就在 1906 年，旧金山大地震发生，紧接着又诱发了几场大火，城市被毁，3000 余人丧生。这座城市现在的印章和旗帜代表了它所有被毁又重建的经历，包括 1906 年灾难后的复苏。

图 22.2　旧金山印章（1859 年）
来源：Courtesy of the City and County of San Francisco.

亚特兰大——“凤凰之城”

美国南北战争时期，佐治亚州的亚特兰大是联盟军（南方军）的物资枢纽。1864 年，联邦军（北方军）将领威廉·特库赛·谢尔曼（William Tecumseh Sherman）的军队攻陷了该城，成为第二年美国内战结束的先兆。1864 年 11 月中旬，谢尔曼继 382
续“向大海进军”时，放火烧毁了亚特兰大城的大部。重建工作随即马上开始，并于 5 年之后完成。亚特兰大市的印章和旗帜都形象地反映了这一过程。这座城市的箴言“Resurgens”意为“再次跃起”。而其印章和旗帜上都有一只从烈焰中跃起的凤凰，四周一圈是城市的名字和箴言。印章边缘还有“1847”的字样，表示亚特兰大建市的年份；还有“1865”的字样，表示城市被谢尔曼烧毁后重建的第一年。[8]

芝加哥大学

旧金山和亚特兰大分别位于美国大陆的东西两侧，它们都在被毁后得到重建。而再晚一些时候，美国灾难史中又出现了一座中西部城市。芝加哥大火的起火点在奥利里家的谷仓或其附近，时间是 1871 年 10 月 8 日（星期日）晚。在接下来的一周里，这座密歇根湖畔城市共发生了 20 场火灾，大火吞噬了整个商业区，并继续向北蔓延。到了第二个星期二上午，雨水浇灭了大火，但已经有 300 余人在大火中丧生，城市大部被火烧毁。4 年之后，就在老城的位置，一座新的芝加哥城又站立了起来。[9]

20 世纪初，芝加哥大学的一枚印章曾反映过这场大火。事实上，第一所芝加哥大学由于缺乏资金而停办。1890 年，慈善家约翰 · D. 洛克菲勒又建了一所同名大学。20 年后，这所新大学在刻制印章时，以一只从烈火中跃起的凤凰作为纹章，这既是对芝加哥大火的纪念，又承认了自己作为第二所芝加哥大学的地位。它在校徽上还添了一本打开的书，书上有用拉丁语写的大学校训“益智厚生”（Crescat Scientia）。[10] 起初，书的位置是在凤凰之下，但后来被挪到了校徽上半部，这样就脱离了火焰，到了一处安全区域。这一调整的背景是 1912 年一篇
383 题为《凤凰与书本》的文章。文中挖苦道:“虽然凤凰不会被烈焰吞噬，但书本却能。”[11] 于是，芝加哥大学对其校徽进行了重新设计。如今，芝加哥大学出版社的标识上也有一只凤凰和一本书。[12]

英国城市考文垂

“二战”期间，作为英国的军事装备制造中心，考文垂成为德国空袭的目标。1940 年，德军对这座西米德兰兹郡的千年古城进行了轰炸，摧毁了城中的工厂、民房、中世纪老城以及圣米迦勒教堂，并造成约 600 人丧生。第二年，考文垂又遭到了一次大规模轰炸。战后，市中心得以重建，在旧教堂的废墟旁又建了一座新教堂。20 世纪七八十年代，考文垂发生了大规模、持续性的经济衰退，失业率上升，人口减少，城市陷入困境。但随着后来新兴工业的兴起，经济又得以复苏。[13] 为了纪念这座城市在战后的复苏，考文垂大学选用凤凰形象作为其标识。[14] 从 1999 年到 2003 年，考文垂实施了一项“凤凰计划”。这个千禧年项目耗资数百万美元，使得市中心焕然一新。有一位项目组织者曾写道:“在考文垂，自‘二战’以来，凤凰已经多次从灰烬中跃起，但这一次的老城复兴项目，从最根本上对原物保护和考古工作给予了重视。”[15]

在全世界，许多城市都经历过被毁又重建的过程，它们的纹章标识上都有凤凰形象，考文垂只是其中一例。[16]

神户市和兵库县的凤凰计划

1995 年 1 月 17 日早晨，阪神大地震重创了日本兵库县的神户市，造成 6400 余人丧生。这座国际贸易港口遭受的经济损失高达 1000 亿美元。此后，日本根据 1000 多条建议制订了一项
重建计划。6 个月后，神户市的基础设施就得到了恢复。时任市 384
长笹山幸俊曾撰文称，如果神户能够克服“目前的困难”，那么

它“就会像凤凰一样重生，市民将会因它而自豪，全世界的人都会真心爱上这座城市”。[17]

从这位市长使用“重生”一词可以看出，日本的凤凰传说受到了西方凤凰的影响。数天之后，兵库县就发布了“凤凰计划”（Phoenix Plan），介绍了数百个“很具创意的重建”项目，当时计划在 2004 年前完成。[18] 兵库县和神户市联合制订的三年和十年重建计划就是所谓的“凤凰计划”。[19] 神户港的全部设施在两年内就重新开放，到 2000 年时，城市重建的绝大部分工程已经完成。但是，当时神户市也面临着严峻的挑战，其重建工作也受到了严厉指责。[20] 重建期间，神户经济发展缓慢；在公共住宅建设期间，许多市民不得不住进临时居所。兵库县和神户市原来的大型项目仍在继续施工。神户鹰翼体育场（即御崎公园球技场）的建成刚刚可以满足 2002 年世界杯足球赛的需要。这座体育场被设计成鸟的形状，名字也是由市民选定，反映了这座城市的劫后重生。这一地区重新崛起的高峰是完成了世界上最长的悬索桥和一座新机场。地震 10 周年之际的一项评估显示，重建工作已经完成 80%，而且还有更多的项目处于规划之中。[21] 那场灾难过后 15 年，有一位记者曾说，神户是“一座帅气的城市。新建的住宅和公共建筑、高速公路和铁路，洁净闪亮的街道和公园，看不出一点点灾难毁坏的痕迹”。[22] 就在重建工作开展的同时，全世界都在汲取、研究相关的灾难应对经验和教训。

威尼斯凤凰歌剧院

1996 年 1 月 29 日，威尼斯著名的歌剧院被烧毁——这已经是其第三次遭遇火灾。虽然没有人愿意这么去想，但凤凰之名对这座剧院而言真是再合适不过。这座剧院改名为凤凰，就是因为其前身圣贝内代多剧院（Teatro San Benedetto）于 1774 年毁于大火。随后，它又很快得到重建，并于 1792 年开业。由
于当时一些著名的歌剧作曲家如罗西尼（Rossini）、贝里尼 385
（Bellini）和多尼采蒂（Donizetti）等人的作品在此上演，特别是首次演出，使得这座剧院在歌剧界声名鹊起。1836 年 12 月，这座剧院又一次毁于火灾，一年后才重新开放。在随后的 20 年间，由于作曲家威尔第的缘故，再加上他的《弄臣》和《茶花女》等剧的首演，这座剧院的名气又逐渐大了起来。在整个 20 世纪，威尼斯歌剧院一直吸引着一流的作曲家、指挥家和歌唱家。1996 年的大火烧毁了第二只凤凰的化身，随后剧院停业整修。[23] 尽管威尼斯市长言之凿凿地说，剧院将会在两年内重开，但重建工程与几个世纪之前相比并没有快多少。与承包商的纠纷已经延误了建设工作，这时，法院又判处两名电工在 1996 年的灾难中犯有纵火罪。年复一年，计划中的重建完工日期不断推迟，许多人出于失望甚至怀疑剧院还会不会重开。2003 年，威尼斯歌剧院短暂重开，但只供公众预先参观，并没有上演歌剧。[24] 直到 2004 年 12 月 12 日，新的威尼斯歌剧院才举办了盛大的开业典礼，当天上演的正是威尔第的《茶花女》——1853 年，该剧在此首演。[25]

9·11 事件

2001 年 9 月 11 日，纽约世贸中心和华盛顿五角大楼遭到恐怖袭击。在对这一灾难的反应中，多萝西·伯尔·汤普森在广岛遭受原子弹袭击后所表现出来的带有预言性质的情感又一次表露出来。袭击发生后几个星期，就是纽约著名的万圣节游行。鉴于袭击，这个一年一度的狂欢活动的主办方改变了原定的主题：

> 什么样的形象、什么样的神话、什么样的精神才能引领我们走出黑暗、迈向复兴？
>
> 9 月 11 日的灾难让我们所有人都陷入懊悔、愤怒和无力之中。作为万圣节游行的主办方，我们认为，应该重新思
> 386 考活动方案，找出一个面对这一悲剧的方法，共同努力为纽约疗伤。如同历届游行一样，我们从世界各种文化中寻找指引，最终找到了一种神话中的动物——凤凰。自古以来，凤凰总是能承受灾难、再次跃起。[26]

2001 年的万圣节之夜，共有约 30000 人化装参加游行，队伍中除了其他木偶，还有一个用混凝纸制作的巨大的凤凰玩偶；许多参加游行的人也打扮成凤凰的样子，以胜利者的姿态沿着第六大道行进，沿途的观众估计有 200 万人。远处，双子塔的废墟上，烟雾升起。游行主办方后来表示，这次活动“对许多纽约人而言，是‘9·11’之后第一次有机会参加的欢乐聚集活动，并对自己和全世界宣称，我们仍然精神地活着”。[27]

与此同时，有关计划已经在制订当中，以重建五角大楼五个被毁走廊中的三个。颇具讽刺意味的是，五角大楼的开建日期正是 1941 年的 9 月 11 日。2001 年 11 月 19 日，修复五角大楼的凤凰计划正式开工，“象征着复活和不朽”的神鸟凤凰被选为这一项目的标识。[28] 它上面有一个红色的凤凰剪影，剪影之上又叠加了一个五角大楼的徽标，一道白烟将徽标从中划开。再下面是重建项目的纪念箴言“让我们干吧”。这句话是 9 · 11 事件中的英雄托德 · 比默（Todd Beamer）临终所说的话。五角大楼修复项目的网站上宣称:“美国遭到了最为严重的恐怖袭击。但是，一个更加安全、更为坚固的五角大楼将会从灰烬中重新站立起来。”[29] 大约有 3000 名工作人员参与了这一修复工程，并提前完成。在这次恐怖袭击 1 周年时，五角大楼举办活动，感谢这些工作人员，纪念他们的成就。项目负责人沃克 · 李 · 埃维（Walker Lee Evey）在发言中特别赞扬了那些移民美国并参与修复工作的人，“没有他们的帮助，我们就不可能取得成功，就不可能仅用一年时间就完成凤凰计划，重建五角大楼”。历史保护咨询委员会和国家历史保护信托基金会赞誉说，五角大楼的修复就是“一座美国地标的重生”。[30]

世贸中心双子塔倒塌之后，纽约有数百位消防员死亡或失 387
踪。一些团体发起了向消防员协会遇难队员妻子和子女基金会募捐的活动，纽约第五志愿步兵团也参与了募捐。除了捐款，该步兵团还复制了一条 19 世纪 60 年代的消防员腰带，纪念纽约市消防局第三梯队公司（Ladder Co. 3）以及所有在世贸中心恐怖袭击中遇难的消防员。这条腰带前面写有“凤凰”

一词，而该词正是早先第三钩梯公司（Hook&Ladder 3）的箴言。第五志愿步兵团表示：“正如神鸟一样，纽约这座伟大的城市和它不屈的人民将会从这一悲剧的灰烬中重新站起来，并对消防局的英雄们永怀敬意。”[31]

比利时 60 周年和平纪念币

如前所述，多萝西·伯尔·汤普森在提及广岛重建时，曾以凤凰作为其从核爆中复活的象征。同样，这一象征也被用来纪念欧洲从“二战”废墟中的重建。2005 年，为了纪念欧洲在战后 60 年的复兴，比利时发行了一种面值 10 欧元的硬币。这种硬币上面有一只凤凰的形象，它背对一轮升起的太阳，双翼展开，志得意满。[32] 德国和日本投降的时间是 1945 年，所以，硬币正面的凤凰图像两侧各有 1946 和 2006 两个年份，象征着欧洲战后 60 年的文化复兴时期。硬币反面是一幅中间分开的欧洲地图，边缘是比利时人使用的三种语言以及硬币面值。事实上，作为欧洲新的通用货币，欧元已于 2002 年开始流通。在硬币上印凤凰形象的传统始于罗马帝国时期，后来不断发展，19 世纪时希腊共和国的硬币也继承了这一传统。比利时发行欧元纪念币，是对这一传统的进一步发扬。[33]

亚利桑那州凤凰城

旅客一踏进天港国际机场 2 号航站楼，首先映入眼帘的
388 就是镶嵌在大理石地板中的凤凰形象：双翼展开，从火焰中跃
起。凤凰的身体被“Phoenix”从中间隔开，而火苗的下方写着

“Arizona”。凤凰标识的外圈是一个罗盘，用来指示方向。

在航站楼中庭的一整面墙上，有一幅由画家和人类学家保罗·科兹（Paul Coze，1903—1974 年）创作的三联壁画。左侧的画板题目为“地球”，形象地介绍了亚利桑那州的历史。画板上有一幅螺旋形的岩石画，令人想起从公元前 300 年起就居住于亚利桑那的印第安原住民霍霍坎人。大约 1400 年时，他们就消失了，原来居住的地区也被其他部落占领。在皮马（Pima）部落的语言中，“霍霍坎”（Hohokam）的意思是“消失的人”。画板上大一些的形象包括一位西班牙殖民征服者、一位天主教方济各会牧师、一个霍皮人（Hopi）的鹰玩偶以及几位站在有篷马车旁的欧洲定居者。[34] 据说，凤凰城现在所在的沙漠山谷得名于一位早期定居者、英国勋爵布莱恩·菲利普·达里尔·杜帕（Bryan Philip Darrel Duppa）。这座城市创建于 1869 年。据报道，杜帕在这一年曾宣称：“正如神鸟凤凰从灰烬中重生一样，在此地过去文明的灰烬中，又将诞生一个伟大的新文明，我将之称为凤凰。”[35] 凤凰城建成于 1881 年。右侧的画板题目为“空气”，上面刻有工农业生产的照片，描绘了现代的亚利桑那州。中间的画板很大，题目为“水与火”，上面一只激昂的凤凰从城市的天际线上跃起。这只凤凰羽毛亮丽多彩，眼睛如珠宝一般，头上长着冠羽，身上的 365 根羽毛代表着一年的 365 天。整张壁画由 52 种材料拼贴而成，代表一年中的 52 个星期；这些材料包括铜、沙子、石子、蜡菊、绿松石和黄金。1962 年 5 月，作者将这幅画献给了天港国际机场（图 22.3）。[36]

凤凰城中的凤凰形象有好几种。与机场地板上的凤凰图案一样，在城中独立商家的招牌上，也会配有“Phoenix”一词，它既指代这座城市，又指代神鸟。在一处工业园的喷泉和棕榈树之间，有一座用铁和彩色玻璃制成的凤凰塑像，向上弯曲，姿态优美；这尊塑像是保罗·科兹（机场内那幅壁画的作者）早期一件作品的复制品，“象征着力、美和永恒的青春”，是对这位艺术家以及凤凰之城的纪念。凤凰城公共图书馆
389 位于市中心，其图书借还处后面挂着一幅凤凰织锦，它是由英国女王伊丽莎白二世的御用织工罗纳德·克鲁克申克（Ronald Cruickshank）制作的。在图书馆等公共建筑以及满城行驶的政府车辆上，也有凤凰城的标识，标识上的凤凰双翼丰满，既可以显示是鸟的羽毛，也可以被当作火苗（见第五部分篇章页图片）。多年以来，这座城市使用过的凤凰标识已有 30 多个，目

图 22.3　亚利桑那州凤凰城天港国际机场中庭的保罗·科兹凤凰壁画
来源：Photograph by the author (2001).

前使用的标识仅是其中之一。它是通过全市标识评选比赛选定的，从构思到最终启用历时 4 年。[37]

作为美国扩张最快的城市之一，凤凰城有“太阳城退休社区”，也有凤凰太阳篮球队，城市所在的区域也被称为太阳谷。虽然凤凰城多了一些世俗化和商业化的色彩，少了一些历史文化的宏大之感，但所有这些太阳和不死鸟的意象都使得这座亚利桑那州的现代城市具有了赫里奥波利斯在古埃及的相应地位——不死神鸟的圣地。

有人已经认识到了那座古埃及城市与亚利桑那州的现代城
市之间的联系，画家保科·科兹就是其中之一。1963 年，他曾 390
画过一幅地图，标出了美国 20 多个以“凤凰”为名的地方。在图的右下角有一面旗帜和一支箭，箭头向东南指向赫里奥波利斯。[38] 在世界范围内，毛里求斯也有个地方名叫凤凰，它是由获得自由的奴隶建立的；牙买加和南非也有两座城市以凤凰为名。牙买加有两个城镇的名字就叫凤凰公园，特立尼达、多巴哥、南非以及新加坡也各有一个城镇叫凤凰公园。南非还有一座凤凰山。圭亚那和牙买加各有一个凤凰镇。牙买加还有一个凤凰村。太平洋中部、萨摩亚以北有一个由 8 个小岛组成的群岛，名字是菲尼克斯群岛（The Phoenix Islands）。[39]

除了在地名中的应用，西方各主要语言中也有很多地方用到了“凤凰”之名及其各种变体。英语中的“phoenix”，在法语中是“*phénix*”，西班牙语是“*fénix*”，意大利语是“*fenice*”，希腊语则是“*Phönix*”。报纸、酒店、餐馆、商业机构以及许多产品上都会标注以上某种凤凰的不同叫法。在互联网上，输入英语单词“phoenix”，就会出现几亿条对应结果，其中许多直接就是指神鸟——从古至今，它经历过多次转变，这一历史使它在未来也能拥有某种形式的文化生命。

D. H. 劳伦斯在《天启》中曾写道：“太阳为万物之始，然后一切都将慢慢、慢慢地发生。”作为赫里奥波利斯的太阳神鸟，凤凰源于人类不断革故鼎新、实现精神重生的愿望，所以它跨越世代，青春永固。从经典凤凰传说和凤凰一词在相关著述和艺术作品中的演变可以看出，起起伏伏之中，凤凰神话超越了各个历史时代；它会在一个时代衰落，但又会以不同的形式在另一个时代复兴。凤凰形象多变，其穿越时间的降生、死亡与复活，正反映了西方人幻想世界的变迁以及历史本身的发展模式，同时也体现了大自然每日、每季的轮回以及天文学意义上的循环。事实上，我们每天的生活都可以说是在经历凤凰传说中的体验，这不仅反映了我们钝化的情感会重新敏锐、我们的灵魂会实现再生，而且也体现了我们日出即起、日落而眠的基本生活规律。

致 谢

我要向创作过凤凰相关著述的各位学者和跨学科专家表达谢意。同时，我还要向所有助力我完成本书的人表达深深的感激。

克丽丝蒂·亨利（Christie Henry）作为本书编辑，将计划提交给了芝加哥大学出版社编委会。没有她的关注，这只“凤凰”将难见天日。长久以来，芝加哥大学出版社就因其凤凰标识而闻名。我能有机会为该社创作一部凤凰文化史，应当感谢编委会。非常感谢读者艾德丽安·麦耶（Adrienne Mayor）和珍妮塔·本顿（Janetta Rebold Benton）的评价和建议；感谢独具慧眼的审稿者迈克尔·科普洛（Michael Koplow）；感谢编辑助理艾米·克拉纳克（Amy Kraynak）和吉娜·瓦达斯（Gina Wadas）、助理推广主管卡丽·亚当斯（Carrie Adams）以及协助整个出版过程的芝加哥大学出版社其他成员。

我还要感谢以下学者和其他领域的专家，他们的知识和帮助推动了本书各章节的写作：阿什莫尔博物馆埃及古物展品部主管海伦·怀特豪斯（Helen Whitehouse）博士，我与她讨论过古埃及护身符上鸟的形象；汉学家帕特里夏·比阿兰德·韦
392 尔奇（Patricia Bjaaland Welch），她为我提供了中国艺术中有关凤凰的背景素材；东京大学退休教授平野圭一博士，他提供了日本凤凰的相关信息；大英博物馆钱币与奖章部的职员们，他们使我能够亲自检验哈德良时期的罗马凤凰金币以及希腊共和国的硬币；巴西本笃会修士鲁伯瓦尔·蒙泰罗·达·席尔瓦（Ruberval Monteiro da Silva）博士，他提供了天使长米迦勒镶嵌画的照片；艺术学者朱丽安娜·李斯（Julianna Lees），她曾与我通信联系，介绍中世纪版画的有关知识；已故的小雷蒙德·P. 特里普博士，他曾供职于丹佛大学，翻译过古英语《凤凰布道文》；日本佐贺大学的格雷戈里·K. 詹伯（Gregory K. Jember）博士，他就古英语《凤凰》提供过相关建议；佛罗里达州立大学的伊莲·M. 特里哈恩博士和丹佛大学的亚历山大·H. 奥尔森（Alexandra H.Olsen）博士，他们提供了古英语布道文的有关信息；大英图书馆工作人员，他们让我能够阅读到中世纪动物寓言集；伦敦纹章院档案保管员罗伯特·约克（Robert Yorke）先生，他找到了上面有凤凰形象的都铎时期纹章顶饰供我查看；史蒂夫·豪（Steve Howe），他提供了英国切斯特凤凰塔中的凤凰纹章照片及相关信息；意大利乌迪内大学的安杰拉·努沃博士，他就意大利印刷商标识提供了一些建议；格拉斯哥大学的艾莉森·亚当斯（Alison Adams）博士，她提供了寓意画册的相关信息；阿什莫尔博物馆特雷德斯坎特藏室主管亚瑟·麦克格雷戈博士，他提供了有关馆藏珍品“凤羽”的历史

知识；丹佛大学、丹佛公共图书馆和科罗拉多大学特殊藏品部门提供了文艺复兴时期的有关文本；古典学者玛丽·玛格利斯·德弗莱斯特（Mary Margolies DeForest）博士，她翻译了文艺复兴时期的拉丁语篇章；D. H. 劳伦斯的传记作者亚瑟·J. 巴赫拉赫（Arthur J. Bachrach），他就劳伦斯的个人凤凰徽章提出一些建议。

已故的加里·赖利（Gary Reilly）先生设计了电子版的《凤凰年谱》，我要向他致谢。以下人士，我也要致以特别的谢意：约瑟夫·哈奇森，他既创作了《亡魂归来》一诗，又推荐了一些现代国际诗选，还在技术方面提供了慷慨支援；理查德·哈格曼（Richard Hagman）博士，他为初稿提出了一些建议并进行了校对；吉姆·尼尔森（Jim Nelson）先生，他提供了一张
1778 年的 5 先令钞票并且也参与了初稿的校对工作；还有我 393
的儿子乔伊，他久居亚利桑那凤凰城，为了找寻凤凰标识，多次走遍全城。我还要感谢以下文学圈的朋友们，他们对我的工作都有关注：马克·德博尔特（Mark DeBolt）、劳伦斯·邓宁（Lawrence Dunning）、贾森·胡克（Jason Hook）、卡伦·科尔（Karen Koll）、杰弗里·米勒（Jeffrey Miller）、奥利弗·蒙克（Oliver Monk）、爱德华·奥斯本（Edward Osborn）、戴维·雷亚（David Rea）、米歇恩·斯科特（Michon Scott）以及希瑟·舒马克（Heather Shumaker）。我感谢所有家人给我的支持，并以此书纪念我的儿子迈克尔·斯科特·尼格（Michael Scott Nigg，1969 年 4 月 28 日—1995 年 9 月 8 日）。

我最想感谢的是我的妻子埃斯特（Esther）。她拥有渊博的

文学知识，掌握多种语言，并且与我分享了她的著作；本书还在创作过程中时，她就逐章进行校对；还有，从几十年前我开始创作的第一天起，她就一直给我以专业的帮助，并且不辞辛劳，从感情上给予我大力支持。

经授权，本书重印了一些受版权保护的文本素材，在此，对作者和出版商表示感激。插图的致谢已经包含在相应的说明文字中。为了找寻著作权持有人，并获得授权以使用有关素材，我们已竭尽全力。本书文字或插图中的致谢如有错误或遗漏，本人和出版方谨表歉意；如获告知，将在未来重印版中进行更正，再致谢意。

Courtesy of © Marilyn Kallet, Boston: Black Widow Press, 2006.

Wolfram von Eschenbach: *Parzival*, translated by A. T. Hatto. Penguin Classics, 1980. Copyright © A. T. Hatto, 1980. Reproduced by courtesy of Penguin Books Ltd.

Robert Herrick: *The Poetical Works of Robert Herrick*, edited by F. W. Moorman, 1921. By permission of Oxford University Press.

Horapollo: George Boas, translator. *The Hieroglyphics of Horapollo*. © 1950 Bollingen Foundation. Reprinted by permission of Princeton University Press.

Hugh of Fouilloy: Willene B. Clark, editor and translator, *The Medieval Book of Birds: Hugh of Fouilloy's Aviarium*. © Copyright 1992 Center for Medieval and Early Renaissance Studies, State University of New York at Binghamton. Reprinted courtesy of the Arizona Center for Medieval and Renaissance Studies.

Joseph Hutchison: "Revenant." Copyright © 2015 by Joseph Hutchison. Printed cour-tesy of the poet.

Gyula Illyés: "Phoenix." From *Charon's Ferry*. Copyright © 2000 by Northwestern Uni-versity Press. Published 2000. All rights reserved. Reprinted by permission.

Isidore: *The "Etymologies" of Isidore of Seville*. © Stephen A. Barney, W. J. Lewis, J. A. Beach, and Oliver Berghof, 2006. Reprinted courtesy of Cambridge University Press.

James Joyce: *Finnegans Wake*. Copyright © 1939 by James Joyce; reprinted by Viking Press, 1967. Reprinted courtesy of Penguin Group (USA).

Patrick Kavanagh: *Collected Poems*. Copyright © 1964 by Patrick Kavanagh. "Phoe-nix" by Patrick Kavanagh is reprinted by kind permission of the Trustees of the Estate of the late Katherine B. Kavanagh, through the Jonathan Williams Literary Agency.

Lactantius: *Phoenix*. Excerpts reprinted by permission of the publishers and the Trustees of the Loeb Classical Library from *Minor Latin Poets*, Volume II, Loeb Classical Library Volume 434, with an English translation by J. Wight Duff and Arnold M. Duff, pp. 657, 659, 661, 663, 665, Cambridge, Mass.: Harvard University Press. Copyright © 1983 by the President and Fellows of Harvard College. Loeb Classical Library ® is a registered trademark of the President and Fellows of Harvard College.

Ivan V. Lalic: "Bird" from *Roll Call of Mirrors* © 1988 by Ivan V. Lalic, translated by Charles Simic. Reprinted by permission of Wesleyan University Press.

D. H. Lawrence: Epigraph from *Apocalypse by* D. H. Lawrence, copyright 1931 by the Estate of D. H. Lawrence. Used by permission of Viking Penguin, a division of Penguin Group (USA) LLC. Extract from *Apocalypse* by D. H. Lawrence reprinted by permission of Pollinger Limited (www .pollingerltd .com) on behalf of the Estate of Frieda Lawrence Ravagli.

D. H. Lawrence: "Phoenix," from *The Complete Poems of D. H. Lawrence* by D. H. Lawrence, edited by Vivian de Sola Pinto and F. Warren Roberts, copyright © 1964, 1971 by Angelo Ravagli and C. M. Weekley, Executors of the Estate of Frieda Lawrence Ravagli. Used by permission of Viking, a division of Penguin Group (USA) LLC.

Denise Levertov: "Hunting the Phoenix." From *Breathing the Water*, copyright © 1987 by Denise Levertov. Reprinted by permission of New Directions Publishing Corp.

Denise Levertov: From Denise Levertov, *New Selected Poems*, Bloodaxe Books, 2003. Reprinted with permission of Bloodaxe Books, www .bloodaxebooks .com.

Michelangelo: *Complete Poems of Michelangelo*, translated by John Frederick Nims. © 1998 by The University of Chicago. Reprinted courtesy of the University of Chicago Press.

Howard Nemerov: *The Collected Poems of Howard Nemerov*. © 1977 by Howard Nemerov. Reprinted courtesy of the University of Chicago Press.

Joseph Nigg: *The Book of Fabulous Beasts: A Treasury of Writings from Ancient Times to the Present*. Copyright © 1999 Oxford University Press, Inc.

Ovid: *The Metamorphoses*, translated by Horace Gregory. Copyright © 1958 by The Viking Press, Inc. Reprinted courtesy of Penguin Group (USA).

Petrarch: *Sonnets & Songs*, translated by Anna Maria Armi. Copyright © 1946 by Pan-theon Books Inc. New York. Reprinted courtesy of Penguin Random House.

"The Phoenix Homily" : Translated by Raymond P. Tripp, Jr. Copyright © 2000 by Ray-mond P. Tripp, Jr. Reprinted courtesy of the translator's heir, Miyoko Tanahashi.

Robert Pinsky: Excerpt from "To the Phoenix" from *Jersey Rain* by Robert Pinsky. Copyright © 2000 by Robert Pinsky. Reprinted by permission of Farrar, Straus and Giroux, LLC.

Pliny the Elder: Reprinted by permission of the publishers and the Trustees of the Loeb Classical Library from *Pliny: Natural History*, Volume 3, Books 8– 11, Loeb Classical Library Volume 353, with an English translation by H. Rackham, pp. 293, 295, Cambridge, Mass.: Harvard University Press. Copyright © 1983 by the President and Fellows of Harvard College. Loeb Classical Library ® is a registered trademark of the President and Fellows of Harvard College.

Julius Caesar Scaliger: *Exotericarum exercitationum*. Translated for this book by Mary Margolies DeForest, © 2009.

Dorothy Burr Thompson: "Phoenix." Reprinted courtesy of *Phoenix*, a journal of the Classical Association of Canada.

Henry Vaughan: *The Works of Henry Vaughan*, 2nd ed., edited by L. C. Martin, 1957. By permission of Oxford University Press.

注 释

第 1 章

1 关于不死鸟 / “凤凰”的神话，参见：Foy Scalf, “Birds in Creation Myths,” in *Between Heaven & Earth: Birds in Ancient Egypt*, ed. Rozenn Bailleul-LeSuer (Chicago: Oriental Institute of the University of Chicago, 2012), 134; and Philippe Germond, *An Egyptian Bestiary*, trans. Barbara Mellor (New York: Thames & Hudson, 2001), 169.

2 本章和第三章的创作，以关于不死鸟的两项研究为基础：R. T. Rundle Clark's two-part “The Origin of the Phoenix: A Study in Egyptian Religious Symbolism,” *University of Birmingham Historical Journal* 2, no. 1 (1949): 1–29 （“The Old Empire”）, and 2, no. 2 (1950): 105–40 （“Middle Empire Developments”）; and “The Egyptian Benu and the Classical Phoenix,” in R. van den Broek, *Myth of the Phoenix: According to Classical and Early Christian Traditions*, trans. I. Seeger (Leiden: E. J. Brill, 1972), 14–33 (https:// books.google.com /books /about /The _ Myth _of _the_Phoenix.html ?id = jwIVAAAAIAAJ).

3 参见：Carol Andrews's introduction to *The Ancient Egyptian Book of the Dead*, ed. Carol Andrews, trans. Raymond O. Faulkner (1972; rev. 2nd ed., 1985; reprint, Austin: University of Texas Press, 1990), 11–16; and funerary texts in Ian Shaw and Paul Nicholson, eds., *The Princeton Dictionary of Ancient Egypt*, rev. ed. (Princeton, NJ: Princeton University Press, in association with the British Museum, 2008), 121–22.

4 Clark, pt. 1, p. 15.

5 Clark, pt. 1, p. 5. 阿尔伯特·斯坦巴罗·库克指出，不死鸟与其他多种鸟类，包括鹰、红腹锦鸡以及天堂鸟等，在学界有着不同的定义［*The Old English Elene, Phoenix, and Physiologus* (New Haven, CT: Yale University Press, 1919), xxxviii–xxxixn］，库克将古埃及神鸟称为“凤凰”。

6 Faulkner, *The Ancient Egyptian Pyramid Texts* (Oxford: Clarendon Press, 1969), 246. Utterance

600 is no. 1652. Kurt Heinrich Sethe 早前曾将此书译成了德语。James Henry Breasted 引用了德语译本中的内容，更加明确地使用了“凤凰”一词：“不死鸟，你就是凤凰，在赫里奥波利斯的凤凰大殿熠熠生辉。”参见：*Development of Religion and Thought in Ancient Egypt* (1912; repr., New York: Harper and Row, 1959), 77. 1949 年，克拉克在“The Origin of the Phoenix”中强调说，这一咒符中有三个不同的活动，其中第二个活动刻画了太阳神在奔奔石上现身的情形。但他指出，绝大多数古埃及文本中的类似记录，都没有第二项活动的相关描述。在后来的一项研究中，他指出，造物主从高地上升起，又以“凤凰”的形象出现于奔奔石之上；这两个行为不是先后关系，而是并列关系，它们都是“世界初创时刻的两个不同的侧面”。参见：Clark, *Myth and Symbol in Ancient Egypt* (1959; repr., New York: Grove Press, 1960), 39. 编辑奥格登·戈莱特（Ogden Goelet）也赞同这一观点，认为造物主是以“不死鸟”的形式出现的，而这种鸟就是“所谓的凤凰”。*The Egyptian Book of the Dead: The Book of Going Forth by Day*, 2nd rev. ed. (San Francisco: Chronicle Books, 1998), 173. 该神话的儿童版本，请参见：C. Shana Greger's *Cry of the Benu Bird: An Egyptian Creation Story* (Boston: Houghton Mifflin, 1996).

7 参见上一条中的引文来源以及：“Benu Bird of Ra, the ‘Phoenix’ of Egypt,” in Stephen Quirke's *The Cult of Ra: Sun-Worship in Ancient Egypt* (New York: Thames and Hudson. 2001), 27–31.

8 从宇宙学上探讨各个太阳崇拜中心的内容，请参见：A. Rosalie David, *The Ancient Egyptians: Religious Beliefs and Practices* (London: Routledge and Kegan Paul, 1982), 46–49.

9 Richard H. Wilkinson, *Reading Egyptian Art: A Hieroglyphic Guide to Ancient Egyptian Painting and Sculpture* (London: Thames & Hudson, 1992), 90–91.

10 阿蒙涅姆赫特二世（Amenemhat Ⅱ，古埃及中王国时期第十二王朝，前 1855—前 1808 年）金字塔中有一座“奔奔石”小金字塔，现存于开罗的埃及博物馆中。

11 Shaw and Nicholson, *The Princeton Dictionary of Ancient Egypt*, 140. 关于赫里奥波利斯在埃及历史中的地位，参见：Cook, *Old English Elene*, xlv–li.

12 W. M. Flinders Petrie, *A History of Egypt: From the Earliest Times to the XVIth Dynasty*, 4th ed. (New York: Charles Scribner's Sons, 1899), 1:157.

13 Clark, “The Origin of the Phoenix,” pt. 2, 126.

14 Petrie, *History of Egypt*, 1:157.

15 Broek, *Myth of the Phoenix*, 22.

16 Ibid., 23.

17 Clark, “Origin of the Phoenix,” pt. 2, p. 130.

18 Bern Dibner, *Moving the Obelisks* (1950; repr., Cambridge, MA: Society of the History of Technology and MIT Press, 1970), 59.

19 Jean-Yves Empereur, *Alexandria Rediscovered* (New York: George Braziller, n.d.), 74–75.

20 引自：Clark, *Myth and Symbol in Ancient Egypt*, 246. 另见：Beatrice L. Goff's *Symbols of Ancient Egypt in the Late Period: The Twenty-first Dynasty* (The Hague: Mouton, 1979), 27.

21 引自：Breasted, *Development of Religion*, 275; 另见：Goff, *Symbols of Ancient Egypt*, 26.

22 在《亡灵书》的诸多版本中，最易买到、最广为人知的是：*The Egyptian Book of the Dead:*

The Papyrus of Ani, ed. and trans. E. A. Wallis Budge (1895; repr., New York: Dover, 1967). 1894—1924 年，巴奇曾任大英博物馆古埃及和亚述文物部主管。他的著作多达 150 部，但是，如今的学界经常指责他为人寡廉鲜耻，翻译的象形文字也不可靠。尽管身背这种恶名，但在几十年的时间里，他和他的作品也曾受到过高度评价。詹姆斯・乔伊斯在创作《芬尼根的守灵夜》时，就以巴奇的《亡灵书》为重要素材来源。埃及学家 John Romer 在介绍《埃及亡灵书》(1899 出版；2008 年由伦敦企鹅出版集团重印）时，曾高度赞誉了巴奇的文学遗产。他的介绍为三卷合订本，索引部分列举，《埃及亡灵书》中共有近 25 页提到了“不死鸟”，而第一次提到时就说这种鸟“通常被认为是凤凰”(2003）。

本章所讨论的《亡灵书》以福克纳 1972 年的翻译为基础，他的翻译参见 1990 版《古埃及亡灵书》。这一译本后来经过修订，于 1998 年再版，奥格登・戈莱特曾为这个版本写过介绍和评论。《古埃及亡灵书》最新的英文译本，参见：Stephen Quirke, *Going Out in Daylight—prt m hrw; the Ancient Egyptian Book of the Dead; Translation, Sources, Meanings*, GHP Egyptology 20 (London: CPI Group, 2013).

23 古埃及词汇“*pri*”既可表示“去”，也可表示“来”，具体所指方向由译者确定。

24 参见：Clark, “Origin of the Phoenix,” pt. 2, p. 108.

25 参见：Faulkner, *Ancient Egyptian Book*. 在修订版译文中，编辑戈莱特在全文中把“凤凰”都改成了“不死鸟”。他辩称，古埃及凤凰本身就是一个错误的概念，其源头有可能就是希罗多德关于赫里奥波利斯神鸟的记录（159）。在 *Going Out in Daylight* 中，Stephen Quirke 把“不死鸟”称为“不死鸟－苍鹭”，称它与阿拉伯神鸟“可能，但又不能确定”有关（594）。

26 所引用的标题参见：Faulkner, *Ancient Egyptian Book.*

27 Alexandre Piankoff, *The Shrines of Tut-Ankh-Amon* (New York: Pantheon Books, 1955), 48.

28 参见：Faulkner, *Ancient Egyptian Book*, 44. 更早之前，巴奇在《埃及亡灵书：阿尼莎草纸》(1895 年）中更明确地翻译了不死鸟的角色：“我既掌管关于今世之事的书，也掌管关于未来之事的书”(282）。

29 Faulkner, ed. Goelet, *Egyptian Book*, pl. 7. 可参见拉美西斯二世的王后妮菲塔莉墓中发现的类似图像。*Between Heaven and Earth*, ed. Bailleul-LeSuer. 133; and Germond, *Egyptian Bestiary*, 166–67.

30 上刻“不死鸟”的心形驱邪物和圣甲虫护身符的图片以及第 29a 和 30b 节中的语句，请参见大英博物馆一次展出的目录：*Journey through the Afterlife: Ancient Egyptian Book of the Dead*, ed. John H. Taylor (Cambridge, MA: Harvard University Press, 2010), 174, 227, 229.

31 Wilkinson, *Reading Egyptian Art*, 77, 113.

32 Faulkner, *Ancient Egyptian Book*, 55.

33 Ibid., 29. 关于这些驱邪物的内容，在拉神和奥西里斯赞歌之后，参见本书开始部分，即页边码第 27–34 页。

34 Ibid., 31.

35 Clark, “Origin of the Phoenix,” pt. 2, p. 107.

36 Faulkner, *Ancient Egyptian Book*, 34–35.

37 Ibid., 80–81.

38 参见：Faulkner, ed. Goelet, *Egyptian Book*, pl. 27. 戈莱特辩称，第 83 节的文本既与章节标题无关，也与所配的羽毛华丽的不死鸟插图无关。

39 Faulkner, *Ancient Egyptian Book*, 98.

40 Ibid., 100.

41 Ibid., 103–8.

42 参见：papyri of Userhat, Ani, Amhai, and Ankhwahibra in *Journey through the Afterlife*, ed. Taylor, 255–59. 关于金字塔上方不死鸟的描述，请参见：Wilkinson, *Reading Egyptian Art*, 90–91.

43 第 122 节实际上是第 13 节内容的变体，“出入西方的咒符”：Faulkner, *Ancient Egyptian Book*, 37.

44 Ibid., 113–14.

45 巴奇明确认定，不死鸟就是那颗星：“我来了，就像不死鸟一样。而它就是晨星拉神。” *The Gods of the Egyptians* (1904; repr., New York: Dover, 1969), 2:97.

46 Ibid., 2:303.

47 关于前述古埃及纸草书、棺材、纪念碑等记录的“凤凰”以及梅特涅石碑，参见：Cook, *Old English Elene*.

48 Adolf Erman, *Life in Ancient Egypt* (1894; repr., New York: Dover, 1971), 272.

49 Clark, “Origin of the Phoenix,” pt. 2, 126.

第 2 章

1 James Legge, trans., *The Annals of the Bamboo Books, vol. 3 of The Shoo King*, in *The Chinese Classics*, 2nd ed. (1885; repr., Hong Kong: University of Hong Kong, 1960), 109.

2 Ibid., 108–9. 理雅各辩称，这位评论者描述这一事件和其他事件的笔记属于横生枝节，“夸张怪诞，充满谬误”（108n2）。

3 Ibid., 112–13 and 115.

4 Ibid., introduction, 105.

5 理雅各在牛津大学任教时，曾协助马克斯·缪勒编纂了共计 50 卷的《东方圣书集》（*Sacred Books of the East,* 1879—1891 年），其中收录了理雅各本人翻译的中国经典作品。理雅各的作品，不仅注解和翻译因版本不同而有差异，其古文题目的拼写也有不同。有关理雅各翻译中国经典的内容，参见：“Translator Legge: Closing the Confucian Canon, 1882–1885,” in Norman J. Girardot’s standard Legge biography, *The Victorian Translation of China: James Legge’s Oriental Pilgrimage* (Berkeley: University of California Press, 2002), chapter 6, 336–98; 关于 Girardot 所整理的理雅各众多作品不同版本的参考书目，参见第 547–549 页。19 世纪，神话成为学术研究的内容之一。要探索理雅各如何研究中国神话和历史，请参见：Anne M. Birrell, “James Legge and the Chinese Mythological Tradition,” *History of Religions* 38, no. 4 (May 1999): 331–53.

6 Legge, *The Li Ki, in The Sacred Books of China*, vol. 27 in *Sacred Books of the East*, ed. Max Müller (1885; repr., Delhi: Motilal Banarsidass, n.d.), 384.

7 C. A. S. Williams, *Outlines of Chinese Symbolism and Art Motives*, 3rd ed. (New York: Dover,

1976), 325.

8 Derek Walters, *Chinese Mythology: An Encyclopedia of Myth and Legend* (1992; repr., London: Diamond Books, 1995), 26–27.

9 参见：Charles Gould, *Mythical Monsters* (1886; repr., New York: Crescent Books, 1989), 366. 在英语作品中，Gould 关于“中国凤凰”的那一章，对这种亚洲神鸟的描述最为全面、信息量最大，其中提到了多个古代的素材来源。他对中国凤凰和西方凤凰进行了区分，认为，这种亚洲神鸟曾经真实存在过，只是现在灭绝了。

10 Walters, *Chinese Mythology*, 137.

11 Gould, citing the ornithological work *kin king*, 368–69.

12 Gould, citing the ornithological work *Kin King*, 368–69.

13 Ibid., citing the *Lun Yü Tseh Shwai Shing*, 370.

14 Ibid., 324–25.

15 参见：*Encyclopaedica Britannica*, 1964, s.v. “Chinese Classics.”

16 Legge, *The Shoo King*, 87.

17 Ibid., 483. 理雅各在注释中认定，那些“唱歌的鸟”就是凤凰。

18 Legge, *The She King*, vol. 4 in *The Chinese Classics*, 494, st. 8. 理雅各说：“当然，这些怪鸟现身，全都是人们想象出来的。”

19 Legge, *The Li Ki*, 393.

20 Ibid., 410–11.

21 Ibid., 258.

22 Ibid., 252n1.“鸾”与凤凰非常相似。两种鸟在古代典籍中都曾被多次提及，并与其他五彩禽鸟联系在一起。作为《山海经》的译者，Richard E. Strassberg 强调，从本质上看，中国凤凰与西方凤凰并没有关系，只是，“几乎全世界都把它误译成了‘凤凰’”。*A Chinese Bestiary: Strange Creatures from the “Guideways through Mountains and Sea”* (Berkeley: University of California Press, 2002), 193.

23 Strassberg, *Chinese Bestiary*, 393.

24 Legge, *Confucian Analects*, vol.1 in *The Chinese Classics*, 219.

25 Ibid., 219n8.

26 Ibid., 332–33.

27 Chu Yuan, *The Nine Declarations*, trans. Yu Min-chuan, in *The White Pony: An Anthology of Chinese Poetry*, ed. Robert Payne, 1947 (repr., New York: Mentor Books, 1960), 90; see also *Strange Bird*, by Yuan Chi (210–263 CE), trans. Yang Chi-sing, 128.

28 潘鲁生的《中国凤纹图谱》(“凤凰的插图”)是中国绘画艺术中关于凤凰之集大成者（北京：北京工艺美术出版社，2003 年），其中收录了近 1000 幅图，包括了从古代青铜器直到现代工艺品等各种载体上的凤凰形象。

29 参见马承源：《中国古代青铜器》，施孝仁编辑（香港：牛津大学出版社，1986），第 126、pl. 44 页。该书中的附图是一只西周时期的酒杯，上面铸有“一群凤凰”(111–12, pl. 36)。关于“高冠凤凰”图案，另见高至喜：《中国南方出土商周铜饶概论》，《伦敦大学东方与非洲研究学院简报》总第 55 期（1992 年第 2 期），第 270–71 页。杰西卡·罗森（Jessica Rawson）确定了公元前 8 世纪青铜酒器上的美丽飞鸟图以及公元前 4 世纪青铜饰品上的大鸟斗蛇图的具体年代，详见：*The Lotus and the Dragon* (London: British Museum Publications, 1984), 99. 该展品目录中列举的凤凰图片和评论价值甚高。

30 在战国和汉代，凤凰作为四种仙界动物之一的地位已经确立，被称为“南方朱雀”。因此，之后的凤凰形象更易辨识。Claudia Brown 研究了这一发展轨迹。参见：“The Amy S. Clague Collection of Chinese Textiles,” in *Weaving China's Past*, ed. Claudia Brown (Phoenix, AZ: Phoenix Art Museum, 2004), 24–26. 帕特里夏·比阿兰德·韦尔奇也曾提及类似内容，详见附有精美插图的作品——*Chinese Art: A Guide to Motifs and Visual Imagery* (North Clarendon, VT: Tuttle Publishing, 2008), 82. 与韦尔奇女士的通信（2008 年 6 月 16 日）有助于我的创作，在此致谢。

31 Rawson, *Chinese Ornament*, 100.

32 R. Soame Jenyns and William Watson, *Chinese Art: The Minor Arts* (New York, 1963), 300–301.

33 Ibid.

34 “Six Culture Relics Unearthed from the Ming Dingling Mausoleum Made Their Debut,” *Asian Art Info*, http:// artinfo.asia /article.php ?pid = 480.

35 参见：John E. Vollmer's *In the Presence of the Dragon Throne: Ch'ing Dynasty Costume (1644–1911) in the Royal Ontario Museum* (Toronto: Royal Ontario Museum, 1977), 78. 据估计，这件长袍应为 1890—1900 年的织物，即慈禧太后统治后期、中国封建时代的末期。

36 Victoria & Albert, T.26-1052. 这一挂毯旁边是一件丝质长袍，上有金色凤凰和花朵图案，据说与慈禧太后的一件凤袍相似（T.759-S1950）。

37 Welch, *Chinese Art*, 82.

38 “Houou,” JAANUS (Japanese Architecture and Art Net Users System), http://www.aisf.or.jp /jaanus /deta /h /houou.htm.

39 亚洲还有一种“凤凰”的后裔，那就是越南的“凤凰”[phuong(phung)hoang]。它与日本的“凤凰”都同中国神鸟具有相同的特点。参见：Thai Van Kiem, et al., *Vietnamese Realities*, 3rd ed. (Saigon, 1969), 70–72.

40 关于日本和服上的中国凤凰主题，参见大教会博物馆中 19 世纪 80 年代的一幅照片，当中有一位女子身着舞乐服装。登记号：1983.1006，网址：http:// www.metmuseum.org /collection / the -collection -online/search /263532.

41 东京大学荣誉教授平野圭一博士相信，“日本最知名的凤凰肯定就是站在京都附近宇治市平等院凤凰堂屋顶上的那对”；参见平野圭一致本人一位朋友小雷蒙德·P. 特里普博士的一封信（2000 年 1 月 25 日）。平野博士后来与我通信，附了多张日本凤凰的图片。在此向他致谢。

42 Toshio Fukuyama, *Heian Temples: Byodo-in and Chuson-ji*, trans. Ronald K. Jones (New York: Weatherhill; Tokyo: Heibonsha, 1976), 76.

43 艺术史学家 Mimi Hall Yiengpruk Sawan 相信，许多人之所以认为这座神庙取名“Hoodo”（“Hououdou”等名），正是因为其建筑的“结构与鸟相似”。但她又补充说，这一名字也有可能是受了神鸟冠羽的影响。参见：“Byodo-in,” *Grove Dictionary of Art*, cited in the Phoenix

Hall, http:// www.geocities.ws /jw372.geo /byodoin.html.

44 Takashi Sunami, Naokazu Miyachi, and Masayuki Fujimaki, *Buildings & Decorations of Nikko Toshogu Shrine, Japan* (Tokyo: Otsuka Kogeisha, 1931), 61, 72, 106, 109, and 113. 编辑明确把日光东照宫圣殿漆顶上的鸟认定为“凤凰”（79, 84）。已故的特里普博士把这难得的日光东照宫照片集赠予了我。在此致谢。

45 Japanese woodblock British Museum number 1906,1220,0.318, at the British Museum, http:// ukiyo-e.org /image /bm /AN00432080 _001 _l. 在此致谢理查德·哈格曼，是他让我关注到了这幅木刻版画。刻画在墙上的一幅类似形象也曾出现在 20 世纪末动画作家手冢治虫的长篇作品《火之鸟》（直译为“火鸟”，但译为英语就是“凤凰”）中。在该书中，手冢治虫对这种鸟的形象进行了修改。详见：*Manga! Manga! The World of Japanese Comics*, ed. Frederick L Schodt (Tokyo: Kodansha International, 1986), 164. 编辑把这一长篇故事描写为“人类穿越世代，寻求神鸟凤凰，追求长生不老的历程”（160）。手冢治虫本人曾说，他写的“火之鸟”就是受到伊戈尔·斯特拉文斯基（Igor Stravinsky）“火鸟”芭蕾表演的启发。 Osama Tezuka, *Phoenix: Resurrection*, vol. 5 (San Francisco: VIZ, 2004), 324. 作为科罗拉多州丹佛市的日本流行文化权威，乔利恩·耶茨（Jolyon Yates）给我介绍了日本动画和手冢治虫的系列作品（1999 年 6 月）。在此致谢。

46 Hugh Honour, *Chinoiserie: The Vision of Cathay* (New York: E. P. Dutton, 1962), 33.

47 Ibid, 36. 修 · 昂纳指出，在 14 世纪据传由圣乌苏拉创作的画作中，她的裙子上就有类似的中国“凤凰”装饰（Rudolphinium, Prague）。

48 Carol Vogel, “Phoenixes Rise in China and Float in New York,” *New York Times* (Feb. 14, 2014), http:// www.nytimes.com /2014 /02 /15 /arts /design /xu-bing-installs-his-sculptures-at-st-john-the-divine.html ?nl = todaysheadlines & emc = edit _th_20140215. 理查德·哈格曼向我提醒过该文。在此致谢。

第 3 章

1 Henry George Liddell and Robert Scott, *A Greek-English Lexicon* (Oxford: Clarendon Press, 1968), 1947–48.

2 学者 R. T. 朗德尔·克拉克相信，这个谜语中的“phoenix”指的是一棵椰枣树，而不是凤凰。实际上，椰枣树的学名就是 phoenix datylifera。但是，由于这一谜语中的所有主题都源于动物，所以把 phoenix 当成椰枣树是不对的。参见：“The Origin of the Phoenix,” *University of Birmingham Historical Journal* 2 no. 2 (1950): pt. 2, p. 135.

3 *Hesiod: The Homeric Hymns and Homerica*, trans. Hugh G. Evelyn-White, Loeb Classical Library 57 (1914; repr., Cambridge, MA: Harvard University Press, 1982), 75.

4 参见：*Plutarch's Moralia*, trans. Frank Cole Babbitt, Loeb Classical Library 306 (1936; repr., Cambridge, MA: Harvard University Press, 1982), 5:381 (415c); 另见：Broek, *Myth of the Phoenix*, 76–112. 后者对有关理论进行了推断，利用天文周期，特别是大年来计算凤凰的寿命；大年为 540 年，是星星沿各自轨道运转一周回到原位所需的时间。范登布鲁克用不同方法计算了凤凰的寿命，包括经过四舍五入后的 500 年（基于巴比伦 60 进位）和 1000 年（基于谜语中 972 代

凤凰的说法）。他提出，总的来说，神鸟的生命代表了灵魂的轮回。

5 Pliny, *Natural History*, trans. H. Rackham, Loeb Classical Library 352 (1942; repr., Cambridge, MA: Harvard University Press, 1982), 2:609 (7.48). 普林尼之后三个世纪，语法学家奥索尼乌斯总结了赫西俄德之谜，把凤凰称为"能够再生之鸟"。参见：*Ausonius*, trans. Hugh G.Evelyn-White, Loeb Classical Library 96 (1919; repr., Cambridge, MA: Harvard University Press, 1961), 1:173 (5).

6 Cited in *Hesiod*, 74–75 (fragment 4 in Latin and English).

7 范登布鲁克在《凤凰神话》中推理说，该词的源头可能就是荷马时代以前迈锡尼的线形文字（62–65）。

8 Herodotus, *The History of Herodotus*, trans. George Rawlinson (New York: D. Apple ton, 1885), 2:105 (2.73).

9 Liddell and Scott, *Greek-English Lexicon*, 1947–49.

10 参见《凤凰神话》。范登布鲁克在其中补充说，有些古典学者对这一理论持批评态度。

11 *Herodotus*, trans. A. D. Godley, Loeb Classical Library 117 (1920; repr., Cambridge, MA: Harvard University Press, 1982), 1:361 (2.73).

12 见妮菲塔莉墓中的画。该作品修改自《亡灵书》第 17 节。图见：Philippe Germond, *An Egyptian Bestiary,* fig. 208, p. 167.

13 作为太阳神的儿子，不死鸟每天在东方复活的情节都隐含在致太阳神的布拉克赞美诗中。当太阳神"从冒着火苗的宫殿"腾飞而起时，圣殿里闪过一道圣光；"他从阿拉伯而来，诸神都爱他的香气。"参见：Albert Stanburrough Cook, *Old English Elene*, xliii.

14 与希腊凤凰和鸟巢相关的各种香料，更多的研究参见：Françoise Lecocq, "L'oeuf du phénix: Myrrhe, encens et cannelle dans le mythe du phénix," in *Schedae* 2, prépublication 17 (2009): 107–30. Many of Professor Lecocq's articles making up "Le Mythe du Phénix" are available at "Francoise Lecocq," ResearchGate, http:// www.researchgate.net /profile /Francoise _Lecocq.

15 Herodotus, *History of Herodotus*, 2:414 (3.111).

16 Aristotle, *Historia Animalium*, trans. D'Arcy Wentworth Thompson, *The Works of Aristotle* (Oxford: Clarendon Press, 1910), 4:616a.5–10.

17 在《凤凰神话》中，范登布鲁克辩称，在一个较晚版本的《亡灵书》中，第 64 节咒语所指的就是一只被制成木乃伊的不死鸟："凤凰从天空摔了下来，我又使他复活。因为，聚在大厅里的人们都喜爱他。"他认为，凤凰用没药做球的情节，就可能源于这一传说 (19—20)；参见：Thomas G. Allen, ed., *The Egyptian Book of the Dead: Documents in the Oriental Institute Museum at the University of Chicago* (Chicago: University of Chicago Oriental Institute, 1960), 138.

18 玛格丽特·本森在所编《古埃及百科全书》（*Margaret Bunson, The Encyclopedia of Ancient Egypt*, New York: Gramercy Books, 1991, 45）中指出，希罗多德笔下的没药球还可能与埃及有另一层关联：赫里奥波利斯的祭司用"珍贵的香草"（可能包括没药）制成不死鸟蛋，以在宗教仪式中使用。

19 Broek, *Myth of the Phoenix,* 402.

20 R. T. 朗德尔・克拉克解释说，希罗多德的凤凰故事与不死鸟传说有差异的原因可能有二：一是赫里奥波利斯人给他讲的本身就是民间传说（不够严谨属于正常）（参见："Origin of the Phoenix," pt. 2, p. 134）；二是希罗多德对听到的传说表述有误，因为他并不了解埃及宗教，所以把听到的故事写成了"童话一般的水准"（参见：*Myth and Symbol in Ancient Egypt*, 248）。Ricardo Edgar Ogdon 辩称，希罗多德及更晚时期的希腊 - 罗马作家并没有把不死鸟的神性理解为各位神灵的表现，参见："El Pajaro Bennu," *Aegyptus Antiguus*, 3:2 (1982): 20–25. 关于凤凰神话的天文学解释，参见：James R. Lowdermilk, "The Phoenix and the Benben: The Start of the Egyptian Calendar as the First Time," *Ostracon* 18 no. 1 (Summer 2007): 12–18; http:// egyptstudy.org /ostracon /vol18 _1.pdf. 牛津大学阿什莫尔博物馆埃及古物展品部里有一对鹰和苍鹭的驱邪物，但只用了一个标签进行标识："凤凰 + 不死鸟"。埃及古物展品部主管海伦・怀特豪斯博士解释说，是她的前任把这只托勒密王朝时期的鹰命名为"凤凰"的，但她本人则对这一认定持怀疑态度，如果是她，就不会如此命名。Interview (May 4, 2000).

21 参见本书第 17 章。

22 *Eusebius of Caesarea: Praeparatio Evangelica* (Preparation for the Gospel), bk. 10, trans. E. H. Gifford (1903), http://www.earlychristianwritings.com/fathers/ eusebius_pe_10_book10.html. 波菲利指称，希罗多德剽窃了赫卡泰俄斯的作品。这一观点在学界很有影响。1904 年，J. B. 伯里（J. B. Bury）在一次讲座中说："很久以来，人们就认识到"，希罗多德在《历史》中对埃及的描述"很大程度上是照搬了赫卡泰俄斯在《地理志》中的记录"；参见：Bury, *The Ancient Greek Historians* (1909; repr., New York: Dover, 1958), 49. The Porphyry fragment is 324a in Felix Jacoby's *Die Fragmente der Griechischen Historiker* (Berlin: Weidmannsche Buchhandlung, 1923), 42. 伯里的说法有可能就是暗指波菲利的指控。有关希罗多德所写凤凰记录源于赫卡泰俄斯的假说，参见：Mary Cletus Fitzpatrick, *Lactanti de Ave Phoenice* (University of Pennsylvania Press, 1933), 19; Broek, *Myth of the Phoenix*, 394, 401–3; Sister Mary Francis McDonald, "Phoenix Redividus," *Phoenix* 15 (Winter 1960): 187; and Douglas J. McMillan, "The Phoenix in the Western World from Herodotus to Shakespeare," *D. H. Lawrence Review* 5 no. 3 (Fall 1972): 240.

23 Bury, *Ancient Greek Historians*, 50; Broek, *Myth of the Phoenix*, 401–2.

24 在《凤凰神话》中，范登布鲁克指出，希腊凤凰之名有可能源于不死鸟，并且与赫里奥波利斯的太阳崇拜有关；而他又把希腊凤凰的作者表述为"赫卡泰俄斯 / 希罗多德"（402–3）。

25 Broek, *Myth of the Phoenix*, 393–94.

26 Ibid., 395.

27 Diogenes Laertius, *Lives of Eminent Philosophers*, trans. R. D. Hicks, Loeb Classical Library 185 (1925; repr., Cambridge, MA: Harvard University Press, 1970), 2:493 (9.79).

28 Broek, *Myth of the Phoenix*, 395–96.

29 Pliny, *Natural History*, 2nd ed., trans. H. Rackham, 3:295 (10.4).

30 Broek, *Myth of the Phoenix*, 394.

31 Ibid., 268–70.

32 *Lexicon Iconographicum Mythologiae Classicae*, vol. 8.1 (Zürich and Düsseldorf: Artemis Verlag,

1997), 987–90.

第4章

1 Erik Iversen, *The Myth of Egypt and Its Hieroglyphs in European Tradition* (1961; repr., Princeton, NJ; Princeton University Press, 1993), 151n42. 关于弗拉米尼安方尖碑的更多内容，参见：Iversen's "Piazza del Popolo" chapter in *The Obelisks of Rome*, vol. 1 of Obelisks in Exile (Copenhagen: G. E. C. Gad Publishers, 1968), 65–75.

2 *Ammianus Marcellinus*, trans. John C. Rolfe, Loeb Classical Library 300 (1919; repr., Cambridge, MA: Harvard University Press, 1968), 1:327–29 (17.4.17–20). Rolfe 认定，"古方尖碑"是由罗马皇帝康斯坦丁下令建造的，是为了纪念图特摩斯三世和四世，而不是拉美西斯二世。有关把赫尔密斯方尖碑认定为弗拉米尼安建造的说法，参见：Amin Benaissa, in "Ammianus Marcellinus Res Gestae 17.4.17, and the Translator of the Obelisk in Rome's *Circus Maximus*," *Zeitschrift für Papyrologie und Epigraphik 186* (2013): 114–18; E. A. Wallis Budge, *The Mummy: Funereal Rites & Customs in Ancient Egypt* (1893; repr., London: Senate, 1995), 119; Albert Stanburrough Cook, *Old English Elene*, xl; and Mary Cletus Fitzpatrick, *Lactanti*, 21. 相反，R. 范登布鲁克与 Adelf Erman 观点一致，认为赫尔密斯的翻译不会是以弗拉米尼安时期的内容为依据，参见：*Die Obelishenübersetzung des Hermapion*, in *Sitzungsberichte der Königlich preussischen Akademie der Wissenschaften* no. 9 (1914): 245–73. 艾弗森却不相信厄尔曼的说法，他在《埃及神话》中明确指出，虽然"不能绝对肯定"赫尔密斯的翻译就是源自那座方尖碑，但阿米阿努斯所说的那座"古方尖碑"就是弗拉米尼安（151-52n44）下令建造的。James Henry Breasted 的 *Acient Records of Egypt*（1906; repr., Urbana: University of Illinois Press, 2001）共分五卷，读者如果要从中寻找提及凤凰的内容，在拉美西斯二世所建的赫里奥波利斯方尖碑的铭文上肯定无法找到（3:228–30）。

3 参见阿尔伯特·斯坦巴罗·库克所译古英语诗歌《埃琳娜》，在括号中有库克对该埃及单词的音译（*Old English Elene*, xl）。正如范登布鲁克所言，Rolfe 把赫尔密斯方尖碑上的希腊文"phoenix"误译成了"椰枣树"（24–25n4）。

作为 19 世纪德国古埃及学派的奠基人，卡尔·理查德·莱普修斯和 Emile Brugsch 对不死鸟和经典凤凰的相似之处进行过研究。后来，Alfred Wiedemann 又认为这两种鸟是同一个。加斯东·巴什拉则否认一只红金相间、像鹰一样的鸟会是不死鸟；R. T. Rundle Clark, "The Origin of the Phoenix," pt. 1, p. 3. 克拉克先逐条对比了两种鸟，然后得出结论称，凤凰与不死鸟有亲缘关系，"但不是由不死鸟演化而来"（25–26）。

4 Walter Burkert, *Greek Religion*, trans. John Raffan (Cambridge, MA: Harvard University Press, 1985), 51.

5 Tacitus, *The Annals of Tacitus*, trans. Alfred John Church and William Jackson Brodribb (1869; repr., Franklin Center, PA: Franklin Library, 1982), 185.

6 参见：Fitzpatrick, *Lactanti*, 21. 在该书中，Fitzpatrick 给出了 128 篇"古代文献中关于凤凰传说的文章"，包括了从赫卡泰俄斯一直到早期基督教作家的作品，很有价值（12–15）。在本书开始几章中，我参考了这些文章。

7 Ibid., 21.

8 Ovid, "The Loves," in *The Art of Love*, trans. Rolfe Humphries (Bloomington: Indiana University Press, 1957), 49 (2.6.54).

9 塞涅卡曾经隐约提及过这种独一无二的特性，他说，有位高人"可能是突然出现，就像凤凰一般，每 500 年才出现一次"。Seneca, *Epistulae Morales*, trans. R. M. Gummere, Loeb Classical Library 75 (1967), 1:278–79 (42.1).

10 奥维德被放逐之后创作了《哀怨集》(*Tristia*)。在这部作品中，他曾写道，奥古斯都判处他刑罚，是"因为我的才气，多年之前就已显露；……" (2.7–10) *Ovid: The Poems of Exile*: "Tristia" *and the Black Sea Letters*, trans. Peter Green (Berkeley: University of California Press, 2005), 25.

11 Ovid, *The Metamorphoses*, trans. Horace Gregory (1958; repr., New York: New American Library, 1960), 425–26 (15:391–407).

12 Martial, *Epigrams*, trans. Walter C. A. Ker, Loeb Classical Library 94 (1919; repr., Cambridge, MA: Harvard University Press, 1968), 1:299 (5.7). 这一短语所在的诗行中还用凤凰来隐喻罗马的复兴:"就像那只亚述的鸟活满 10 个周期，然后大火吞没鸟巢，使它得以复活，新的罗马也已经摆脱了旧时的景象。"在尼禄统治时期的公元 64 年，发生了一场大火，所以，文中早早地就提到了凤凰的火巢。在《语录 6》中，马提亚尔仍然不提凤凰的名字（323）。这首诗辛辣地讽刺了一位救科拉西努斯的人。他用的香水就是"神鸟"鸟巢中的香草味道。但是，马提亚尔在一首墓葬诗（5.67）中明确提到了凤凰。诗中写道，一位名叫 Erotion 的女孩 6 岁生日之前就夭折了。马提亚尔说，她比凤凰还珍贵（323）。

13 *Statius*, trans. J. H. Mozley (1928; repr., London: William Heinemann, 1961), 1:115. 翻译的这个短语出现在 *Silvae 2.4, Melior's Parrot* 一诗中。这首诗重新描写了奥维德《爱》(2.6）中的那只鹦鹉。斯塔提乌斯所写的那只鹦鹉的尸灰"散发着亚述香膏的气味"，而那只鹦鹉站在柴堆之上，就成了一只"更为欢乐的凤凰"(117）。在 *Silvae* 2.6 中描写道，人们把一些"亚述草药"的汁液以及"从凤凰那里盗来的肉桂"添到另一堆柴燃起的火焰中（127）。在 *Silvae* 3.2 中，斯塔提乌斯使用了更多的葬礼意象，提到了"长寿的凤凰为自己死亡所准备的圣坛"（165）。

14 Mela, *The worke of Pomponius Mela, the cosmographer, concerning the Situation of the world*, trans. Arthur Golding (1585; repr., Ann Arbor, MI: University Microfilms, 1958), Early English Books, 87–88, 436:3.

15 根据普林尼的描述，曼尼里乌斯仅仅是一位自学成才的知名参议员，其名声主要是"学养浓厚而广博"。虽然这位曼尼里乌斯在最为标准的参考资料中并没有一席之地，但是，18 世纪的词典编纂家 John Lempriere 还是认定，他就是曼尼里乌斯·提图斯。Lempriere 曾在一则条目里提及普林尼对这位参议员著述的解释，并且把曼尼里乌斯描述为"苏拉和马略时代罗马一位知识渊博的历史学家"。*Lempriere's Classical Dictionary* (1865; facsimile ed., London: Bracken Books, 1984), 383.

16 Pliny, *Natural History*, trans. H. Rackham, 2nd ed., Loeb Classical Library 353 (1983), 3:293–95 (10.2).

17 Ibid., 3:292na.

18 Ibid., 3:294na.

19 Lempriere, *Classical Dictionary*, 478.

20 Pliny, *Natural History*, 3:294na.

21 Ibid., 3:194nb. 拉克姆的计算基于罗马执政官的统治时间。

22 Cassius Dio, *Dio's Roman History*, trans. Earnest Cary (London: William Heinemann, 1924), 7:253 (18.27.1).

23 Pliny, *Natural History*, 3:294nc.

24 Ibid., 3:507 (11.44).

25 Pliny, *Natural History*, 4:123–25 (13.9.42–43).

26 Pliny, *Natural History*, trans. W. H. S. Jones, Loeb Classical Library 418 (1963; repr., Cambridge, MA: Harvard University Press, 1989), 8:203 (29.9.29). 卢坎与普林尼同时代，但年岁要小一些。他在史诗《内战记》中对凤凰尸灰持更为严肃的态度。在该诗中，凤凰尸灰是巫婆神水中的一种物质。*Lucan*, trans. J. D. Duff, Loeb Classical Library 220 (1928), 355 (6.680–81).

27 Pliny, *Natural History*, trans. H. Rackham, 4:62 (12.42).

28 Elizabeth Keitel, "The Non-Appearance of the Phoenix at Tacitus 'Annals' 6.28," *American Journal of Philology*, 120.3 (Autumn 1999): 429–42. 凯特尔（Keitel）提出，可以从提比略暴政的角度解释塔提尔斯史书中凤凰篇章的地位和目的。

29 Tacitus, *Annals*, 185.

30 Keitel, "Non-Appearance," 430.

31 更多有关天狗周期的研讨内容，参见：Broek, *Myth of the Phoenix*, 26–32, 70–72, and 105–9. 在该书中，作者反驳了学界长久以来把埃及天狗周期与凤凰现身周期等同的说法。James R. Lowdermilk 详细阐述了之前的理论，辩称木星和土星的相合不仅与希罗多德关于凤凰现身的描写相符，也与塔提尔斯所提到的埃及法老统治周期相符；参见："Phoenix and the Benben," 16，*Ostracon* (2007), http:// egyptstudy.org /ostracon /vol18 _1.pdf.

32 Shaw and Nicholson, *Princeton Dictionary of Ancient Egypt*, 311. 关于天狗周期，参见：A. S. von Bomhard, *The Egyptian Calendar: A Work for Eternity* (London: Periplus, 1999), 40–45. Bomhard 在书中提到了 3 世纪罗马文法学家 Censorinus 关于偕日升的计算数据。这些数据从公元前 139 年开始，即提比略死后的 100 年，一直向前追溯至公元前 1321 年、公元前 2781 年和公元前 4241 年等（40）。

33 Cook, *Old English Elene*, xliii.

34 Broek, *Myth of the Phoenix*, 113.

35 学界认为，塔提尔斯笔下的传奇国王塞索斯特里斯 / 塞索西斯与多位埃及法老有关。Stephen Quirke 认为，英语化的希腊名"塞索斯特里斯"就是英语化的埃及名"辛努塞尔特"（辛努塞尔特一世统治时期为公元前 1965 至公元前 1920 年）。参见：*Who Were the Pharaohs* (1990; repr., Mineola, NY: Dover, 1993), 7. 在《凤凰神话》第 107 页中，R. 范登布鲁克认为，塞索西斯就是塞提一世（前 1294—前 1279 年）。在《塔提尔斯与凤凰》一文（*Phoenix* 35 no. 3, Autumn 1981）中，Howard Jacobson 指出，塞索西斯有可能是埃及早期的一位国王，统治时间为公元前 3000 年末。他还表示，有时候，塞索西斯被认为就是塞索斯特里斯，进而又被认定为拉美西斯二世（260n1）。范登布鲁克在《凤凰神话》和雅各布森在《塔提尔斯与凤凰》中都确定，不同国王统治的时间间隔与 1481 年的天狗周期并不一致。

36 Robert Graves 著有一套两卷本的关于克劳迪乌斯生平的历史小说。在小说的最后一段，这位年迈的皇帝也怀疑不久前凤凰在埃及现身的报道的真实性；这次凤凰现身距其在托勒密三世时期的现身仅 250 年。参见：*Claudius the God* (1935; repr., New York: Vintage Books, 1962, 558–59).

37 参见：Keitel, "Non-Appearance". 塔提尔斯本可以将凤凰在公元 34 年"未曾现身"的事情记录下来。凯特尔分析了他没有写的政治原因。

38 作为研究希腊 - 罗马艺术中凤凰形象的著名学者，范登布鲁克对"凤凰图腾"这一节的写作很有帮助，参见：*Myth of Phoenix*, documentation and plates 427–42, pls. 6–11. 几乎所有关于经典的和早期基督教的凤凰形象的 40 多个条目都引用它作为资料来源：*Lexicon Iconographicum Mythologiae Classicae*, vol.8. 1，987–90. 关于罗马铸币上凤凰的最新研究，参 见：Françoise Lecocq, "L'iconographie du phénix à Rome," in *Schedae* 1, prépublication 6 (2009): 84–91.

39 参见：Broek, *Myth of the Phoenix*, 237, 245, 419, and 427–28, pls. 6.1 and 6.2.

40 Ibid., 426–27, pls. 2, 3, and 437–42, pls. 9–11.

41 Ibid., 428–29, pls. 6.3–8. Arthur Bernard Cook, *Zeus: A Study in Ancient Religion* (Cambridge: Cambridge University Press, 1914), 1:40–56.

42 Jessie Poesch, "The Phoenix Portrayed," *D. H. Lawrence Review* 5 no. 3 (Fall 1972): 200–201.

43 参见 :John of Salisbury, *Policraticus*, trans. Joseph B. Pike (1938; repr., New York: Octagon Books, 1972), 57 (1.13). 约翰是 12 世纪时法国沙特尔地区的主教。他在讨论占卜时提到了凤凰："凤凰现身是非常明显的吉兆。在康斯坦丁重建罗马的喜庆时刻，凤凰就曾出现过。" Peter Paul Rubens 的画作"The Faunding of Constantinople"（1663 年之前）也描写了这一传说，其中表示预兆的鸟是一只鹰，而鹰自古以来就与凤凰有亲缘关系。

44 Broek, *Myth of the Phoenix*, 437, pl. 8.10.

第 5 章

1 *Achilles Tatius*, ed. and trans. S. Gaselee, Loeb Classical Library 45 (1971), 185–87 (3.25).

2 R. 范登布鲁克在《凤凰神话》中指出，颜色以及羽状的光线都是光环的不同表现，当然这一点还存在争议（235n3, 245）。关于光环起源和发展的详细情况（232–51）。

3 Heliodorus, *An Ethiopian Romance*, trans. Moses Hadas (Ann Arbor: University of Michigan Press, 1957), 144.

4 鸟的名字"flamingo"源于拉丁语词汇"*flama*"，意为"火焰"，正好反映了它亮红或深红色的羽毛。普林尼作品中的拉丁语词汇"*phoenicopterus*"（"红色羽毛"）则源于希腊语（Aristophens's *The Birds*）。苏珊 · 布林德 · 莫洛（Susan Brind Morrow）曾在作品中提到过一种与传说中凤凰相似的鸟——火烈鸟：在非洲中部纳特龙湖底，"火烈鸟在锥形凝灰上产卵，幼鸟就从灰中诞生"，参见：*The Names of Things: Life,Language, and Beginnings in the*

Egyptian Desert (New York: Riverhead Books, 1997).

5 Aelian, *On the Characteristics of Animals*, trans. A. F. Scholfield, Loeb Classical Library 448 (1959; repr., Cambridge, MA: Harvard University Press, 1971), 2:79–81 (6.58).

6 Ibid., 3:41–43 (12.24).

7 *The Oxford Classical Dictionary*, 3rd ed., 18.

8 Aelius Lampridius, *The Life of Antoninus Heliogabalus*, trans. David Magie, Loeb Classical Library (1924), http:// mattin.org /recordings /heliogabalus.html (23).

9 Philostratus, *The Life of Apollonius of Tyana*, trans. F. C. Conybeare, Loeb Classical Library 16 (1912; repr., Cambridge, MA: Harvard University Press, 1960), 1:335 (3.49–50).

10 参见：Broek, *Myth of the Phoenix*, 147n1, and his discussion of Egyptian and Indian variations of the Phoenix fable, 147–50.

11 Solinus, *The Excellent and Pleasant Worke: Collectanea Rerum Memorabilium of Caius Julius Solinus*, trans. Arthur Golding (1587; facsimile ed., Gainesville. FL: Scholars' Facsimiles & Reprints, 1955), not paginated or numbered.

12 Lactantius, *Phoenix, in Minor Latin Poets*, trans. J. Wight Duff and Arnold M. Duff, vol. 2, Loeb Classical Library 434 (1934; repr., Cambridge, MA: Harvard University Press, 1961), 2:651–65.

13 Mary Cletus Fitzpatrick 的 *Lactanti De Ave Phoenice*（1933）对该诗进行了重点研究，其引言部分涵盖了凤凰早期的发展史、该诗的拉丁文本、译文以及逐行评论。更晚一些，还有一篇毕业论文大概也研究了同样的内容，包括该诗的译文，参见：Keith N. Harris, "The 'De Ave Phoenice'of Lactantius: A Commentary and Introduction," University of British Columbia, 1978, https:// circle.ubc.ca /bitstream /id /68976/UBC _1978 _A8; last modified 1/12/2015. Jean Hubaux 和 Maxime Leroy 在一部共同的著作中把该诗称赞为古典文学传统的高峰，参见：*Le Mythe du Phénix: Dans les Littératures Grecque et Latine* (Paris: Librairie E. Droz, 1939)；而在范登布鲁克的《凤凰神话》中，这首诗贯穿了全书。

14 关于这首诗作者认定的问题，参见：Fitzpatrick, *Lactanti*, 31–35; Albert Stanburrough Cook, *Old English Elene*, xxviii–xxxviii; and N. F. Blake, ed., *The Phoenix* (Manchester: Manchester University Press, 1964), 17–18. 这三位学者都接受拉克坦提乌斯就是这首诗作者的说法。

15 参见：Cook, *Old English Elene*, xxxv, and Fitzpatrick, Lactanti, 33.

16 参见：Lactantius, *Phoenix*, 651–53 (lines 1–30). 诗人对凤凰永恒家园的描写与荷马笔下的奥林波斯山相似，都不受风雪和雨水的侵袭。Carol Falvo Hefferhan 从女性主义角度对两部凤凰著作进行过诠释，把泉水每月溢出与女性生理周期联系在一起。参见：*The Phoenix at the Fountain: Images of Woman and Eternity in Lactantius's "Carmen de Ave Phoenice" and the Old English "Phoenix"* (Newark, DE: University of Delaware Press, 1988), 14.

17 Lactantius, *Phoenix*, 643–55 (lines 31–58).

18 Ibid., 655 (lines 59–64).

19 不同作者关于凤凰寿命的列表，参见：Fitzpatrick, *Lactanti*, 71–72n59.

20 Lactantius, *Phoenix*, 657 (lines 79–88).

21 Ibid., 659 (lines 95–98).

22 凤凰故事有两个主要版本，关于其中之一所写的火元素，参见：Broek, *Myth of the Phoenix*, esp. 146–51 and 408–14.

23 Lactantius, *Phoenix*, 659 (lines 103–6).

24 Ibid., 661 (lines 123–34).

25 Lempriere, *Classical Dictionary*, 511.

26 Lactantius, *Phoenix*, 663 (lines 151–54).

27 Ibid., 663–65 (lines 161–70).

28 Claudian, *Claudian*, trans. Maurice Platnauer (1922; repr., London: William Heinemann, 1963), 1:vii.

29 Fitzpatrick, *Lactanti*, 37.

30 Claudian, 2:223 (lines 1–3).

31 Ibid., 2:227 (lines 50–54). 4世纪晚期，埃及人 Nonnos（约450—470年）曾在其希腊语史诗 *Dionysiaca* 中写道：凤凰“将老迈之态丢入火中，又从火中焕发青春”。Nonnos, *Dionysiaca*, trans. W. H. D. Rouse, Loeb Classical Library 356 (1940; repr., Cambridge, MA: Harvard University Press, 1963), 3:183 (40.397–98).

32 Claudian, 2:227 (lines 57–60).

33 Ibid., 2:229 (lines 65–71).

34 Ibid., 2:231 (lines 104–10).

35 *On Stilicho's Counselship*, in Claudian, 2:32–33 (2.22.414–20).

36 *Letter to Serena*, in Claudian, 2:257 (lines 15–16).

37 Iversen, *Myth of Egypt*, 47–49.

38 Horapollo, *The Hieroglyphics of Horapollo*, trans. George Boas (New York: Pantheon Books, 1950), 75 (1.34).

39 Ibid., 75 (1.35).

40 Ibid., 96–97 (2.57).

第6章

1 关于这些作品的综述，参见：Samuel Rolles Driver and George Buchanan Gray, *A Critical and Exegetical Commentary on The Book of Job* (New York: Charles Scribner's Sons, 1921), 2:202–4; Sister Mary Francis McDonald, "Phoenix Redivivus," *Phoenix* 15 (Winter 1960): 188–93; and M. R. Niehoff, "The Phoenix in Rabbinic Literature," *Harvard Theological Review* 89 no. 3 (July 1996): 245–65. Niehoff对凤凰故事的改编和神化进行了研究。另见：Louis Ginzberg, *The Legends of the Jews*, trans. Henrietta Szold (Philadelphia: Jewish Publication Society of America, 1909), 1:32–33, and corresponding 5:51n151.

2 *Genesis*, in Midrash Rabbah, trans. and ed. H. Freedman and Maurice Simon (London: Soncino Press, 1951), 1:151–52.

3 关于《约伯记 29:18》的不同译文，参见：Cook, *Old English Elene*, 121, "Note on Phoenix," lines 552–69; McDonald, "Phoenix Redividus," 189–92; R. Van den Broek, *Myth of the Phoenix*,

58–60; Niehoff, "Phoenix in Rabbinic Literature," 255–56; and Nosson Slifkin, who quotes several midrashim, in *Mysterious Creatures: Intriguing Torah Enigmas of Natural and Unnatural History* (Southfield, MI: Targum Press, 2003), 111–16.

4 Niehoff, "Phoenix in Rabbinic Literature," 255–56.

5 McDonald, "Phoenix Redividus," 191.

6 Ibid.; and Broek, *Myth of the Phoenix*, 8. 参与是"phoenix"还是"sand"争论的 19 世纪和 20 世纪学者列表，参见：McDonald, "Phoenix Redividus," 192n21.

7 Broek, *Myth of the Phoenix*, 561.

8 Eusebius of Caesarea, *Praeparatio Evangelica*, trans. E. H. Gifford, bk. 9, chap.29, 439d–447a, in Early Christian Writings, http:// earlychristianwritings.com /fathers/eusebius _pe _09 _book9.html.

9 Jacobson 在《出埃及记》中又提出了这两种鸟的一些相似之处。他指出，凤凰能够死而复生，其现身具有预示作用，而以西结笔下的鸟也是一种预兆，因此这种鸟适合作为"犹太人得到救赎、重生、摆脱奴役"的象征（159）。

10 关于凤凰更全面的注解，参见：J. B. Lightfoot, *S. Clement of Rome: The Two Epistles to the Corinthians* (London: Macmillan, 1869), 95.

11 Wacholder and Bowman, "Ezechielus the Dramatist... ," *Harvard Theological Review* 78 nos. 3–4 (1985), 259. 另参见：Broek, *Myth of the Phoenix*, 121–22n1.

12 Wacholder and Bowman, "Ezechielus," 259.

13 Ibid., 260–61. 虽然绝大多数学者一致认为，以西结所描写的鸟就是凤凰，但是 Wacholder 和 Bowman 则辩称，绿洲中的那种动物是"一只巨大的鹰，用来比喻上帝"（253）。

14 参见：Jacobson, "*Exagoge*," 159; and Broek, *Myth of the Phoenix*, 33–47, 117–18.

15 McDonald, "Phoenix Redividus," 189.

16 Broek, *Myth of the Phoenix*, 57–58n2.

17 *Assumption of Moses*, in *Pseudepigrapha*, in *The Apocrypha and Pseudepigrapha of the Old Testament*, ed. R. H. Charles (Oxford: Clarendon Press, 1913), 2:407 (1).

18 *The Book of the Secrets of Enoch*, in *Pseudepigrapha*, 2:429.

19 Ibid., 2:436nA12.1.

20 Ibid., 2:436, A12.1–3.

21 Ibid., 436nA12.1. 乔库德里和凤凰作为东方世界里太阳的追随者的有关内容，参见：Broek, *Myth of the Phoenix*, 300–302.

22 在《凤凰神话》（302）中，范登布鲁克认为二者是不同的动物，乔库德里是一种与蛇相似的动物。而 Ginzberg 在 *Legends of the Jews*（33）、McDonald 在"Phoenix Redividus"（194）中都把人们综合多种形象创造的动物称为凤凰。

23 *Book of the Secrets of Enoch*, 2:437, A15.1.

24 Ibid., 2:441, A19.6.

25 *The Greek Apocalypse of Baruch, in Pseudepigrapha*, 527–28.

26 Ibid., 536–37 (6.1–12).

27 范登布鲁克在《凤凰神话》（268）中指出，巴录的凤凰就是天外公鸡。

28 *Greek Apocalypse*, 537–38 (6.12–7.6).

29 Ibid., 538 (8.1–9.2).

30 关于“神鸟理论”，参见本书第 19 章。范登布鲁克在《凤凰神话》中把这些鸟称为“天外之鸟”。有关凤凰与这些神鸟在特征上的对应关系，参见：Broek, “Escort of the Sun”, 260–304. 关于这类太阳鸟（包括天外公鸡、安卡、思摩夫、凤凰和鹰），另见：A. J. Wensinck’s “Bird and Sun” chapter in *Tree and Bird as Cosmological Symbols in Western Asia* (Amsterdam: Johannes Müller, 1921), esp. 36–43.

31 关于神鸟“席兹”的传说和素材，参见：Ginzberg, *Legends of the Jews*, 5:46–48n129–139; Broek, *Myth of the Phoenix*, 264–68; Niehoff, “Phoenix in Rabbinic Literature,” 256, 263–65; and Slifkin, *Mysterious Creatures*, 186–88. Ginzberg 认为，“席兹”与以诺和巴录所提到的太阳鸟有关；范登布鲁克在《凤凰神话》中表示相信，巴录所写凤凰的一个主要参考就是“席兹”；Niehoff 指出，“ziz”就是凤凰在希伯来语中的名字之一，并把它与“*chol*”和“*urshina*”进行了对比。

32 参见：*Greek Apocalypse*, 537n4; Broek, *Myth of the Phoenix*, 266. 还有一种神鸟能够遮挡太阳，使世人免受酷热，那就是狮鹫兽，参见：Broek, *Myth of the Phoenix*,272–73.

33 The Mahabharata, trans. Kisari Mohan Ganguli (New Delhi: Munshiram Manoharlal, 1970), 1:667–68.

34 Midrash Rabbah, 1:151–52 (19.5). 在这段之后，拉比提到过犹太神话中的一种类似狮鹫兽的大鸟“席兹”。

35 Ibid., 152.

36 Babylonian Talmud, trans. and ed. I. Epstein (London: Soncino Press, 1935), 2:747–48.

37 Niehoff, “Phoenix in Rabbinic Literature,” 256.

38 参见：Slifkin, *Mysterious Creatures*, 116. 在随后的第 117 页中，有关于“内谢尔”（nesher）的描述。这是一种与凤凰相似的鹰，它每 10 年就会重复一次献祭和恢复年轻的过程，直到百岁死去。Wensinek 认为，希伯来语词汇“*nasr*”就相当于阿拉伯语词汇“*ukab*”；后者指一种与鹰相似的鸟，在老迈之时，它会飞向太阳，当太阳落入海洋时，它也会向水中俯冲，通过这一过程，它能重返年轻的状态。

39 关于比德的内容，参见：McDonald, “Phoenix Redividus,” 203；比德所提及的评论，参见本书第 8 章。

第 7 章

1 Clement of Rome, *The Letter of S. Clement to the Corinthians*, trans. J. B. Lightfoot, pt. 1, vol. 2, *The Apostolic Fathers* (London: Macmillan, 1889), 2:285 (25); in “The Apostolic Fathers,” *Early Christian Writings*, last modified January 14, 2015, http:// www.earlychristianwritings.com /text /1clement-lightfoot.html. See also the extensive notes on the Christian Phoenix in J. B. Lightfoot, *S. Clement of Rome: The Two Epistles to the Corinthians* (London: Macmillan, 1869), 94–99.

2 在早期基督教发展中，有过一次重大争议，一方是使徒保罗的追随者，他们相信复活就是精神上的再生，另一方则认为，复活是指肉体的上，如同耶稣复活一样。参见：Valerie Jones,

"The Phoenix and the Resurrection," in *The Mark of the Beast*, ed. Debra Hassig (Cambridge: Cambridge University Press, 1995), 99–110; and in Hassig, *Medieval Bestiaries: Text, Image, Ideology (New York: Garland Publishing, 1999), 79–80.*

3 Clement, *Letter* (25:1–5 and 26:1).

4 Niehoff, "The Phoenix in Rabbinic Literature," 252–53.

5 Eusebius, *Historia Ecclesiastica* 4.23.11.

6 "Pope St. Clement I," at "The Catholic Encyclopedia," *New Advent*, http:// www.newadvent.org / cathen /04012c.htm.

7 《生理论》在千年之中的演变、该书中的凤凰形象以及关于更多素材来源的注解，参见：Cook, *Old English Elene*, lvii–lv; *Physiologus*, trans. Michael J. Curley (1979; 2nd ed., Chicago: University of Chicago Press, 2009), ix–xliii; *Physiologus*, trans. and ed. James Carlill, in *The Epic of the Beast* (1900; repr., London: George Routledge, 1924), 157–83; *Theobaldi "Physiologus,"* trans. And ed. P. T. Eden (Leiden: E. J. Brill, 1972), 2–4; Florence McCulloch, *Mediaeval Latin and French Bestiaries* (Chapel Hill: University of North Carolina Press, 1960), 15–27; McDonald, "Phoenix Redividus," 197–200; and Guy R. Mermier, "The Phoenix: Its Nature and Its Place in the Tradition of the *Physiologus*," in *Beasts and Birds of the Middle Ages: The Bestiary and Its Legacy*, ed. Willene B. Clark and Meradith T. McMunn (Philadel 、phia: University of Pennsylvania Press, 1989), 69–78. 上述作品为本书这一部分提供了大量背景信息。

8 *Teobaldi* 中列出了引用该书的人：殉教者游斯丁（Justin Martyr）、俄利根、亚历山大的克莱门特以及德尔图良等人；麦卡洛克在《中世纪拉丁语和法语动物寓言集》中则指出，人们认为，对该书创作有贡献的人包括了亚历山大的彼得、伊皮法纽、巴希尔、亚他那修（Athanasius）、约翰一世、安布罗斯和杰罗姆等。

9 参见：J. W. Bennett and G. V. Smithers, eds., *Early Middle English Verse and Prose* (Oxford: Clarendon Press, 1968), 165.

10 《生理论》中以自然作为隐喻的用法，参见：Hanneke Wirtjes, ed., *The Middle English"Physiologus,"*lxviii–lxxix.

11 "The Phoenix," in *Physiologus*, trans. Carlill, 222–23.

12 R. van den Broek, *Myth of the Phoenix*, 214–16.

13 在"Phoenix and the Resurrection"中，作者 Jones 指出，克莱门特的凤凰故事"从基督论的角度看不能完全令人满意"，原因有二，其一就是，这位教皇的版本中没有自我牺牲的情节。她还指出，在克莱门特版本中，凤凰的肉体会腐烂，而这与基督之死并不一致（103）.

14 希腊语《生理论》中错误地把犹太历法中各月的顺序颠倒了，参见：Broek, *Myth of the Phoenix*；抄录者漏掉尼散月以及拉丁语版中注解的变动，参见 Curley 的相关著作。

15 所引用的段落中包含了俄利根所言"故事即是如此。但即使它是真实的……"以及圣奥古斯丁所言"如果真如人们所信，它果然能够死而复生"。参见：McDonald, "Phoenix Redividus," 203. MeDonald 在第 200–204 页之间还引用了包括伊皮法纽和纳齐安等几位圣师的话。我还借鉴了一个很有价值的关键材料，详见："The Church Fathers," in Douglas J. McMillan, "The Phoenix in the Western World from Herodotus to Shakespeare," *D. H. Lawrence*

Review 5 no. 3 (Fall 1972): 248–54.

耶路撒冷的西里尔在所著《教理讲授》(*Cathechesis*) 中将克莱门特和《生理论》中的凤凰传说结合了起来:"正如克莱门特所写以及许多人所记录的，在百鸟之中，凤凰是独一无二的，每 500 年他就会来到埃及，在那里死而复生，当众展示复活的教理。"参见: *The Works of Saint Cyril of Jerusalem*, trans. Leo P. McCauley and Anthony A. Stephenson (Washington, DC: Catholic University of America Press, 1970), 2:123–24 (18.8). 图尔的圣格列高利未曾受到上述两种凤凰传说的直接影响，他把凤凰列入上帝创造的各种世界奇迹的前列:"第三个奇迹就是拉克坦提乌斯所讲述的凤凰故事。"紧接着，他给出了那首诗的大意。参见: *The Seven Wonders of the World, in Gregory of Tours: Selections from the Minor Works*, trans. William C. McDermott (Philadelphia: University of Pennsylvania Press, 1949), 95–97 (23).

16 McDonald 证实说，德尔图良是因为托名伊皮法纽的人在其《生理论》中的一句话才选用"phoenix"一词的:"先知已经说过: 尤西尔好像凤凰一样茁壮成长，他怎么能不会死而复生呢 (Ps. 91.13)?"其编号是《圣经拉丁通俗译本》中的。引自: McDonald, "Phoenix Redividus," 203.

17 *Latin Christianity: Its Founder, Tertullian*, ed. A. Cleveland Coxe (Peabody, MA: Hendrickson Publishers, 1885), 554 (13).

18 Jones, "Phoenix and the Resurrection," 102.

19 《七十士译本》中对"phoenix"一词的翻译，参见: Broek, *Myth of the Phoenix*.

20 St. Ambrose, *De excessu Satyri*, 2.59, quoted in McDonald, "Phoenix Redividus," 201.

21 古代一地区，位于今土耳其。范登布鲁克在《凤凰神话》中认为，圣安布罗斯就是混淆了相关内容。

22 *Hexameron, Paradise, and Cain and Abel*, trans. John J. Savage (New York: Fathers of the Church, 1961), 219 (23.79).

23 Ibid., 220 (23.80).

24 *Theobaldi*, 2.

25 *The "Etymologies" of Isidore of Seville*, ed. Stephen A. Barney, W. J. Lewis, J. A. Beach, and Oliver Berghof, with the collaboration of Muriel Hall (Cambridge: Cambridge University Press, 2006), 265 (12.7.22).

26 见本书第 17 章。

27 Broek, "A Coptic Text on the Phoenix," *Myth of the Phoenix*, 33–47.

28 在所著"Commentary on the Apostle's Creed"中，Tyrannius Rufinus 把传统基督教凤凰意象的含义从复活转向了圣母无原罪始胎:"然而，既然人们都知道这种他们称之为凤凰的东方之鸟，可以在没有配偶的情况下诞生或重生，那为什么处女不能怀孕呢?"Trans. W. H. Fremantle, from *Nicene and Post-Nicene Fathers, Second Series*, vol. 3, eds. Philip Schaff and Henry Wace (Buffalo, NY: Christian Literature Publishing Co., 1892); at "Commentary on the Apostle's Creed," *New Advent*, http://www.newadvent.org/fathers/2711.htm.

29 Broek, *Myth of the Phoenix*, 45.

30 Ibid., 47.

31 Ibid., 47.

32 见本书第 10 章。

33 早期基督教艺术综述，参见：H. W. Janson, *History of Art*, 4th ed. (New York: Harry N. Abrams, 1991), 255–67.

34 正如希腊 - 罗马时期的凤凰形象一样，《古典神话图解词典》(vol. 8.1, 989–90) 中所列的几乎所有早期基督教凤凰形象都有从范登布鲁克《凤凰神话》中引用的内容。他复制的那些画板涵盖了几乎所有被 Mary Cletus Fitzpatrick 在 *Lactanti De Ave Phoenice* (*29–30*) 以及杰西 · 波什在 "The Phoenix Portrayed" (*D. H. Lawrence Review* 5 no. 3, Fall 1972) 一文中提及的作品，甚至还有超出的作品。Louis Charbonneau-Lassay 也研究过早期基督教艺术中的凤凰形象，并附有图示，参见：*The Bestiary of Christ*, trans. D. M. Dooling (New York: Parabola Books, 1991),446–48. 近期对这一话题最为详细全面的研究当属 Françoise Lecocq 的 "L'iconographie du phénixà Rome"，参见：*Schedae* 1, prépublication 6 (2009), 91–96; 她分析了几部未收录进范登布鲁克《凤凰神话》或其他早期研究的作品。

35 Broek, *Myth of the Phoenix*, 442, pl. 12.

36 Ibid., 446, pl. 21.

37 Ibid., frontispiece, 425; and Poesch, "Phoenix Portrayed," fig. 5.

38 Poesch, "Phoenix Portrayed," 202.

39 在此向鲁伯瓦尔 · 蒙泰罗 · 达 · 席尔瓦致谢，是他为我提供了米迦勒教堂镶嵌画的照片 (2009 年 8 月 1 日)。据报道，因为博物馆遇袭，该文物已经被毁。

40 参见：Broek, *Myth of the Phoenix*, on the *Traditio legis* motif and its *Adventus in Gloria* variation, 448–49.

41 Ibid., 451, pl. 29.2; 452, pl. 30.1; and 452, pl. 30.2. 另见：Poesch, "Phoenix Portrayed," 201, and the St. Prassede mosaic and a Phoenix detail in figs. 3 and 4.

42 Broek, *Myth of the Phoenix*, pls. 20.1 and 20.2.

43 Ibid., 445–46. 另见：McDonald, "Phoenix Redividus," 205.

第 8 章

1 我对古英语诗歌《凤凰》的研究，部分取材于 N. F. Blake 的全面介绍，参见：Blake, ed., *The Phoenix*, 1–35. 他的这部著作影响很大，内容包括了以古英语写成的散文体布道文、古北欧语布道文以及一个全面的参考书目。更早对该诗进行高质量研究的作品则是：Albert Stanburrough Cook, *Old English Elene,Phoenix and Physiologus*. 这部作品中包含了很有价值的介绍性资料、拉克坦提乌斯《凤凰》的译文、剑桥大学收藏的《凤凰布道文》手稿以及大量注解 (102–32)。本章所用文本参见：Cook's translation of *The Phoenix, in Select Translations from Old English Poetry*, eds. Albert S. Cook and Chancey B. Tinker (Boston: Ginn & Company, 1902), 143–63. Charles W. Kennedy 的相关评论及其用头韵体翻译的这首诗，请参见：*Early English Christian Poetry* (1952; repr., New York:Oxford University Press, 1968), 220–25, 231–48. Kennedy 还将自己的说明与一些从该诗中摘录的语句结合了起来，详见：*The Earliest English Poetry: A Critical Survey* (London: Oxford University Press, 1943), 290–300. 凤凰神话的简要

背景以及附有注解的《凤凰》诗歌概要，参见：Margaret Williams, *Word-Hoard: A Treasury of Old English Literature* (London: Sheed & Ward, 1946), 250–58. 她的引文中有用两种语言混写的诗歌结语部分，这种情况甚为罕见。该诗第 1–423 行的自由诗风格的翻译，参见：Burton Raffel, *Poems from the Old English* (2nd ed., Lincoln: University of Nebraska Press, 1964), 108–19; and the translation by Raymond P. Tripp, Jr., of lines 180–240 and 545–75, in Joseph Nigg, ed., *The Book of Fabulous Beasts: A Treasury of Writings from Ancient Times to the Present* (New York: Oxford University Press, 1999), 125–27. *Voyage of Maelduin* 中有一首与该诗相似的诗歌，参见：Joseph McGowan, "An Irish Analogue to the Old English *Phoenix*," *In Geardagum* 11 (June 1990): 35–43.

有关拉克坦提乌斯的内容，参见：Mary Cletus Fitzpatrick's *Lactanti De Ave Phoenice*. 关于古英语诗歌《凤凰》与拉克坦提乌斯作品的对应关系，参见：Oliver Farrar Emerson, "Originality in Old English Poetry," *Review of English Studies* 2 (1926): 18–31; 特别是 Janie Steen 关于改写该诗的大量注解 —— "Figure of 'The Phoenix'" chapter, in *Verse and Virtuosity: The Adaptation of Latin Rhetoric in Old English Poetry* (Toronto: University of Toronto Press, 2008), 35–70. 拉丁语和古英语凤凰诗歌中的意象解读，参见：Carol Falvo Heffernan, *The Phoenix at the Fountain*.

2 Kenneth Sisam, "The Exeter Book," *Studies in the History of Old English Literature* (Oxford: Clarendon Press, 1962), 97–108.

3 Blake, ed., *Phoenix*, 23. 有关更早时期赞成该诗作者为基涅武甫的观点，参见：Stopford A. Brooke, *The History of Early English Literature* (New York: Macmillan, 1905), 427–28; Cook, *Old English Elene*, xxvi–xxviii; and Kennedy, *Early English Christian Poetry*, 221.

4 J. J. Conybeare, "Anglo-Saxon Paraphrase of the Phoenix of Lactantius," *Archaeologia* 17 (1814): 193–97.

5 关于图尔的圣格列高利，参见本书第 7 章。

6 Cook, *Phoenix*, 144–53 (lines [alliteration] 21, 100, 241, 370–71; [kennings] 57, 105, 118, 199, 212, and 334).

7 Ibid., 144 (lines 1–11).

8 古英语诗歌中，凤凰对太阳的溢美之词，参见：Cook, *Phoenix*, 146–48 (lines 90–141).

9 日本佐贺大学的格雷戈里 · K. 詹伯曾审读本章。他指出，拉丁语和古英语中关于神鸟的性别说法不同，但这并不必然妨碍从历史角度解读其性别问题。参见我的个人通信（2014 年 8 月 4 日）。

10 基于苹果、蚕、鹰、凤凰以及种子等形象对该诗的解读，参见：Joanne Spencer Kantrowitz, "The Anglo-Saxon Phoenix and Tradition," *Philological Quarterly* 63 no.1 (January 1964): 1–13. 基督教中有关苹果和鹰的意象，参见：Steen, *Verse and Virtuosity*, 56.

11 Cook, *Phoenix*, 152 (lines 291–312).

12 Ibid., 154 (lines 374–86).

13 有关相互矛盾的寓言的说明，参见：Blake, ed., *Phoenix*, 32–35.

14 Cook, *Phoenix*, 159 (lines 547–61).

15 有关比德的内容，参见：Cook, *Old English Elene*, 121–22, note to *Phoenix* lines 552–69; and Blake, ed., *Phoenix*, 21. 这一段落中另一处有关约伯的解释是《约伯记 19:25–26》（“我知道我的救赎主活着”）。

16 Cook, *Phoenix*, 162 (lines 647–53).

17 参见：Williams, *Word-Hoard*, 258; and Kennedy, *Earliest English Poetry*, 299–300.

18 Rubie D.-N. Warner 称之为《凤凰布道文》，详见：Rubie D.-N. Warner, ed., *Early English Homilies, from the Twelfth Century MS. Vesp. D. XIV*, Early English Text Society, o.s. 152 (London: Kegan Paul, Trench, Trübner, 1917), 146–48. Blake 编辑 Warner 的古英语文本时又做了少许调整，形成了凤凰散文。该布道文的类似文本另见 4 份手稿：剑桥大学基督圣体学院的一份 11 世纪手稿、大英博物馆 12 世纪的卡顿·韦帕芗手稿、14 世纪古北欧语 MS AM 764 手稿以及 15 世纪古北欧语 MS AM 194 手稿。

19 有关天堂的背景，参见：Blake, ed., *Phoenix*, 13–16.

20 参见：Cook, *Old English Elene*, 128–31. 库克认为，这两份手稿是同一文本的不同变体。这种观点从其书中的一个标题就可以看出：“The Late old Euglish Version of the Phoenix”。他指出，这些文本是由 F. Kluge 摘录的，他从头韵体推断出，剑桥手稿的创作时间应为 1050—1100 年间，参见：“Zu altenglischen Dichtungen.” *Englische Studien* 8 (1885), 474–79.

21 D. G. Scragg, “The Corpus of Vernacular Homilies and Prose Saints’ Lives before Ælfric,” in *Old English Prose: Basic Readings, 90.* 而斯克拉格的研究则是以 N. R. Ker 的 *Catalogue of Manuscripts Containing Anglo-Saxon* 中描述的手稿为基础的。在这一目录中，Ker 把该手稿 (item 67, fols. 374–77) 列为剑桥大学收藏的最终文本，同时也是韦伯芗 D. Xiv 藏品中最晚的一版 (no. 210, p. 276)。

22 Elaine M. Treharne, “Life of English in the Mid-Twelfth Century: Ralph D’Escures’ Homily on the Virgin Mary,” from *Writers of the Reign of Henry II*, eds. Ruth Kennedy and Simon Meecham Jones (New York: Palgrave Macmillan, 2006). 在此，我就特里哈恩博士的作品以及她与我个人的通信交流（2009 年 3 月 4 日）向她致谢。此外，她的“Production of Manuscripts of Religious Texts”中也附有韦帕芗凤凰的版画，参见：*Rewriting Old English in the Twelfth Century*(Cambridge: Cambridge University Press, pls. 10, 11.

23 在此我要向丹佛大学的亚历山大·奥尔森博士致谢，我采用了古英语布道文，并且和他进行过通信交流（2009 年 3 月 4 日）。

24 Thomas Wright, *St. Patrick's Purgatory: An Essay on the Legends of Purgatory, Hell, and Paradise Current during the Middle Ages* (London: John Russell Smith, 1844), 25–26. 在附录中，赖特将古英语《凤凰》开头描写人间天堂部分里的古英语表达逐一与现代英语进行对照，参见：http://books.google.com /books?id = Qel6f6zLrF0C & pg = PA1 & source = gbs_toc_r &cad=4#v = onepage & q & f = false.

25 参见：Raymond P. Tripp, Jr., *The Phoenix Homily* (2000). 这部作品全文的其他英语译文，我并不知晓。特里普博士在翻译 Warner 编辑的 *Early English Homilies*（146–148）时，保留了 Warner 本人的标题。这位丹佛大学荣誉教授对我甚为慷慨，允许我重印了他的文本，我对他致以深深谢意，同时也感谢他的继承人田桥美代子（2014 年 12 月 13 日）。

26 Ker, *Catalogue of Manuscripts*, 81.

27 参见我与奥尔森的通信。

28 参见：Blake, ed., *Phoenix*, 96–97. Blake 对古北欧语和古英语文本的关系进行了评论，由此进入了一个充满争议的领域——历史资料的传播问题。他认为，AM194 并非从 AM764 传承而来，相反，这两种北欧语版本很有可能拥有共同的资料来源。他所提及的两种历史资料传播理论可参见：Max Förster, "De Inhalt der altenglischen Handscrift Vespasianus D xiv," *Englische Studien* 54 (1920): 46–68; and Henning Larsen, "Notes on the Phoenix," *Journal of English and Germanic Philology* 41 (1942): 79–84. Förster 最先认识到 AM194 与韦帕芗布道文有相似之处，但是他又猜想这篇古英语布道文是基于拉克坦提乌斯一篇已经失传的拉丁语解读文字，而非基于古英语诗歌《凤凰》；因此，他推断，这篇古北欧语手稿最初的起源应该是那篇假设存在的拉丁语手稿。同样，Larsen 也认为，古北欧语《凤凰》并非源于原有的两篇古英语布道文，但是，鉴于词汇上的高度相似性，它的起源应是古英语"MS 手稿的雏形或者姊妹篇"，而非拉丁语文本。另外，Blake 则与 Larsen 的估测出现了差异。他坚持认为，"《散文体凤凰》与古北欧版本之间在词汇上并不存在足够的对应性，因而不能证明古北欧语文本就是基于古英语原文"（97）。David Yerkes 在"The Old Norse and Old English Prose Accounts of the Phoenix"中则对 Förster、Larsen 和 Blake 进行了反驳，其文中声称 Förster"错误地认为……"（27n3），Larsen 的"发现既与内在证据相悖，又僭越了外部证据"（24）；关于 Blake，他又说，"我无法理解 Blake 的结论"（28n4）。虽然 Blake 已经把这些手稿的创作时间确定为 14–15 世纪，Yerkes 还是列举出一些词汇学证据，以证明"古北欧记录在时间上更早"，参见：*Journal of English Linguistics* 12 (1984):24–28. Anaya Jahanara Kabir 则提及了全部四种传播理论，参见：*Paradise, Death, and Doomsday in Anglo-Saxon* (Cambridge: Cambridge University Press, 2001), 167–76. 她从古英语诗歌、布道文以及古北欧语凤凰作品中找出了一些口语上的相似之处，并以此反驳称，所谓有拉丁语解读文本失传一事"并不可信"；她的观点与 Blake 的结论相反，更倾向于认为手稿之间的传播是通过记忆而非书面记录实现的（168–169）。

29 Blake, ed., *Phoenix*, 96–97.

30 Larsen, "Notes on the Phoenix," 81.

31 2000 年，特里普博士翻译了古北欧语记录中的描述。参见：Blake, ed., *Phoenix*, 97–98. 我对 AM194 的解读就是以他的译文为基础的。

32 Cook, *Old English Elene*, lx–lxi; and Kennedy, *Early English Poetry*, 300–302.

33 Hanneke Wirtjes, ed., *The Middle English "Physiologus,"* Early English Text Society, ordinary series 299 (Oxford: Oxford University Press, 1991), lxxix.

第 9 章

1 特请参见《阿伯丁动物寓言集》全书电子版，网址：http://www.abdn.ac.uk /bestiary/. 这个网址非常有用，它再现了书中华美的对开页面，并配有翻译和评述。登录 http:// www.abdn.ac.uk /bestiary /translat /55r.hti，一开始就有四个对开页，上面绘有凤凰插图。另见本章注释 2、3 里提到的凤凰插图。

2 关于图书馆地址、手稿以及有关动物寓言集的页码，详情（但内容非权威）参见“Phoenix Manuscripts,” the Medieval Bestiary, http://bestiary.ca/beasts /beastmanu149.htm；该网址中还有关于凤凰的文学素材以及一系列动物寓言集中的凤凰插图。有关凤凰的文章及艺术研究，参见：Debra Hassig's “Born Again: The Phoenix,” in her *Medieval Bestiaries: Text, Image, Ideology*, 72–83. 该文见解深刻，并配有 11 幅凤凰插图，无疑是对动物寓言集中凤凰形象的权威研究。希格斯还编辑了 *The Mark of the Beast: The Medieval Bestiary in Art, Life, and Literature* 系列丛书，在这系列中请参见 Valerie Jones's “The Phoenix and the Resurrection”（99–110），其中有 7 幅神鸟的动物寓言集插图。Guy R. Mermier 曾经总结过关于凤凰的介绍条目，详见其所著：“The Phoenix: Its Nature and Its Place in the Tradition of the Physiologus,” in *Beasts and Birds of the Middle Ages: The Bestiary and Its Legacy*, eds. Willene B. Clark and Meradith T. McMunn, 69–85. 有一部色彩艳丽的中世纪手稿收录了许多文章，其中描述了 100 种动物，凤凰即为其中之一；参见：Christian Heck and Rémy Cordonnier, *The Grand Medieval Bestiary: Animals in Illuminated Manuscripts* (New York: Abbeville Press, 2012), 490–95.

3 关于动物寓言集发展史的权威研究，参见：Florence McCulloch's *Mediaeval Latin and French Bestiaries* (Chapel Hill: University of North Carolina Press, 1960). 她对人们估测的拉丁语版《生理论》的创作时间进行了分析，得出结论认为，该书现存最早版本为 8 世纪版。关于各种动物寓言集的背景资料，参见：the introductions of Richard Barber, ed. and trans., *Bestiary* (1992; repr., Woodbridge, Suffolk: Boydell Press, 2013), 7–15, and Ann Payne's *Medieval Beasts* (London: British Library, 1990), 9–11; and the afterword of T. H. White's *The Book of Beasts: Being a Translation from a Latin Bestiary of the Twelfth Century* (1954; repr., New York: Dover, 2010), 230–70. 怀特的经典之作向现代读者介绍了各种动物寓言集。

4 参见：McCulloch's “Illustrated Bestiaries” chapter in *Mediaeval . . . Bestiaries, 70–77.*

5 White, *Book of Beasts*, 231.《生理论》和各种动物寓言集所采取的非科学比喻手法，详见：Wirtjes, *The Middle English* ‘Physiologus,’ lxviii–lxxix. 人们普遍认为，动物寓言集在于道德教化，而非对动物进行科学描述，参见：Barber, *Bestiary, and Payne, Medieval Beasts.*

6 J. W. Bennett and G. V. Smithers, eds., *Early Middle English Verse andProse,* 165.

7 Payne, *Medieval Beasts*, 9.

8 “Of the dove and the hawk,” fol. 26r translation, in The Aberdeen Bestiary, http:// www.abdn.ac.uk / bestiary /translat /26r.hti.

9 Barber 在 Bestiary 中指出，是一位编纂者挑选了动物寓言集的素材，而非抄录者。

10 Willene B. Clark, ed. and trans., *The Medieval Book of Birds: Hugh of Fouilloy's Aviarium* (Binghamton, NY: Medieval & Renaissance Texts & Studies, 1992).

11 Ibid., “Chapter 54: The Phoenix,” 231–35; translation of Latin facing pages.

12 Ibid., 233n3.

13 “Hugh of Fouilloy,” in the Medieval Bestiary, http://bestiary.ca/prisources/psdetail1086.htm.

14 Clark, *Medieval Book of Birds,* fig. 13; and the Cambrai Aviary Phoenix in *Bestiares Médiévaux: Nouvelles Perspectives sur les Manuscrits et les Traditions Textuelles,* ed. Baudouin Van den Abeele (Louvain: Université Catholique de Louvain, 2005), fig. 21.

15 Clark, *Medieval Book of Birds*, 74n2.

16 参见：McCulloch, *Mediaeval . . . Bestiaries*, 36. 在该书中，蒙塔古·罗兹·詹姆斯针对四个系列的插图版英语手稿，确立了动物寓言的基本分类。麦卡洛克采纳了这一分类方法，并且确认阿伯丁、哈雷和博德利动物寓言集的创作时间为 12 世纪晚期；而克拉克认为，这些作品的草稿创作于 13 世纪早期，参见 *Medieval Book of Bird*，74–75。另见：Willene B. Clark, *A Medieval Book of Beasts: The Second-family Bestiary: Commentary, Art, Text, and Translation* (Woodbridge, Suffolk: Boydell Press, 2006); and lists of manuscripts in "Bestiary Families," the Medieval Bestiary, http://bestiary.ca/articles/family/mf_intro.htm.

17 Barber, *Bestiary*, 12.

18 White, "Fenix," *Book of Beasts*, 125–28. 怀特的译文来自詹姆斯编辑的动物寓言集手稿。

19 Barber, *Bestiary*, 12.

20 一系列动物寓言集中的凤凰章节都包含伊西多尔和安布罗斯所写文本以及《生理论》中的有关摘录，参见：*Physiologus*, 223–24n13. 有关于模仿画的创作原则，参见：Joseph Nigg, "Transformations of the Phoenix: from the Church Fathers to the Bestiaries," *Ikon 2* (Rijeka 2009): 93–102.

21 Hassig, *Medieval Bestiaries*, 78; and a list of manuscripts containing the mistake, 225n28.

22 White, *Book of Beasts*, 126.

23 在为其兄的葬礼致辞时，安布罗斯确实说过，许多人相信，正如《生理论》所述，凤凰牺牲自己献祭神灵，然后又从灰烬中重生。

24 White, *Book of Beasts*, 126.

25 希格斯列举了几则动物寓言，其中有插图显示了成对的凤凰，参见：*Medieval Bestiaries*, 224n17。希格斯在第 74 页、Jones 在"Phoenix and the Resurrection"第 108 页中，至少在一些图片中描绘了凤凰从火中跃起的形象。

26 Hassig, *Medieval Bestiaries, 225n27.*

27 动物寓言集中与鹰相似的凤凰形象，参见：Hassig, *Medieval Bestiaries*, 71, 225n25.

28 Jones, "Phoenix and the Resurrection," 107.

29 Mermier, "The Phoenix," 73–85.

30 "Of the Phoenix" (fols. 55r, 55v, and 56r), in *The Aberdeen Bestiary.*

31 Hassig, *Medieval Bestiaries*, 75.

32 Ibid.

33 Ibid.

34 参见本书第 21 章。

35 Barber, *Bestiary*, 141–43. 他的 *Bestiary* 是从牛津大学博德利图书馆拉丁语版的 MS Bodley 764 手稿译成英文的；其中有一些小型插图的彩色复制图。

36 Clark, *Medieval Book of Birds*, 83.

37 图片参见：Barber, *Bestiary*, 141, 142.

38 参见：reproductions in: Payne, *Medieval Beasts, 70* (color); Jones, "Phoenix and the Resurrection," fig. 1; Hassig, *Medieval Bestiaries, fig. 72*; and Blake, ed., *The Phoenix*, frontispiece.

39 参见：Cambridge, Corpus Christi College, MS 53 of the Peterborough Psalter and Bestiary, f. 200v, Hassig, *Medieval Bestiaries, fig. 74*; and in Blake, ed., *Phoenix*, frontispiece.

40 McCulloch, *Mediaeval . . .Bestiaries*, chapter 3, "Traditional French Bestiaries," 45–69. Brunetto Latini 于 13 世纪创作了百科全书 *Li Livers dou Trésor*。麦卡洛克引用了该书第 47 页部分内容。Latini 所写凤凰条目的西班牙语译文，参见：Spurgeon Baldwin, *The Medieval Castilian Bestiary from Brunetto Latini's "Tesoro"*(Exeter: University of Exeter, 1982), 29–30.

41 McCulloch, *Mediaeval . . . Bestiaries*, 47.

42 该作者对菲利普·代·托恩《动物寓言集》的格式进行了调整，参见：Thomas Wright's *Popular Treatises on Science: Written during the Middle Ages in Anglo-Saxon, Anglo-Norman, and English*, Historical Society of Science (London: Printed for the Society, 1841), 113.

43 McCulloch, *Mediaeval . . . Bestiaries*, 159n138. 斐洛斯特拉图斯书中所写凤凰如天鹅般的死亡之歌本来几乎不会有什么影响；参见本书第 4 章。

44 关于这位诗人所用素材的内容，参见：McCulloch, *Mediaeval . . . Bestiaries.*

45 Ibid., 48. 数十年后，麦卡洛克补充说，Philippe 将这部书题献给了亨利二世的妻子 Alienor。

46 Ibid., 55, citing Paul Meyer, ed., "Le Bestaire de Gervaise," *Romania* 1 (1872):420–43.

47 McCulloch, *Mediaeval . . . Bestiaries*, 56.

48 Ibid., 55.

49 Ibid., 159. 麦克洛克补充说，她并不知道这块石头是如何进入热尔韦斯和纪尧姆的凤凰故事之中的。

50 参见本书第 10 章。

51 Mermier, "The Phoenix," 77.

52 参见：Hassig, *Medieval Bestiaries*, fig. 69.

53 McCulloch, *Mediaeval . . . Bestiaries*, 69.

54 Mermier, "The Phoenix," 77.

55 参见：McCulloch, *Mediaeval . . . Bestiaries*, no. 20 in Vatican, Reg. 1323, p. 64. 有关神鹰的描述、其出现在《赫里福德地图》上的事实以及普林尼笔下类似的鹰，参见：W. L. Bevan and H. W. Phillott, *Mediaeval Geography: An Essay in Illustration of the Hereford Mappa Mundi* (1873; repr., Amsterdam:Meridian Publishing, 1969), 30–31.

56 McCulloch, *Mediaeval . . . Bestiaries*, 39.

57 V. H. Debidour, *Le Bestiaire Sculpté du Moyen Age* (France: B. Arthaud, 1961), fig. 461.

58 Ibid., fig. 451.

59 Arthur H. Collins, *Symbolism of Animals and Birds Represented in English Church Architecture* (New York: McBride, Nast and Company, 1913), 51.

60 Ibid.

61 参见：Bestiary MS 61, Oxford, St. John's College, in Hassig, *Medieval Bestiaries*, fig. 71.

第 10 章

1 从博物学角度研究 13 世纪百科全书的内容，详见：the "Man the Cleric" chapter in Willy Ley,

Dawn of History (Englewood Cliffs, NJ: Prentice-Hall, 1968), 77–117.

2 *Alexandri Neckam: De Naturis Rerum*, vol. 2, ed. Thomas Wright (London: Longman and Green, 1863), 84–86 (chaps. 34, 35). 尼卡姆的手稿甚多，但怀特所编辑的系列是其中唯一印刷成书的。玛丽·玛格利斯·德弗莱斯特博士将它从拉丁语译成了英语。在此向她致谢。

3 希波吕托斯的故事见《变形记》第 15 章，是紧随奥维德凤凰故事之后的第二篇故事。

4 *Metamorphoses*, 15.392–404.

5 Bartholomaeus Anglicus, *Mediaeval Lore from Bartholomew Anglicus*, ed. Robert Steele (1905; repr., New York: Cooper Square, 1966), 128–29.

6 在《凤凰神话》中，范登布鲁克提出，艾伦可能就是 12 世纪法国的神学学者 Alanus de Insulis（117）。此外，与 Alanus de Insulis 同时代还有一人，名叫 Alanus Anglicus。

7 Ibid., 118. 范登布鲁克还把凤凰在赫里奥波利斯 / 利安托波力斯现身的情形与《圣经》中的事件进行了许多对比，后者在科普特布道文中有描述；另见：*Myth of the Phoenix*, 118–30.

8 Albertus Magnus, *Albert the Great: Man and the Beasts: De animalibus* (Books 22–26), ed. and trans. James J. Scanlan (Binghamton, NY: Medieval & Renaissance Texts and Studies, 1987), 288–89 (23.24.42). James J. Scanlan 辩称：“艾尔伯图斯从同时代人那里借鉴了多少内容是一个毫无实际意义的问题。”随后，他继续探究了艾尔伯图斯、他以前的学生托马斯·德·坎蒂姆布雷（《自然历史之书》）、博韦的樊尚（《自然之镜》）以及巴托洛梅乌斯·安格利克等人之间互相借鉴的情况（20–21）。艾尔伯图斯比其他几人出生时间更早，但其博物学作品完成的时间比他们要晚。

9 Ibid., 289n110.2. Scanlan 还指出，他一直未能在柏拉图作品中找到这一引语（289n110.3）。

10 Wolfram von Eschenbach, *Parzifal*, trans. A. T. Hatto (1980; repr., London: Penguin, 2004), 239.

11 关于“圣石”的不同解释，参见：*The Parzival of Wolfram von Eschenbach*, trans. and ed. Edwin H. Zeydel with Bayard Quincy Morgan (Chapel Hill: University of North Carolina Press, 1951), 358n41 (469); Hugh Sacker, *An Introduction to Wolfram's "Parzival"* (Cambridge: Cambridge University Press, 1963), 121–22; and Sidney Johnson, "Doing His Own Thing: Wolfram's Grail," in *A Companion to Wolfram's Parzival*, ed. Will Hasty (Columbia, SC: Camden House, 1999), 82–83.

12 关于沃尔夫拉姆笔下的圣杯、贤者之石以及凤凰的相关内容，参见：Philip Gardiner with Gary Osborn, *The Serpent Grail: The Truth behind the Holy Grail, the Philosopher's Stone, and the Elixer of Life* (London: Watkin's Publishing, 2005), 51–55.

13 Dante Alighieri, *The Vision of Hell*, trans. Henry Francis Cary (London: Cassell, 1913), 130–31 (24:98–109).

14 *The Prose "Alexander" of Robert Thornton*, trans. and ed. Julie Chappell (New York: Peter Lang, 1992), 189. 亚历山大传奇的所有修订版并非都包含凤凰故事。有凤凰故事的版本如下：*The Wars of Alexander: An Alliterative Romance Translated Chiefly from the Historia Alexandri Magni de Prellis*, ed. Walter W. Skeat, Early English Text Society, e.s. 47 (London: N. Trübner, 1886), 254, at https://archive.org /details /warsofalexandera00leoarich; *The History of Alexander the Great: Being the Syriac Version in the Pseudo-Callisthenes*, trans. and ed. E. A. Wallis Budge

(Cambridge: University Press, 1889),101, at http://babel.hathitrust.org/cgi/pt/search?q1=phoenix;id=nyp.33433081839486;view=1up;seq=7;start=1;sz=10;page=search;orien = 0; and *The Prose Life of Alexander*, trans. and ed. J. S. Westlake, Early English Text Society, o.s. 143 (London: Kegan Paul, Trench, Trübner, 1913), 93–94. 有一幅木刻版画上刻画了亚历山大、他的随从以及树上的凤凰形象，参见：D. J. A. Ross, *Illustrated Medieval Alexander-Books in Germany and the Netherlands* (Cambridge: Modern Humanities Research Association, 1971), fig. 408.

15 Rose Jeffries Peebles, "The Dry Tree: Symbol of Death" (New Haven, CT: Yale University Press, 1923), at https://archive.org/stream/drytreesymbolofd00peebiala/drytreesymbolofd00peebiala_djvu.txt. 除了分析巴奇和 Skeat 作品中的凤凰和树形象以外，Peebles 还用鹈鹕和孔雀研究了这一主题的多种含义，而从形象上看，这两种鸟与凤凰有亲缘关系，也都与长生不老有关。

16 关于枯树、日月树的其他传说，参见：the extensive note in *The Travels of Marco Polo: The Complete Yule-Cordier Edition*, trans., ed., and with notes by Sir Henry Yule, addenda by Henri Cordier (1903, 3rd Yule rev. ed; 1920, Cordier addenda; repr., New York: Dover, 1993), 1.128–39n2.

17 关于这封信的完整研究，参见：Robert Silverberg, *The Realm of Prester John*(Garden City, NY: Doubleday, 1972).

18 Vsevolod Slessarev, ed. and trans., *Prester John: The Letter and the Legend* (Minneapolis: University of Minnesota Press, 1959), 71–72.

19 Silverberg, *The Realm of Prester John*, 41.

20 Peter Whitfield, *New Found Lands* (New York: Routledge, 1998), 31.

21 关于曼德维尔的背景资料，参见：Malcolm Letts, *Sir John Mandeville: The Man and His Book* (London: Batchworth Press, 1949); and C. W. R. D. Moseley, trans., *The Travels of Sir John Mandeville* (London: Penguin, 1983), 9–39.

22 Moseley, *Travels of Sir John Mandeville*, 38–39.

23 *The Travels of Sir John Mandeville*, ed. A. W. Pollard (1900; repr., New York: Dover Publications, 1964), 32.

24 Ibid., 32–33.

25 Letts, *Sir John Mandeville*, 102–3.

26 John Goss, *The Mapmaker's Art* (U.S.A.: Rand McNally, 1993), 34.

27 W. L. Bevan and H. W. Phillott, *Mediaeval Geography* (1873; repr., Amsterdam: Meridian Publishing, 1969), 85. 这两位作者在讨论地图中的天堂岛和枯树（亚当和夏娃遭到贬谪，就坐在这棵树上）时，提到了亚历山大传奇中的凤凰情节（见于《马可・波罗游记》中“枯树”一节）以及约翰・曼德维尔笔下那棵在耶稣受刑后即“干枯”的树。有关这幅地图的其他研究，参见：A. L. Moir and Malcolm Letts, *The World Map in Hereford Cathedral: The Pictures in the Hereford Mappa Mundi*, 8th ed. (Hereford, England: Friends of the Hereford Cathedral, 1977); and the cathedral's interactive map-exploring site, http://www.themappamundi.co.uk/mappa-mundi/.

28 Bevan and Phillott, *Mediaeval Geography*, 25–45.

第 11 章

1 Theodor E. Mommsen, "Introduction," Petrarch, *Petrarch: Sonnets & Songs*,trans. Anna Maria Armi (New York: Pantheon Books, 1946), xv–xlii.

2 Ibid., xxxviii.

3 *Petrarch* 221 (135.1–15); 在这一章之前，Anna Maria Armi 对《歌集》进行了编号排序。

4 Ibid., 277 (185.1–14).

5 Ibid., 309 (210.1–6).

6 Ibid., 443 (321.1–14).

7 Ibid., 447–48 (323.49–60).

8 关于彼特拉克笔下被避开的树的象征意义，参见：Marjorie O'Rourke Boyle, *Petrarch's Genius: Pentimento and Prophecy* (Berkeley: University of California Press, 1991), 99–101.

9 *The Works of Geoffrey Chaucer*, 2nd ed., ed. F. N. Robinson (Boston: Houghton Mifflin, 1957), 276 (lines 981–84).

10 *The Works of the "Gawain"-Poet*, ed. Charles Moorman (Jackson: University Press of Mississippi, 1977), 230 (8.36.429–32). 我用"th."取代了 ME thorn。

11 基于 Moorman 的注释（230）。

12 关于鲁菲努斯，参见本书第 7 章。

13 *Pearl*, ed. E. V. Gordon (Oxford: Clarendon Press, 1953); quoted in Moorman, 230–31.

14 *Caxton's "Mirrour of the World,"* ed. Oliver H. Prior, Early English Text Society, e.s. 110 (London: Kegan Paul, Trench, Trübner, 1913), v–x.

15 Ibid., 5.

16 Ibid., 82.

17 参见：Stephen Füssel, ed., *The Book of Chronicles: The Complete and Annotated "Nuremberg Chronicle" of 1493* (Cologne, Germany: Taschen, 2013). 对于手工上色的《编年史》德译本复制品（哈特曼·舍德尔 1493 年所著《纽伦堡编年史》）而言，本书能够形成补充。有关文章和所配版画"凤凰神鸟"见：p. CIIII。

18 *The Nuremberg Chronicle* (1493), University of Denver Special Collections. 现代人使用木刻版《编年史》的情况，可见于芝加哥大学出版社出版的"幕帷剧作家"徽章，其上刻画了伦敦环球剧场中火焰升腾，凤凰跃起的情形。

19 *The Notebooks of Leonardo da Vinci*, ed. Edward MacCurdy (1939; repr., New York: Georges Braziller, 1958), 1078.

20 参见：Ariosto, *Orlando Furioso*, trans. and ed. William Stewart Rose (1828; repr., London: George Bell and Sons, 1885), 2:264 (15.39). 此外，以下语句中也提到了凤凰："Because, assingle is that precious bird, / The phoenix, and on earth there is but one," 2:75 (27.136); "And on her gallant helm a phoenix wears," 2:238 (36.17).

21 *The Complete Poems of Michelangelo*, trans. and ed. John Frederick Nims (Chicago: University of Chicago Press, 1998); numbering here follows Nims.

22 Ibid., 26 (43.1–8).

23 Ibid., 30 (52.1–7).

24 Ibid., 48 (61.1–4).

25 Ibid., 49 (62.1–14).

26 Ibid., 49 (63.12–13).

27 Ibid., 115 (217.1–4).

28 Ibid., 178–79n197.

29 Simon Lee 采用竖行对照的方式，将七星诗社诗人的作品与塞缪尔·丹尼尔、托马斯·洛奇等伊丽莎白时代作家的英文改编本进行了文本比较，参见：*The French Renaissance in England* (1910; repr., New York: Octagon Books,1968).

30 Norman R. Shapiro, trans. and ed., *Lyrics of the French Renaissance: Marot, Du Bellay, Ronsard* (New Haven: Yale University Press, 2002), 173.

31 Rabelais, *The Five Books of Gargantua and Pantagruel*, trans. Jacques Le Clercq (New York: Modern Library, 1944), 796.

32 Peter Whitfield, *New Found Lands*, 168–69.

33 参见 Ortelius 著名的 1573 年版阿比西尼亚地图的复制品，该图现存于 Whitfield（165）。

34 Samuel Purchas, *Hakluytus Posthumus, or Purchas His Pilgrimes*, Hakluyt Society (Glasgow: James MacLehose, 1905), 7:310.

35 Ibid., 363–64.

36 帕切斯作品中关于伯谬达斯部分的脚注中抨击了“恶魔巨鸟”。另参见本书第 16 章。

37 Du Bartas, *The Divine Weeks and Works of Guilllaume de Saluste Sieur Du Bartas*, trans. Josuah Sylvester, ed. Susan Snyder (Oxford: Clarendon Press, 1979), 1:247 (5.586–92).

38 Ibid., 1:249 (5.643–44).

39 Tasso, *Jerusalem Delivered*, trans. Edward Fairfax (London: Colonial Press, 1901), 337 (17.20).

40 Ibid., 340 41 (17.35.4 6; 36.1 2).

41 Cervantes, *Don Quixote*, trans. J. M. Cohen (1950; repr., Baltimore: Penguin, 1961), 102 (pt. 1, chap.13).

42 Ibid., 147 (pt. 1, chap.19).

43 Ibid., 263 (pt. 1, chap. 30).

44 Ibid., 717 (pt. 2, chap. 38).

第 12 章

1 引自：William H. Matchett, *The Phoenix and the Turtle: Shakespeare's Poem and Chester's "Loues Martyr"* (The Hague: Mouton, 1965), 28. Matchett 的介绍部分题为“英国都铎王朝时期的凤凰”，无疑是关于伊丽莎白时代应用彼特拉克完全典范隐喻的权威研究（17–32）。另见：Alexander B. Grosart's seminal introduction to Robert Chester's "*Loves Martyr, or, Rosalins Complaint*" (1601), "with its supplement, 'Diverse poeticall essaies' on the Turtle and Phoenix . . . ," New Shakspere Society, ser. 8, no. 2 (London: N. Trübner, 1878); https://archive.org/details/robertchesterslo00ches; and reproduced in Google Books.

2 “Songs and Lyrics,” no. 98, in Thomas Wyatt, *Silver Poets of the Sixteenth Century*, ed. Gerald Bullett (London: Dent, Everyman's Library, 1947), 94; also at http://archive.org/stream/SilverPoetsOfSixteenthcentury /TXT /00000115.txt.

3 John Leland, *Naeniae in Mortem Thomae Viati* (“Dirges on the Death of the Matchless Sir Thomas Wyatt”), 1542, hypertext ed. Dana F. Sutton, in the Philological Museum, University of Birmingham, http://www.philological.bham.ac.uk/naeniae/.

4 Ibid., note 80; Juvenal, *Rara avis in terris*, 6.165.

5 “Tottel's ‘Songes and Sonettes,’” in Public Domain Modern English Text Collection, University of Michigan, http://www.hti.umich.edu/bin/pd-dx?type=header&id=TottelMisce; accessed Sept. 15, 2006 (the collection has since been removed).

6 Ibid., T2v, 4.24.31–32.

7 Ibid., V2v–V3r, 4.32.13–20.

8 Ibid., Cc2v, 4.93.1–4.

9 Edmund Spenser, *The Visions of Petrarch*, prepared from Ernest de Sélicourt's *Spenser's Minor Poems* (1910) by R. S. Bear, at Renascence Editions, http://www.luminarium.org /renascence-editions/petrarch1.html.

10 Thomas Churchyard, *Churchyard's Challenge* (1593). 引自：Grosart, *Robert Chester's "Loves Martyr,"* xxv–xxvii. 格罗萨特引用了邱吉雅德诗歌的大部分内容，并且还提到了许多把伊丽莎白一世称为最美“凤凰”的文学作品。

11 Roy Strong, *The Cult of Elizabeth: Elizabethan Portraiture and Pageantry* (London:Pimlico, 1999), 68.

12 *The Poems of Sir Philip Sidney*, ed. William A. Ringler, Jr. (1962; repr., Oxford: Clarendon Press, 1971), 60 (“2nd Eclogues” 30.101–3).

13 Ibid., 89 (“Arcadia III” 62.118.19).

14 Ibid., 104 (“3rd Eclogues” 67.16, 20).

15 Ibid., 225 (92.6).

16 *The Phoenix Nest* (1593), ed. D. E. L. Crane (Menston, Yorkshire: Scolar Press, 1973). 这部杂集的题目具有奥维德的风格，这有可能是《凤巢》撰稿人尼古拉斯·布雷顿的建议。他曾在一首诗中使用了凤巢的插图，该诗中就提到了彭布罗克伯爵夫人玛丽·锡德尼。许多人认为，这位伯爵夫人和她的兄长菲利普·锡德尼一样，具有罕见之才。参见：Albert C. Baugh, ed., *A Literary History of England*, 2nd ed. (New York: Appleton Century-Crofts, 1967), 385.

17 有一份这部杂集撰稿人的列表，绝大部分作者都只用姓名首字母表示；详见文艺复兴时期版的《凤巢》(1593 年) 目录，网址：http://www. luminarium.org /renascence-editions/phoenix.html.

18 Ibid., 1–8.

19 Ibid., 49–50.

20 Ibid., 61.

21 格罗萨特所著《爱的殉道者》是切斯特著作的第一部评论作品，同时也是格罗萨特诸多关于伊丽莎白时代诗人的著作之一。除前页之外，随后的页码都是原作页面顶部的页码。

22 Ibid., title page.

23 Ibid., 125.

24 Ibid., 128.

25 Ibid., 132.

26 Ibid., 134.

27 Ibid., xxi–xxv, xliv–lvi. 虽然后来许多学者嘲讽格罗萨特的理论，但是，William H. Matchett 在《凤凰和斑鸠》中从 12 世纪中叶的视角重新评价了切斯特的著作。最终，他接受了切斯特书中关于伊丽莎白一世和埃塞克斯伯爵的说法，并且辩称，虽然女王早已过了生育年龄（切斯特书出版时，她已经 68 岁），不能传宗接代，但切斯特创作《爱的殉道者》的目的仍然是鼓励女王与伯爵结婚并且提拔他（134–36）。

28 Ibid., 174–76.

29 Ibid, 177.

30 在《凤凰和斑鸠》中，Matchett 对格罗萨特版《爱的殉道者》之后出版的两部作品做了集中评论。关于《凤凰和斑鸠》的大量评论作品的综述，参见：Heinrich Straumann, "'The Phoenix and the Turtle' in its Dramatic Context," *English Studies* 58 (1977): 494–500.

31 在《凤凰和斑鸠》一文中，Straumann 辩称，莎士比亚在《哈姆雷特》首演当年出版的《爱的殉道者》代表了他思想和作品的一个转折点——莎士比亚早前曾持有一种理想主义信念，认为真和美通过爱可以实现永恒结合，但在这部作品之后、最后几部浪漫作品之前，莎士比亚抛弃了这种认识（500）。

32 关于各位撰稿人诗作的解释，参见：Matchett, *The Phoenix and the Turtle*, 84–104. Matchett 认为，这些撰稿人是埃塞克斯伯爵的支持者，意图为他的事业张目（143–48）。

33 除《两个高贵的亲戚》之外，这一部分引用的作品请参见：*William Shakespeare: The Complete Works*, ed. Alfred Harbage (Baltimore: Penguin Books, 1969).

34 第 19 首十四行诗："教长命凤凰在自己的血中燃烧吧" 1456 (第 4 行)。

35 参见《恋女的怨诉》；"他极美的绒毛刚刚长出" 1441 (第 93 行)。

36 John Fletcher and William Shakespeare, *The Two Noble Kinsmen*, ed. William J. Rolfe (New York: Harper & Brothers, 1884). 这两位少女关系非常密切，如果其中一人折些花朵插在正在发育的胸部，另一位也会这样做，"他们像凤凰一样，在香气围绕中死去" (1.3.70–71)。

37 关于这些戏剧的首演、首次出版以及来源，参见：*Pelican Complete Works*，19。

38 引自：John Vinycomb, *Fictitious and Symbolic Creatures in Art: With Special Reference to Their Use in British Heraldry* (London: Chapman and Hall, 1906), 175.

39 John Middleton, *The Phoenix*, http://www.tech.org/~cleary/phoenix.html.

40 Joseph Quincy Adams, *Shakespearean Playhouses: A History of English Theatres from the Beginnings to the Restoration* (Boston: Houghton Mifflin, 1917), 349.

第 13 章

1 参见：Rodney Dennys, *The Heraldic Imagination* (New York: Clarkson N. Potter, 1975), 181–82;

and A. C. Fox-Davies, *A Complete Guide to Heraldry* (1901; repr., London: Thomas Nelson, 1961), 240.

2 Henry Bedingfeld and Peter Gwynn-Jones, Heraldry (Leicester: Magna Books, 1993), 90–92. 其中有盾徽的彩色复制图。

3 John Bromley, *The Armorial Bearings of the Guilds of London* (London: Frederick Warne, 1960), 184. 布朗利补充说，这家公司如今使用的 1634 年纹章实际上是把 1486 年的顶饰进行了修改，添加了豹形支柱（184–85）。

4 参见：Steve Howe, "The Phoenix Tower," Chester: A Virtual Stroll around the Walls, http://www.chesterwalls.info/phoenix.html.

5 Bromley, *Armorial Bearings*, 22.

6 Dennys, *Heraldic Imagination*, 181.

7 跃起的凤凰位于第 14 页。in "North Side–Lower Row, from the West," in "Misericords in Henry VII's Lady Chapel," Westminster Abbey, http://www.westminster-abbey.or /visit-us /highlights / misericords-in-henry-viis-lady-chapel.

8 关于标准形象参见：Ottfried Neubecker, *Heraldry: Sources, Symbols, and Meaning* (1976; repr., London: Macdonald, 1988), 130; MS 1.2 at the College of Arms, London. 承蒙档案保管员 R. C. 约克允我阅读有关都铎王朝凤凰的手稿，在此致谢（2000 年 5 月 8 日）。他根据罗德尼·丹尼斯所著 *Birds in Heraldry* 第 3 册黑色精装本而选择了 MSS。

9 College of Arms MS L.14.f.106.

10 Mrs. Bury Palliser, *Historic Devices, Badges, and War-Cries* (London: Sampson Low, Son and Marston, 1870), 382. 凤凰纹章顶饰是在第二代萨默塞特公爵威廉·西摩的徽章中。参见：John Guillim, *A Display of Heraldry*, 5th ed., 1664, Early English Books (Ann Arbor, MI, 1982), wing G2220, wing reel 1358:28, p. 431.

11 Vinycomb, *Fictitious and Symbolic Creatures in Art*, 175.

12 College of Arms MS L.14.f.383.

13 Palliser, *Historic Devices*, 235. 帕利泽夫人曾经说过，伊丽莎白派出的间谍先是在苏格兰荷里路德玛丽的王位前、后又在英格兰看到这则箴言时，都困惑不解（235–36）。

14 Margaret Swain, *The Needlework of Mary Queen of Scots* (New York: Van Nostrand Reinhold, 1973), 106.

15 Lanto Synge, *Antique Needlework* (Poole, Dorset: Blandford Press, 1982), 50.

16 Palliser, *Historic Devices*, 162n1.

17 Ibid., 153.

18 Roy Strong, *Portraits of Queen Elizabeth I*, p. 22. 斯特朗是研究伊丽莎白肖像画的杰出学者，本章提及的这些作品正是他书中的版画。斯特朗在书中还引用了弗朗西斯·A. 耶茨的重要文章 "Queen Elizabeth as Astraea"（*Journal of the Warburg and Courtauld Institutes* 10, 1947）。她指出，伊丽莎白的象征物，如玫瑰、星星、月亮、凤凰、貂以及珍珠，也都是童贞女王玛丽的象征物（74）。而 Susan Doran 则驳斥了斯特朗和耶茨对这位童贞女王的崇拜，详见："Virginity, Divinity, and Power: The Portraits of Elizabeth I," in *The Myth of Elizabeth*, ed. Susan

Doran and T. S. Freeman (Basingstoke, Hampshire: Palgrave MacMillan, 2003). Doran 辩称，相比之下，伊丽莎白的图符象征物更多的是代表了一位清教女王和都铎王朝统治者，与童贞女王玛丽的关联则较少（171–72）。

19 参考大英博物馆里凤凰珠宝的正反两面，网址：http://www.britishmuseum.org/explore/highlights/highlight_objects/pe_mla/t/the _phoenix_jewel.aspxphoenix_jewel.aspx.

20 Strong, *Portraits*, 60, no. 24, and 190, pl. VII. 这幅凤凰全身像与希利亚德的鹈鹕像放在一起，后者是伊丽莎白女王的另一种特别象征物，其名称则源于一位朝臣进献的礼物。另见：Strong, 60, no. 23, and 61, pl. 23.

21 参见都铎王朝和伊丽莎白肖像画中“伊丽莎白一世”肖像中德雷克珠宝的正反面，网址：http://www.elizabethan-portraits.co /Elizabeth23.jpg (Victoria& Albert Museum). 而斯特朗《肖像》第 91 页 M. 10 和 92 页 no. 10 两幅作品中，则仅有伊丽莎白小像的反面。

22 David S. Shields, “The Drake Jewel,” at Omohundro Institute of Early American History and Culture, http://oieahc.wm.edu/uncommon/118 /drake.cfm.

23 1591 Marcus Gheeraerts painting at “Sir Francis Drake, 1540–96,” RoyalMuseums Greenwich, http://collections.rmg.co.uk/collections/objects /14136.html.

24 Strong, *Portraits*, 113, no. 23, 115, E. 23; and Doran, “Virginity, Divinity, and Power,” 179.

25 Doran, “Virginity, Divinity, and Power,” 179.

26 有关寓意画册的背景和分析，特请参见：John Manning, *The Emblem* (London: Reaktion, 2002); Peter M. Daly, *Literature in the Light of the Emblem: Structural Parallels between the Emblem and Literature in the Sixteenth and Seventeenth Centuries*, 2nd ed. (Toronto: University of Toronto Press, 1998); and Mario Praz, *Studies in Seventeenth-Century Imagery*, 2 vols. (London: Warburg Institute, 1939).

27 Maurice Scève, Délie, in French Emblems at Glasgow, http:// www.emblems.arts.gla.ac.uk/french/books.php ?id = FSCa. 该网址内容系格拉斯哥大学斯特林・麦克斯韦系列藏品的一部分，这一系列藏品中寓意画册数量之大，属世界之最。格拉斯哥大学网站上也有 16 世纪所有法国寓意画册的电子版；在这位资助者（斯特林・麦克斯韦）的第二个寓意画册网站上，还有许多意大利画册。

28 Claude Paradin, *Devises heroïques*, in French Emblems at Glasgow, http:// www.emblems.arts.gla.ac.uk/french/emblem.php ?id = FPAb056.

29 *Amores* 2.6.54.

30 *The heroicall devices of M. Claudius Paradin* (1591), in Penn State University Libraries, the English Emblem Book Project, http://collection1.libraries.psu.edu/cdm/ref/collection/emblem/id/1933.

31 Palliser, *Historic Devices*, 116–17n3.

32 Giovanni Battista Pittoni, *Imprese* (1568), University of Glasgow: The Study and Digitisation of Italian Emblems, http://www.italianemblems.arts.gla.ac.uk /page.php ?bookid = sm _1766 & pageid = 0014.

33 参见本书第 22 章。

34 Théodore de Bèze, *Icones* (1580), in French Emblems at Glasgow, http:// www.emblems.arts.gla.ac.uk /french /books.php ?id = FBEa & o.

35 Jean Jacques Boissard, *Emblemes latins* (1588), in French Emblems at Glasgow, http://www.emblems.arts.gla.ac.uk /french /emblem.php ?id = FBOa019.

36 这个网页上的铭文难以辨认，但格拉斯哥大学纹章研究中心教授艾莉森・亚当斯向我提供了译文（2007 年 3 月 3 日）。在此谨致谢意。

37 Christoph Weigel, *Gedancken Muster und Anleitungen* (1700, p. 15), in University of Illinois Library Collections, http://libsysdigi.library.uiuc.edu/OCA /Books2009–11/gedanckenmusteru00weig /gedanckenmusteru00weig.pdf. 有关荷兰寓意画册中的几个凤凰形象，请在网站"乌德勒支纹章研究项目"网站"Dutch Love Emblems of the Seventeenth Century"一文中搜索"Phoenix"一词，网址：http://emblems.let.uu.nl /browse.html.

38 Daniel de la Feuille, *Devises et emblemes anciennes et modernes* (1712), in Intute: Arts & Humanities, http:// www.ials.sas.ac.uk /warburg /noh1455.pdf.

39 "1555, Venice: Gabriele Giolito de' Ferrari," University of Notre Dame: Renaissance Dante in Print (1472–1629), https://www3.nd.edu/~italnet/Dante/text /1555.venice.html.

40 Angela Nuovo, "The Phoenix Mark of Gabriele Giolito de' Ferrari," p. 10, Notre Dame Department of Languages and Literatures, http://www.nd.edu / -romlang/news/documents/nuovo.pdf. 该网页最后一次登录时间为 2006 年 8 月 3 日，之后即被删除。努沃教授在与我通信中提到，这一讲座的素材源于他与 Christian Coppens 合著的作品 *I Giolito E La Stampa:Nell/Italia del XVI Secolo* (Geneva: Librairie Droz, 2005)。在此谨致谢意。此外，努沃教授还修订了乔利托公司发行的素材，参见：*The Book Trade in the Italian Renaissance* (Leiden: E. J. Brill, 2013), 154–57.

41 Oscar Ogg, *The 26 Letters* (1948; rev. ed., New York: Thomas Y. Crowell, 1971), 221–22.

42 参见：the Blondus Phoenix image at "Ficinus, Marsilis: Epistolae," University of Glasgow: Glasgow Incunabula Project, http://www.gla.ac.uk/services/incunabula/a-zofauthorsa-j/bh.1.24/.

43 参见：巴塞罗那大学"Printers' Devices"中托马索・巴拉里诺的印刷商标识，网址：http://www.bib.ub.edu/cgi-bin/awecgi2?db=imp_eng&o1=query&pa=10&k1=Ballarino&x1=IMP & o2=all&pa=10.

44 Nuovo, "Phoenix Mark," 4.

45 Nuovo and Coppens, *I Giolito*, pl. 25.

46 Nuovo, "Phoenix Mark," 6–7; Nuovo and Coppens, *I Giolito*, pl. 24.

47 Nuovo, "Phoenix Mark," 7; Nuovo and Coppens, *I Giolito*, pls. 30 and 29, respectively. The two marks are reproduced in Henry Lewis Johnson's *Decorative Ornaments and Alphabets of the Renaissance* (1923; repr., New York: Dover, 1991), 167, 172.

48 有许多印刷商标识都明显模仿乔利托公司。有一位名为 Domenico Giglio 的印刷商与乔利托有竞争关系，他对乔利托的萨堤尔手持双耳瓶的标识设计进行了修改，用山羊形象代替了萨堤尔，又把加布里埃尔姓名首字母换成了自己的；参见：Nuovo, "Phoenix Mark," 12. 英国伊丽莎白时代的印刷商 John Wolfe 和 Thomas Orwin 都使用了乔利托以萨堤尔形象做支撑的凤凰标识，前者在主体中保留了加布里埃尔姓名的首字母 G.G.F.，而后者则用了他本人的姓名首字母；参见：Ronald B. McKerrow, *Printers' & Publishers' Devices* (London: Bibliographical Society, 1913), 97–98, figs. 252, 254. 1595 年，一位巴塞罗那的法国印刷商在其标识中用翼狮替换了乔利托的凤凰形象；100 年后，马德里印刷商 Mateo de Llanos y Guzmán 也使用了同样的图案，在翼狮之间的基座上用了他本人姓名首字母的组合图案；分别参见：Francisco Vindel, *Escudos y Marcas de Impresores y Libreros en España* (Barcelona: Editorial Orbis, 1942), 238–39, nos. 315, 316, and 425, no. 537.

西班牙人 Juan de Bonilla、Bonito Boyer 和德国人 Anton Botzer、Seybald Mayer 等人的凤凰图案也都具有其个人特色。这些凤凰标识以及许多其他欧洲印刷商标识的电子版，可以参考巴塞罗那大学网站的古籍介绍内容，其中全面收集了当时的印刷商标识，网址：http://www.bib.ub.edu/fileadmin/impressors/home_eng.htm.

49 Jim Fuchs, *Filling the Sky* (Grand Junction, CO: privately printed, 2003), 39–40. Ian Ridpath, *Ian Ridpath's Star Tales*, http://www.ianridpath.com/startales/startales1c.htm. Ridpath 讲述道，弗雷德里克・德・豪特曼是舰队指控官 Cornelius 的弟弟；1598 年，他们第二次航行到东印度群岛时，Cornelius 被杀，弗雷德里克则在苏门答腊被囚两年；被囚期间，弗雷德里克编纂了一部马来语词典，并加上了自己的南天星座目录。

50 Ridpath, *Star Tales*.

51 在 *Filling the Sky* 中，Fuehs 把凤凰星座的得名归功于普朗修斯，并且指出后者将凤凰的几种背景进行了关联，包括荷兰的复国、天文学、航海探险以及耶稣复活等（73）。

现代天文学中使用凤凰之名的一个例子就是火星登陆器，它首次在这个红色星球的极地平原着陆，并发现了地球之外另一行星上有水的存在。该登陆器取名为凤凰，有可能是因为它的使命是寻找地外生命的证据。这个具有历史意义的航天器于 2008 年 5 月 25 日着陆火星后，在五个月里都保持了沉寂；参见：Associated Press, "No Phoenix tears for Mars lander," *Denver Post*, November 11, 2008.

52 Richard Hinkley Allen 指出，凤凰星座的阿拉伯名字有二，一是 *Al Zaurak*，即"船"，二是 *Al Ri'al*，即"小鸵鸟"；安卡最初名为 *Na'ir al Zaurak*，即"船中一只亮丽的鸟"，参见：*Star Names: Their Lore and Meaning* (1899; repr., New York: Dover, 1963), 335–36. 关于凤凰星图、拜耳的希腊字母分级法以及凤凰的背景知识，参见："The history of the star: Ankaa," Constellations of Words, http://constellationsofwords.com/stars/Ankaa.html.

53 Johannes Bayer, *Uranometria: A Reproduction of the Copy in the British Library* (Alburgh, Norfolk: Archival Facsimiles Limited, 1987).

54 关于 17 世纪和 18 世纪南天星图上的凤凰星座，分别参见：Andreas Celarius (1660), Remmet Backer (1710), and Reiner Ottens (1729) in Peter Whitfield, *The Mapping of the Heavens* (San Francisco: Pomegranate Artbooks, 1995), 102, 80–81, and 103.

55 "Phoenicids," Meteor Showers Online, http://meteorshowersonline.com/showers/phoenicids.html. 1956 年，人们发现了每小时 100 颗的流星雨。

第 14 章

1 Michael Maier, "A Subtle Allegory Concerning the Secrets of Alchemy: Very Useful to Possess and

Pleasant to Read," in *The Hermetic Museum: Restored and Enlarged*, ed. and trans. Arthur Edward Waite, 2 vols. (1893; repr.: New York: Samuel Weiser, 1974), 2:205. 1678 年，迈尔翻译了《赫耳默斯士博物馆》的拉丁文本，在各种炼金术著作中，这是内容最为全面的一本。本章引用的几部作品就见于该书。《赫耳默斯士博物馆》的全文，参见以下网站内容：https://archive.org/details/musaeumhermeticu00meri.

2 本章大部分背景资料和其他炼金术内容，参见：Alexander Roob, *Alchemy and Mysticism* (Cologne: Taschen, 1997); Andrea Aromatico, *Alchemy: The Great Secret* (1996; repr., New York: Harry N. Abrams, 2000); and Adam McLean's Alchemy Web Site, http://www.alchemywebsite.com. 该网站中有大量一手素材、图片、介绍性资料、相关文章和书目，无疑是内容最全面、权威性最强的炼金术网站。

3 D. W. Hauck's "Isaac Newton," Alchemy Lab, http:// alchemylab.com /isaac_newton.htm.

4 Aromatico, *Alchemy*, 31, and Roob, *Alchemy and Mysticism*, 28–30.

5 Roob, *Alchemy and Mysticism*, 28.

6 Ibid., 23.

7 Ibid., 19.

8 Aromatico, *Alchemy*, 63.

9 *Physika kai Mystika*（"Of Natural and Hidden Things"); cited in Roob, *Alchemy and Mysticism*, 30.

10 引自：Roob, *Alchemy and Mysticism*, 123.

11 贤者之石与《帕西法尔》中圣杯之间可能存在的关联，参见本书第 10 章。

12 Johann Ambrosius Siebmacher, "The Sophic Hydrolith: or, the Waterstone of the Wise," *The Hermetic Museum*, 1:97. 关于宗教意义上炼金术的一件版画作品，参见：Heinrich Khunrath's "Cosmic Rose"（1595）；在这幅版画中，凤凰浴火、耶稣复活。威斯康星大学麦迪逊分校特殊藏品部的网站上有彩色图片，网址：http://specialcollections.library.wisc.edu/khunrath/rosefig.html.

13 关于赫耳墨斯《翠绿石板》的不同版本及解读，参见："A Commentary on the Emerald Tablet," the Alchemy Web Site, http://www.levity.com/alchemy/emertabl.html.

14 Adam McLean, "Animal Symbolism in the Alchemical Tradition," the Alchemy Web Site, http://www.levity.com/alchem /animal.html.

15 Ibid. the Alchemy Web Site, http://www.alchemywebsite.com.alcbirds.html. 麦克莱恩从精神发展的角度分析了炼金术的每个阶段。关于上述动物中的鸟类形象，他还专门写了一篇文章，题为"The Birds in Alehemy"；参见：the Alchemy Web Site, http://www.alchemywebsite.com.alcbirds.html.

16 Gerard Dorn, "Congeries Paracelsicae," in *Theatrum chemicum*, vol. 1 (1602); 引自：C. G. Jung, *Mysterium Coniunctionis: An Inquiry into the Separation and Synthesis of Psychic Opposites in Alchemy*, 2nd ed., trans. R. F. C. Hull (Princeton, NJ: Princeton University Press, 1963), 290.

17 Jung, *Mysterium Coniunctionis*, 290. 在《智者的水磨石》中，西玛赫也描述了炼金过程中颜色的变化："最先出现的是鱼眼般的颗粒物，然后其周围出现了一个圆圈，圆圈先是微红色，然后变成白色，接着又呈绿黄相间的颜色，如孔雀尾一样，随后又变成亮眼的白色，最后则成为深红色”；参见：*The Hermetic Museum*, 1:83.

18 Jung, *Mysterium Coniunctionis*, 237n614. 至于凤凰与鹰的配对，参见：Johann Daniel Mylius's *Opus Medico-Chymicum* (1618) in the Secrets of Alchemical Symbols, http://alchemicalpsychology.com/new/10.htm.

19 英语译文选自大英博物馆 MS. Harley 6453，转录者为亚当·麦克莱恩，参见：“The ‘Donum Dei,’” the Alchemy Web Site, http:www.levity.com/alchemy/donumdei.html.

20 有关先变成鸽子、后又变成凤凰的那些猛禽，参见：fig. 8 in “The Book of Lambspring” (1599), in *The Hermetic Museum*, 1:290–91.

21 参见：“The Golden Tripod: or, Three Choice Chemical Tracts,” ed. Michael Maier, *The Hermetic Museum*, 1:322. 凤凰出现于该书“第四把钥匙”部分，后来又以一个纹章表示，一座台子上立着一具鸟骨的形象。所配的文字描写了死亡以及世界为火所毁的情形，“上帝从无到有造出的一切，都会被火烧成灰烬；而凤凰就在这些灰烬中产出新凤”（1:331）。在传统的象征意义中，凤凰因火而重生；在炼金术中，又增加了一层象征意义——贤者之石（经火淬炼）而数量增加。据传，另外一部名为 *The Triumphal Chariot of Antimony* 的书也是巴希尔·瓦伦丁所著。这位炼金术士在提到一个人身体康复时说：“就像一只凤凰（如果世间真能找到这种人类臆想出来的鸟，而我在此也仅是以凤凰之名举例）因火而得重生”。可以看出，括号中的插入内容可能就是为了对真实存在凤凰一说进行限定。参见：“Triumphal Chariot of Basil Valentine,” the Alchemy Web Site, http://www.levity.com/alchemy/antimony.html.

22 “The Treasure of the Alchemists,” in *The Hermetical and Alchemical Writings of Aureolus Philippus Theophrastus Bombast, of Hoehenheim, called Paracelsus the Great,* ed. Arthur Edward Waite (London: J. Elliott, 1894), 40.

23 Jung, *Mysterium Coniunctionis*, 51n80.

24 引自：Roob, *Alchemy and Mysticism*, 356.

25 Ibid., 356–57.

26 参见：Stanislas Klossowski de Rola, *The Golden Game: Alchemical Engravings of the Seventeenth Century* (New York: George Braziller, 1988), 8, 20. 这项研究信息量大，内容深入，提供了关于炼金术士、他们的版画以及有关象征物的背景。

27 我精简版的答案源于以下作品：利巴菲乌斯的完整解释转载于：Jung, *Psychology and Alchemy*, 2nd ed., trans. R. F. C. Hull (Princeton, NJ: Princeton University Press, 1953), 285–87; 而简略版来自：Roob, *Alchemy and Mysticism*, 302; and Rola, *The Golden Game*, 51. 关于所附利巴菲乌斯的版画及评述，参见：Rola, 49, 51; Roob, 301; and Johannes Fabricius, *Alchemy: The Medieval Alchemists and Their Royal Art* (1976; repr., Wellingborough, England: Aquarian Press, 1989), 209.

28 Rola, *The Golden Game*, 307.

29 Ibid.

30 “Hermetic Triumph—General Explication of the Emblem,” the Alchemy Web Site, http://www.levity.com/alchemy/triumph3.html. 关于版画及其评述，另见：Roob, *Alchemy and Mysticism*,

411.

31 Maier, "Subtle Allegory," *The Hermetic Museum*, 2:199–223. 关于这则寓言的分析，参见：Jung, *Mysterium Coniunctionis*, 210–35, and Hereward Tilton's standard critical biography of Maier, *The Quest for the Phoenix: Spiritual Alchemy and Rosicrucianism in the Work of Count Michael Maier* (Berlin: Walter de Gruyter, 2003), 215–32. 描绘这位学徒启程的版画，参见：Roob, *Alchemy and Mysticism*, 695.

32 这就是承认，文艺复兴时期学者对新发现的赫拉波罗作品《象形文字》有浓厚兴趣。

33 Maier, "Subtle Allegory," 219.

34 *Jocus Severus* ("A Serious Joke"), trans. Darius Klein (Ouroboros Press, 2010), www.bookarts.org. 参见插画家 Benjamin A. Vierling 的折页图片"Alchemical Aviary"。这幅画描绘了百鸟朝凤的场景，其中的凤凰形象是由加布里埃尔·乔利托翼狮印刷商标识中的形象修改而成。这段说明源于迈尔 1617 年著作的标题页，参见：Rola, *The Golden Game*, 66.

35 Maier, "Subtle Allegory," 221.

36 Jung, *Psychology and Alchemy*, 431. Tilton 则持不同意见。在所著 *The Quest for the Phoenix* 一书第 231 页中，他辩称，迈尔所写的埃里色雷的女先知西比拉，实际上就是在暗指那位"久未现身的行者"，是她创造了赫拉波罗所记录的象形文字"凤凰"。有关赫拉波罗象形文字的内容，参见本书第 5 章。

37 Maier, "Subtle Allegory," 223.

第 15 章

1 有关 17 世纪英国文学中的凤凰形象，参见：Lyna Lee Montgomery, "The Phoenix: Its Use as a Literary Device in English from the Seventeenth Century to the Twentieth Century," *D. H. Lawrence Review* 5 no. 3 (Fall 1972): 268–87. 蒙哥马利的这篇文章涉猎甚广，我在本章中研究的几部作品都是从其中获取的线索。

2 "玄学"一词为约翰·德莱顿所造，后来，塞缪尔·约翰逊在"Life of Cowley"一文中用了这个词，一方面赞扬玄学派诗人的机智，另一方面又嘲笑他们妄自尊大，没有真实刻画出大自然或者人类生活。Samuel Johnson, *Lives of the English Poets*, ed. George Birkbeck Hill (Oxford: Clarendon Press, 1905), 1:19 (par. 51). 1921 年，T. S. 艾略特写了一篇题为《玄学派诗人》的文章。该文具有标志意义，它重新评价了邓恩备受嘲讽的诗作，为 20 世纪诗歌发展确立了一个新方向；参见：*Selected Essays*: 1917–1932 (New York: Harcourt, Brace and World, 1932), 241–50.

3 Johnson, *Lives*, 678.

4 *The Canonization, in Poems of John Donne*. ed. E. K. Chambers (London: Lawrence & Bullen, 1896), 12–13; in "The Works of John Donne;" Luminarium: Anthology of English Literature, http://www.luminarium.org/sevenlit/donne/canonization.php. 由编辑 Annlina Jokinen2006 年主持的"The Luminarium Encyclopedia Project"是互联网上同类项目中内容最为全面的一个。

5 Josef Lederer 曾写到过这组意象，"看起来邓恩似乎在快速翻阅一本寓意画册"；参见："John Donne and the Emblematic Practice," *Review of English Studies* 22 no. 87 (July 1946): 196.

6 Ibid. Lederer 指出，这个“谜语”有可能是一语双关，既指凤凰的神秘，又可能指“纹章”的一个同义词。

7 同一世纪晚些时候，纽卡斯尔公爵夫人 Margaret Cavendish 也提出了自己有关两位恋人经由死亡而合体为凤的故事版本。这位诗人在 *On a Melting Beauty*（1653 年）一诗中描写道，她曾遇见一位年轻女子，在丈夫墓前神情哀伤，恳求诸神“把我们的尸灰混合装于此瓮；/ 这样我们就能合体，变成一只凤凰”；参见：“Selected Poems of Margaret Cavendish, Duchess of Newcastle,” As One Phoenix：Four Seventeenth-Gentury English Poets, http://www.usask.ca/english/phoenix/cavendishpoems1.htm.

8 王政复辟时期的剧作家和诗人 Aphra Behn 在“On a Juniper-Tree Cut Down to Make Busks”（1680 年）一诗中也使用了类似隐喻，但她描写的不仅是一次两性行为，而且是一种激情的回归：“就像凤凰一样，走到了生命尽头。/ 但火燃过的灰烬中 / 迸发出一种新的温柔欲望；”参见：“Aphra Behn,” Luminarium: Anthology of English Literature, http://www.luminarium.org/eightlit /behn/junipertree.htm.

9 与炼金术有关的《追认圣徒》一诗中凤凰、鹰以及鸽子的形象，参见：Edgar Hill Duncan, “Donne's Alchemical Figures,” *English Literary History* 9 no. 4 (December 1942), 269–71.

10 参见：Donald L. Guss, “Donne's Conceit and Petrarchan Wit,” PMLA 78, no. 4 (September 1963): 311–12. Guss 认为，邓恩笔下从昆虫到凤凰的形象演变可以追溯到 Giovanni Battista Guarino 的诗作“Madrigal 37”；在这首诗中，这位 16 世纪诗人把自己的激情比作一只飞蛾，在情人注视下死去，又“复活成一只凤凰”（311–12）。

11 Ibid., 311n8.

12 *Epithalamion,* in *Poems of John Donne*, ed. E. K. Chambers, 1: 83–87; “The Works of John Donne,” Luminarium: Anthology of English Literature, http:// www.luminarium.org/sevenlit/donne/palatine.php.

13 有关文艺复兴时期质疑或者反驳凤凰传说的作家的内容，参见：Don Cameron Allen's “Donne's Phoenix,” *Modern Language Notes* 62, no. 5 (May 1947): 341–42.

14 *The Complete Poetry & Selected Prose of John Donne*, ed. Charles M. Coffin (New York: Modern Library, 1952), 191 (lines 216–18).

15 Meditation 5, ibid., 421.

16 Meditation 22, ibid., 455.

17 Henry Valentine, 引自：*Donne's Poetical Works*, ed. Herbert J. C. Grierson (1912; repr., Oxford: Oxford University Press, 1958), 1:375. 这是第一部现代版本的邓恩诗集。

18 Richard Crashaw, *The Poems of Richard Crashaw*, 2nd ed., ed. L. C. Martin (1957; repr., Oxford: Clarendon Press, 1966), 248–51.

19 Ibid., 249 (lines 31–32).

20 Ibid., 249 (lines 44–49).

21 Ibid., 251 (lines 107–8).

22 Ibid., 275.

23 关于L. C. Martin所编《克拉肖诗集》中“凤凰”一词的使用，参见：*Elegies*: *Vpon the Death*

of Mr. Herrys, 167 (lines 12–15); *His Epitaph* (Mr. Herry's), 173 (line 18); and *An Elegy upon the death of Mr. Christopher Rouse Esquire*, 405 (line 34). *Personal lyrics*: *On a foule Morning, being then to take a journey*, 182 (lines 20–22) and the Latin *Phaenicis*, 224–25. *Two Upon the Kings coronation* odes, 389 (lines 35–36) and 390 (lines30–31), respectively. And *Epithalamium*, 406 (line 25).

24 *The Works of Henry Vaughan*, ed. L. C. Martin, 2nd ed. (Oxford: Clarendon Press, 1957), 400–402.

25 Ibid., 401 (lines 25–30).

26 关于沃恩作品中炼金形态变化的影响，参见：L. C. Martin's "Henry Vaughan and 'Hermes Trismegistus,'" *Review of English Studies* 18 (1942): 301–7.

27 Vaughan, *Works*, 404 (lines 47–49).

28 Ibid., 644 (lines 1–6).

29 参见：Vaughan's translation, *The Phoenix out of Claudian*, in Vaughan, *Works*, 656–59.

30 Ibid., 621 (lines 49–54). "西留尔人"是威尔士南部的一个部落。

31 *The Poetical Works of Robert Herrick*, ed. F. W. Moorman (1921; repr., Oxford: Oxford University Press, 1957), 59 (lines 1–6).

32 Ibid., 112 (st. 3, lines 21–30).

33 关于 16、17 世纪人们把亚洲的一种鸟认作传说中的凤凰，Thomas P. Harrison 曾进行过探讨，参见："Bird of Paradise: Phoenix Redivivus," *Isis* 51, no. 2 (June 1960): 173–80.

34 Herrick, *Poetical Works*, 257 (lines 7–9).

35 Ibid., 357 (lines 27–30).

36 关于查理一世和凤凰塔，参见本书 13 章。

37 *The Poems of John Dryden*, ed. James Kinsley (Oxford: Clarendon Press, 1958), 1:452 (13.364–71).

38 Ibid., 1:3 (lines 79–80).

39 德莱顿曾有这样的诗句："刚一看见重生的凤凰女王，/ 百鸟都欣喜不已……" 参见：Dryden, "*Verses to her Highness the Duchess, on the memorable Victory gain'd by the Duke against the Hollanders, June the 3, 1665. and on Her Journey afterwards into the North*; in *Poems* 1:51 (lines 52–57)". 该诗和《八月悼词》中的片段都能够呼应塔索在史诗《耶路撒冷的解放》中对阿米达侍女的描述，塔索也用了"重生的凤凰"这一说法。在 *To the Pious Memory of the Accomplished Young Lady Mrs. Anne Killigrew*（1686）一诗中，德莱顿又使用了另一种百鸟朝凤的主题；参见：Dryden, *Poems*,1:463 (7.140–41). 这首哀婉的颂歌颂扬的是摩德纳的玛丽。作为詹姆斯二世的王后，她同时又是一位业余诗人和画家。她有一幅名为"Our Phoenix Queen"的画作，描绘了一位"无人能敌、出类拔萃"的女王加冕时的情形，"在一队苍鹭出现之前，/ 女王登场，她地位最为尊贵，容颜也最美丽"！

40 这艘英国战舰的名字与莎士比亚《第十二夜》中的船名相同。它是 Samuel Pepys 推动建造的，Pepys 在其日记中曾四次提到过该舰；参见：*Diary and Correspondence of Samuel Pepys, Esq., F.R.S.*, eds. Richard Lord Braybrooke and Mynors Bright (New York: Dodd, Mead, 1902), 4:309, 316; 6:346; and 7:64. 这些日记条目中有一则简要的记录："我们先前有消息证实，两艘军舰在海峡中损毁，现在证实是'凤凰'号和'无双'号战舰"（1665 年 1 月 14 日）。后来，

有一封信证实了这一报道（1665 年 1 月 23 日）。关于战舰损毁，后来经过一些令人怀疑的法律安排，做出了决定（1667 年 1 月 21 日）："我们今天争取到了一个好的估价，'凤凰'号价值 2000 英镑或 3000 英镑"（1667 年 3 月 21 日）。Pepys 日记的编辑曾指出，1689 年，英国下议院曾组织一个委员会，对 Pepys 与其伙伴在"凤凰"号战舰事件中的行为进行调查（7:64n2）。

41　Dryden, *Poems*, 1:79 (151). 德莱顿在对这艘战舰描述的结尾处写道："她就像海黄蜂逐浪疾驰。"这一描述遭到了塞缪尔·约翰逊的戏谑："对一艘船做这么多诗意的美化，真是小题大做啊！在诗的第一节还把它比作凤凰，最后却成了海黄蜂，""干脆用凤凰海黄蜂来比喻它吧，这种动物少之又少，正可以增加人们幻想的空间。"参见：Johnson, "Life of Dryden," *Lives of the English Poets*, 352 (par. 56).

42　Dryden, *Poems*, 1:103 (295). 这首诗呼吁从政治和文化意义上复活耶路撒冷。在对此更广义的分析中，将德莱顿的凤凰意象与炼金术联系了起来；参见：Bruce A. Rosenberg, "*Annus Mirabilis*," *PMLA* 79, no. 3 (June 1964): 254–58.

43　关于马提亚尔，参见本书第 4 章。

44　Dryden, *Poems*, "Preface," 4:1444 (lines 16–18).

45　*Of the Pythagorean Philosophy*; in *Poems*, 4:1732 (lines 580–81).

46　这首拉丁语诗歌的散文翻译选自：*The Complete Poetical Works of John Milton*, ed. Douglas Bush（Boston: Houghton Mifflin, 1965）,166. 另　见：Michelle de Filippis, "Milton and Manso: Cups or Books?" *PMLA* 51, no. 3 (September 1936): 745–56. 该文提及了有关弥尔顿凤凰素材来源的猜测。

47　布什指出，赫里奥波利斯与其附近的底比斯"从传统上讲是可以互相替换的"（566）。

48　*Paradise Lost: A Poem in Twelve Books*, ed. Thomas Newton, 6th ed. (London,1763), 1:372 (5.266–77).

49　"his proper shape"这一说法也可以指撒旦。这位魔鬼在天使长拉斐尔之前逃往天堂，途中他化身为一个小天使的模样 (3.634–36)。

50　关于弥尔顿在该诗中使用的凤凰意象，参见：Thomas Greene's standard *The Descent from Heaven: A Study in Epic Continuity* (New Haven, CT: Yale University Press, 1963), 397–401. 关于弥尔顿在《哀达蒙》和《失乐园》中的凤凰意象，参见：Karen L. Edwards, "Raphael, Diodati," in *Of Paradise and Light: Essays on Henry Vaughan and John Milton in Honor of Alan Rudrum*, ed. Donald R. Dickson and Holly Faith Nelson (Newark, DE: University of Delaware Press, 2004), 123–41.

51　*Paradise Lost*, ed. Newton, 374–75 (5:291–94).

52　源于参孙在《士师记 16》中的叙述。

53　*Samson Agonistes*, in *The Riverside Milton*, ed. Roy Flannagan (Boston: Houghton Mifflin, 1998), 842–43 (lines 1687–1707). 在这里，弥尔顿用"secular"一词是指"能活数百年"，而不是作为"religious"一词的反义词*。

---

*　即非"世俗"之意。

54 参见: Lee Sheridan Cox, "The 'Ev' ning Dragon' in *Samson Agonistes*: A Reappraisal," *Modern Language Notes*, 76.7 (November 1961): 577–84. Cox 不仅解释了龙的形象，而且还从恢复视力和神力的角度分析了各种形象演进的关系。Roger B. Wilkenfeld, "Act and Emblem: The Conclusion of *Samson Agonistes*," *English Literary History* 32.2 (June 1965): 160. Wilkenfeld 特别强调了高潮阶段的凤凰形象在整个意象演进中的重要地位。他说，这首诗歌的结构模式为自由、复活和转型，"凤凰作为一个恰如其分的象征，正好解决了这一结构问题"。犹太教关于《约伯记 29:18》的解读对弥尔顿诗歌可能产生的影响，参见：Sanford Burdick, "Milton's Joban Phoenix in *Samson Agonistes*," *Early Modern Literary Studies*, 11, no. 2 (September 2005): 5.1–15, http:// extra.shu.ac.uk/emls /11–2 /budiphoe.htm.

第 16 章

1 关于文艺复兴时期鸟类学的研究，参见：the introduction to Edward Topsell, *The Fowles of Heauen or History of Birdes*, eds. Thomas P. Harrison and F. David Hoeniger (Austin: University of Texas Press, 1972), xxiv–xxix.

2 William Turner, *Turner on Birds*, ed. A. H. Evans (Cambridge: Cambridge University Press, 1903), 140–43.

3 本章这一部分从以下研究内容和线索中受益颇多：Thomas P. Harrison's valuable study, "Bird of Paradise: Phoenix Redivivus," *Isis* 51, no. 2 (June 1960): 173–80; the "Bird of Paradise" entry in Alfred Newton's standard *A Dictionary of Birds* (London: Adam and Charles Black, 1893), 1:37–40; and summaries of sources in R. van den Broek, *Myth of the Phoenix*, 3n1 and 202n4.

4 Antonio Pigafetta, *The First Voyage Round the World*, ed. and trans. Lord Stanley of Alderly (London: Hakluyt Society, 1874), 143.

5 参见：Harrison, "Bird of Paradise," 174, and Newton, *Dictionary of Birds*, 1:38.

6 Ambroise Paré, *Monstres et prodigies*, in *The Collected Works of Ambroise Paré*, trans. Thomas Johnson (1634; facsimile ed., Pound Ridge, NY: Milford House, 1968), 1016. 迪巴尔塔斯把"天堂鸟"也纳入伴随凤凰的百鸟之列；参见：*La Semaine* (1578), 5.791–98.

7 Broek, *Myth of the Phoenix*, 202n4. 卡当为这种鸟所取名字的来源不明，但是这种鸟的死亡与复活与经典凤凰传说一致，并且，它在死之前也像天鹅一样歌唱，这一细节与斐洛斯特拉图斯在《提亚纳的阿波罗尼乌斯生平》(3:49–50）中所描写的印度凤凰一致。

8 Julius Caesar Scaliger, *Exerc.* 233 in *Exotericarum exercitationum* (1557), 731, microfiche 1228, Landmarks of Science 2. Translation by Dr. Mary Margolies DeForest for this book (2009). 关于该篇更多内容，参见：George Caspar Kirchmayer, "On the Phoenix," in Edmund Goldsmid, ed. and trans., *Un-Natural History; or Myths of Ancient Science* (Edinburgh: privately printed, 1886), 2:40; and Broek, *Myth of the Phoenix*, 202n4. 斯卡利格对卡当的回应，参见：Edward Topsell, *Fowles of Heauen*, "Birds of Paradise," n266; Newton, *Dictionary of Birds*, 38; and Broek, *Myth of the Phoenix*, 3n1 and 202n4.

19世纪时，关于*semenda*、卡当与斯卡利格所描写的鸟以及凤凰的演进传承，还有一条副线。这一副线见于爱尔兰诗人托马斯·穆尔（Thomas Moore）的诗句以及他本人给自己的诗歌

“Ode to Nea”所做的脚注。参见：*Epistles, Odes, and Other Poems* (1806), 99:

> 可是，你呼出的气息啊！——即使是火，
> 在那世界东方，天堂之鸟孤独终老时，
> 照亮四周的火——也不能散发出
> 像你的气息一样怡人的味道！
>
> *Referunt tamen quidam in interiore India avem esse, nominee Semendam &c. Cardan. 10 de Subtilitat. 恺撒·斯卡利格似乎认为，*Semenda* 只是凤凰的另一个名字。Exercitat. 233.

Tobias Smollett 创立过一本存在时间很长的杂志，名为 *Critical Review*。该杂志曾对穆尔的诗句和脚注做出讥讽和回应："在你的情人之后，你谈到了'*Semenda*'——一种据卡当猜测是印度的一种鸟，而恺撒·斯卡利格则认为就是凤凰，Nea 一家人听到你的话，该是多么诧异啊！"；参见：*Critical Review* 9 no. 11 (1806): 117.

9 Pierre Belon, *Les Observations de Plusiers Singularite* (Paris, 1555), bk. 3, chap 5, 190–91, quoted in Harrison, "Bird of Paradise," 176. Newton, *Dictionary of Birds*, cites the 1553 edition, 38.

10 *Artaxerxes*, in *Plutarch's Lives*, trans. Bernadotte Perrin (London: William Heinemann, 1926), 11:170–73. 有关极乐鸟以及中世纪人认为饮甘露嗅香草就可活着的无腿天堂鸟的更多内容，参见：Broek, *Myth of the Phoenix*, 351n1.

11 Pierre Belon, *L'histoire de la Nature des Oyseaux* (1555), facsimile ed., ed. Philippe Glardon (Geneva: Librarie Droz, 1997), bk. 6, chap. 35, 329–31. 凤凰章节的重要性，不仅体现在它只探讨了这一个主题，而且还体现在它被安排在了这部作品倒数第二卷的末尾。

12 Ibid., bk. 1, chap. 23, 79. 之前的那一章也是一卷书的结尾。

13 Ibid., bk. 6, chap. 35, 329–31; translation from Harrison, "Bird of Paradise," 176.

14 Conrad Gesner, *De avium natura*, bk. 3 of *Historiae Animalium* (1555). 两个世纪以后，John Reinhold Forster 也将两种鸟分开描写。在所著"On the Birds of Paradise"中，他声称，古人并不知道有这些天堂鸟，赫里奥波利斯的祭司所提到的凤凰"与天堂诸鸟几乎没有相同之处"。引自：Thomas Pennant's *Indian Zoology*, 2nd ed. (1790), 14.

15 Harrison, "Birds of Paradise," 177.

16 Gesner, "De Phoenice," in *Conradi Gesneri: Historiae animalium liber III qui est de Avium natura*—1555, transcribed by Fernando Civardi, http://www.summagallicana.it/Gessner%20Zentrum/trascrizioni/Historiae%20animalium%20liber%20III/pagine%20trascritte/102%20de%20phoenice%20de %20phoice.htm.

17 Pliny, *Natural History*, trans. H. Rackham, 3:293 (10.2).

18 Ulisse Aldrovandi, "De Phoenice," in *Ornithologiae hoc est de avibus historiae*, bk. 12, chap. 28, 816–32; microfiche, Landmarks of Science 111.

19 Ibid., bk. 10, chaps. 1–5, 599–633.

20 Harrison, "Birds of Paradise," 177.

21 Aldrovandi, "Semenda Cranii Descriptio," in *Ornithologiae*, 833. 范登布鲁克曾引用过阿尔德罗万迪的观点，后者声称卡当关于这种鸟嘴上有洞的描写纯属异想天开；参见：Broek, *Myth of the Phoenix*, 202n4.

22 Topsell, *Fowles of Heauen*.

23 Ibid., 104.

24 Ibid., 106.

25 关于这一思想革命的权威研究，参见：Richard Foster Jones, *Ancients and Moderns: A Study of the Rise of the Scientific Movement in Seventeenth-Century England* (1936; repr., New York: Dover, 1961), 3–21.

26 ibid., 15.

27 关于新科学与传统的研究内容，参见："Rejection of Scholasticism" in Basil Willey's *The Seventeenth Century Background: Studies in the Thought of the Age in Relation to Poetry and Religion* (London: Chatto & Windus, 1946), 8–23.

28 Douglas Bush, *English Literature in the Earlier Seventeenth Century, 1600–1660*, 2nd ed. (Oxford: Oxford University Press, 1962), 1. 在 *Science and Keligion in Seventeenth-Century England* (New Haven, CT: Yale University Press, 1958）第一册中，Richard S. Westfall 曾这样总结过整个 17 世纪发生的巨变："17 世纪是横亘在西方文明史中的一个巨大分水岭，它标志着现代社会的开端。"

29 新哲学如何把《圣经》作为权威，并与其他经典作品区别对待，参见："On Scriptural Interpretation," in Willey, *Seventeenth Century Background*, 57–72.

30 Don Cameron Allen, "Donne's Phoenix," *Modern Language Notes* 62, no. 5 (May 1947): 341. Allen 曾简述过凤凰与挪亚方舟这一问题。他指出，佩雷拉本来就不相信神鸟的存在；他还补充说，Cornelius à Lapide 和 Jacobus Bonfrerius 在所著《圣经》评述中也表示不相信神鸟的存在。

31 Purchas, *Hakluytus Posthumus*, 7:364. 见本书第 11 章。

32 George Hakewill, *An Apologie or Declaration of the Power and Providence of God* (1630), 2nd ed. (Ann Arbor, MI: University Microfilms, 1963), Early English Books: 1069:21, 9–10. Jones 曾分析过该书在古今之争中的地位，称它为"对英国现代特性所做的第一个重要辩护"；参见：*Ancients and Moderns*, 29.

33 John Swan, *Speculum Mundi*, 3rd ed. (1665; Ann Arbor, MI: University Microfilms, 1963), Early English Books: 401:1, 350.

34 Ibid., 351.

第 17 章

1 Thomas Browne, *Pseudodoxia Epidemica* (1646), 1st ed. (Ann Arbor, MI: University Microfilms, 1978), Early English Books: 810:20; later edition online at *Early English Books Online: Text Creative Partnership*, http://quod.lib.umich.edu/e /eebo/A29861.0001.001/1:7.12?rgn=div2;view=fulltext. 布朗的生平以及分析《世俗谬论》的更多内容，参见：Joan

Bennett, *Sir Thomas Browne: "A Man of Schievement in Literature"* (Cambridge: Cambridge University Press, 1962); and Jonathan F. S. Post, *Sir Thomas Browne* (Boston: Twayne, 1987).

2 本章文字内容引自《微观世界的奥秘：或揭开隐藏的人类奥秘……驳布朗博士之〈世俗谬论〉并论证古代观点》第二版（1652 年）以及罗斯对其他书籍的反驳；参见：*The Lord Bacon's Natural History, and Doctor Harvy's Book De Generatione, Comenius, and Others* (Ann Arbor, MI: University Microfilms, 1964), Early English Books: 158:12; later online at Early English Books Online: Text Creative Partnership, http://quod.lib.umich.edu/e/eebo/A57647.0001.001/1:4?rgn=div;view=fulltext. For an online transcription of Ross's Phoenix chapter, with James Eason's insightful notes, see bk. 2, chap. 21, at http://penelope.uchicago.edu/ross/ross221.html.

3 关于托马斯·布朗本人的古今二重性，参见：William P. Dunn, *Sir Thomas Browne: A Study in Religious Philosophy* (Minneapolis: University of Minnesota Press, 1950), esp. 3–36；关于认为布朗既是“玄学派”，又是“培根学派”的内容，参见：Willey, *The Seventeenth Century Background*, 41–56.

4 Willey, *The Seventeenth Century Background*, 41.

5 T. H. 怀特曾写道，托马斯·布朗对动物传统进行审视，“这是自亚里士多德以来，第一次开始把生物学提升到一个科学的水平”；参见：*Book of Beasts*, 236. 因此，在他制作的《生理论》文学传播的“家谱”图中，怀特就把布朗置于了最底一层，代表了“神话”动物文化意义上被接受为动物王国一部分的终结（233）。人们对于我们如今眼中的“神话”动物（当然了，包括凤凰在内），曾在相信其存在与否上发生过巨大变化。怀特的图谱经常被认为奠定了布朗在这一变化中的中心地位。

6 罗斯之所以为人们所记得，主要是源于 Samuel Butler 的长诗 *Hudibras* (1678）中的一句讽刺对句：“有一位古代贤哲 / 曾通读亚历山大·罗斯之作。”(1.2.1–2) 唯一对罗斯其人其作进行过专门研究的作品是：Foster Watson, “Alexander Ross：Pedant Schoolmaster of the Age of Cromwell,” *Gentleman's Magazine* 279 (1895):459–74. Jame N. Wise 曾用整整一章来写罗斯，参见：*Sir Thomas Browne's "Religio Medici" and Two Seventeenth-Century Critics* (Columbia: University of Missouri Press,1973), 122–68. 在分析托马斯·布朗及其《世俗谬论》时，罗斯经常会被提及，但常常都被贬低；可参见：Jeremiah S. Finch, *Sir Thomas Browne: A Doctor's Life of Science and Faith* (New York: Henry Schuman, 1950), 138–39.

7 Jones, *Ancients and Moderns*, 120.

8 *Medicus Medicatus: or The Physicians Religion Cured by a Lenitive or Gentle Potion: With some Animadversions upon Sir Kenelme Digbie's Observations on "Religio Medici"*(London, 1645).

9 Ross, *Medicus*, A2.“侏儒与巨人”的说法据说是 12 世纪学者、哲学家 Bernard of Chartres 所创，17 世纪时，人们在比较古代人和现代人时，经常会用这一说法。参见：Foster E. Guyer, “The Dwarf on the Giant's Shoulders,” *Modern Language Notes* 45 (June 1930): 398–400.

10 *The New Cambridge Bibliography of English Literature*, ed. George Watson (Cambridge: Cambridge University Press, 1974), 1: col. 2121.

11 Watson Kirkconnell, *The Celestial Cycle: The Theme of "Paradise Lost" in World Literature with Translations of the Major Analogues* (Toronto: University of Toronto Press, 1952), 615–16.

12 Browne, *Pseudodoxia*, 131–36.

13 Ross, *Arcana*, 201–7.

14 我保留了文艺复兴时期的拼写，但是忽略了字体排印中的连字以及文艺复兴时期流行的用斜体字表示专有名词的做法。

15 在《世俗谬论》第一版关于布朗的整个章节中，“Phaenix”一词中一直用的是“ae”，后来的版本中则改成了“oe”。

16 《论肉体的复活》；参见本书第 7 章。

17 “我要说，我会死于我的巢穴，又会像凤凰一样增加寿命。”这一评论也被认为是比德所做；参见本书第 8 章。

18 “义人必像凤凰一样生机勃勃”；参见本书第 6、7 章。

19 关于“佩雷拉”的内容，参见本书第 16 章。费尔南德斯·科尔多瓦可能就是西班牙将军贡萨洛·费尔南德斯·德·科尔多瓦（Gonzalo Fernández de Córdova）；弗朗西斯可能就是 *Historia Animalium Sacra*（1612）的作者 Wolfgang Franzius。

20 Ross, *Arcana*, 201. 这一章前半部分大多是在顾左右而言他地对佩雷拉等人进行反驳，暂时未提布朗，但是也为布朗的一些反对意见做了铺垫。

21 关于德尔图良的内容，参见本书第 7 章。

22 Ross, *Arcana*, 204.

23 Browne, *Pseudodoxia*, 131.

24 关于塔提尔斯，参见本书第 4 章。

25 Ross, *Arcana*, 201.

26 Ibid., 204.

27 关于希罗多德的内容，参见本书第 3 章。

28 “但是因为年代久远，很难评估……”；参见本书第 4 章。

29 Browne, *Pseudodoxia*, 131–32.

30 在《世俗谬论》后来的版本中，布朗对这一拉丁语短语的翻译被代以这一短语在学术上的源头：“正如我们读到的古代帝王的俊美形象；正如阿尔德罗万迪所引用的；正如初稿中所见的；也如 Dalechampius 提到过的。”Eason 指出，布朗的变化是一种可能的迹象（而且可能不止一种迹象），表明他要么读过了罗斯反驳《世俗谬论》的内容，要么有人告诉过他；参见：notes to online transcription of Ross's *Arcana*, n12.

31 洛布古典丛书中的普林尼作品与罗斯的说法一致，仅有最后一词“dubitaret ”(10.2.5) 有所不同，而该词就是乔治·黑克威尔作品中所采用的；参见本书第 16 章。布朗用复数形式“quoe”和“falsa”表达的意思翻译为“但是，没人怀疑这些说法不是如此，”而罗斯用单数形式“quem”和“falsum”表达的意思则译为“但是，没人怀疑这（只鸟）是假的”。

32 Ross, *Arcana*, 204–5.

33 Browne, *Pseudodoxia*, 132. 值得指出的是，布朗注重实证，他曾证实见过 *semenda* 这种鸟。“Trifistulary”（意为“三根管子”）一词就是他本人所造，充满了学究气息，并且与阿尔德罗万迪否认这种鸟嘴上有三个洞的说法相互矛盾。至于这种鸟的“颅”，阿尔德罗万迪已经指出，它并非属于凤凰。

34 Ross, *Arcana*, 202. 布朗曾讨论过部分被误认为凤凰的鸟，但罗斯并未直接回应；在这一章稍前部分中，与贝龙一样，他也把神鸟 Manucodiata 与极乐鸟合二为一。

35 Ibid., 204. 关于卡当所写的内容（未被指明为罗斯所作），参见本书第 16 章。

36 Browne, *Pseudodoxia*, 132.

37 Ross, *Arcana*, 205. 布朗讥讽地把托马斯·莫尔（Thomas More）爵士的乌托邦与拉克坦提乌斯所谓人间天堂等同。而罗斯为人严肃，可以预见，他对布朗的做法置之不理。

38 维吉尔出生于曼托瓦，但在他的史诗《埃涅阿斯记》中，“Phoenix”一词指的是阿喀琉斯的老师，而非一种鸟。

39 关于帕拉塞尔苏斯的内容，参见本书第 14 章。

40 Browne, *Pseudodoxia*, 132–33.

41 在研究《圣经》中的敏感内容时，布朗未用各种不标准的译文，巧妙地避免了与神的启示相悖。

42 关于“棕树”的内容，参见本书第 7 章。

43 关于“尘沙”的内容，参见本书第 6 章。

44 这里又是“义人必像凤凰一样生机勃勃”这样的说法。

45 Browne, *Pseudodoxia*, 133.

46 这有可能是“chol”一词被错印所致；参见：Eason, notes to online transcription of Ross's *Arcana*, n15.

47 Ross, *Arcana*, 205. 布朗并不相信某些《圣经》的译文。与他不同，罗斯则以某些权威人士的译文（即希伯来文中“Phoenix”一词的各种翻译）为证据来证明凤凰的存在。与布朗相比，罗斯对《塔木德》了解更多，这使他处于更有利的位置。与一些评论人士的观点相似，罗斯辩称，既然文章中有“nest”一词，解读为“凤凰”就比解读成“尘沙”更合适。

48 Browne, *Pseudodoxia*, 133–34; 以挪亚方舟的传说否认凤凰存在，参见本书第 16 章。

49 罗斯曾断言，凤凰“登上了方舟”。这可能指的是《巴比伦塔木德》中的内容，而非《创世记》中的内容；参见本书第 16 章。

50 Ross, *Arcana*, 205–6.

51 Browne, *Pseudodoxia*, 134.

52 在《世俗谬论》中另一段严肃的论述中，布朗在段落结尾用一段带有性别歧视色彩的妙语描述上帝创造夏娃给亚当做帮手的事情。他写道：“那就是让她帮助传宗接代；因为，如果是帮忙做其他事情，再造出一个男人更为合适。”（134）。

53 布朗创造了一些学究气很浓的词：“sanguineous”（与血有关）、“exanguious”（这是布朗在 1646 年的拼法，后来则拼写成“exsanguineous”，意为无血的）、“vermiparous”（幼体形态为蠕虫或蛆的），以及“oviparous”（卵生的）。除“vermiparous”一词，其他几个词都成了标准的科学术语。引自 *OED* 第 2 版。Esther Muzzillo 协助搜索了这些词汇，特致谢意。

54 “Anatiferous”（能生出鸭或鹅的）是布朗创造的另一个单词，指的是传说中一种能生出藤壶雁或鹅的树。

55 Browne, *Pseudodoxia*, 134–35. 亚里士多德的理论认为，昆虫、甲壳动物和小型鱼类是同时繁育出来的。新哲学的追随者毋庸置疑地接受了这一理论。

56 亚里士多德关于蜜蜂的论述，参见：Eason, notes to online transcription of Ross's *Arcana*, n16.

57 Ross, *Arcana*, 206–7. 罗斯把凤凰称为“自然界的奇迹之一”，在与布朗论战的结尾完全抛弃了逻辑辩论，只是虚张声势地指责。

58 Browne, *Pseudodoxia*, 135. 这一章结尾一段提到了普林尼关于利用凤凰提取药物的笑话，显得虎头蛇尾；参见本书第 4 章。

59 Ross's *History of the World* (1652), a continuation of Sir Walter Raleigh's 1614 book.

60 “Like the dog at the Nile.”罗斯把他草草完成的关于这部书的作品比作谚语中因为提防鳄鱼而边跑边摇晃尾巴的狗。

61 Ross, *Arcana*, 207. T. H. 怀特虽然认为罗斯“既固执又滑稽”，但非常欣赏罗斯最后表达无奈接受之意的话，并曾三次引用过这句话，一处是在《百兽之书》的题词中，一处是在一条注解中 (189–90n1)，还有一处是在该书结尾。罗斯的话正好反映了怀特本人研究《生理论》和动物寓言集的文法。

第 18 章

1 Jan Jonston, *Historiae Naturalis De Avibus Libri* VI, 214–16, Universität Mannheim,http://www.uni-mannheim.de/mateo/camenaref/jonston/vol3/jpg/s275.html.

2 塞硫西亚一种吃蚱蜢的鸟、宙斯的使者。

3 参见：the plate at Jonston, Historiae Naturalis, 214v.

4 Joannes Jonstonus (Jonston; also cited as Dr. John Johnston), *An History of the Wonderful Things of Nature*, chap. 27, 187–88, microfilm, Early English Books, 568:13.

5 *The Diary of John Evelyn*, ed. William Bray (London: M. Walter Dunne, 1901), 1:318.

6 John Tradescant, *Musaeum Tradescantianum: or A Collection of Rarities Preserved At South-Lambeth neer London* (London, 1656), 2.

7 致谢麦克格雷戈博士，是他提供了这一目录中相关书页的影印件。关于“禽爪”的那一页与“鸟羽”部分相对，描述了另一种神话鸟类的遗留物：“大鹏鸟的爪子。据作者称，这种鸟能够驮起一头大象”（3）。与麦克格雷戈的私人通信（2000 年 10 月 9 日）。

8 George Caspar Kirchmayer, “On the Phoenix,” in *Un-Natural History; or Myths of Ancient Science*, trans. and ed. Edmund Goldsmid, 2:25–47. 作为一名专家，Hans Broedel 专门研究文艺复兴时期博物志中的神话动物。他并不相信这篇凤凰论文是基希迈尔本人所写；他认为，这篇论文可能“是在基希迈尔指导下完成的，但被他据为己有出版了，这符合他的做事风格”。个人通信（2007 年 7 月 27 日）。

9 Goldsmid, *Un-Natural History*, 1:vi.

10 基希迈尔参考奥维德作品的出处仍不确定。

11 Kirchmayer, “On the Phoenix,” 2:39.

12 Ibid., 2:40.

13 17 世纪时，关于克莱门特在信中使用凤凰一事曾出现过争议。有关详情参见：Broek, *Myth of the Phoenix*, 4n2.

14 Kirchmayer, “On the Phoenix,” 2:41.

15 Ibid., 2:41–42.

16 德国教授 Johann Heinrich Hottinger 著有 *Theological Examination of the History of Creation*（1659 年），他也否认凤凰存在，其论据与基希迈尔和布朗等人相似；引自：Andrew Dickson White's *A History of the Warfare of Science with Theology in Christendom* (1898), chap. 1.2, http://www.cscs.umich.edu/~crshalizi/White/.

17 Kirchmayer, "On the Phoenix," 42–43.

18 Ibid., 44.

19 Ibid., 46. 引自基希迈尔早期说法：*The Philologer's Casket*, 45.

20 Kirchmayer, "On the Phoenix," 47.

21 Samuel Bochart, *Hierozoicon, sive, bipertitum opus De animalibus Sacrae Scripturae* (1663), vol. 2, chap. 5, cols. 817–25, microfilm, Early English Books, 170:1.

22 Broek, *Myth of the Phoenix*, 5. 范登布鲁克补充说，在阿尔德罗万迪和博沙尔的研究之后，关于凤凰的新信息很少，因此，18 世纪时关于神鸟的论文也很匮乏。

23 托马斯·布朗提到藤壶雁时称它是“树生的鸭”。Giraldus Cambrensis 所著 *Topographia Hibernia* 是关于这种鸟神奇出生过程的一部重要著作。艾尔伯图斯·麦格努斯则把这些故事斥为“荒诞不经”。从中世纪一直到 17 世纪晚期，这种鸟都是学界争议的话题。

24 *The Ornithology of Francis Willughby*, trans. and ed. John Ray (London, 1678), 359. 维卢克比也与同时代人的观点一致，认为，像昆虫和青蛙这样的“低级”动物是无需由上一代生出，但是没有“智者”会相信像大雁这样的“高级动物”会从树中生出来。在该书前面的内容中，维卢克比先描述和介绍了几种真实存在的鸟，接着又驳斥了关于天堂鸟的一些传说（90–97）。

25 *Milton's "Paradise Lost": A New Edition* (London, 1732), quoted in *Great Scholars: Buchanan, Bentley, Porson, Parr and others*, ed. Henry James Nicole (Edinburgh, 1880), 76.

26 *Paradise Lost*, ed. Thomas Newton, 1:372–73n272.

27 关于凤凰现身的一些间接事例还包括：以诺所描写的凤凰，其外形与一般的形象大不相同；彼特拉克描写劳拉之死的诗歌中的凤凰形象；在拉伯雷作品中，庞大固埃声称曾在萨坦兰看到过 14 只凤凰。

28 在琉善 2 世纪时所著《一个真实的故事》（*A True Story*）中，讲述者飞向月亮，见证了月亮勇士与太阳勇士战斗的情形。

29 Cyrano de Bergerac, *Other Worlds: The Comical History of the States and Empires of the Moon and the Sun*, trans. and ed. Geoffrey Staghan (London: Oxford University Press, 1965), 167–69.

30 Ibid., 169.

31 *The Princess of Babylon, in Zadig and Other Romances by Voltaire*, ed. H. I. Woolf, trans. H. I. Woolf and Wilfrid S. Jackson (New York: Rarity Press, 1931), 228–310.

32 伏尔泰讥讽民间传说乃至整个人类及其各项制度的相关内容，参见：Roger Pearson's *The Fables of Reason: A Study of Voltaire's "Contes Philosophiques"* (Oxford: Clarendon Press, 1993), 33–37.

33 Ibid., 258.

34 Ibid., 266–87. 参见：Pearson, *Fables of Reason*, 199–201.

35 Ibid., 300–309.

36 18 世纪时关于凤凰的说法相对较少，其中之一是用它隐喻一座建筑在被摧毁之后的重建。Daniel Defoe 希望，对白厅而言，“这样的一天会来临，那只凤凰会复活，那里会重建一座建筑，与英国王公的威严尊贵和不列颠民族的巨大财富相称”。*A Tour Through the Whole Island of Great Britain* (1724), 引自：John Brewer, *The Pleasures of the Imagination: English Culture in the Eighteenth Century*, http://www.nytimes.com/books/first/b/brewer-imagination.html. 从 Matthew Prior 到 Christopher Smart 等 18 世纪诗人在作品中也一定程度上应用了凤凰意象，有关内容参见：Lyna Lee Montgomery, “The Phoenix: Its Use as a Literary Device,” *D. H. Lawrence Review* 5 no. 3 (Fall 1972): 287–94.

37 Jessie Poesch, “The Phoenix Portrayed,” *D. H. Lawrence Review* 5 no. 3 (Fall 1972): 230–31, fig. 20b.

38 Ibid., 231.

39 Ibid., 208, 229, figs. 15–16.

40 Ibid., 229, fig. 17. 公司游行时人们拿的银色权杖上也有密涅瓦的形象。

41 “南卡罗来纳州纸币”，参见圣母大学图书馆特殊藏品部硬币与纸币收藏处网站：http://www.coins.nd.edu/ColCurrency/CurrencyText /SC-04-10-78.html. 吉姆・尼尔森赠给我了一张 5 先令的凤凰钞票，在此致谢。

42 “Third Great Seal Committee—May 1782,” Great Seal, http:// www.greatseal.com/committees/thirdcomm/.

第 19 章

1 基希迈尔的文章见于 19 世纪末一部题目为 *Un-Natural History; or Myths of Ancient Science*（1886 年）的选集中。这一题目显示，作为译者和编辑，Edmurd Goldsmid 也认为某些动物只存在于神话当中，但是，他又回到自己编的选集上，声称“这些小册子所讲的神话非常怪异，但古时的人们普遍相信”，因为“要证明这些神话的趣味性”（2:v）。

2 关于当代神话作品的收集及分析，参见：Burton Feldman and Robert D. Richardson, eds., *The Rise of Modern Mythology*, 1680–1860 (Bloomington: Indiana University Press, 1972). 这一选集的首篇文章就是 Bernard Fontenell 的“of the Origin of Fables”（1724 年）；该文把神话的出现归因于人类的无知（7–18）。

3 参见：ibid., 10.

4 参见本书第 8 章。

5 英语译文摘录参见：Maurice Burton, *Phoenix Re-born* (London: Hutchinson, 1959), 19–31. 1824 年的“ Le Phénix”原文，电子版请参阅网络内容：Gallica, http://gallica.bnf.fr /ark:/12148/bpt6k937369w.

6 电子版内容，参见：*Description de L'Egypte*, http://descegy.bibalex.org/index1.html.

7 *Le Phénix*, 1–2. Marcoz is the author of *Astronomie solaire d'Hipparque* (1823); Larcher is the author of *Mémoire sur le phénix, ou Recherches sur les périodes astronomiques et*

chronologiques des Égyptiens (1815). 19 世纪占星术中的凤凰以及拉彻对“凤凰”周期的驳斥，分别参见：Broek, *Myth of the Phoenix*, pp. 6 and 28n1. 对凤凰现身的最新天文学解读，参见：James R. Lowdermilk's “Phoenix and the Benben,” *Ostracon* (2007), http://www.egyptstudy.org/ostracon /vol18_1.pdf.

8 Burton, *Phoenix Re-born*, 22.

9 参见本书第 5 章提及的《久旅在外的行者归来》一文。

10 赫拉波罗《持续长久的复活过程》一文，参见本书第 5 章。

11 Burton, *Phoenix Re-born*, 30.

12 R. J. F. Henrichsen, *De Phoenicis Fabula*, parts 1 and 2 (Griefswald, Germany:Havniae Schultz, 1825, 1827). 这一拉丁语研究成果很有价值，其中包含大量注解，既提到了较早关于凤凰的文章，也提到了作者同时代的一些文章，包括基希迈尔、拉彻和梅特拉尔等人的作品。

13 James Rennie, *The Architecture of Birds* (London: Charles Knight, 1833), 351.

14 Ibid., 357.

15 In *Bulfinch's Mythology* (New York: Modern Library, n.d.), 258–63.

16 Angelo de Gubernatis, *Zoological Mythology: or, The Legends of Animals* (1872; repr., New York: Arno, 1978), 2:180–206.

17 缪勒是一位多产作家，同时也是《东方圣书集》的编辑；参见本书第 2 章。

18 *New Monthly Magazine* 第 64 期曾刊载一位佚名作者所写的“Monsters”一文。这位作者把凤凰和北部的鹅都称为太阳神鸟，并且辩称凤凰神话对 12 世纪的藤壶雁传说产生过影响，（101–2）。距今更近一些，还有一些学者辩称，凤凰不仅仅是笼统地作为太阳的象征，而且它本身的出现就源于日食；参见：Elmer G. Suhr, “The Phoenix,” *Folklore* 87 no. 1 (1976): 32–36.

19 Gubernatis, *Zoological Mythology*, 2:199.

20 关于凤凰和其他太阳神鸟的内容，参见：Broek's “The Phoenix as Bird of the Sun” in *Myth of the Phoenix*, 233–304, and A. J. Wensinck's “Bird and Sun” in *Tree and Bird as Cosmological Symbols in Western Asia*, 36–47. 另见本书第 6 章。

21 Gubernatis, *Zoological Mythology*, 2:201.

22 *The Travels of Marco Polo: The Complete Yule-Cordier Edition*, 2:415–19.

23 大鹏鸟和象鸟的有关研究，参见：Alfred Newton's “Roc, Ruc and Rukh” entry in *Dictionary of Birds* (1894), 3:791–93. Newton cites Yule.

24 参见：*The Book of the Thousand Nights and a Night*, ed. and trans. Richard F. Burton (1885; repr., New York: Heritage Press, 1962), 2:2093–94. 另 见 “Note on the Garuda Bird,” in Somadeva's eleventh-century *The Ocean of Story*, trans. C. H. Tawney, ed. Norman Penzer (1924; repr., Delhi: Motilal Bararidass, 1968), 1:103–4; the modern note cites both Yule and Burton. 新时代对神鸟理论的研究，参见：D. J. Conway 的 *Magickal, Mythical, Mystical Beasts: How to Invite Them into Your Life* (St. Paul: Llewellyn Publications, 1996) 中关于“巨鸟”的两个章节（63–77）.

25 Ernest Ingersoll, *Birds in Legend, Fable and Folklore* (New York: Longmans, Green, 1923), 211.

26 Charles Gould, *Mythical Monsters*, 366.

27 Ibid., 374. 一个世纪后，伦敦神秘动物协会发表了一篇题为“C'mon Bady, Light My Pyre”的短文，认为是欧洲人对肉桂的贪婪导致了凤凰的灭绝。参见：*A Natural History of the Unnatural World* (New York: St. Martin's Press, 1999), 56–57.

28 关于伯顿鸟类学研究的综述，有两部重点研究神秘动物的书：Peter Costello's *The Magic Zoo: The Natural History of Fabulous Animals* (NewYork: St. Martin's Press, 1979), 69–70; and Oberon Zell-Ravenheart's *A Wizard's Bestiary* (Franklin Lakes, NJ: New Page Books, 2007), 174. 这两部书中关于凤凰的内容都很多。

29 20 世纪中叶，有一部备受推崇的儿童奇幻作品，其中讲述了一个小男孩与一只会说话的、古怪的凤凰之间的故事；参见：Edward Ormondroyd's David and the Phoenix（1957；repr., New York：Follett Publishing, 1958）。

30 E. Nesbit, *The Phoenix and the Carpet* (1904; repr., London: Octopus, 1979); serialized in *The Strand Magazine* (1903–4). 这部小说是内斯比特“沙仙活地魔”三部曲中的第二部。

31 Ibid., 198.

32 Ibid., 278.

33 Julia Briggs, *A Woman of Passion: The Life of E. Nesbit*, 1858–1924 (New York: New Amsterdam Books, 1989), 297.

34 （1）《哈利·波特与魔法石》（美国版），1997 年;（2）《哈利·波特与密室》，1998 年;（3）《哈利·波特与阿兹卡班的囚徒》，1999 年;（4）《哈利·波特与火焰杯》，2000 年;（5）《哈利·波特与凤凰社》，2003 年;（6）《哈利·波特与“混血王子”》，2005 年;（7）《哈利·波特与死亡圣器》，2007 年。这些作品在英国由布卢姆斯伯里出版公司出版，在美国由学乐集团出版。凤凰社与一家希腊的现代机构同名，该机构的出版标识中就有凤凰形象。

35 “Because It's His Birthday: Harry Potter, By the Numbers,” *Time* (July 31, 2013), http://entertainment.time.com/2013/07/31/because-its-his-birthday-harry-potter-by-the-numbers/.

36 参见“《哈利·波特》系列小说的中文、日文和越南文翻译”，网址：http:// www.cjvlang.com/Hpotter/index.html.

37 参见“J. K. 罗琳出席爱丁堡图书节”(2004 年 8 月 15 日)，网址：http://web.archive.org/web/20060820213620/http://www.jkrowling.com/textonly/en/news_view.cfm?id=80.

38 J. K. Rowling [Newt Scamander, pseud.], *Fantastic Beasts* (New York: Arthur A.Levine Books, an imprint of Scholastic, 2001), 32. 罗琳小说中提到的凤凰以及其他怪异动物，参见：David Colbert, *The Magical Worlds of Harry Potter: A Treasury of Myths, Legends, and Fascinating Facts* (New York: Berkley Books, 2004), and other Harry Potter guidebooks.

39 *Harry Potter and the Deathly Hallows* (New York: Arthur A. Levine Books, an imprint of Scholastic, 2007), 748–49.

第 20 章

1 George Caspar Kirchmayer, “On the Phoenix,” *Un-Natural History; or Myths of Ancient Science* (1886), trans. and ed. Edmund Goldsmid, 45; 参见本书第 18 章。

2 一般而言，关于古典时期、文艺复兴时期以及现代诗歌中的凤凰形象，总的发展模式符合文学史上的“蛙跳跨越”（leapfrog）理论。参见：W. Jackson Bate describes in *The Burden of the Past and the English Poet* (New York: W. W. Norton, 1970), 22；Bate 辩称，每一代诗人在寻求历史权威时，都会忽略距自己最近的上一代诗人。

3 Lyna Lee Montgomery, “The Phoenix: Its Use as a Literary Device,” *D. H. Lawrence Review* 5 no. 3 (Fall 1972): 296–99. 蒙哥马利在探讨浪漫主义时期、维多利亚时期以及 20 世纪文学中的凤凰形象时，引用了柯勒律治、拜伦和济慈的相关文章。他的研究很全面，为我提供了部分研究线索。在此深表谢意。

4 James and Horace Smith, *Rejected Addresses: and Horace in London*, intro. By Donald H. Reiman (1812; facsimile ed., New York: Garland, 1977).

5 Horace Smith, preface to *Rejected Addresses*, x.

6 James Gillray 曾创作了一件名为“Apotheosis of the Corsican Phoenix”（1808 年）的版画，拿破仑·波拿巴在其中被刻画成一只凤凰，卧在燃烧着的凤卵之上；参见：National Portrait Gallery, http://www.npg.org.uk/collections/search/portrait-list.php?search = sp & sText = Corsican %20Phoenix & firstRun = true.

7 Horace Smith, *Loyal Effusions*, in *Rejected Addresses*, 1–2.

8 James and/or Horace Smith, *An Address without a Phoenix*, in *Rejected Addresses*, 98.

9 George Darley, *Nepenthe* (London, 1835), in *The Errors of Ecstasie, Sylvia, and Nepenthe*, intro. Donald H. Reiman (facsimile ed., hand-glossed by the poet, New York:Garland, 1978), sections 1–69.

10 请参阅关于乔治·达利病症的分析，其中曾引用过这段话。参见：Michael Bradshaw, “Burying and Praising the Minor Romantic：the Case of George Darley,” CORE, http://kmi-web23.open.ac.uk:8081/search/Burying+and+Praising+the+Minor+Romantics.

11 Darley, *Nepenthe*, 8–14.

12 “Hans Christian Andersen: The Phoenix Bird,” trans. Jean Hershot, H. C Andersen Centret, http://www.andersen.sdu.dk /vaerk /hersholt /ThePhoenixBird _e.html.

13 Arthur Christopher Benson, *Phoenix, in The Oxford Book of English Verse, 1250–1900*, ed. Arthur Quiller-Couch (1919; repr., Oxford: Clarendon Press, 1943), 859.

14 Benson, *Escape and Other Essays* (New York: Century, 1915).

15 T. S. Eliot, introduction to St.-John Perse’s *Anabasis* (1938; repr., New York: Harcourt Brace Jovanovich, 1949), 10.

16 Gaston Bachelard, “A Retrospective Glance,” in *Fragments of a Poetics of Fire*, ed. Suzanne Bachelard, trans. Kenneth Haltman (1988; repr., Dallas, TX: Dallas Institute Publications, 1990), 25. 该书第一章对现代诗歌中凤凰形象的应用做了大量研究，标题就是“The Phoenix, A Linguistic Phenomenon”（29–64）。

17 W. B. Yeats, *His Phoenix, in The Collected Poems of W. B. Yeats*, ed. Richard Finneran (London: Wordsworth Editions, 1994), 127.

18 Yeats, *Sailing to Byzantium*, in *The Collected Poems*, 163–64. 关于凤凰与雄鸡的内容，参见：Broek, *Myth of the Phoenix*, 268；“沉默的公鸡”“食蜜鸟”等内容，参见本书第 21 章所引用的詹姆斯·乔伊斯《芬尼根的守灵夜》相关内容。

19 E. A. Wallis Budge's translation.

20 参见：James Allen, Jr., "Miraculous Birds, Another and the Same: Yeats's Golden Image and the Phoenix," *English Studies* 48 (1967): 215–26. 在这篇文章的题目中，"另一只但又完全相同的鸟"引自德莱顿所翻译的奥维德作品。Allen 在文中详细地证明说，对济慈而言，这两种鸟"清清楚楚，一模一样"（226）。

21 Siegfried Sassoon, *Phoenix, in Satirical Poems* (London: W. Heinemann, 1933), 127. Ogden Nash 的诗歌 *The Phoenix* 很受欢迎。在这首诗中，神鸟很滑稽地通过单性繁殖实现后代的改良。

22 Nemerov, *The Phoenix*, the final poem in *Guide to the Ruins* (1950), in *The Collected Poems of Howard Nemerov* (Chicago: University of Chicago Press, 1977), 88.

23 "为了缓和当时普遍的绝望情绪"，有些诗人寻求把神话动物作为诗歌意象；相关研究参见："The Phoenix and the Unicorn" segment in Joseph Warren Beach's *Obsessive Images: Symbolism in Poetry of the 1930's and 1940's* (Minneapolis: University of Minnesota Press, 1960), 350–55。

24 诗人约瑟夫·哈奇森向我推荐了一些诗歌，并就本章这一部分提供了建议（2000—2015）。在此深表谢意。以下凤凰诗歌为他推荐，但本章没有探讨：Conrad Aiken, *The Phoenix in the Garden*, in *Collected Poems*, 2nd ed. (New York: Oxford University Press, 1970), 974–77; J. V. Cunningham, *The Phoenix*, in *The Collected Poems and Epigrams of J. V. Cunningham* (Chicago: Swallow Press, 1971), 15; Anne Hébert, *For a Phoenix*, in *Day Has No Equal But Night*, trans. A. Poulin, Jr. (Brockport, NY: BOA Editions, 1994), 49; Ted Hughes, *And the Phoenix has come*, in *Moortown* (New York: Harper and Row, 1979), 181; Thomas Kinsella, *Phoenix Park*, in *Nightwalker and Other Poems* (New York: Alfred A. Knopf, 1968), 75–84; George McWhirter, *A Phoenix by Instalment*, in *Queen of the Sea* (Ottawa: Oberon Press, 1976), 81; and Sylvia Plath, *Lady Lazarus*, in *Ariel* (New York: Harper and Row, 1966), 6–9.

25 Gyula Illyés, *Phoenix*, in *Charon's Ferry: Fifty Poems*, trans. Bruce Berlind (Evanston, IL: Northwestern University Press, 2000), 43–46.

26 Adonis, *Elegy in Exile*, in *Transformations of the Lover*, trans. Samuel Hazo (Athens: Ohio University Press, 1982), 55–58.

27 参见："Phoenician Creation Story," http:// phoenicia.org /creation.html.

28 Paul Éluard, title poem of *The Phoenix collection in Last Love Poems of Paul Éluard*, trans. Marilyn Kallet (Boston: Black Widow Press, 2006), 75.

29 Bachelard, *Fragments of a Poetics of Fire*, 63.

30 Patrick Kavanagh, *Phoenix*, in *Collected Poems* (New York: W. W. Norton, 1973), 13.

31 Denise Levertov, *Selected Poems* (New York: New Directions, 2002), 147.

32 Bachelard, "Linguistic Phenomenon," 55.

33 Ivan V. Lalic, *Bird, in Roll Call of Mirrors*, trans. Charles Simic (Middletown, CT: Wesleyan University Press, 1988), 4. 另见：W. S. Merwin, *The Flight*; 该诗的主题是关于"原始天火"的，但其中的意象（"同样的那团火和那只永恒的鸟儿"）也能使人联想到凤凰；参见：*The Compass Flower* (New York: Atheneum, 1977), 94.

34 参见约瑟夫·哈奇森特意为本书创作的诗作《亡魂归来》(2007–15)。

35 Robert Pinsky, *To the Phoenix*, in *Jersey Rain* (New York: Farrar, Strauss and Giroux, 2000), 22.

第21章

1 关于劳伦斯凤凰徽章及其小说、诗歌和随笔中的凤凰形象，最权威的论述很可能就是：James C. Cowan's "Lawrence's Phoenix: An Introduction," *D. H. Lawrence Review* 5 no. 3 (Fall 1972): 187–99. 该文为我提供了一些深入的思考和研究线索。在此深表谢意。

2 John Worthen, *D. H. Lawrence: The Life of an Outsider* (New York: Counterpoint, 2005), 487n31.

3 June 16, 1913, letter to Edward Garnett, in *The Letters of D. H. Lawrence*, vol. 2, ed. George J. Zytaruk and James T. Boulton (Cambridge: Cambridge University Press,1981), 2:24. 括号为编辑所加。

4 Ibid., 2:252–53. 编者指出，劳伦斯"1915 年 12 月 3 日"这一日期与信的地址和邮戳相矛盾（252n1）。Keith Sagar 的作品中录有这封信的复印件，参见：*The Life of D. H. Lawrence* (New York: Pantheon, 1980), 93. 另见：Arthur J. Bachrach, *D. H. Lawrence in New Mexico: "The Time Is Different There"*(Albuquerque: University of New Mexico Press, 2006), 39; 感谢作者与我通信交流（2007 年 12 月）。

5 Frieda Lawrence, *Not I, But the Wind* (Santa Fe: privately printed by Rydal Press,1934), 81. Cited in Letters, 2:252n2.

6 MS Ashmole 1511.f. 68, similar to the Aberdeen Bestiary f. 56r; 参见本书第 9 章。

7 Mrs. Henry Jenner, *Christian Symbolism* (Chicago: A. C. McClurg, 1910). See Letters, 2:252–53n5; cited in Cowan, "Lawrence's Phoenix," 187.

8 Jenner, *Christian Symbolism*, 150. 她为《阿什莫尔动物寓言集》中的凤凰所写的文字说明"凤凰从烈火中跃起"对劳伦斯的解读有明显影响。

9 December 20, 1914, letter to Gordon Campbell, *Letters*, 2:249.

10 January 23, 1915, letter to Catherine Carswell, and February 3, 1915, letter to Lady Ottoline Morrell; *Letters*, 2:261 and 2:275, respectively.

11 Lawrence, *The Rainbow* (1915; repr., New York: Viking Press, 1971). 劳伦斯的小说在 1915 年 3 月初就完成了，但在 9 月 30 日出版之前，他又做了一些修改；Worthen, *D. H. Lawrence*, 161–62.

12 Lawrence, *Rainbow*, 111; and Cowan, "Lawrence's Phoenix," 189–90.

13 Lawrence, *The Crown, in Phoenix II: Uncollected Writings*, ed. Warren Roberts and Harry T. Moore (1970; repr., New York: Viking Press, 1971). 关于《王冠》的背景知识，参见劳伦斯对报刊系列作品的注解（364）。

14 March 4, 1915, letter to Lady Ottoline Morrell, *Letters*, 2:303.

15 *Crown*, 382–84. 参见：Cowan, "Lawrence's Phoenix," 188–89.

16 *St. John, in Birds, Beasts and Flowers!* (1923; repr., Jaffrey, NH: David. R. Godine, 2007), 67–69. 与正统基督教的情况相似，福音传道者所讲到的鹰也差不多快要走到生命尽头。这只鸟情愿被烈火焚身，"以便孕育新的生命 / 能够从灰烬中重生"。这个新生命就是劳伦斯笔下的凤凰，它在该诗的最后一行中就已长成——"一簇簇灰烬随风飘动，如鸟鼓翼"。

17 那一时期，劳伦斯小说中的凤凰形象经常有性的隐喻；参见：Cowan, "Lawrence's Phoenix,"

190–95.

18 Letter to John Middleton Murry, c. December 25, 1923, *Letters*, vol. 4, ed. Warren Roberts, James T. Boulton, and Elizabeth Mansfield (Cambridge: Cambridge University Press, 1987), 4:551.

19 在 1928 年 3 月 31 日致 S. S. 科泰利安斯基的信中，劳伦斯提到了查泰莱夫人的徽章以及他给穆里的印章；一周之后，在致 Dorothy Brett 的信中，他又提了一次。参见：*Letters*, vol. 6, ed. James T. Boulton and Margaret H. Boulton, with Gerald M. Lacy (Cambridge: Cambridge University Press, 1991), 6:346 and 6:357, respectively.

20 *Letters*, 6:328–408.

21 March 17, 1928, letter to Rolf Gardiner; *Letters*, 6:331.

22 Lawrence, *A Propos of "Lady Chatterley's Lover"* (1930), in *Phoenix II*, 514.

23 劳伦斯后期曾创作一部小说《已死的男人》(*The Man Who Died*)，1931 年由纽约克诺夫出版社出版。该小说原名《逃脱的公鸡》(The Escaped Cock)，其标题页上印的红色劳伦斯徽章非常醒目。小说中的斗鸡形象与凤凰相似；而这只斗鸡恢复斗志与劳伦斯作品中基督在俗世复活具有相似的象征意义。致谢理查德 · 哈格曼博士。

24 《凤凰》一诗是《D.H. 劳伦斯诗歌全集》中的最后一首，编辑出版信息：ed. Vivian de Sola Pinto and Warren Roberts (1964; repr., New York: Viking Press, 1987), 2:728。另见：Gail Porter Mandell, *The Phoenix Paradox: A Study of Renewal through Change in the Collected Poems and Last Poems of D. H. Lawrence* (Carbondale: Southern Illinois University Press, 1984); 该书结尾部分翻印了劳伦斯的诗并对其进行了分析(152)。

25 墓碑照片，参见：Sagar, *Life*, 247. 劳伦斯的骨灰被挖出后，墓碑被迁往英国，如今立于其出生地伊斯特伍德。参见：Gavin Gillespie, "DH Lawrence 1885–1930," http://www.gavingillespie.co.uk/.

26 关于提出要建立的理想国"拉那尼姆"，参见：Bachrach, *D. H. Lawrence in New Mexico*, 37–39. Dorothy Brett 是唯一陪同劳伦斯夫妇去新墨西哥州的人。

27 这一描述是根据多次亲自去纪念馆的考察。另见：Bachrach, *D. H. Lawrence in New Mexico*, with photographs, 55–57.

28 因为有许多幽默的传说，所以劳伦斯的骨灰是否从旺斯运抵他的纪念馆还存有疑问。请参见：Bachrach, *D. H. Lawrence in New Mexico*, 99–104; and Emile Delavenay, "Lawrence's Last Days," http://mural.uv.es/laucria/vence.html. 关于他的骨灰，一般的说法是，为了防止别人盗挖，弗里达将其混入到祭坛的混凝土当中了。

29 参见：Cowan, "Lawrence's Phoenix," 19; photograph by Judith R. Cowan. 在看了照片之后，一位叫"玛丽"的农场管理人员向我展示了一幅画，她认为那就是我所说的那幅画作。这幅画曾经被盗，后来又被找回，锡片上还可见已经褪色的劳伦斯凤凰徽章的痕迹(1999 年 10 月 30 日)。

30 Tennessee Williams, *I Rise in Flame, Cried the Phoenix* (New York: Dramatist's Play Service, n.d.). 1939 年，威廉斯曾致信弗里达称，他正在考虑创作一部关于劳伦斯的戏剧，因为他认为，"在现代作品所表达的思想中，劳伦斯的思想内容最为丰富"；参见：Bachrach, *D. H. Lawrence in New Mexico*, 80.

31 Williams, *I Rise in Flame*, 5. 威廉斯曾创作了一部名为 *Camino Real*（1953; repr, New York: New Directions, 2008）的超现实主义舞台剧，其中他还写到过一面丝质凤凰旗的旗杆。1957年，该剧曾在伦敦凤凰剧院上演。

32 James Joyce, *Finnegans Wake* (1939; repr., New York: Viking Press, 1967).《芬尼根的守灵夜》晦涩难懂，令人生畏。关于这部小说，第一部，也是最广为人知的导读作品是：Joseph Campbell and Henry Morton Robinson, A Skeleton Key to Finnegans Wake（1944; repr., New York: Penguin Books, 1986）. 在《芬尼根的守灵夜》中遍寻凤凰意象时，我首先研究了上述两人对这部小说所做的注解。我还从以下作品中获得了 "Phoenix" 一词的多种变体，在此一并致谢：Clive Hart, *A Concordance to "Finnegans Wake"* (Minneapolis: University of Minnesota Press, 1963), 225, 495; Adeline Glasheen, *Third Census of "Finnegans Wake": An Index of Characters and Their Roles* (Berkeley: University of California Press, 1977), 233; and Louis O. Mink, *A"Finnegans Wake" Gazetteer* (Bloomington: Indiana University Press, 1978), 447–48. 作为学术类出版物的补充，以下网站对我也有帮助：Mark Thompson's Finnegans Wake Concordex, http://webcache.googleusercontent.com/search?hl = en &q=cache:n-OvlQ6Pi9sJ: http://www.lycaeum.org/mv/Finnegan /%2B%22Mark+Thompson%22+AND+ "Finnegans+Wake" gbv = 2 & & ct = clnk; and Index to James Joyce's Finnegans Wake, http://www.caitlain.com/fw/. 在解读乔伊斯作品中的凤凰形象时，我还曾参考以下权威作品：Roland McHugh's standard Annotations to "Finnegans Wakes" : Revised Edition（Baltimore: Johns Hopkins University Press, 1991）。此外，我还参阅了以下作品的概要和叙述脉络：Campbell and Robinson, *Skeleton Key*; Anthony Burgess, *ReJoyce* (New York: W. W. Norton, 1968), 185–272; William York Tindall, *A Reader's Guide to "Finnegans Wake"* (New York: Farrar, Straus and Giroux, 1969); John Bishop, *Joyce's Book of the Dark: "Finnegans Wake"* (Madison: University of Wisconsin Press, 1986); Glasheen, *Third Census*, xxiii–lxxi; and Danis Rose and John O' Hanlon, *Understanding "Finnegans Wake": A Guide to the Narrative of James Joyce's Masterpiece* (New York: Garland Publishing, 1982). Ross 和 O'Hanlon 耗时 30 年，认真研读了乔伊斯的各种手稿，共做了约九千次修订，终于出版了《芬尼根的守灵夜》（London: Houyhnhnm, 2010）和《芬尼根的守灵夜修复版》（2010; repr., London: Penguin Books, 2012）。

33 有关例证，参见：Tindall, *Reader's Guide*, 8–10.

34 在早期短篇小说《会议室里的常春藤日》（"Ivy Day in the Committee Room"）中，乔伊斯使用了更为传统的凤凰形象。小说中有一篇对爱尔兰政治领袖查尔斯·斯图尔特·帕奈尔（Charles Stewart Parnell）的悼词，其高潮部分写道："破晓之际，/他的灵魂就会升华，/就像凤凰从烈火中跃升一样"；参见：*Dubliners* (1916; repr., New York: Viking Press, 1974), 135.

35 Richard Ellmann, *James Joyce: New and Revised Edition* (New York: Oxford University Pess, 1982), 518.

36 Bishop, *Joyce's Book of the Dark*, 413n95.

37 这首爱尔兰—美国滑稽歌曲的歌词全文，参见：Burgess, *ReJoyce*,194–95.

38 James S. Atherton, *The Books at the Wake: A Study of Literary Allusions in James Joyce's "Finnegans Wake"* (New York: Viking Press, 1960), 36–37.

39 关于学界对梦呓者身份的认定，参见：Atherton, *The Books at the Wake*, 11–13.

40 关于乔伊斯与刘易斯·卡罗尔风格技巧的相似之处，参见：Atherton, *The Books at the Wake*, 124–36.

41 关于《芬尼根的守灵夜》的听觉维度，参见：Burgess, *ReJoyce*, 268–69. 关于乔伊斯语言与音乐的近似关系，参见：Tindall, *Reader's Guide*, 16–17, and Alan Frederick Shockley's in-depth "The Wake and Its Music" in *Music in the Words: Musical Form and Counterpoint in the Twentieth Century Novel* (Farnam, Surrey: Ashgate, 2009), 117–36.

42 参见：Campbell and Robinson, *Skeleton Key*, 24–27.

43 Mink, *"Finnegans Wake" Gazetteer*, 198.

44 参见：Lorraine Weir, "Phoenix Park in *Finnegans Wake*," *Irish University Review* 5 no. 2 (Autumn 1975): 230–49.

45 这里概括讲述的凤凰公园的历史，参见：Mink, *"Finnegans Wake" Gazetteer*, 444; 在对页上印有公园的平面图。

46 Mink, *"Finnegans Wake" Gazetteer*, 445.

47 基于：McHugh, *Annotations*, 55.

48 McHugh, *Annotations*, 125.

49 Barbara DiBernard, *Alchemy and "Finnegans Wake"*(Albany: State University of New York Press, 1980), 116. McHugh 在所写的 *Annotations* 中，把这些绅士的名字与火药的几种成分——木炭、硝石和硫黄联系在一起，而不是与炼金过程联系在一起（59）。

50 DiBernard, *Alchemy*, 43.

51 Mink, *"Finnegans Wake" Gazetteer*, 507.

52 "Her Chuff Esquire!" (205.22) and "Hircups Emptybolly! With" (321.15).

53 还有一家酿酒厂名字中有"凤凰"，那就是凤凰公园酿酒厂。该酒厂原名都柏林查珀尔利佐德酿造公司（Dublin and Chapelizod Distilling Company），1877 年时，乔伊斯的父亲约翰曾在该公司工作；参见：Ellmann, *James Joyce*, 16 and 16n*.

54 Glasheen 曾引用过该词的几种可能变体，参见：*Third Census*，28. 此外，还有一部以凤凰为主题并配有不死鸟插图的书，其中就有一则乔伊斯的生平介绍；参见：*Reincarnation: The Phoenix Fire Mystery*, ed. Sylvia Cranson (1977; repr., Pasadena, CA: Theosophical University Press, 1998), 364–65.

55 *Egyptian Book of the Dead*, trans. E. A. Wallis Budge, 282.

56 Atherton, "The Book of the Dead," in *Books at the Wake*, 191–200. 有关心理学上的解释，参见：Bishop, "Inside the Coffin: *Finnegans Wake* in the Egyptian Book of the Dead," in *Book of the Dark*, 186–225.

57 Atherton, *Books at the Wake*, 196–97.

58 Finn Fordham, "'The End'：'Zee End,'" in *How Joyce Wrote "Finnegans Wake": A Chapter-by-chapter Genetic Guide*, ed. Luca Crispi and Sam Slote (Madison: University of Wisconsin Press, 1977), 463–64 and 475–76. 福尔德姆甚至把"Phoenican"一词延伸拆分为"funny can"——一种中间藏有一只小妖怪的神灯（475）。

59 Glasheen 曾指出，乔伊斯就把尤利西斯视为这样一位水手；参见：*Third Census*, 33.

60 McHugh 把“Phoenix”一词等同为“finished”，参见：*Annotations*, 621.

61 除了本章列出的“凤凰”一词的各种变体外，《芬尼根的守灵夜》中无疑还有许多其他变体，包括一些实际的专有名字以及多个双关语。根据在小说中出现的顺序，以下是另外一些“凤凰”一词的可能用法：“HolySaint Eiffel, the very phoenix!”(88.24); “multaphoniaksically spuking”(178.7–8); “Run, Phoenix, run!”(283.n3); “never again, by Phoenis”(590.5); “finicitas”(610.08). 其中，Mink 认为“never again, by Phoenis”所指的就是凤凰保险公司。关于可能使人联想到莎士比亚诗歌《凤凰和斑鸠》的那两幅图片，参见：Glasheen, *Third Census*, 233.

第 22 章

1 这一表达在早期的不同变体可参见莎士比亚《亨利六世》上篇（“从他们的尸灰里会生出一只凤凰”4.7.92）、下篇（“我的尸灰会变出一只凤凰”1.4.35）以及《亨利八世》（“从自己的灰烬中，”5.5.45），参见本书第 12 章。《牛津英语词典》第二版“phoenix, phenix”词条（vol. 11, 695）中也提到了另外两种凤凰和灰烬的形象：“从她的灰烬中跃升出了欧洲最稀罕的两只凤凰，那就是伦敦和罗马”（引自：Thomas Heywood , *Iron Age*，1632）和“新生的制度像凤凰一样，只能在烈火和旧制度的灰烬中产生”（引自：Hugh Macmillan, *Bible Teaching in Nature*，1867）。

2 Dorothy Burr Thompson, “Phoenix,” *Phoenix* 1 no. 1 (1946): 2–3. 这一期刊的名字是汤普森所取。同时，作为该期刊出版机构安大略省古典研究会（加拿大）的一名创始会员，她也是最早为其撰稿的编者之一。参见：Jaimee P. Uhlenbrock, “Dorothy Burr Thompson 1900–2001,” http://www.brown.edu/Research/Breaking_Ground/bios/Thompson_Dorothy%20Burr.

3 *Encyclopaedia Britannica*, s.v. “Drachma.”

4 参见：Jessica Rawson, *Animals in Art* (London: British Museum Publications, 1977), 83, fig. 127.

5 Tom Stone, *Greece: An Illustrated History* (New York: Hippocreme Books, 2000), 155.

6 “Corporate Seal,” San Francisco Decoded, http:// administrative.sanfranciscocode.org /1/1.6/.

7 “Municipal Flag,” *San Francisco Municipal Reports for the Fiscal Year* (San Francisco: Cosmopolitan Printing Company, 1900), 75.

8 “Atlanta, Georgia (U.S.),” Flags of the World, https://flagspot.net/flags/us-ga-at.html. 就在 11 月 11 日谢尔曼下令烧毁亚特兰大之前数日，亚伯拉罕·林肯连任总统。John Tenniel（曾是刘易斯·卡罗尔《爱丽丝梦游仙境》系列故事最早的插图作者）曾在伦敦一家名为 *Punch* 的卡通杂志上发表了漫画“Federal Phoenix”，把林肯描绘成一只从燃烧的凤巢中跃起的凤凰，那些着火的原木上有“美国宪法”“新闻自由”和“各州的权利”等字眼。*Punch* 杂志政治观点保守，那幅漫画也正反映了这样的观点：林肯在战事不利于北方的情况却赢得连任，相当于美国民权自由化为灰烬，而林肯却从中跃升，成为赢家。参见：http://shipofstate.com/prints/PunchLincoln/1864phoenix /1864phoenix.htm. 这幅漫画还配有一首打油诗，开首就是“当希罗多德……”，接下来提到了梅拉，结尾如下：

正如阿拉伯神鸟凭借火而复活

而这种火的力量源于添加的柴火，
这只联邦的凤凰则因大屠杀赢得连任
而它毁灭了人权、商业和信誉。

参见：Herbert Mitgang, *Abraham Lincoln: A Press Portrait* (1956; repr., Bronx: Fordham University Press, 2000), 422–23.

9 Bessie Bradwell Helmer, "The Great Conflagration," the Great Chicago Fire and the Web of Memory, http://www.chicagohs.org/fire/conflag.

10 "A Brief History of the University of Chicago," University of Chicago News Office, http://www-news.uchicago.edu/resources/brief-history.html.

11 "Class Notes," *University of Chicago Magazine*, http://magazine.uchicago.edu/0206/class-notes/ourpages.html.

12 芝加哥大学出版社在其"幕帷剧作家"系列作品的标识中使用了《纽伦堡编年史》中的凤凰形象；相关内容参见本书第 11 章。

13 我于 2004 年 7 月 7 日访问过"Encyclopedia: Coventry"（http:// www.nationmaster.com/encyclopedia/Coventry）；但是该网址目前已经不再有相关内容。仍然有许多网站原文重复了这些句子中的一部分，与上述已停用的网站最为接近的是"Coventry"（http://www.fact-index.com/c/co/coventry.html）。

14 考文垂大学使用凤凰标识的相关内容，参见："brand guidelines," Coventry University, http://wwwm.coventry.ac.uk/SiteCollectionDocuments/5508–09_CU _Guidelines _2009.pdf.

15 George Demidowicz, "Coventry's Phoenix Initiative," Institute of Historic Building Conservation, http://www.ihbc.org.uk/context_archive/76 /pheonix/coventry.html. 有一篇关于完成重建工作的文章，影印件参见：Phoenix Initiative: Coventry, http://www.mjparchitects.co.uk/wp-content/uploads/2013 /01/Phoenix-Initiative-Coventry.pdf.

16 据世界纹章学网站列举，近 70 个城市使用的盾形纹章中有凤凰的象征意义，其中就有考文垂的纹章；参见：Heraldry of the World,http://www.ngw.nl/heraldrywiki/index.php?title=Special%3ASearch&search=Phoenix&fulltext=Search.

17 神户重建计划介绍（1995 年 6 月 30 日），参见：David W. Edgington, *Reconstructing Kobe: The Geography of Crisis and Opportunity* (Vancouver: University of British Columbia Press, 2011), xvii.

18 "兵库县的凤凰计划有 660 个工程项目，堪称'创造性的重建'"，参见：*Kippo News* 2.48 (July 11, 1995), at Kansai Window, http://www.kansai.gr.jp/mt51/plugins/KWKippoNews/news-search.cgi?__mode=detail_news&no =48&lang_code=en#1447.

19 Edgington, *Reconstructing Kobe*, xv.

20 参见：Michael J. Oakes, "Shaky Recovery," *Reason* (January 1998),http://www.unz.org/Pub/Reason-1998jan-00030?View=PDFPages.

21 Edgington, *Reconstructing Kobe*, 211.

22 Rajender Singh Negi, "Kobe Rises like a Phoenix," *One World South Asia* (February 8, 2010), http://southasia.oneworld.net/peoplespeak/kobe-rises-from-the-ashes-like-a-phoenix#.

VCCMWPLN_Do.

23 “On the former Teatro La Fenice, Venice, Italy,” http:// acustica.iacma.it/lamberto/Venice.html.

24 “The History: 1996–2003 — The Reconstruction,” Teatro La Fenice di Venezia,http://www.teatrolafenice.it/site/index.php?pag=73&blocco=176&lingua=eng. 威尼斯凤凰歌剧院重建后，其官网介绍中就有一个标识，上面的凤凰显示出胜利者的姿态。该网站之前曾有一幅剧院外墙浮雕的图片，上面有一只被献祭给神的凤凰凝视着太阳神，那情形与文艺复兴时期的寓意画册和印刷商标识中的样子相同。

25 Alan Riding, “Venetian Phoenix Rises Operatically from the Ashes,” *New York Times* (November 15, 2004), http:// www.nytimes.com /2004 /11 /15 /arts /music /15veni.html? _r = 0.

26 Designed by Sophia Michahelles, “The Phoenix: October 31, 2001,” http:// www.superiorconcept.org/SCMpages/VHP2001_Phoenix/phoenix.html. 链接中的照片配有以下文字：“凤凰跃升于纽约。”后文中“凤凰，跃起于中国，飞翔于纽约”，参见本书第 2 章。

27 “New York’s Village Halloween Parade,” NationMaster, http://www.statemaster.com/encyclopedia/New-York’s-Village-Halloween-Parade.

28 五角大楼为其修缮工程选取名字受到了三艘美国海军战舰的影响。其中第三艘恰好是 1941 年 12 月 7 日日本空袭珍珠港时幸存的美国军舰之一，后来在整个“二战”中都在太平洋战场作战，为世人所熟知；参见：美国海军历史与遗产司令部网站中的“Phoenix”一文，网址：http://www.history.navy.mil/research/histories/ship-histories/danfs/p/phoenix-iii.html; 该网站中的其他凤凰战舰则可追溯到美国内战时期。“二战”期间，日本的航空母舰舰名中也有带“凤凰”的，它们使用的则是 ho-oo 的各种变体：瑞凤（Zuiho）、龙凤（Ryuho）和 大凤（Taiho)。参 见：“Japanese Warship Names,” ed. Brooks Rowlet, http://www.combinedfleet.com/ijnnames.htm.“二战”之后，为了探测核爆炸颗粒物，德怀特 · D · 艾森豪威尔将军主持启动了“Constant Phoenix”飞机项目；时至今日，该项目仍在进行之中。参见：“Constant Phoenix WC-135W” Global Security. org–Intelligence News and Information, http://www.globalsecurity.org/intell/system /constant _phoenix.htm. 越战期间，美国政府支持实施了臭名昭著的“Operation Phoenix”——一项由中情局主导的处决非战斗人员的计划（这里的“Phoenix”是越南神鸟 phung Hoang 的英语翻译，这种神鸟与中国的凤凰类似）。参见：Neil Sheehan, *A Bright Shining Lie: John Paul Vann and America in Vietnam*(New York: Random House, 1988), 732.

29 C. L. Taylor, “Rebuilding the Pentagon: The Washington Construction Community Stands Tall,” Capstone Communications, http:// www.capstonestrategy.com/PopHTM/Pentagon.html.

30 Ibid.

31 “A Memorial Tribute to Brian C. Pohanka (March 20, 1955–June 15, 2005),” Life Stories of Civil War Heroes, http://dragoon1st.tripod.com/cw/files/bcp _mem4.html.

32 “Belgium: Silver 10 euro coins,” Collector Coin Database, http://www.coindatabase.com/series/belgium-silver-10-euro-coins-10-euro.html.

33 此外，在 20 世纪还有一些较少为人所知的凤凰“从灰烬中重生”的故事。2001 年 4 月，在英国一家屠宰场里，有一只名叫“凤凰”的小牛在堆积的牛尸中过了 5 天，幸运地活了下来。媒体报道之后，英国政府决定不杀这头小牛，并进而放松因为口蹄疫而实施的有关政策；参见："Phoenix Is 'Ray of Light' for Furure," BBC News (28 April, 2001), http://news.bbc.co.uk/2/hi /uk_new /1297870.stm. 2010 年 10 月，为了营救 33 名智利矿工，"凤凰 2 号" 救生舱被多次投放到地下半英里深的矿井之中。据估计，全世界有 10 亿人通过电视直播和互联网观看了这一幕；参见："The Capsule That Save the Chilean Miners," Smithsonian.com, http://www.smithsonianmag.com/arts-culture/the-capsule-that-saved-the-chilean-miners-5620851/?no-ist. 2014 年 3 月 8 日，载有 239 人的马来西亚航空公司班机失踪。在印度洋展开的定位行动中，也出现了凤凰的名字。凤凰工业公司的一艘潜航器因失败而放弃定位行动后，还有三艘船只继续搜索，其中一艘就是马来西亚的"凤凰加油"号搜寻船；参见："Malaysia Airlines MH370 underwater hunt to resume" *Guardian* (September 19，2014)，http://www.theguardian.com/world/2014/sep/19/malaysia-airlines-mh370-underwater-hunt-indian-ocean.

34 "The Phoenix," Sky Harbor International Airport flyer, Phoenix, Ariz., n.d.

35 "Phoenix, Arizona: Regional History," LaRed Latina of the Intermountain Southwest, http://www.lared-latina.com/Phist.htm. 另见：*Out of the Ashes: The History of the City of Phoenix* (Phoenix: City of Phoenix Public Information Office, 2008).

36 *Arizona Highways* (March 1963), contents page. 这期杂志有天港机场壁画家保罗・科兹的作品"凤凰鸟"的特写介绍（2–13）。这一介绍图文并茂，很受人欢迎，是最为全面的凤凰形象简介之一。

37 "History of the City Bird," City of Phoenix, https:// www.phoenix.gov /pio/official -city -bird -logo /history -of -the -city -bird.

38 *Arizona Highways* (March 1963), 13.

39 参见："Alphabetical listing of Places in the World,"http://www.falingrain.com/world/a/P/h/o/e; 另见：*The Columbia Gazetteer of the World*, vol. 1 ed. Saul B. Cohen(New York: Columbia University Press, 1998), 1:2425–27.

参考文献

以下为我创作本书时用到的部分资料来源，其中许多作品既有不同的印刷版本，也有网络版。

The following sources are among those I used in preparation of *The Phoenix*. Many of these works are in various print editions and are available online.

Achilles Tatius. *Achilles Tatius*. Translated by S. Gaselee. Loeb Classical Library 45. Cambridge, MA: Harvard University Press, 1969.

Aelian. *On the Characteristics of Animals*. Translated by A. F. Scholfield. Vol. 2. 1959. Loeb Classical Library 448. Reprint, Cambridge, MA: Harvard University Press, 1971.

Albertus Magnus. *Albert the Great: Man and the Beasts: De animalibus (Books 22–26)*. Edited and translated by James J. Scanlan. Binghamton, NY: Medieval & Renaissance Texts and Studies, 1987.

Aldrovandi, Ulisse. "De Phoenice." In *Ornithologiae hoc est de avibus historiae*. Bologna, 1599–1603. Microfiche, Landmarks of Science 111.

The Ancient Egyptian Book of the Dead. Translated by R. O. Faulkner. Edited by Carol Andrews. 1972. Rev. 2nd ed., 1985. Reprint, Austin: University of Texas Press, 1990.

Ariosto, Ludovico. *Orlando Furioso*. Edited and translated by William Stewart Rose. 1828. Reprint, London: George Bell and Sons, 1895.

Aromatico, Andrea. *Alchemy: The Great Secret*. 1996. Reprint, New York: Harry N. Abrams, 2000.

The Babylonian Talmud. Edited and translated by I. Epstein. London: Soncino Press, 1935.

Bachelard, Gaston. *Fragments of a Poetics of Fire*. Edited by Suzanne Bachelard. Translated by Kenneth Haltman. 1988. Reprint, Dallas: Dallas Institute Publications, 1990.

Barber, Richard, ed. and trans. *Bestiary*. 1992. Reprint, Woodbridge, Suffolk: Boydell Press, 1999. MS Bodley 764.

Bartholomaeus Anglicus. *Mediaeval Lore From Bartholomew Anglicus*. Edited by Robert Steele. 1905. Reprint, New York: Cooper Square, 1966.

Bayer, Johannes. *Uranometria: A Reproduction of the Copy in the British Library*. Alburgh, Norfolk: Archival Facsimiles Limited, 1987.

Belon, Pierre. *L'Histoire de la Nature des Oyseaux*. Edited by Philippe Glardon. 1555. Facsimile ed. Geneva, Switzerland: Librarie Droz, 1997.

Bennett, J. W., and G. V. Smithers, eds. *Early Middle English Verse and Prose*. Oxford: Clarendon Press, 1968.

Blake, N. F., ed. *The Phoenix*. Manchester: Manchester University Press, 1964.

The Book of the Secrets of Enoch. In *Pseudepigrapha*, Vol. 2, *The Apocrypha and Pseudepigrapha of the Old Testament*. Edited with translations by R. H. Charles. Oxford: Clarendon Press, 1913.

Broek, R. van den. *The Myth of the Phoenix: According to Classical and Early Christian Traditions*. Translated by I. Seeger. Leiden: E. J. Brill, 1972.

Browne, Sir Thomas. *Pseudodoxia Epidemica; or, Enquiries into Very Many Received Tenents and Commonly Presumed Truths*. 1646. Ann Arbor, MI.: University Microfilms, 1978.

Burton, Maurice. *Phoenix Re-born*. London: Hutchinson, 1959.

Caxton, William. *Caxton's Mirrour of the World*. Edited by Oliver H. Prior. Early English Text Society, e.s.110. London: Kegan Paul, Trench, Trübner, 1913.

Chester, Robert. *Robert Chester's "Loves Martyr, or, Rosalins Complaint" (1601)*. Edited by Alexander B. Grosart. New Shakspere Society, ser. 8, no. 2. London: N. Trübner, 1878.

Clark, R. T. Rundle. "The Origin of the Phoenix: A Study in Egyptian Religious Symbolism." *University of Birmingham Historical Journal* 2 no. 1 (1949): 1–29; and 2 no. 2 (1950): 105–40.

Clark, Willene B., ed. and trans. *The Medieval Book of Birds: Hugh of Fouilloy's Aviarium*. Binghamton, NY: Medieval & Renaissance Texts & Studies, 1992.

Claudian. *Claudian*. Translated by Maurice Platnauer. Vol. 2. 1922. Reprint, London: William Heinemann, 1963.

Clement of Rome. *The Letter of S. Clement to the Corinthians*. Translated by J. B. Lightfoot. Pt. 1, vol. 2, *The Apostolic Fathers*. London: Macmillan, 1889. In "The Apostolic Fathers," *Early Christian Writings*. http://www.earlychristianwritings.com/text/1clement-lightfoot.html.

Cook, Albert Stanburrough. *The Old English Elene, Phoenix, and Physiologus*. New Haven: Yale University Press, 1919.

Coze, Paul. "The Phoenix Bird." *Arizona Highways*, March 1963.

Crashaw, Richard. *The Poems of Richard Crashaw*. Edited by L. C. Martin. 1927. Reprint, Oxford: Clarendon Press, 1966.

Cyrano de Bergerac. *Other Worlds: The Comical History of the States and Empires of the Moon and the Sun.* Edited and translated by Geoffrey Straghan. London: Oxford University Press, 1965.

Dante Alighieri. *The Vision of Hell.* Translated by Henry Francis Cary. London: Cassell, 1913.

Donne, John. *Poems of John Donne.* Edited by E. K. Chambers. London: Lawrence & Bullen, 1896. In "The Works of John Donne." *Luminarium: Anthology of English Literature.* http://www.luminarium.org/sevenlit/donne/. The Luminarium Encyclopedia Project, 2006. Edited by Annlina Jokinen.

Doran, Susan. "Virginity, Divinity, and Power: The Portraits of Elizabeth I." In *The Myth of Elizabeth.* Edited by Susan Doran and T. S. Freeman. Basingstoke, Hampshire: Palgrave MacMillan, 2003.

Driver, Samuel Rolles, and George Buchanan Gray. *A Critical and Exegetical Commentary on the Book of Job Together with a New Translation.* Vol. 2. New York: Charles Scribner's Sons, 1921.

Dryden, John. *The Poems of John Dryden.* Edited by James Kinsley. Oxford: Clarendon Press, 1958.

Du Bartas, Guillaume. *The Divine Weeks and Works of Guilllaume de Saluste Sieur Du Bartas.* Translated by Josuah Sylvester. Edited by Susan Snyder. Vol. 1, Oxford: Clarendon Press, 1979.

The Egyptian Book of the Dead: The Papyrus of Ani. Edited and translated by E. A. Wallis Budge. 1895. Reprint, New York: Dover, 1967. Four volumes in one: *The Egyptian Book of the Dead.* Edited and translated by E. A. Wallis Budge. 1899. Introduction by John Romer. Reprint, London: Penguin Classics, 2008.

Eschenbach, Wolfram von. *Parzifal.* Translated by A. T. Hatto. 1980. Reprint, London: Penguin, 2004.

Eusebius. *Eusebius of Caesarea: Praeparatio Evangelica.* Translated by E. H. Gifford. In Early Christian Writings. http://www.tertullian.org/fathers/index.htm #Eusebius_Pampilii_of_Caesarea.

Fitzpatrick, Mary Cletus. *Lactanti de Ave Phoenice.* Philadelphia: University of Pennsylvania Press, 1933.

Forster, John Reinhold. "On the Birds of Paradise and the Phoenix." In *Indian Zoology.* Edited by Thomas Pennant. London, 1790. Electronic resource: Farmington Hills, MI.: Thomas Gale, 2003.

Genesis. Edited and translated by H. Freedman and Maurice Simon. In Midrash Rabbah. Vol. 1. London: Soncino Press, 1951.

Gesner, Conrad. "De Phoenice." In *Conradi Gesneri: Historiae animalium liber III qui est de Avium natura—1555.* Transcribed by Fernando Civardi. http://wwwsummagallicana.it/Gessner%20Zentrum/trascrizioni/Historiae%20animalium%20liber%20III/pagine%20trascritte /102%20de%20phoenice%20de%20phoice.htm.

Ginzberg, Louis. *The Legends of the Jews.* Vols. 1 and 5. Philadephia: Jewish Publication Society of America, 1937.

Gould, Charles. *Mythical Monsters*. 1886. Reprint, New York: Crescent, 1989.

The Greek Apocalypse of Baruch. In *Pseudepigrapha*. Vol. 2, *The Apocrypha and Pseudepigrapha of the Old Testament*. Edited with translations by R. H. Charles. Oxford: Clarendon Press, 1913.

Gubernatis, Angelo de. *Zoological Mythology*. 1872. 2 vols. in 1. Reprint, New York: Arno, 1978.

Harrison, Thomas P. "Bird of Paradise: Phoenix Redivivus." *Isis* 51 no. 2 (June 1960): 173–80.

Hassig, Debra. *Medieval Bestiaries: Text, Image, Ideology*. Cambridge: Cambridge University Press, 1995.

Heffernan, Carol Falvo. *The Phoenix at the Fountain: Images of Woman and Eternity in Lactantius's "Carmen de Ave Phoenice" and the Old English "Phoenix."* Newark, DE: University of Delaware Press, 1988.

Henrichsen, R. J. F. *De Phoenicis Fabula apud Graecos, Romanos et Populos Orientales*. 2 vols. Greifswald, Germany: Havniae Schultz, 1825, 1827.

Herodotus. *The History of Herodotus*. Translated by George Rawlinson. Edited by Henry Creswicke Rawlinson and John Gardner Wilkinson. Vol. 2. New York: D. Appleton, 1885.

Herrick, Robert. *The Poetical Works of Robert Herrick*. Edited by F. W. Moorman. 1921. Reprint, London: Oxford University Press, 1957.

Hesiod. *Hesiod: The Homeric Hymns and Homerica*. Translated by H. G. Evelyn-White. Loeb Classical Library 57, 1914. Reprint, Cambridge, MA:, Harvard University Press, 1982.

Horapollo. *The Hieroglyphics of Horapollo*. Translated by George Boas. New York: Pantheon Books, 1950.

Hubaux, Jean, and Maxime Leroy. *Le Mythe du Phénix: Dans les Littératures Grecque et Latine*. Paris: Librairie E. Droz, 1939.

Isidore of Seville. *The "Etymologies" of Isidore of Seville*. Edited by Stephen A. Barney, W. J. Lewis, J. A. Beach, and Oliver Berghof, with the collaboration of Muriel Hall. Cambridge: Cambridge University Press, 2006.

Iversen, Erik. *The Myth of Egypt and Its Hieroglyphs in European Tradition*. 1961. Reprint, Princeton, NJ: Princeton University Press, 1993.

Jacobson, Howard. *The "Exagoge" of Ezekiel*. Cambridge: Cambridge University Press, 1983.

Jones, Valerie. "The Phoenix and the Resurrection." In *The Mark of the Beast*. Edited by Debra Hassig. New York: Garland Publishing, 1999.

Joyce, James. *Finnegans Wake*. 1939. Reprint, New York: Viking Press, 1967.

Jung, C. G. *Mysterium Coniunctionis: An Inquiry into the Separation and Synthesis of Psychic Opposites in Alchemy*. 2nd ed. Translated by R. F. C. Hull. Princeton, N.J.: Princeton University Press, 1963.

Kirchmayer, George Caspar. "On the Phoenix." From *Hexas disputationum Zoologicarum*. 1661. In *Un-Natural History, or Myths of Ancient Science*. Edited and translated by Edmund Goldsmid. Edinburgh: Privately printed, 1886.

Lactantius. *Phoenix*. In *Minor Latin Poets*. Translated by J. Wight Duff and Arnold M. Duff. Vol. 2. 1934. Loeb Classical Library 434. Reprint, Cambridge, MA: Harvard University Press, 1961.

Legge, James, trans. and ed. *The Chinese Classics*. 2nd ed. 5 vols. 1865. Reprint, Hong Kong: Hong Kong University Press, 1960.

Leonardo da Vinci. *The Notebooks of Leonardo da Vinci*. Edited by Edward MacCurdy. 1939. Reprint. New York: Georges Braziller, 1958.

Lexicon Iconographicum Mythologiae Classicae. Vol. 8.1, Zürich and Düsseldorf: Artemis Verlag, 1997.

Maier, Michael. "A Subtle Allegory Concerning the Secrets of Alchemy: Very Useful to Possess and Pleasant to Read." In *The Hermetic Museum*. Edited and translated by Arthur Edward Waite, 1893. Reprint, New York: Samuel Weiser, 1974.

Mandeville, Sir John. *The Travels of Sir John Mandeville*. Edited by A. W. Pollard. 1900. Reprint, New York: Dover, 1964.

Matchett, William H. *The Phoenix and the Turtle: Shakespeare's Poem and Chester's "Loues Martyr."* The Hague: Mouton, 1965.

McCulloch, Florence. *Mediaeval Latin and French Bestiaries*. Chapel Hill: University of North Carolina Press, 1960.

McDonald, Sister Mary Francis. "Phoenix Redividus." *Phoenix* 15 (Winter 1960): 187–206.

McMillan, Douglas J. "The Phoenix in the Western World from Herodotus to Shakespeare." *D. H. Lawrence Review* 5 no. 3 (Fall 1972): 238–67.

Mela, Pomponius. *The worke of Pomponius Mela, the cosmographer, concerning the Situation of the world*. Translated by Arthur Golding. 1585. Ann Arbor, MI: University Microfilms, 1958.

Mermier, Guy R. "The Phoenix: Its Nature and Its Place in the Tradition of the *Physiologus*." In *Beasts and Birds of the Middle Ages: The Bestiary and Its Legacy*. Edited by Willene B. Clark and Meradith T. McMunn. Philadelphia: University of Pennsylvania Press, 1989.

Michelangelo. *The Complete Poems of Michelangelo*. Translated by John Frederick Nims. Chicago: University of Chicago Press, 1998.

Milton, John. *The Riverside Milton*. Edited by Roy Flannagan. Boston: Houghton Mifflin, 1998.

Montgomery, Lyna Lee, "The Phoenix: Its Use as a Literary Device in English from the Seventeenth Century to the Twentieth Century." *D. H. Lawrence Review* 5 no. 3 (Fall 1972): 268–323.

Nesbit, E. *The Phoenix and the Carpet*. 1904. In the Psammead Trilogy with *Five Children and It* and *The Story of the Amulet*. Reprint, London: Octopus, 1979.

Newton, Alfred. *A Dictionary of Birds*. London: Adam and Charles Black, 1893.

Niehoff, M. R. "The Phoenix in Rabbinic Literature." *Harvard Theological Review* 89 no. 3 (July 1996): 245–61.

Nigg, Joseph, ed. *The Book of Fabulous Beasts: A Treasury of Writings from Ancient Times to the Present*. New York: Oxford University Press, 1999.

Nuovo, Angela. *The Book Trade in the Italian Renaissance*. Leiden: E. J. Brill, 2013.

Nuremberg Chronicle (1493). Facsimile German version: *The Book of Chronicles: The complete and annotated "Nuremberg Chronicle" of 1493*. Edited by Stephen Füssel. Cologne, Germany: Taschen, 2013.

Ovid. *The Metamorphoses*. Translated by Horace Gregory. 1958. Reprint, New York: New American Library, 1960.

Palliser, Mrs. Bury. *Historic Devices, Badges, and War-Cries*. 1870. Reprint, Detroit: Gale Research, 1971.

Payne, Anne. *Medieval Beasts*. London: British Library, 1990.

Peebles, Rose Jeffries. "The Dry Tree: Symbol of Death." New Haven, CT: Yale University Press, 1923. http://www.archive.org/stream/drytreesymbolofdoopeebiala/drytreesymbolofdoopeebiala_djvu.txt.

Petrarch, Francesca. *Petrarch: Sonnets & Songs*. Translated by Anna Maria Armi. New York: Pantheon, 1946.

Philostratus. *The Life of Apollonius of Tyana; The Epistles of Apollonius and the Treatise of Eusebius*. Translated by F. C. Conybeare. Vol. 2. 1912. Loeb Classical Library 16. Cambridge, MA: Harvard University Press, 1960.

The Phoenix. In *Select Translations from Old English Poetry*. Edited by Albert S. Cook and Chancey B. Tinker. Boston: Ginn, 1902.

The Phoenix Nest: 1593. Edited by D. E. L. Crane. Facsimile. Menston, Yorkshire: Scolar Press, 1973.

Physiologus. Edited and translated by Michael J. Curley. Austin: University of Texas Press, 1979. The Latin *Physiologus*.

Physiologus. In *The Epic of the Beast*. Translated and edited by James Carlill. 1900. Reprint, London: George Routledge, 1924. The Greek *Physiologus*.

Pigafetta, Antonio. *The First Voyage Round the World*. Edited and translated by Lord Stanley of Alderly. London: Hakluyt Society, 1874.

Pliny. *Natural History*. Translated by H. Rackham. Vol. 2. 1942. Loeb Classical Library 353. Reprint. Cambridge, MA: Harvard University Press, 1989.

Poesch, Jessie. "The Phoenix Portrayed." *D. H. Lawrence Review* 5 no. 3 (Fall 1972): 200–237.

The Prose "Alexander" of Robert Thornton: The Middle English Text with a Modern English Translation. Edited and translated by Julie Chappell. New York: Peter Lang, 1992.

Purchas, Samuel. *Hakluytus Posthumus, or Purchas His Pilgrimes*. Vol. 7. Hakluyt Society, Glasgow: James MacLehose, 1905.

Rabelais, François. *The Five Books of Gargantua and Pantagruel*. Translated by Jacques Le Clercq. New York: Modern Library, 1944.

Rawson, Jessica. *Chinese Ornament: The Lotus and the Dragon*. London: British Museum Publications, 1984.

Rola, Stanislas Klossowski de. *The Golden Game*. New York: George Braziller, 1988.

Roob, Alexander. *Alchemy & Mysticism*. Cologne: Taschen, 1997.

Ross, Alexander. *Arcana Microcosmi*. 1652. Ann Arbor, MI: University Microfilms, 1964.

Rowling, J. K. The Harry Potter series. London: Bloomsbury; New York: Scholastic, 1997–2007.

Shakespeare, William. *The Complete Works*. Edited by Alfred Harbage. Baltimore, MD.: Penguin, 1969.

Shapiro, Norman R., ed. and trans. *Lyrics of the French Renaissance: Marot, Du Bellay, Ronsard*. New Haven, CT: Yale University Press, 2002.

Slessarev, Vsevolod, ed. and trans. *Prester John: The Letter and the Legend*. Minneapolis: University of Minnesota Press, 1959.

South, Malcolm, ed. *Mythical and Fabulous Creatures: A Sourcebook and Research Guide*. 1987. Reprint, New York: Peter Bedrick, 1988.

Strong, Roy. *Portraits of Queen Elizabeth I*. Oxford: Oxford University Press, 1963.

Swain, Margaret. *The Needlework of Mary Queen of Scots*. New York: Van Nostrand Reinhold, 1973.

Swan, John. *Speculum Mundi*. 3rd ed. 1665. Ann Arbor, MI.: University Microfilms, 1971.

Tacitus. *The Annals of Tacitus*. Translated by Alfred John Church and William Jackson Brodribb. 1869. Reprint, Franklin Center, PA: Franklin Library, 1982.

Tasso, Tarquato. *Jerusalem Delivered*. Translated by Edward Fairfax. London: Colonial, 1901.

Tertullian. *Latin Christianity: Its Founder, Tertullian*. Edited by A. Cleveland Coxe. Peabody, MA: Hendrickson, 1885.

Thompson, Dorothy Burr. "Phoenix," *Phoenix* 1 no. 1 (1946): 1–20.

Tilton, Hereward. *The Quest for the Phoenix: Spiritual Alchemy and Rosicrucianism in the Work of Count Michael Maier (1569–1622)*. Berlin: Walter de Gruyter, 2003.

Topsell, Edward. *The Fowles of Heauen or History of Birdes*. Edited by Thomas P. Harrison and F. David Hoeniger. Austin: University of Texas Press, 1972.

Tottel, Richard. "Tottel's 'Songes and Sonettes.'" In *Public Domain Modern English Text Collection*, University of Michigan. http://www.hti.umich .edu/bin/pd-dx?type=header&id=TotteMisce.

The Travels of Marco Polo: The Complete Yule-Cordier Edition, trans., ed., and with notes by Sir Henry Yule, addenda by Henri Cordier. 1903; 3rd Yule rev. ed; 1920, Cordier addenda. Reprint, New York: Dover, 1993.

Vaughan, Henry. *The Works of Henry Vaughan*. 2nd ed. Edited by L. C. Martin. Oxford: Clarendon Press, 1957.

Vinycomb, John. *Fictitious and Symbolic Creatures in Art: With Special Reference to Their Use in British Heraldry*. London: Chapman and Hall, 1906.

Voltaire. *Zadig and Other Romances by Voltaire*. Edited by H. I. Woolf. Translated by H. I. Woolf and Wilfrid S. Jackson. New York: Rarity. 1931.

Wacholder, Ben Zion, and Steven Bowman. "Ezechielus the Dramatist and Ezekiel the Prophet: Is the Mysterious ζῷον in the Ἐξαγωγή a Phoenix?" *Harvard Theological Review* 78 nos. 3–4 (1985): 253–77.

Welch, Patricia Bjaaland. *Chinese Art: A Guide to Motifs and Visual Imagery*. North Clarendon, VT: Tuttle Publishing, 2008.

Wensinck, A. J. *Tree and Bird as Cosmological Symbols in Western Asia*. Amsterdam: Johannes Muller, 1921.

White, T. H. *The Book of Beasts: Being a Translation from a Latin Bestiary of the Twelfth Century*. 1954. Reprint, New York: Dover, 1984. Cambridge University Library MS Ii.4.26.

Whitfield, Peter. *New Found Lands*. New York: Routledge, 1998.

网　址

The Aberdeen Bestiary. Translation and transcription by Colin McLaren. Aberdeen University Library. http://www.abdn.ac.uk/bestiary/bestiary.html.

Alchemy Web Site. http://www.alchemywebsite.com.

Early Christian Writings. http://earlychristianwritings.com/intro.html.

"Françoise Lecocq." *ResearchGate*. http://www.researchgate.net/profile/Francoise_Lecocq. Articles on the classical Phoenix.

Glasgow University Emblem Website. http://www.emblems.arts.gla.ac.uk/.

Internet Sacred Text Archive. http://www.sacred-texts.com/index.htm.

Luminarium: Anthology of English Literature. http://www.luminarium.org/. The Luminarium Encyclopedia Project, 2006. Edited by Annlina Jokinen.

The Medieval Bestiary: Animals in the Middle Ages. http://bestiary.ca/.

Perseus Digital Library. http://www.perseus.tufts.edu/hopper/. Edited by Gregory R. Crane. Tufts University.

图书在版编目(CIP)数据

凤凰：神鸟传奇 /（美）约瑟夫 · 尼格（Joseph Nigg）著；李文涛译. -- 北京：社会科学文献出版社，2021.8

书名原文：The Phoenix: An Unnatural Biography of a Mythical Beast

ISBN 978-7-5201-8199-0

Ⅰ. ①凤… Ⅱ. ①约… ②李… Ⅲ. ①神话 - 动物 - 研究 - 世界 Ⅳ. ①B932.1

中国版本图书馆CIP数据核字（2021）第085013号

凤凰：神鸟传奇

著　　者 /［美］约瑟夫 · 尼格（Joseph Nigg）
译　　者 / 李文涛

出 版 人 / 王利民
责任编辑 / 王　雪　杨　轩

出　　版 / 社会科学文献出版社（010）59367069
地址：北京市北三环中路甲29号院华龙大厦　邮编：100029
网址：www.ssap.com.cn
发　　行 / 市场营销中心（010）59367081　59367083
印　　装 / 南京爱德印刷有限公司

规　　格 / 开　本：880mm×1230mm　1/32
印　张：18.625　插　页：0.125　字　数：394千字
版　　次 / 2021年8月第1版　2021年8月第1次印刷
书　　号 / ISBN 978-7-5201-8199-0
著作权合同登记号 / 图字01-2020-2401号
定　　价 / 128.00元